瑞泉寺史

横山住雄 著

思文閣出版

瑞泉寺　全景

雪江宗深賛・日峰宗舜頂相（瑞泉寺蔵）

血達磨（瑞泉寺蔵）

序文

三十年前、景雲室老大師（松田正道師）の発願により、龍済寺先住職関董光師の熱意、山内各寺院のご協力により本書著者でもあります横山住雄氏を編纂主任として「瑞泉寺史」の編纂が始り、先ず「瑞泉寺史別巻」として（妙心寺派語録Ⅰ、Ⅱ）の刊行に至りましたが、その後種々の問題発生により遅遅として進展せず「瑞泉寺史本編」の発行中止という誠に残念な事態と相成りました。

しかし、発願と熱意の炎は消える事なく、山内寺院、関係寺院、犬山市の多くの方々のご支援ご協力を頂戴し、ここに永年の念願が叶う事となりましたこと只々有り難く感謝の思いのみであります。

本書は瑞泉寺六百年の歴史を改めて深くたどる書であり、関係寺院はもとより多くの禅宗寺院にも大いなる歴史参考の書となり、また犬山市の皆様方には瑞泉寺並びに檀那寺との結び付きの一層深いものとならんことを願うものであります。

最後になりましたが、編纂に当たられた著者横山住雄氏の無量のご精進に心より厚く御礼申し上げます。

宗俊

青龍山瑞泉寺史

伽藍・塔頭編

史料編

通史編

瑞泉寺の概要

青龍山瑞泉寺は、応永二十二年（一四一五）に日峰宗舜によって開創されたと伝えられる。これより前の応永六年（一三九九）に応永の乱（大内の乱）で大内氏に連座する形で妙心寺は取つぶしとなり、一派の隠忍の時代が始まった。

日峰宗舜は若い頃から妙心寺派の中で修業したわけではなく、五山派である夢窓派に入門した。そして諸方を遍歴・研鑽し、最終的に妙心寺派の無因宗因に嗣法した。それからもつてを頼って各地をめぐり、ついに犬山に瑞泉寺という安住の地を得たのであった。

しかし、その後、妙心寺再興のために一派中から推されて妙心寺跡に至り、ここに一まず養源院を建て、再興の足がかりとしたのであった。晴れて妙心寺と呼べるようになった文明年中までの間は、瑞泉寺が妙心寺に代って一派の本山であるかの様相を呈した。また日峰が妙心寺中興開山といわれるゆえんでもある。瑞泉寺では日峰を創建開山として敬い、無因は勧請開山として崇敬している。

日峰宗舜が文安五年（一四四八）に亡くなると、瑞泉寺は日峰の三法嗣（義天玄承、雲谷玄祥、桃隠玄朔）による輪番制をとり、その後は義天の法嗣・雪江宗深を経て、雪江の四法嗣（景川宗隆、悟渓宗頓、特芳禅傑、東陽英朝）による輪番へと移行した。

さらに文亀元年（一五〇一）からは、先の四法嗣（四派）の弟子（法嗣）たちによる三年二夏の住山制になった（文亀元年入寺は一一世柏庭宗松）。一年一夏の制に変わったのは、永正三年（一五〇六）

に入寺した一四世太雅耑匡（たいがたんきょう）からであったとみられる。その後は、明治七年に住職となった三四四世儀山善来まで、一年ずつの輪番の住山制が続いた。ただし、瑞泉寺住職に指名されて実住したのは九四世玉翁珪樹までで、それ以降は一時期を除いては展待料を納めて住山しないという、いわゆる居成りが続いた。

そうした中で、瑞泉寺は、文化五年（一八〇八）頃から、正住者以外に、「前住瑞泉」の称号を追贈することを始めた。職銭を瑞泉寺に納めて瑞泉寺前住の称を得る人は年間四・五名であった。文政十二年（一八二八）になって、妙心寺はそれを問題視した。そしてこれを停止するとの指示に対して、瑞泉寺では、康正二年（一四五六）桃隠玄朔の定めた壁書と、文亀元年（一五〇一）玉浦宗珉の定書を根拠として示し、追贈は法的に問題ないと主張した。この一件は意外な展開をし、尾張藩寺社奉行の裁定で瑞泉寺に軍配が上がった。明治八年からは、瑞泉寺も独住制をとり、現在に至っている。

明治維新では、応永年間の創建以来の寺付山林四十一町歩余と、文禄五年（一五九六）の豊臣秀吉以来の寺領田五十石の所領をすべて失った。寺領田の回復は不可としても、山林の返還を求めての運動が続けられた。これが実現したのは独住五世の野々垣蒙堂が住山中の明治四十三年のことであった。また、独住三世の関無学は、瑞泉寺発展のためとして、伽藍の大改造を明治二十年に計画し、これを順次推進していたが、明治二十四年の濃尾大震災で大被害を受けた。さらに復興工事も併行して進め、明治二十五年十月に完工するに至った。無学を陰で支えたのは、後に独住五世となる野々垣蒙堂であった。

独住六世の山本玄峰も、犬山市民に多大な精神的影響を与えた。独住一〇世の松田正道は、犬山市富岡地内に瑞泉寺別院を建て、この別院と共に、独住一一世の現住職に引き継がれている（原則として本文は敬様略）。

第一章　中世の瑞泉寺

第一節　開山　日峰宗舜

一、生いたち

日峰は京都・嵯峨の人。父は藤原氏の一族の河嶋氏。母は源氏の末裔であるという。幼時は菊夜叉と呼ばれた。父は嵯峨の本源庵に九歳の菊夜叉を預けた。菊夜叉は本源庵住持・岳雲和尚のもとで、昌(しょう)昕(きん)という諱を授けられて修行に励んだ。本源庵は、臨川寺の西にあり、大井河の畔にあって、夢窓国師開創の天龍寺塔頭であり、生家と本源庵は隣りあうほどであった。

岳雲和尚は諱を周登といい、夢窓国師の高弟であった。初め臨川寺に住し、この頃は本源庵に居たことになるが、昌昕も岳雲と共に雲居寺へ移って、沙弥となって剃髪したという。時に十五歳とあるから、逆算すれば永徳三年（一三八三）にあたる。そして嘉慶二年（一三八八）十九歳の時に得度して僧となった。

二、修行

若き僧、昌昕は、しばらくして修行の旅に出た。はじめ伊勢の日長（四日市市日永）の光讃寺に至り、一夏を過ごしたが、僧堂の文殊菩薩に旭光のあたるを見て、忽然として人々が自己本来に具有する心性を省得したという。しかしこれに答えるほどの人がこの寺にいないのを見て、また旅に出た。

この頃、遠江の奥山方広寺に無文元選がいて、近隣諸国に名声が伝わっているのを聞き及んで、昌昕もその席下に侍した。そこで無文和尚が「昕上座、何人に参見し来るか」と問うと、「多年閑らに草鞋を踏破して、全く一智半砕の分なし。近ごろ一寺にあって、恰も箇の本来の面目に撞着するに似たり。未だ知らず是なりや否やを。因って所見を呈す」と昌昕は答えた。無文和尚はまた掌を拊って言った。「老僧（私）は、先師の処にあって、這の境界を悟得して、以て此の山に住すること数十年。今吾が徒衆五百員。爾が見地の如き者、未だ一人も見ず。然も此の如きなりと雖も、趙州甚に因って箇の無字を道う。這の話爾如何領会するや」と。昌昕はこれを聞いて愕然とし、自己の修行の低さを悟り、無文和尚のいう『無字』をついに参得するに至った。

和尚は後醍醐天皇の皇子と言われる人で、明徳元年（一三九〇）閏三月二十二日に六十八才で示寂した。昌昕の得度から二年後のことで、方広寺を去ったのはおそらく無文和尚示寂後のことであろう。昌昕が後日、南朝的色彩の濃い蜂屋玄瑞らの援助で、南朝方御領の存在する犬山に瑞泉寺を建立するのは、無文和尚の影響を大いに受けてのことと思われる。

無文禅師の席下を辞した昌昕は、美濃の東端、遠山荘（岩村城下）の大円寺・南山□薫にまみえた。

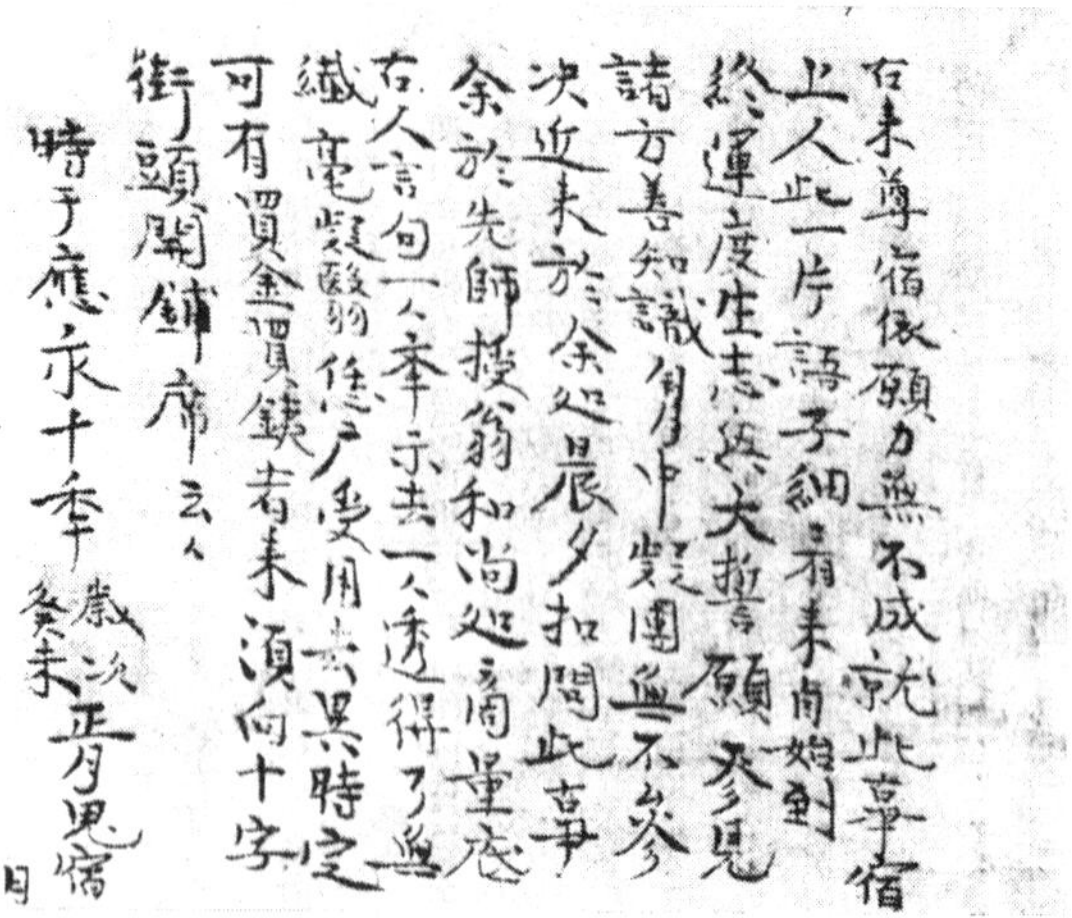

右末尊宿依願力無不成就此事宿
上人此一片語子細看来自始到
終運度生志與大誓願参見
諸方善知識歳月中疑團無不參
決近来於余処晨夕扣問此事
余於先師授翁和尚処商量底
右人言句一々挙示其一々透得了無
纖毫疑殿翳併之受用去異時定
可有買金買鉄者来須向十字
街頭閙鋪席云々
時于應永十年歳次癸未正月思宿日
退蔵住持比丘無因叟

無因宗因から春夫宗宿に与えた印可状（建仁寺常光院蔵）

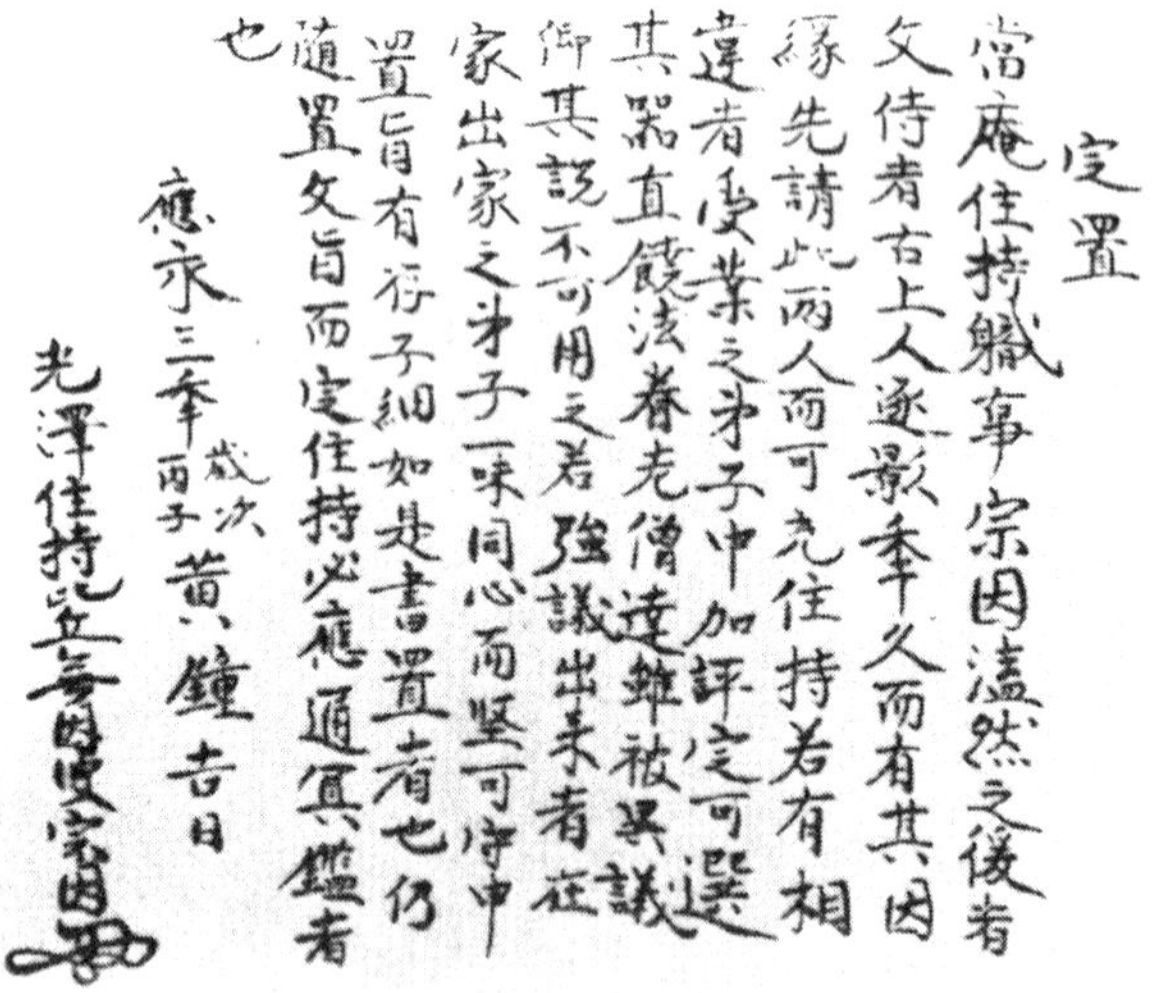

定置
當庵住持職事宗因溘然之後看
文侍者古上人遂影年久而有其因
縁先請此兩人而可充住持若有相
違者受業之弟子中加評定可選
其器直饒法眷老僧達雖被異議
御其説不可用之若強議出来者在
家出家之弟子一味同心而堅可停中
置旨有孖子細如是書置者也仍
随置文旨而定住持必應通眞鑑者
也
應永三年歳次丙子黄鐘吉日
光澤住持比丘無因叟宗因

光沢庵住持選定方法を定めた「定置」書（無因宗因筆）

（H 18 加藤正俊著書　思文閣出版刊『関山慧玄と初期妙心寺』より）

大円寺は峰翁祖一を開山とする大応派のうちの峰翁派であるが、官寺である諸山に列せられたために、峰翁派以外の人も住持をつとめることになった。南山□薫は、法諱から推定すれば峰翁派の人ではない感があるが、この頃大円寺の住持をつとめていたのであろう。席下で修行する昌昕を見て、南山和尚は、「昕や、爾は法参なり。也た吾が会裏にあるは也た惜しむべし。吾耄にして且つ愚なり。爾を成褫すること能わず。方今天下大眼目を具する底の宗師は、唯無因和尚一人あるのみ。見に津陽（摂津）の海清寺に住す。何ぞ速やかに参取し去らざる」と諭した。昌昕は去るのを決意しかねたが、無因に寄せる書を作って和尚は昌昕に与え、衲衣・草鞋・銭をも用意した。昌昕は書のみを持って、衲衣以下は辞去した。別れに臨んで和尚は、「無因のもとに至らば、大悟・大徹するまでは敢えて門を出ずべからず。願わくば此の誓いを成せ」と言い、昌昕はこれを約束して旅たった。

昌昕は摂津の西宮の巨鼇山海清寺に至って、無因宗因に参礼した。無因の海清寺住山は、応永初年（一三九四）

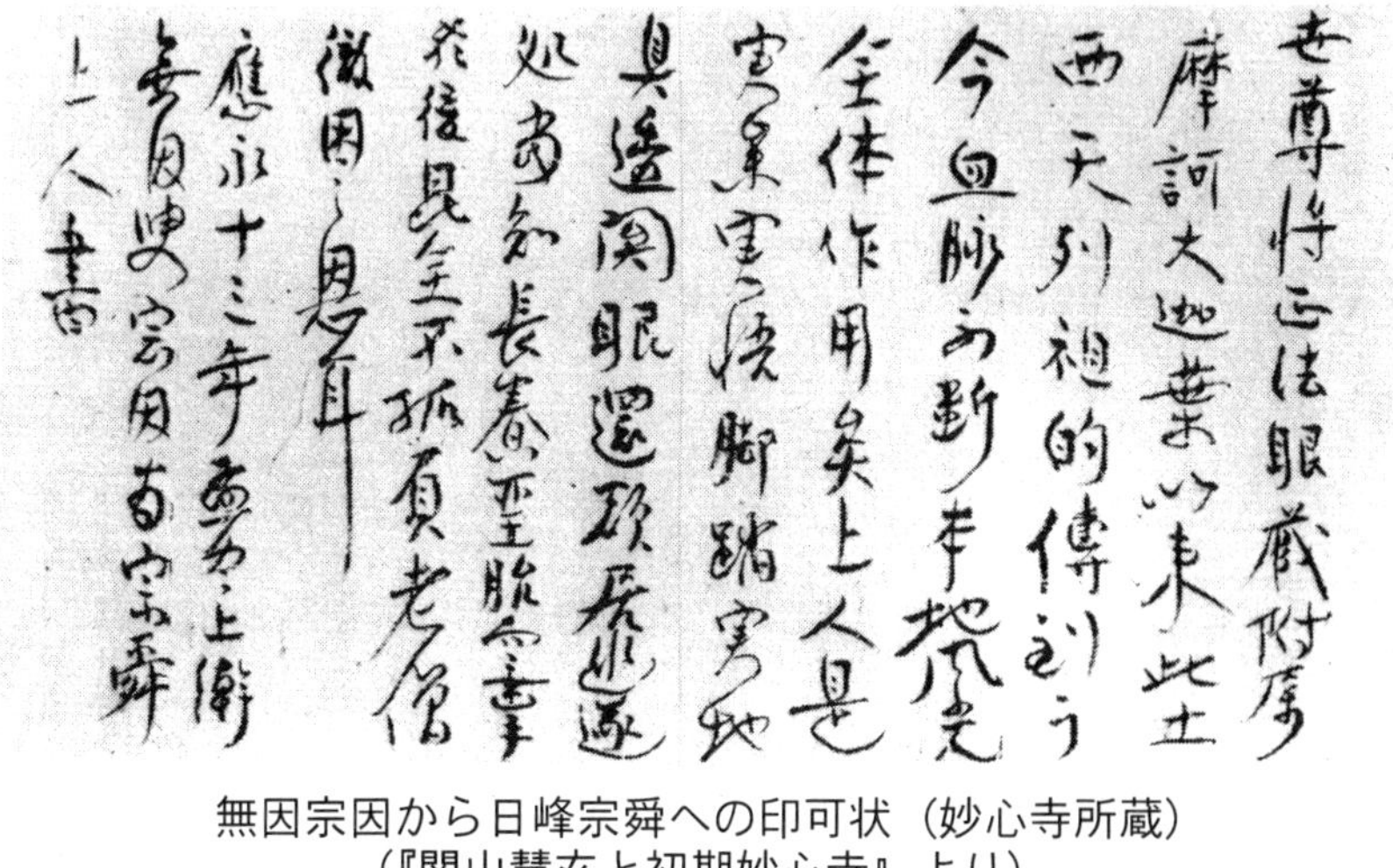

無因宗因から日峰宗舜への印可状（妙心寺所蔵）
（『関山慧玄と初期妙心寺』より）

頃と推定されており、応永四年頃までの住山かという（『禅文化』203・204号、加藤正俊「前住大徳の無因」）。和尚が「近離甚什の処ぞ」と問うと、昌昕は「奥山より来る」と答え、和尚が「無文の所示如何」と問うと、昌昕は「只箇の無字を消す」と答えた。和尚は「也た好し。漸耳。是れ参禅の根源なり」と言った。

　昌昕はこうして海清寺での修行を許されて、南山紹介の書はついに托出するに至らなかったと言う。それ以後日夜勉励した。無因が応永四年頃に河内の観音寺へ住山するや、昌昕も参侍し（通算五年ほど）片野（河内国交野）の大悟庵が無住となっていたので、和尚は昌昕をその住持とした。両寺は十キロほど距るのみで、昌昕は日々往来して参究に倦むことがなかった。そして、日峰が無因から自賛の頂相を与えられたのは、応永五年十二月二十五日のことであった。その賛中に「大充軒に書す」とあり、この大充軒は、観音寺内に在ったかと推定されている（前掲加藤正俊論考）。

　まもなく無因和尚は京都円福寺住持に招かれたので、昌昕も随って円福寺に至り、ある夜、仏殿前の柏樹の上で、蒼竜が明珠を弄するのを見て、明珠を奪って昌昕の懐中に入れるという夢を見て、自身の大悟を感じた。その翌日、すなわち応永十三年の孟冬上澣に和尚から印可状を得たという。時に昌昕三十九歳であった（以下東陽英朝著『正法山六祖伝』および萩須純道著『正法山六祖伝訓註』による）。

　ところで、この印可状には疑問がある。昌昕が大悟したのは、応永五年の無因自賛頂相を授与される以前でなければならない。大悟した者に自賛頂相を渡すことになるからである。無因は、応永十年正月に、退蔵庵で春夫宗宿に印可状を与えている（建仁寺塔頭・常光院蔵）。退蔵庵は下京千本松原に波多野出雲守重通が建てた寺で、応永十年前後に無因はここに居たことになる。春夫の法兄である昌昕は、少くとも応永十年正月より前に印可状をもらっていたことになろう。

なお参考のために、無因が日峰に与えたという印可状を次に揚げる。

無因和尚与日峰和尚印状　世尊将正法眼蔵、付属摩訶大迦葉以来、此土西天列祖的伝、到于今血脉不断、本地風光全体作用矣、上人是実参実悟脚蹈實地、具透関眼、還欲居幽邃処、当知長養聖胎而垂手於後昆、全不孤負老僧徹困之恩耳、

応永十三年孟冬上澣

無因叟宗因為宗舜上人書

（正法山誌　第二巻）

なお、昌昕が無因和尚から宗舜の諱を授与されたのは、この印可の時（応永十三年）とする説もあるが、『正法山誌』によれば、応永五年（一三九八）の無因頂相賛に次のようにある。

無因自賛　　形骸枯槁志気凌兢、言無準的行絶規繩、埋没自己鈍置宗乗、一生懶惰百事何能、強把丹青写茲相、陳根草上更生芿、咦、

小師宗舜上人、画余幻質求賛、仍塞請、

無因叟宗因書于大秀軒、

于時応永五年歳次戊寅臘月念五日

よって、応永十三年をさかのぼること八年、応永五年にすでに無因和尚から「宗舜」との諱を与えられて、改諱していたことは確実である。おそらくはこの頂相賛の時点か、もしくは応永初年前後に昌昕が無因の会下に参侍してまもなく、自身の諱「宗因」の「宗」を系字として、宗舜との諱を与え

たのであろう。

ところで、このような疑問や矛盾に対しては、平成十八年に『関山慧玄と初期妙心寺』が刊行され、著者加藤正俊氏は、応永十三年の無因から日峰へ与えた印可状は、筆跡が無因のものではなく日峰のものであることを明らかにされたので、日峰が印可を得たのは応永十三年にこだわらなくても良いことになりそうである。

また、日峰という道号授与の時期は不詳であるが、道号頌が『東海鉄崑崙』『正法山列祖語録』にみえるので、参考にあげる。

日峰号　瑞泉寺開山　無因

金烏出処峭巍巍、輪影輝輝照嶮巇山、曽在扶桑那畔看、通玄絶頂圧須弥、

この他、瑞泉寺には無因宗因の偈があるが、これは二幅一対のもので、前半は妙心寺にあり、後半は延宝年間に妙心寺から瑞泉寺へ移されたものである。

山中好山中頗好、泉声有色適用閑情、此景塵中人若識、将憑有力恐成事、（妙心寺所蔵）

又

居処幽邃遠朝市、不聴人間非与是、煙列淡墨山横屏、不知身有画図裏、

右　為　舜上人書之、（瑞泉寺所蔵）

三、瑞泉寺の創建

応永十七年（一四一〇）の無因宗因示寂後、日峰は関山慧玄の旧跡をたどって美濃に至り、春木郷の無著庵に居た。『犬山里語記』によれば、「此寺、慶長の末迄有(すえまであり)し由(よし)、今は亡し」と書かれている。春木郷は御嵩町内に当たり、御嵩町御嵩の工業団地内の寺段(てらだん)付近であろう。

その後、犬山の継鹿尾山(つがおさん)の真言宗八葉蓮台寺（現在の継鹿尾観音）に至り、一房を借りて大蔵経を看ること数年に及んだという。その間に継鹿尾山から二キロほど西の犬山の内田に住む蜂屋玄瑞(はちやげんずい)という一沙弥が日峰に帰依して、自分の所有する山に日峰を招いて一寺を建立したいと申し出たのであった。

犬山は木曽川を控えて景勝の地であり、また当時は東山道の渡河地点（鵜沼の渡し、または内田の渡し）にも当たって、何かと人々が集まる所であったので、日峰の心は大いに動いた。しかしその山は、山が浅いために飲用する水がないように見えるのであった。玄瑞と共に山を訪れた日峰は、谷筋を歩くうちに、岩間から湧き出す甘泉をようやく見つけ、そこに草を挿(さ)して寺地と定め、寺号を「瑞泉」、山号を「青龍」と称することにしたという。

以上は、明応五年（一四九六）正月に、東陽英朝が著した『養源日峰禅師』の伝記（正法山六祖伝のうち）に記されている瑞泉寺創建の一節である。また同記に、壇越峰屋玄瑞について「濃州の源氏、土岐峰屋の族なり、剃度して玄瑞と名づく」とあり、鎌倉時代末に美濃国加茂郡峰屋荘に拠って、峰屋の苗字を名乗った峰屋定親の末孫であると判明する。

いま一つ、瑞泉寺の創建に関わる記録として、『青龍山瑞泉寺記』を挙げることができる。この記録は、貞享三年（一六八六）仲夏に、瑞泉寺塔頭龍済庵主であった仁渓慧寛が著したもので、次のように述べている。

一人の信士あり。俗名は左衛門次郎、仏済無心居士という。かねて諸方の霊地などを訪れ、伊勢山田の太神宮と朝熊山の虚空蔵さまに詣でた。そこで経典を読んでいる日峰に対し、「再びこの寺に詣でたが、二度とも貴僧を見かけた。さぞ、博究の方と思うが…」と問うと、日峰は笑いつつ「あなたはどこから参詣に来られたか」と言う。

左衛門次郎は、「尾張」と。すると、「かの地には継鹿尾山があるでしょう」と日峰が聞いた。「あの山は私の住まいから一里ほどの所です」。こんなやり取りがあった後、日峰は継鹿尾山を訪れ、そこで大蔵経を看経する日々を重ねた。左衛門次郎が折りを見て継鹿尾山に参詣すると、日峰に出会った。そこで、私の家近くに一精舎を建てるので、是非住職にお願いしたいと日峰に申し出たのであった。

左衛門次郎に同道してその山へ行ってみると水が無かった。そこで左衛門次郎は蜂屋玄瑞に命じて探索させたところ、清泉が涌出し池となっている所が見つかった。この池は宿龍池と呼び、龍が出て青光を放ちつつ天に昇ったのを

伊勢朝熊山呑海庵風景（看板から）

見た人があるといい、日峰は山号を「青龍」、寺号を「瑞泉」と名づけることにしたという。仁渓慧寛は内田の木納氏の出身で、地元の人であり、『正法山六祖伝』にさらに地元の伝承を加えて著したらしく、伊勢朝熊山における日峰の修行と、俗名左衛門次郎、法名仏済無心居士のことを載せている。次に掲げる『犬山里語記』の記事は江戸後期の成立である点、問題があるが、日峰と内田左衛門次郎の関係を詳しく書いている。

一、当山の建立は応永廿弐年にして、開山日峯大和尚御歳四十七、八の頃なり。無因和尚印可の後、勢州朝熊山に登りて大蔵経を観給ふ事三、五年、其頃内田村に左衛門次郎という長者有り、是を里人さいむしと呼ぶ。又仏さいむともいう。此人大信者にて神社仏閣を参礼する事、月々日々止む時なし。ある時勢州に参宮し朝熊山に登り、師の関所に立寄り、師に謁して申けるは、毎度参詣の折に師の看経を見ずという事なし。師曰汝は何国の人なる哉。答曰尾州犬山なり。師曰尾の繼鹿尾山は行程近きや。答曰峯を並て一里に近しとぞ申ける。方彊路程迄も具に御尋有り。是が瑞泉寺のはじめなり。無因大和尚遷化し給ふにより、津州海清寺に赴き、其後濃州可児郡春木無着庵に暫く閑居し給ふ、此の寺慶長の末迄有し由今は亡し。師つがの尾山へ御登り以前、暁に寂光院に本尊の観世音告て曰、吾山へ客僧有り、奔走可仕と。院主驚き夢なりと思ひ、また安眠す。時に本尊院主の室中に光を放ち、吾山へ客僧有り、いかが奔走せざる哉、院主の夢中に、夫は何国より御渡りの如何成御僧ぞと云んとするに、天地振動の心地して、瑞光現し師の尊容を明白に見奉、驚き起て寂光院を荘厳し今や登山し給んと侍る所に、其日未の刻計りに古紙子の破たる御衣に鉢嚢をかけ、疲たる拄杖にて登山有り。院主走り出て迎ふ。夢中に現して正見したる御容に少しも不違、弥驚き走り寄り、御手を取り、遅々と渡せ給ふもの哉。暁天より待かねたりと申して、院内に入れ奉る。師曰吾は左様尊敬し給ふものにあらず、余人の事にて候はん。院主曰忝も当山の本尊愚僧に御示現有り。師の尊容迄も夢中にありありと見奉る。何の疑かあらん。山中の法徒囲遶渇仰して斜ならず尊敬し奉る。時に内田左衛門次郎もこれを承り、速に登山し、師に謁し、（朝）熊山にて御目に懸り候事共物語奔走し奉る。師は寂光の関所に入て、大蔵経を見給ふ。左衛門次郎曰く、私によき山有り、師に奉らん。師応諾して次郎を案内に立て、峯々谷々迄御覧有ある地は佳境なり。只恐らくは水のなき事を又玄瑞沙弥をして見せしむ。たちまち岩間より冷水湧出して、少し湛える事小池のごとし。青龍舞戯して天に登る。今の宿龍池なり。則ち此山を草創して、青龍山瑞泉寺と号す。開山は無因大和尚を勧請し奉る。仍て継鹿尾山本尊へ当寺より月並懺法十七日に修礼する事懈怠なし。四派の後に至りて正・五・九月十七日に成り、其後たえて開帳毎に修礼する事今において怠りなし。

継鹿尾山八葉蓮台寺観音開帳、此以前は正保三丙戌年也、
従当寺任先規、開帳懺法一座令執礼事無怠慢者也

臨渓院印判

午林鐘廿三日

輝東庵印判

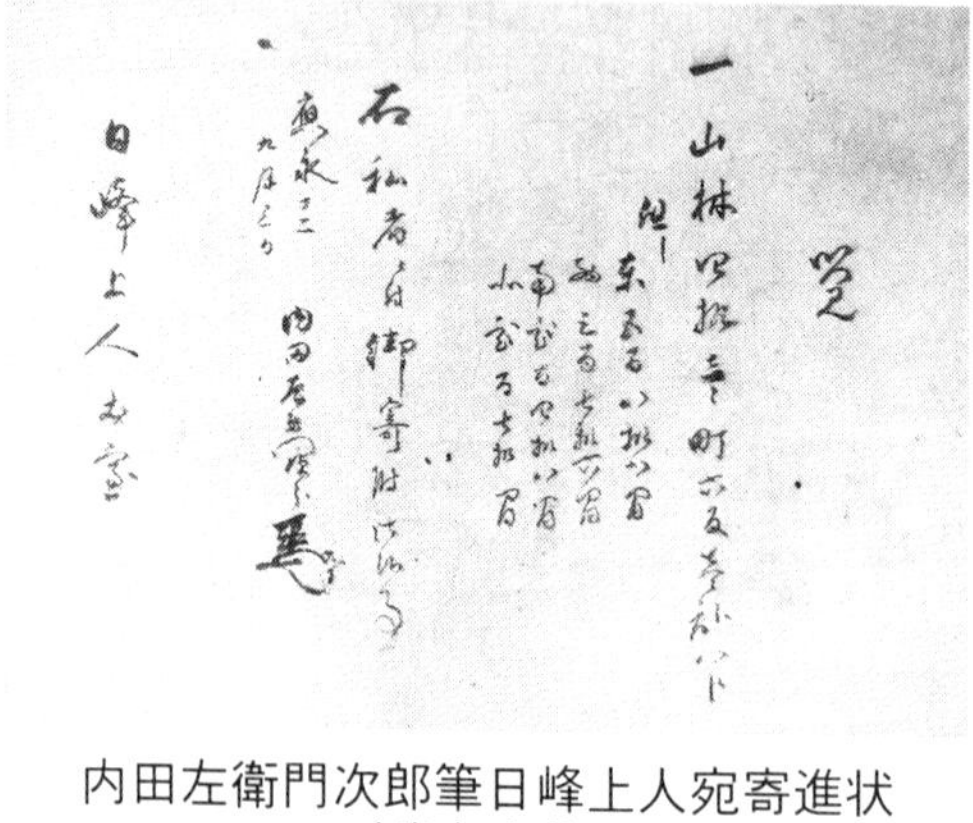

内田左衛門次郎筆日峰上人宛寄進状
（瑞泉寺蔵）

臥龍庵印判
龍泉院印判
瑞泉寺

進呈寂光院

此証文寂光院に秘蔵す

仁渓慧寛は、朝熊山から日峰禅師を迎えた仏済無心居士について、単に「左衛門次郎」と書いて姓を詳にしていないが、『犬山里語記』の著者肥田信易は、左衛門次郎という長者、あるいは内田左衛門次郎と書いて、内田の姓を付している。

内田左衛門三郎という人物が南北朝時代に確かに実在しているから、その一族として内田左衛門次郎なる人が、内田の地頭職として室町幕府から補任されていた可能性は充分ある。瑞泉寺に所蔵されている応永十二年九月三日の内田左衛門次郎の寺領寄進状は、筆跡や書式から見て、江戸時代の成立と考えられるので、この寄進状をもって内田左衛門次郎が実在したとか、しかも瑞泉寺の檀越であったとすることはできない。

次に日峰禅師の朝熊山修行については、『桃隠集』に次の一偈がある。

呑海庵（どんかいあん）に富士を見る

曽聞人説思重々、呑海庵前望士峰、四十由旬半空雪、雲間一朶玉芙蓉、

これは、桃隠玄朔が日峰ゆかりの朝熊山山中の呑海庵を訪れ、そこから富士山を遠望した時の作品である。はるか白雪を抱いてそびえ立つ士峰と、太平洋から玉芙蓉、すなわち太陽が昇る様子を見事

にとらえているが、もちろん太陽＝日輪は、自身の師たる日峰宗舜を指している。日峰の法があまねく天下を照らし、先ず第一にその弟子たる桃隠に光を当てていてくれるというのである。この一偈によって、確かに日峰が朝熊山で修行したことを知り得る。また、日峰が主として呑海庵をその拠所（よりどころ）としていたらしいことも伺い知ることができる。呑海庵は現在無住である（以上　関董光師　教示）。

　創建された瑞泉寺の伽藍は、今日の南向きと異なって西向きであった。明治二十年代から三十年代にかけての大改修で、東側の山を削り、その土砂で西側の斜面を埋めて、石垣を積み、広い平地を造成した上で、南向きの本堂と庫裡を建てたのであるが、創建当初は山の西斜面中腹のことであるから、それ程広い平地を得られず、やむを得ず西向きの寺となったのであろう。

　寺が創建されたのは、応永二十二年（一四一五）で、七年後の同二十九年には、京都五山の名僧惟肖得岩（いしょうとくがん）に梵鐘の銘文を依頼して、梵鐘が完成した（史料編参照）。

　　尾州犬山青龍山瑞泉禅寺鐘銘

日峰舜公、以道徳化人、創建瑞泉精舎、及奉無因師翁、以為開山始祖、叢規粛如矣、歳甲午秋、命鳧氏範金作鐘、晨昏考撃、号令人天、為利也博、茲来乞銘、為之銘、々曰、

伊昔荒崗、化夫宝坊、過者稽顙、伊昔頑銅、
模作巨鐘、聞者撃蒙、舜也訓徒、暴革貧渝、
将無同乎、莚発則鳴、禅誦有程、利及幽明、
洪音日宣、与法同伝、万億斯年、
于時応永廿又九年仲冬廿一日、前南禅惟肖得岩製、

なお、前掲『関山慧玄と初期妙心寺』のなかで、加藤正俊氏は、瑞泉寺にある応永十二年九月三日付の日峰上人あて内田左衛門次郎の覚書（寺地寄進状）の写真を揚げ、「一般に瑞泉寺の開創は応永二十二年とされているようであるが、寄進状に見える応永十二年頃から、すでに日峰は同寺の開創に携わっていたと思われる」と述べておられるが、この分掌は、前述したように、江戸時代中期以降の筆跡であり、文面の「私の者に付き」などの表現も、とても中世のものではなく、写文書とも言い難い。恐らくは何かの必要があって、近世に創作されたものと考えられる。従ってこの文書があるからといって、瑞泉寺が応永十二年から開かれ始めたと言うことは不可である。

四、瑞泉寺と南朝宮方の関係

日峰が修行した遠江の奥山方広寺は、後醍醐天皇の皇子といわれる無文元選の寺であり、瑞泉寺創建の支援者蜂屋玄瑞もまた、南朝系の蜂屋氏一族である。

ところで、『犬山里語記』に

> 信濃宮伝に曰く、後醍醐天皇十一品宮（ぼんのみや）、初めは妙法院に御入室有て、一品法親王尊澄（いっぽんほうしんのうそんちょう）と申奉る。天皇隠岐国遷幸の時、宅間へ移らせ給ふ。元弘三年、御帰洛有て宗良親王と称し奉る。一品中務卿に任じ、征夷大将軍にましましける。尾張国犬山を領し給ふ。御子尹良親王（ただよししんのう）応永年中薨御、瑞泉寺殿と号す。当所の君にして、瑞泉寺御建立の御方なるか、寺伝聞侍（ききはべ）らずといへども信濃の宮の伝記をよみ侍（はべ）りてここに記す。

とある。すなわち後醍醐天皇の第三皇子宗良親王と無文元選が兄弟であるというのであり、そのことが日峰を犬山に導く大きな力となったことは否定できないのではないだろうか。

宗良親王は、建徳元年（応安三年、一三七〇）に、信州浪合（なみあい）から犬山を訪れている。『李花集』に、忍びて美濃国までのぼり侍りしかども、都へもはばかりおほく、又跡（後）へもかなはぬことなむ侍りて、犬山といひし所より、なるみの浦ちかくいで侍りしに、山ぢ（路）には引かへて、海づらの住居もめづらしく覚え侍りしかば、

山ぢより磯辺の里にけふはきて、浦めづらしきたび衣かな

とあり、犬山に縁故を頼って来て、ついで鳴海へと至ったのである。

瑞泉寺檀越の一人である内田左衛門次郎は、実は宗良親王の皇子（基良親王）であるとする説がある。龍済寺の先住・関董光師の調査によれば、基良親王は康暦元年（一三七九）に四十歳で吉野へ入ったといわれ、応永二十一年に七十九歳を以て亡くなった。その子尹良王は永徳元年（一三八一）に生まれ、応永十五年二月二十八日に二十八歳で没し、瑞泉寺殿と謚（おくりな）された。瑞泉寺殿と犬山瑞泉寺は相通じるので、後醍醐天皇系の人々と深い関係があるとする説も理解できる。

『犬山里語記』の針綱（はりつな）神社の条に、神官赤堀家所蔵文書として、次の寄進状が載せてある。

犬山村八幡宮・白山・御領之宮、三社之神田五反歩之所、永代令寄進者也、仍如件、

慶長五年（七か）　小笠原和泉守

十二月廿日　吉次（花押影）

八幡宮は今日の犬山外町（そとまち）に在った神社で、白山は針綱神社の江戸中期以前の呼称。御領の宮の旧所在は不明である。いづれも慶長期には、城下町改造の一環として、名栗町へ移された針綱神社（白山）へ合併し、今日は八幡神社と御霊社という摂社になっている。

ともかくも、犬山城下に御領の宮という神社が在った。御領というのは通常皇室御領を指すので、犬山に御領がかって在った名残りとして御領の宮が在ったのではなかろうか。これも南朝と犬山の関係を示す根拠になろう。

五、日峰宗舜と妙心寺再興

永享の初め、応永以来幕府から取りつぶしになっていた妙心寺再興の機運が、関山派中に活発となり、衆議の結果、瑞泉寺の日峰宗舜を措いて他に無しとの結論に達したという。日峰はこれを辞退したが、ついに承諾して、再興の重責を一身に受けて上洛した。永享四年（一四三二）頃のことである。『正法山妙心禅寺記』によると、禅師はまず函丈（方丈）を造り、次に微笑の塔を修復し退蔵院を稍営した（妙心寺史84P）。また、山堂の傍に小院を創建して養源院と名付けた（同書）。

取りつぶされた妙心寺は、まだ公称することが出来なかったので、ひとまず養源院と称したのである（妙心寺史84P）。まもなく、管領細川持之（勝元の父）は禅宗に帰依し、日峰に参じ、嘉吉二年その管国丹波に弘源院を建立した（のち天龍寺内に移される）。持之はまもなく（八月？）没した。

日峰はその後、養源院の庫子之坊（くしのぼう）（庫裡）の造営を続けていたようであるが、長板が入手できず、瑞泉寺の雲谷玄祥に手紙を書き、瑞泉寺の打板を取り外して送るよう命じている。このように日峰は大変な辛苦を重ねていたのであるが、一方細川氏の働きもあってか、大徳住山を重ねて打診されていた。その度辞退をして妙心寺再興に全力を投入していたのであった。日峰が瑞泉寺へ出した手紙を次に掲げる（原文は漢文）。

杉原（紙）二帖をさしあげる。

このたび無事に過ぎたが、六（七）月二十一日に将軍（義勝）が十歳で亡くなって、同二十九日に等持院で行事（葬儀）が終った。その次は同腹の九歳の子が将軍となったが、居所は定まっていない。とりあえず烏丸（からすま）殿に居られる。また、当院（養源院（ようげんいん））の庫裡造営等は、僧たちの辛労も大変であると思っている。長板が無いので、其方の茶堂の打板をはがしてまず京へ運んでほしい。代金は退蔵院が払うので。そのほか運ぶべき物は琳蔵主へ伝えてある。よく話し合って運ぶ物は大切にするように。山中（瑞泉寺）の式典などはいかがか、辛労を察している。とりわけ龍宝山（大徳寺）入寺のことは辞退したので、造営等を進めたい。また玄三侍者の病気は重い。この間、法院の薬で少しは良なった。のちどうなるか。委（くわ）しくは伝語してある。

（嘉吉元）

八月六日　宗舜（花押）

青龍看丈

（汾陽寺文書『岐阜県史』史料編古代中世一）

瑞泉寺の看院をしていた雲谷は、三年二夏の約束で入寺していたようで、嘉吉二・三年頃には約束の三年が過ぎていた。雲谷は他に予定していたことがあったのだろう。師に書を送って交替のことを申し出たが、御嵩町の愚渓庵在住の義天からも師へ書が至り、「私は七春（七年）も看院をして、雲谷に引き継いでまだ三年（永享十一、十二、嘉吉元）であり、もう少し看院を続けてもよいのではないか」とあった。日峰はこれを引用して、私の下向はにわかに叶い難いので、今しばらく留守を守るようにと申し送ったのであった。

青龍（瑞泉）住山のこと、愚渓（義天）より言ってきたのは、私が看院したのは七春（七年）で、彼（雲谷）は今年で三年なので、もう少し看院しても当然だという。このようなので堪忍してくれれば喜こばしい。老僧（日峰）が下向できないし、妙心寺の寺領がまた失われたのでとても無理だ。推察してほしい。また造営等のことについての志は有難い。山中の式典など万端たのむ。委しくは宗掬が伝語するので略す。

（嘉吉元）

臘月十三日　　宗舜（花押）

青龍看丈

（瑞泉寺所蔵）

この手紙の使者をつとめた宗掬は、日峰禅師の示寂後は桃隠に師事したらしく、桃隠から「月浦」の道号を付与された。

翌年春にも、雲谷は瑞泉退院のことを日峰に申し送った。よほどやむにやまれぬ事情（それは多分、自己の創建にかかる汾陽寺に関係することであろう）が、雲谷の方にも介在していたのであろう。しかしその返書は、前回と同じ様に存住延長を頼むのみであった。

扇子一本・筆一対・杉原二帖を送る。

正月の書状を拝見した。山中（瑞泉寺）は無事で静かとのこと喜ばしい。また香を五弁受取った。このたびは瑞公に詳しく伝えてある。青龍（瑞泉寺）について三年の看院が終ったので上洛したいとのことは承った。この間の辛労は察しているが、老僧（日峰）が下向できるまで堪忍してほしい。山中で相談してほしい。もし承服出来なければ特別に相談したい。何とか堪忍してほしい。もっぱら先師（無因）のためにも頼む。また退蔵院檀那が二十七日に逝去したようなことで、老僧の下向もいつのことやらわからない。すべて瑞文という使僧に伝えてあるのでよろしく。

（嘉吉二年か）

香春十八日　　養源（花押）

青龍看院

（瑞泉寺所蔵）

玉村竹二氏の「初期妙心寺研究補遺」（『日本禅宗史論集』二之下）によれば、「伏見宮御記録」のうちに、後崇光院貞成親王の御消息写があるという。

一、妙心寺事、花園院御置文厳重之間、尤可有御管領事候、日峰大徳院（寺）入院候者、急可有御住候、萩原殿御遺跡管領之間、如此令申候、非方之人自専、無其謂候歟、早々御入院、可惣存候也、恐々敬白、

嘉吉二

十月廿六日　　　道欽

進之候

この消息によると、当然に日峰は大徳寺へ嘉吉二年（一四四二）末に入院したことになるとする。註では、「川上孤山師の『妙心寺史』のうちで、世に流布しない『日峰録』により、その入院を文安四年（一四四七）八月二十二日と、日付けまではっきりと記されているが、如何であろうか。ともかくもこの問題は十々むずかしい」とされる。

しかし、現実に日峰の大徳寺入寺法語が大仙寺の『日峰希庵悦崗等法語雑録』（後掲）にあり、「文安四年八月二十二日入寺」とある以上、実住はこの時であり、その五年前の嘉吉二年の時は、要請されたものの何らかの理由で入寺が実現しなかったと見る必要がある。

文安二年頃、日峰は、瑞泉寺の雲谷に「堪忍の事よろしく頼む」との状に添えて、解毒丸二百粒を送った。文中に「濃州の事は大がい無為(むい)たるべくの由、風聞候(ふうもんにそうろう)」とあり、濃州の乱は文安元年夏から秋にかけて起こった富島(としま)・斎藤両氏の守護代職争奪戦（内乱）を指していると思われるので、この手紙はその翌年正月のものと推定できる。

解毒丸二百粒をさしあげる。

去る六日の手紙を拝見した。すなわち御礼のために上洛するとのこと。路次が静まったら、いつでも上洛してよい。美濃のことは、おおかた無事との風聞である。また、道聞坊が亡くなった。それであなた（雲谷）が力を落したかと思いやっている。また瑞恵上座も亡くなった。力が及ばず申しわけない。とりわけ瑞泉看院のことは、老僧が存命中は堪忍してほしいと思う。

（文安二年）
香春十八日　　　　　　　　　　　（花押）
青龍看丈　　　　　　　　　　　宗舜

（汾陽寺文書）

この手紙の中で、日峰禅師は「老僧在世の間は、堪忍の事所望候事候」と言っていることを見落としてはならない。すでに相当体が弱っていることを雲谷に伝え、私はもはや長くはこの世に居れないから頼むというのである。

まもなく日峰は、雪江の号を宗深に付与した。

雪江
氷花飀乱凍風寒、滂水渡頭行路難、一色明辺黙不立、看来大歳老激波瀾、
宗深上人求別称、授雪江二字、作偈以証云、
　文安第三丙寅仲冬日、
　養源日峰叟八十歳書、

（妙心寺衡梅院蔵）

雪江も義天・雲谷・桃隠につづいて長らく日峰禅師に師事していたのであるが、ここに至ってようやく道号を与えられたのみで、ついに印可を得られずに終わった。それはこの道号頌によってもわかるように「雪江上人よ、お前の修行は大したものかもしれないが、近寄れば氷のように冷たい感じが

して、暖かさが少しもない。印可は私でなくとも、三人の法嗣からもらえば良いではないか」と言っているのである。

日峰は文安四年二月から三月にかけて自身の頂相に次のような賛を書いている。

方外道友需図画余幻容、余笑云、要箇放癡、憨作什麽、任佗画工筆熟、絵鴉臭老翁、将謂画虎成狸喚蛇倣龍、於戯豈料世上也有遂臭之公、

道友及諸子等、絵余幻質、永賛書之、以塞其請云、

于時文安第四丁卯季春仲澣日、

日峰叟八十歳書之、

（養源院所蔵）

心々々春色瑞靄、和気倍増、禅々々風規漏泄、機境相凌、林下隠愚放憨老僧、出頭天下坐曲彔、床撒手那辺、握黒虵子、呑却乾坤、相似不曽欲誡大心喜面目、遠山無限碧層々画余印等求賛、為嵩岳、万呼山大心寺、将来永々無窮云、文安第四丁卯仲春日、日峯叟八十歳書、

（東海鉄崑崙）

文安四年一月（一四四七）瑞泉寺看院の雲谷の書状に接した日峰は、翌月の二月に次のような返事を書いている。

去る二十八日の手紙を拝見した。すなわちこの冬の安居（あんご）（十二月）は無事過ぎたことを承った。喜こばしい。旧冬に朔蔵主と碩蔵主が養源院を出て南国を廻っている。今のところ便りは無い。また

龍済庵を建立したとのこと宗掬が語った。喜こばしい。香五弁を受取った。委しくは宗掬が伝えるので略す。

（文安四）
閏二月念日　　宗舜（花押）
青龍看丈侍司

（妙心寺養源院蔵）

これによって、雲谷が瑞泉寺における冬安居（ふゆあんご）（旧の十、十一、十二月の接心）を無事終えたこと、桃隠玄朔（朔蔵主）が碩蔵主を連れて南国へ行っていること、瑞泉寺内に雲谷が自分の塔院として龍済庵を建立したことなどがわかる。桃隠は印可と伝法衣を得て、勇躍讃岐に渡り、慈明庵を開くのである。龍済庵は、『瑞泉寺記』などでは、文安四年の三年後の宝徳二年（一四五〇）創建となっているが、この文書によってそれよりも三年古いことが判明する。なお、雲谷法兄の義天は永享七年（一四三五）に瑞泉寺山内に黄梅院を建て、桃隠は同じく慈明庵を建てている（建立年代不詳）。

日峰が、文安四年八月二十二日、勅命を奉じて大徳寺へ入寺したことを示す入寺開堂の法語が大仙寺の『日峰希庵悦崗等語雑録』にあるので次に揚げる。

日峰宗舜大徳寺入寺法語
禅源大済禅師日峰和尚住京城龍宝山大徳禅寺法語、於文安四年八月二十二日入寺、

山門、虚堂八十再住山、々僧八十始入寺、関、無処回避、
仏殿、以脚作踢勢云、吾這脚尖頭、踢出一ケ仏、焼香問訊云、瞻之仰之、南無乾屎橛、
土地、摧邪顕正、有威有権、善付囑善護念、霊山一会儼然、
祖師、喚作驢則是、喚作馬則是、喚作祖則是、揶揄云、不是々、
室間、拈杖云、徳山一條白棒、黄檗六十烏藤、新長老聻、靠杖云、老将筋力不為能、
勅黄、裁群機於量外、列万象於目前、風雲慶会、聳動人天、
山門疏、河目海口、言端語端、自家屋裏事、彼此不相謾、
同門疏、林下十年夢、相逢一咲新、龍朗(翔カ)鳳舞、和気如春、
拈衣、運菴(普巌)却松源(崇嶽)衣、国師従那裡伝、搭衣云、一條紅線手中牽、
法座、宝階三道、須弥一座、驟歩云、莫作尊貴堕、
祝聖、大日本国山城州龍宝山大徳禅寺新住持伝法沙門宗舜、虔爇宝香、端為祝延、今上皇帝聖躬万
歳々々万々歳、陛下恭願、堯風永扇、舜日高耀、
檀那香、此香、奉為大旦(檀)越資陪禄算、伏願、尊崇廊廟、撫鎮華夷、
金吾香、此香、奉為右金吾資陪禄算、伏願、柱石邦家、金湯祖道、
嗣香、此香、颺在無事甲裡多年矣、今日貧鬼思旧債、未免拈出、供養　前住当山無因(宗因)老漢、用酬法乳、
釣語、大開東閣、一槌声前、参、賓主歴然、時有僧出曰、文珠白槌、結冤家於宿世、百丈巻席、起
禍胎於蕭墻、新開太平基、別唱雲門曲、答曰、出頭天外看、誰是我般人、進曰、此山不許他門住、
別涇渭故也、不是帝力耶、答曰、珍重仏心真聖主、好将堯徳振吾宗、進曰、開山国師開堂日、祝聖

語曰、龍囦永固、玉葉弥芳、可謂錦上鋪花、答曰、万斛天香非世有、十分秋色至今存、進云、和尚此日開堂、作麼生是祝聖一句、答曰、九天擎玉印、四海復金輪、進云、徳不孤、則礼拝、答曰、分明能記取、

提綱、世尊拈花、迦葉微咲(笑)、杲日麗天、清風匝地、々々々々、有何極、所以、昨日正法山中眠雲嘯月、分甘枯淡、今朝大徳寺裡、拈槌竪払、恢闡宗要、浄裸々絶承当、赤洒々没窠臼、直得抛出楊岐(方會)栗蓬、撤向松源(崇嶽)黒豆、供養天下衲僧去也、雖然恁麼、将何為験、卓杖一下云、国清才子貴、家富小児驕、

自叙、宗舜、元厺疎慵、既至耆年、深蔵岩壑、隠遁過時、争奈被業風吹、入這裡来、不勝慚惶、衆慈恕容、

白槌謝、開堂之次、恭惟、円福堂頭大和尚、宗通説通、禅熟文熟、頂門豁開正眼、脳后発揚大光、茲承、俯臨座側、辱鳴揵槌、作法証明、下情勿勝激切屏営之至、伏乞賜恕容、

捴謝、次惟、山門両序、適来禅客、雲堂清浄大海衆、現前一会諸位禅師、逐一雖可致謝、今日開堂、端為祝聖、不敢多詞叙陳、各乞亮察、

拈提、記得、宝壽(□沼)開堂公案、一々下語去也、宝壽開堂、狼毒肝腸、三聖(慧然)推出一僧、生鉄面目、宝壽便打、有意気時添意気、三聖(慧然)云、恁麼為人、不唯瞎却者僧眼、瞎却鎮州一城人眼去在也、不風流処也風流、宝壽擲下主丈、皈方丈、看尽瀟湘景、和（以下欠ク）

この出世を聞いて、桃隠玄朔は次の一偈を贈ってこれを祝賀した。

聞日峰住大徳　作　桃隠

竜宝宗風不得扶、拈鎚払随眉鬚、果然天沢天明鑒、東海児孫一个無、

日峰禅師の大徳寺退院の偈は次のとおり。

（東海鉄崑崙）

　大徳寺退院　日峰

龍宝山下老懶牛、今朝特地脱籠頭、国主水草恩難遁、渓北渓南任自由、

（東海鉄崑崙）

日峰禅師は、退院の翌年、文安五（一四四八）年正月二十六日に示寂し養源院に葬られた。妙心寺一派中では、議して「中興開山」と崇めることに決め、位牌を祖堂にあげた。

日峰禅師の弟子である雪江宗深は、その後禅師号下賜のために尽力し、示寂から二十五年を経た文明元年にはこれが実現することになった。文明元年にこれを記念して、雪江宗深は日峰禅師の頂相を写し、これに賛を書いているが、末尾に「文明初元、禅師号降勅、謚禅源大済禅師」と自書している（瑞泉寺蔵）。

　しかし養源院文書によれば、禅師号の勅許は文明三年であるので、文明元年はその内諾の時であったかもしれない。

雪江賛日峰宗舜頂相（瑞泉寺蔵）

日峰禅師の訃報に接した桃隠玄朔は、次のような偈を残している。

日峰聞訃立春　作　桃隠

鶴髪鶏皮八十翁、一生罵雨又呵風、無端平池活埋了、臭気難遮京洛中、

（東海鉄崑崙）

また、その小祥忌（一周忌）に際しては、桃隠は法兄義天に一偈を寄せている。

日峰和尚小祥忌、寄義天　桃隠

鶴林烟散夕陽斜、稽首摩訶迦葉婆、不問去年今日事、

（東海鉄崑崙）

大祥忌（三周忌）における桃隠の偈は次のとおり。

日峰和尚大祥忌之拈香　桃隠

昔日先師不肯我、我儂亦不肯先師、三年笛裡海南月、暗写愁腸寄与誰、

（『頌文雑句』六下）

日峰和尚三回　義天

阿鼻無間焔亘天、日償口業已三年、平呑熱鉄数枚了、吐作栴檀一炷烟

（『頌文雑句』六下）

なお、瑞泉寺における日峰の墓は本源塔といった。日峰がはじめて仏門に入った時が本源庵であったから、それに因んで命名されたものである。以後瑞泉寺は妙心寺派中からの輪番によって住持が順次住山したが、入寺開堂式に際しては、無因の塔と本源塔とを両開山塔と称して必ず参拝した。

寛正元年（一四六〇）の日峰十三回忌に、桃隠は次の一偈を上呈している。

機前林際掌黄蘗、嗣后岩頭罵徳山、痛恨未消十三載、瓦炉添柏咬牙関、日峰十三回忌（桃隠）

（東海鉄崑崙）

前述のように瑞泉寺伽藍は、今日の南向きと異なって西向きであった。明治二十年代から三十年代にかけての大改修で、東側の山を削り、その土砂で西側の斜面を埋めて、石垣を積み、広い平地を生成した上で南向きの本堂と庫裡を建てたのであるが、創建当初は、山の西斜面中腹のことであるから、それほど広い平地を得られず、やむを得ず西向きの寺となったのであろう。

六、日峰宗舜の人柄

日峰には三人の法嗣があった。義天・雲谷・桃隠である。ところが、日峰は後継者中第一位の義天に授けるべき伝法衣（でんぽうえ）を末弟子の桃隠に与えてしまった。

授大衣、三国伝灯、祖訓伝仏心印之秘決也、授与玄朔蔵主、為将来群機、伝付已畢、

嘉吉二壬戌年季秋念四日、日峰宗舜（花押）

（大樹寺蔵、青龍史考一）

こうなると、義天の心中は穏やかではない。雲谷も面白くない。

この三名のほかに、日峰に参禅していた者は無数に居たが、そのなかで第四番目とされていた人は雪江宗深である。五山派から転じたりして、中年になって入門した三名と異なって、雪江は大変若く、

さらに三名と同様に非凡の才があったから、日峰が常人ならば、印可状を与えて法嗣の一人に加うべきであった。ところが日峰はついに印可を与えなかった。

日峰は、三名の法嗣の諱に「玄」の一字を用いている。これは三名ともに、日峰に参禅する前に、すでに他所で修業して、一見したところ玄人（くろうと）のように見えることから、玄を用いたと伝えられている。ところが日峰の心の内には、「こんな程度では真実の玄人とは言えない。危機を乗り越えて、妙心寺派を発展さすためには、もっと修行せよ」という考えが秘められていた。それゆえに、三番目の桃隠に伝法衣を与えて、兄弟子二人に精進をさせ、ひいては三名ともに修行を深めさせたということができる。この説は龍済寺前住の関董光師によるが、各人の諱が五山派に居た頃に師から付されたものであれば偶然の一致であって、この説は成り立たない。

第二節　瑞泉寺の発展

一、三法嗣輪番時代の瑞泉寺

文安五年正月二十六日に日峰が示寂したあと、瑞泉寺は誰かが入寺して住持を勤めなければならなくなった。順序としてはまず義天玄承であるが、折から京都に龍安寺を造営中であり、ようやく日峰の三周忌が過ぎた宝徳二年（一四五〇）八月二十六日に、義天の瑞泉寺での入寺開堂式が行われた。そして住山一ヶ月足らずで、翌九月に退院した（法語は義天の条）。

なお、関市武芸川町平（ひら）の龍福寺にある『年代記』に、

宝徳元年（一四四九）瑞泉寺にて百年忌の頌（じゅ）の年号

とある。義天が龍安寺にあって、関山慧玄百年忌をとり行ったのは長禄三年（一四五九）十二月十二日のことであった（妙心寺史）。この『年代記』の記事だけでは全体の把握は難しいが、関山の百年忌正当は長禄三年（一四五九）であり、これをあえて十年短縮して行ったとみられる。しかし、義天が瑞泉寺へ入寺する前（宝徳二年八月入寺）のことであり、どのようにして行われたか不明である。

つづいて、雲谷玄祥が汾陽寺から入寺し、やはり一ヶ月ほどで退院し、ついで桃隠が伊勢の大樹寺から宝徳二年十二月二十六日に入寺し、住山五年、宝徳三年（一四五四）正月に退院した。義天・雲谷は短期の住山に終わり、桃隠は再住とあわせて十年の長きに及んだ。看院の時は義天が七年、雲谷

が九年ほど勤めたので、桃隠の十年は兄弟子から見れば当然ということになろうか。

三名ともに自己の寺があり、その経営に当たらなければならず、瑞泉寺は主席が無いまま再び塔頭の僧たちが一山を管理するのみとなった。こうして四年余の歳月のあと、康正元年(一四五五)十月に、雲谷玄祥が再び住山した。雲谷は翌二年七月六日に退院したが、七月八日に龍済庵から汾陽寺への帰途、犬山市栗栖付近で木曽川の水難により示寂した。犬山から栗栖に至り、そこから舟で木曽川を渡るのであるが、その途中のガケから転落遭難したか、舟が転覆したか、いずれにしても災難であった。遺骸は対岸の各務原市宝積寺に葬られ、そこに宝積寺が建立された。元禄の頃まで小堂がのこっていたというが、坂祝町取組に移転した。跡地には五輪塔と宝篋印塔や無縫塔の残欠があるのみであったが、昭和五十年頃に寺跡が区画整理事業区域となったので、坂祝町の宝積寺へ一括移された。

雲谷事故死の急報に接した桃隠は大いに驚き、一偈をつくっている。

雲谷和尚の訃至る

虚空神告法梁催、汾水青山冷似灰、倒跨西河獅子々、夜来踢倒涅槃台、

雲谷の後をうけて、桃隠が翌月（康正二年八月二十六日）に再住した。瑞泉住山は五年に及び、寛正二年六月に退院、同六月二十一日に伊勢の大樹寺で示寂した。五年の間、大樹寺はその弟子たる景川宗隆に任せて、桃隠は瑞泉寺の経営に専念した。

『桃隠集』に

瑞泉寺僧堂落成

宗匠工夫費郢斤、聖僧坐断五台雲、金毛獅子何山月、似畏満堂龍象群、

とあり、桃隠が僧堂を落成させ、子弟の育成に力を注いだことを知る。また瑞泉寺近辺の農民が日照りで苦しんでいるのに寄せた「瑞泉寺祈雨」の一偈ものこっている（桃隠集）。

二、両開山百年忌

無因百年忌

瑞泉寺の勧請開山無因宗因は、応永十七年（一四一〇）六月四日の示寂で、百年忌は永正六年（一五〇九）に正当するが、瑞泉寺ではこれを十年早めて明応八年に執行の予定であったらしい。ところがこれをさらに二年短縮して明応六年（一四九七）六月四日に執行することになった。万里集九（ばんりしゅうきゅう）の『梅花無尽蔵』四に次の記事がある。

謹依、明応丁巳之年、
　明応六年也、
瑞泉和尚値、東陽住瑞泉、営弁開山百年忌、
開山無因大和尚百年忌斎作偈、尊韻云、実在後二年、
　　預作百年忌、
倩西施擬喝雷禅、文普釋弥皆欠全、粧鏡台前百年後、黛痕翠帯五湖煙、

明応六年の瑞泉寺住持は、第九世特芳禅傑であったが（明応元年四月十六日再住）、この年三月十五日に退院しており、また『少林無礼笛』にみえる東陽英朝の「再住青龍山瑞泉禅寺語」には、

「明応七年戊午、師時七十一歳」との註がある。従って百年忌の時には主席を欠いていたことになるが、万里集九は「東陽住瑞泉、営弁開山百年忌」と自註をしているから（玉村竹二氏の梅花無尽蔵の研究により、註は万里集九の自註であることが立証されている「五山文学新集・梅花無尽蔵解題」）、明応六年六月ごろ、東陽英朝が住山していたのは確実である。東陽英朝は、その忌斎に当たって、友人たる万里集九を瑞泉寺へ招き、招かれた万里は、和韻の一偈を無因の牌前に上呈したものと思われる。『青龍山瑞泉寺記』には東陽英朝が明応六年四月十五日に再住したとしているので、これが正しいのであろう。

日峰百年忌

瑞泉寺創建開山の日峰宗舜は、文安五年（一四四八）正月二十六日に示寂しているので、その百年忌に当たるのは、天文十六年（一五四七）正月二十六日である。

後掲するように『頌文雑句』六下に「瑞泉創建一百年忌之香語」とその和韻が載せられている。これによれば導師となったのは景堂玄訥である。景堂は景川宗隆の法嗣で、時の妙心寺派内の長老かつ最有力者の一人であり、天文十一年十二月二十一日に妙心寺龍泉院で示寂した（『葛藤集』天文十二年三月十七日、景堂和尚入祖堂語）。

この「瑞泉創建一百年忌之香語」には年号が記入されていない。景堂が瑞泉寺へ住山したのは、永正九年（一五一二）と享禄元年（一五二八）八月十五日の二度である。住山は各一年間である。景堂が瑞泉寺住山中のこの時に忌斎が執行されたのであろうが、それは永正十年正月二十六日か享禄二年正月二十六日のいづれかということになる。景堂の偈に和韻した僧を見てみると、桂峯・勝岩・仁岫・正法禅序・清林・秀本・琢東堂以下多数の名がある。この中で、たとえば仁岫の場合、先師独秀の示寂（永正十一年）以後の抬頭であり、桂峰は史料上の初見が享禄五年である。これらから推定すれば、享禄二年に行われたと見るのが妥当だろう。以下は、『頌文雑句』六下ほかに見える遠忌の時の香語である。

▲瑞泉創建一百年忌之香語　景堂

擧香云、這好堅樹、在地百年、枝葉具足、一日出生、其高百丈、喚臨済樹、則抽宗枝於佛界、敷毒花於魔界、鬱蜜葱葱而覆蔭后昆、何乗不肖遠孫信手、拈來只是箇乾柴片、即今挿向爐中、謹供養當山創建勅謚禅源大濟禅師大和尚、忽穿却他鼻孔、全結五逆之讎、偈曰、百年東海鉄昆崙、今日探支錯勿論、将謂祖庭秋已晩、満山松竹緑繁、

▲和韻　桂峯

元無縫罅是渾崙、滅后百年還足論、壓倒巴陵銀椀雪、残羹餿飯異香繁、

▲同　勝岩

雲外龍山黒鶻崙、祖翁道徳絶餘論、百年光景一弾指、東海児孫猶是繁、

▲同　仁岫

乃祖一香黒鶻崙、由來何落蔚宗論、餘薫不散百年后、東海児孫枝葉繁、

▲同　正法禅序

螺甲拈持黒鶻崙、上方尊偈以誰論、百年資始三千歳、日種兼并門葉繁、

▲同　清林

一香割取箇昆崙、乃祖鼻頭生異論、莫道百年不易満、春風月日入梅繁、

▲同　秀本

一爐螺甲黒波崙、開點人天正眼論、喚醒那伽定中睡、濟川舟筏度生繁、

▲同　琢東堂

一爐香劈被崑崙、公案梅花置不論、値百年成萬年計、児孫東海日應繁、

▲同　祖□(汲カ)

河水元來出鶻崙、境無遠近以何論、百年東海今猶古、日上扶桑子乗繁、

▲同　信藏主

日日孫峯打鶻崙、百年三萬不堪論、青龍春動三正月、先入寒梅霜雪繁、

▲同　普藏主

禅源豈水出崑崙、莫以江河淮水論、萬匁龍門甲天下、慈雲法甫更滋繁、

▲同　岐秀

吾家未必覓波崙、説什麼般若講論、一百年前大禅佛、扶桑國裡後昆繁、

▲同　妙興侍者

白浪横門出鶻崙、拈成況水不相論、莫言歳月未盈百、和尚住持兮事繁、

▲同　友峯

也奇怪黒漆昆崙、鼻孔指南嗅魯論、激起百与東海浪、瑞泉一滴洗天繁、

▲同　　　　覚林

一瓣酬恩香鶻崙、百年省数有誰論、青龍窟裡活龍也、松亦孫枝子乗繁、

▲同　　　　明斉

三□□黒鶻崙、誰爲下□□何論、百年三萬六千日、東海宗枝門葉繁、

▲同　　　　先照

生鉄鋳成鸝鶻崙、即今拈出渉談論、山中法鼓風雷激、振起青龍雨露繁、

▲同　　　　億蔵主

一炷香材焚鶻崙、探支百歳直評論、依然紅日龍峰上、遍帯光輝花木繁、

▲同　　　　文叔

混沌未分光鶻崙、百年一刻不堪論、連霄聴雨寒更尽、大早開門落葉繁、

（『頌文雑句』六下）

瑞泉創建百年忌本韻

攪動禅源爲大済、余流致遠溢叢林、百年厳諱永嘉末、一曲黄鴬正始音、了江

正当祖忌百年今、瑞靄依然満四林、紫燕黄鸝花世界、春風一切法勝音、泰秀

（明叔慶浚等諸僧法語雑録）

瑞泉開山百年忌

百年生顕祖師禅、東海宗風日転全、鼓動瑞泉本源浪、活龍特地起霊烟、（功甫玄勲）

（梅北集）上

このうち最後に掲げた偈については、それより前の偈と異なる韻によっており、また作者の功甫玄勲は大永四年（一五二四）四月二十六日に亡くなっており、享禄二年に行われた日峰百年忌の折のものではないといえる。恐らくは、永正六年（一五〇九）正当の無因百年忌の時の作品であろう。

三、世代と略伝（三世～六三世）

これ以降現住職に至るまでの世代数については、史料によってまちまちなので、龍済寺前住の関董光師による『青龍史考』の世代によることにする。

三世　義天玄承　宝徳二年八月二十六日入寺、九月退院

義天は明徳四年（一三九三）に土佐の曽我氏に生まれた。十五歳の時、土佐の天忠寺義山明恩のもとで薙髪し、十八歳で得度した。ついで海を渡って上洛し、建仁寺で夢窓派の孤芳の教えを受け、さらに福聚寺の春夫（無因の法嗣）に足かけ三年随ったあと、犬山の瑞泉寺の日峰宗舜のもとへ転じた。そして五年にして大悟し、応永三十五年（一四二八）に印可状をうけたのである。この頃に美濃の可児郡御嵩町に愚渓庵を開創した。これは先師日峰が御嵩町内の春木に無著庵という草庵を結んだことがあり、義天もその旧跡をたどって、その近くに草庵を結んで坐禅三昧にふけっていた。その後しばらくして、永享四年（一四三二）に日峰が妙心寺再興の為に上洛すると、義天は、空席となった瑞泉寺の看坊職を命ぜられた。愚渓庵を去った義天は、瑞泉寺で七春（七年）を過ごすのである。永享十一年に法弟の雲谷玄祥と交替してようやく愚渓庵へ戻り、永享十一年三月二十六日付で、義天は地元の有力者たる大垣内（おおがいと）衛門（えもん）浄珍・藤木道藤（どうとう）・今井右近宗源（そうげん）の三名から愚渓庵背後の山を寄進された。

その後、愚渓庵は義天の法嗣茂林宗繁に引きつがれてゆく。文安五年（一四四八）正月に日峰が妙心寺養源院で示寂したあと、義天は上洛して養源院に入り、日峰の事務等を引きついだ。ある日、細川頼之の子勝元が養源院を訪れて、義天に親しく参礼した。父・頼之の臨終のときの日峰とのことが話題となり、また義天の人柄と禅知識の深さにうたれた勝元は、義天に深く帰依するようになった。そして勝元は、京都に大雲山龍安寺を建てて義天を開山に迎えたのであった（宝徳二年六月完成）。のちには勝元の領国丹波に龍興寺を建立し、勝元は義天を開山に招請した。

文安五年四月二十七日には、義天は押小路（おしこうじ）康盛（やすもり）から愚渓庵の西正面に当たる宝塚（たからづか）（財塚）の寄進をうけ、翌六年（宝徳元）三月二十七日には、鷲巣（わしのす）教康から放岡（はなちおか）と高尾峯（たかおみね）の寄進をうけている。高尾峯というのは、当時の寺の南の峯、今の寺地の北東にそびえる峰で、放岡はそれから西へ続く山、今の墓地のある山である。同日付けで、時の守護代斎藤利永が寄進状を書き、四月三日に管領の細川勝元がこれを承認する旨の施行状を出している。これら寄進した土地を明らかにする絵図も愚渓寺に伝えられ、絵図の裏側には利永の証判がある。義天は御嵩町の寺段の無著庵近辺からここに愚渓庵を移転したのではないかと思われる。

義天は宝徳二年八月二十六日に瑞泉寺へ住山し、翌九月に退院した。入寺退院の法語が龍済寺の『瑞泉入寺開堂法語』に見える（史料編参照）。

義天の瑞泉寺入寺法語のうち、退院の偈は次のとおりである。

退院

備二五縁一人古人稀、慚吾薄福始知レ非、長安城北山如レ待、掌握烏藤先レ我飛、

この退院の偈は『葛藤集』125丁と『東海鉄崑崙』とにも見える。ただ『東海鉄崑崙』では承の句の上二字が欠字となっている。

宝徳二年九月二十六日に退院した義天は、その四年後の享徳二年（一四五三）に大徳寺へ晋住（しんじゅう）した。

隻影江湖四十年、生涯別処只閑眠、如今被却白鴎咲、黄髪始臨竜象莚
　　大徳寺入院自舒　　同（義天）

頂上鉄枷三百斤、今朝脱却謝明君、々恩尚重皈休後、高臥安眠一榻雲
　　大徳寺退院　　同（義天）

（以上『東海鉄崑崙』）

住山は細川勝元の支援によるもので、細川氏の兵の擁衛する中で叔々として行われ、住山三日の儀式をとどこおりなく済ませて龍安寺へ帰ったという（正法山六祖伝）。

松が岡文庫の『禅林雑記』63丁では、

肩上鉄枷三百斤、今朝脱却侍名君、々恩猶重皈休後、高臥安眠一榻雲、義天和尚大徳退院

となっている。

長禄三年（一四五九）十月二日、義天は妙心寺に叢林江湖や同門の尊宿を集めて、開山の百年忌を盛大に催した（碧山日録）。十二月十二日が正当であるのを早めてこの日に行ったものである。師の香語は次のとおり。

不知伝法正耶邪、滅法還他老骨楂、微笑春回百年後、華園猶有一枝華、（正法山六祖伝）
病中の義天が雪江に寄せた偈が『東海鉄崑崙』に見えている。
山僧近日不安時、圧倒江西馬大師、日面仏兮月面仏、不教院主問如之、病中至雪江禾上　同（義天）
義天は、寛正三年（一四六二）三月十八日に示寂した。世寿七十、法臘五十三であった（正法山六祖伝）。全身を大雲山龍安寺の西北の丘に埋めた（同）。「嗣法する者は雪江深禅師一人のみ」と『正法山六祖伝』にあるが、愚渓寺二世の茂林宗繁も法嗣の一人である（妙心寺派法系図からは脱落している）。
義天百年忌に希庵が一偈をつくっている（『頌文雑句』六下112丁）。永禄四年三月十八日正当であるから、希庵が妙心寺在位中のことになる。
一碧老人も義天百年忌に一偈をつくっている（禅昌寺本『明叔慶浚等諸僧法語雑録』）。
屈指乃翁経百歳、大灯骨髄自伝灯、威風三万六千日、不改梅花維徳馨、義天和尚百年忌　一碧作
天文十八年九月、禅昌寺（仁谷）和尚から手紙があり、見ると大円寺（明叔）和尚の杲天（こうてん）七周忌追悼の香語であった。一碧はこれを感謝し読んだが、一碧は江左にあり参会できなかったのは残念のきわみだといい、一偈を送るとある（禅昌寺本『明叔慶浚等諸僧法語雑録』）。一碧老人についてはこれ以上知ることができない。また一碧なる人は妙心寺派法系図からも脱落している。

四世　雲谷玄祥　宝徳二年入寺

寛正元年十一月二十六日再住同二年七月六日退院、同七月八日示寂

松が岡文庫の『法語偈頌』にみえる「濃州武義郡谷口村乾徳山汾陽寺開山勅謚仏智広照禅師大和尚」

によれば、

師釋玄祥、字雲谷、嗣日峰、江州日野人也、俗姓蒲生氏、康正二年丙子七月初八日申刻示寂、在世五十五歳也。

とあり、また、

雲谷和尚、初は江州永源寺そだち也、曹洞宗にてはなし、永源寺出ての後、日峰に随侍、汾陽の地を日峰檀那にもらひ建立也、

とある。

また『法語偈頌』に、これとは別に、

出永源寺　雲谷玄祥

五々年来借一叢、無由使十二時中、如今脱却羅籠裡、何処雲庵倚此躬、

とあって、永源寺で足かけ二十五年間もの長い間修業したらしいことを知る。

雲谷は、応永九年（一四〇二）の出生であろうから、十五歳で入門して二十五年といえば、四十歳で永享十二年（一四四〇）に当る。日峰は永享四年頃に瑞泉寺から上京して妙心寺の再興に当っているから、まさに再興の最中であった。ただし、汾陽寺文書中に、嘉吉元年（一四四一）と推定される八月六日付青龍看丈あて日峰があり、永享十一年以来三ヶ年間瑞泉寺の看院をつとめていると推定されるので、雲谷の日峰への入門は少なくとも永享十一年以前のことであっただろう。永源寺へ入門したのは十五歳よりもっと若く、十歳頃だっかもしれない。

瑞泉寺内の龍済寺の寺伝では、応永三十二年に雲谷二十四歳の折に日峰に参じ、その法を嗣ぐに至っ

たというが、応永九年の出生は合致するものの、永源寺で足かけ二十五年間修業したということから見れば、少し早すぎるだろう。

前述のように、雲谷は永享・嘉吉年間に、日峰不在の瑞泉寺留守を預る看坊職を長らくつとめた。美濃の守護代斎藤越前守利永の帰依をうけて、応永三年九月、岐阜県関市武芸川町谷口に乾徳山汾陽寺を開創したと伝えるが（濃飛両国通史）、利永が守護代に就任したのは宝徳二年（一四五〇）のことであり、また汾陽寺所蔵の文安四年三月二日付大工兵衛了聴（ひょうえりょうちょう）の山林寄進状などから勘案すれば、汾陽寺の創建は文安年間とみられ、応永三年九月でなくて文安三年九月の誤伝かとも考えられる。

雲谷はまた文安四年閏二月には、瑞泉寺内に自身の塔院として龍済庵を建立した（養源院蔵日峰宗舜書状）。この頃も雲谷は瑞泉寺の看坊をしており、汾陽寺の留守を預かったのは悟渓宗頓である。悟渓は雲谷示寂後は雪江宗深に師事した。のち延徳二年には斎藤利永の妻（慈雲院本光善性、赤松氏出身）やその子斎藤妙純の配慮によって瑞龍寺から汾陽寺へ移って、その中興開山となった。

雲谷玄祥像（汾陽寺所蔵）

これより前、文明十六年に悟渓は斎藤氏と図って、雲谷のために「仏智広照」の禅師号の下賜をうけた。また雲谷没後の「前住妙心」追贈も運動したが、これは朝廷から承認されなかった。

雲谷が宝徳二年に瑞泉寺住持職として住山した時、法弟の桃隠玄朔は次の一偈を寄せている。

雲谷和尚賀瑞泉之住山　桃隠
烏藤七尺靠春空、昨夜無端化大藤、衝破天源涛万丈、五湖四海一斉従、
（東海鉄崑崙）

関市武芸川町平（ひら）の龍福寺蔵『年代記』には、「康正二年七月八日申之刻（午後三〜四時）、広照禅師入滅」とある。

雲谷の瑞泉寺入寺開堂の法語は伝わっていない（青龍史考）。

その後雲谷は、康正元年（一四五五）十月二十二日に瑞泉寺へ再住した（青龍史考）。その法語は『青龍史考』にあり、また同書のもととなった龍済寺の『瑞泉入寺開堂語』に収められている（史料編参照）。

いつのことかわからないが、雲谷が瑞泉寺住山中に美濃の武将と思われる牛牧修理亮が上洛して在陣中であるのを見舞って、手紙を出している。文面は次のとおり。

（封紙ウ八書）

「　　自瑞泉寺

手紙修理亮殿　　　　玄祥」

快便により一筆申し入れ候、すなわち御在陣中思い遣（つかわ）し申し候、なかんずく此の僧急用の子細候て罷（まか）り上り候、無心に御座候へども、路次無為（むい）に過（すご）し候様に御了簡（ごりょうけん）候て給（たま）い候はば、恐悦（きょうえつ）たるべく候、

いか様(さま)御目に懸(かか)り候て、万事申し入るべく候、恐々謹言、

三月廿一日　　　玄祥（花押）

牛牧修理亮殿

（汾陽寺文書）岐阜県史史料編

雲谷は康正二年七月六日退院し、龍済庵から汾陽寺への帰途に、犬山市栗栖で木曽川を渡河する際、事故により亡くなった（七月八日）。このため、対岸の鵜沼に宝積寺が建立され、その供養が続けられたのであるが、天文・永禄の頃には廃絶し、近世になって坂祝町に同じ名の宝積寺が再興されて存続している。

応仁二年（一四六八）には、瑞泉寺住山中の悟渓が雲谷の十三年忌を行った（虎穴録）。また、文明十六年九月二十日に禅師号下賜の綸旨が出されている（汾陽寺文書）。

この『佛智廣照』との禅師号を下賜された時は、瑞泉寺住山中の東陽英朝は、雲谷と瑞泉寺の祖堂に祀り、法語をのこしている。

佛智廣照禅師入祖堂仏事

挙牌云、龍済門庭万仭開、聖名風兮総塵埃、這回恨被二君恩ニ誤一、鉄樹生花奉勅梅、前住当山勅謚佛智廣照禅師大和尚百年東海ノ崑崙、気呑仏祖、一代西河ノ師子、威捲風雷、喝、任他芝詔耀林岳、谷ノ静片雲依旧隈、便自安牌了、（大仙寺、永禄五年本『少林無孔笛』）

五世　桃隠玄朔　宝徳二年（一四五〇）十二月二十六日入寺、享徳三年（一四五四）正月退院、
康正二年（一四五六）八月二十六日再住、寛正二年（一四六一）六月退院

桃隠は京都の大工の子として生まれ、始め東福寺で修行したが要を得ず、応永三十三年（一四二六）頃に日峰宗舜の居る瑞泉寺へ移った。明応二年の禅師号下賜の勅書によれば（後掲）、建仁寺で蔵主をつとめたこともあったらしい。嘉吉二年（一四四二）には日峰禅師から伝法衣を授けられて、勇躍四国の阿波へ渡り、慈明庵を開創した。

阿州慈明庵偈作
烟雨三年南海涯、一蓑空睡釣魚台、幾多蝦蜆貧香餌、遇金鱗衝浪来、
（桃隠集）『東海鉄崑崙』では「阿州慈明庵偈作集雪江」

これは慈明庵で三年を経た時の作品で、金鱗の魚すなわち優秀な弟子が得られないことを歎いたものである。文安元年頃の作であろうか。また阿波での桃隠の生活は貧しく大変であったらしく、

短衣銀鹿扣吾盧、報道明朝赴上都、為君欲寄紙三幅、近日清貧紙又無、寄雪江禾上、従四国桃隠
（東海鉄崑崙）

このような一偈を四国から雪江に寄せている。
その桃隠のもとに、まもなく景川宗隆が入門してきた。そして、桃隠は景川の故郷である北伊勢に慈明庵を移すことにした。

慈明庵作　勢州
万象森羅吾侍者、十方世界我檀那、西山佳処結茆屋、要見飛泉樹杪波、万象森羅吾侍者、十方世界

我檀那、西山住処結芳屋、要見飛泉樹杪波、
　桃隠叟書　于西山慈明庵
　　月　日
（桃隠和詩集録　共二、三）大樹寺本ガリ版
（桃隠集）

この慈明庵時代か、先師日峰の修行した伊勢朝熊山の呑海庵を訪れて、桃隠は次の一偈をつくった。

曽聞人説思重々、呑海庵前望士峯、四十由旬半空雪、
雲間一□（朵）玉芙蓉、呑海庵見富士　桃隠
（東海鉄崑崙）

桃隠は伊勢の慈明庵で四年を過ごし、去るに当って次の一偈をのこしている。

　慈明庵退院　勢州
一住慈明四歳過、今朝忽欲蹈鯨波、庵中数個閑家具、
　付与山前春夢婆、
（東海鉄崑崙）

桃隠は員弁郡保々郷（四日市市）の領主朝倉備前守光繁の帰依を得て、その私邸を改造して保福山大樹寺と

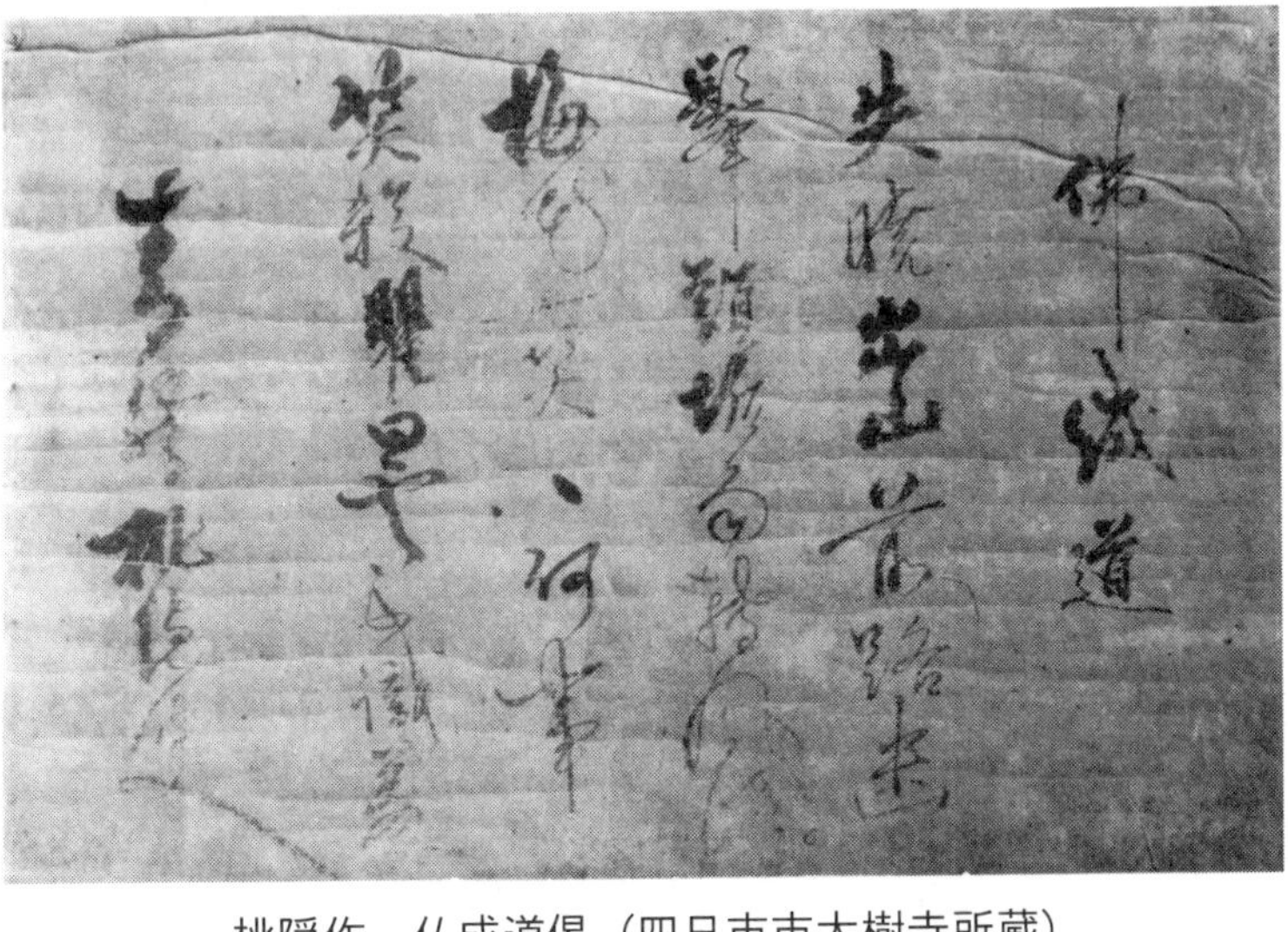

桃隠作、仏成道偈（四日市市大樹寺所蔵）

し、その開山として招かれたのであった。それは宝徳年中（一四四九〜一四五二）のことといわれる。

桃隠は文安六年（宝徳元年）正月二十六日の日峰小祥忌に、導師をつとめた義天に一偈を寄せている。

鶴林煙散夕陽斜、稽首摩訶迦葉婆、不問去年今日事、伝令欄外果如何、日峰和尚小祥忌　寄　義天

（『青龍史考』桃隠の条）

翌年の康正二年正月二十六日の日峰大祥忌にも桃隠は一偈を寄せた。

元是先師無肯我、我儂亦不肯先師、三年笛□海南月、暗写愁腸寄与誰、日峰和尚大祥忌

（『青龍史考』桃隠の条）

桃隠は大樹寺から宝徳二年十二月二十六日に瑞泉寺へ入寺した。桃隠の瑞泉寺入寺の法語が龍済寺の『瑞泉入寺開堂法語』に見える（史料編参照）。瑞泉在住中に、犬山出身の柏庭宗松が桃隠に入門したという。その時柏庭は十四歳であった。後日柏庭は大成して犬山に徳授寺を開創するや、桃隠を勧請開山としてその恩に報いたのであった。

入寺した翌月の正月十四日には瑞泉寺の大衆に、次のように示したという。

元是青竜山裡龍、平呑南海逞神通、皈来無意穫ゝ霧、游戯瑞泉一滴中、於瑞泉垂示代云、

正月十四日同（桃隠）

（東海鉄崑崙）

桃隠は、享徳三年（一四五四）一月二十六日の退院に際して、次の一偈をつくっている。

一住五年如履氷、春風捲衲下危層、不知何処得安枕、万里江上七尺藤、

（この偈は『葛藤集』125丁にも収む）

柏庭のほか松岳宗繕や前述の景川宗隆が桃隠の門下に居て、ようやく桃隠一門は盛んになりつつあった。足かけ五年を経て享徳三年（一四五二）一月二十六日に瑞泉寺を退院した桃隠は、二年半後の康正二年八月二十六日に瑞泉寺へ再住し、五年間在住した。在住中の寛正三年（一四六〇）正月には、日峰の十三回忌を桃隠が執行した。その時の偈は、

機前林際掌黄蘗、嗣后岩頭罵徳山、痛恨未消十三載、瓦炉添柏咬牙関

である（東海鉄崑崙）。

退院から五ヶ月後の六月二十一日に大樹寺で示寂した。入滅直前に桃隠が書いた頂相の自賛は次のとおりである。

自賛入滅

一株大樹、天下蔭涼、毒花毒菓、観者瞎眼、甞者爛腸、千古万古、吾門禍殃、

大樹寺所蔵の桃隠頂相には、次のように書かれている。

一株大樹、天下蔭涼、毒花毒果、観者瞎眼、甞者欄腸、千古万古、吾門禍殃、諸子等、画余幻質求讃書之、元大樹永住、

寛正二辛巳季(脱アリ)念一日

創建本寺勅謚真源大澤禅師桃隠大和尚自讃、前妙心松岳宗繕一香九拝謹写

桃隠は多数の良い弟子を得て、天下に蔭涼を造ったけれど、毒花で実らず、一人も印可を渡し得なかったという無念の意が込められている。義天・雲谷との約束により、最後に残った者がこれらの弟

子に印可を渡すということになるのである。桃隠は明応二年（一四九三）に真源大澤の禅師号を下賜された。頂相は寛正二年自賛のものを、弟子の松岳宗繕が写したものである。禅師号の勅書は次のとおり（大樹寺所蔵、『四日市市史研究13』）。

勅大灯遺孫桃隠和尚、壮司建仁蔵鑰、後匡瑞泉、学徒参師去師、振舌平呑四海、就仏罵仏、発足坐断諸方、与世同波当機説法、舠一宇之禅崛、大樹涼人唱三要之宗風、蟠桃結実、以推道学千叢社、有奏名声于朝廷、由是桃国師之余光、授禅師之徽号、諡曰真源大澤禅師

明応二季四月廿七日

（お茶の水『禅林無尽蔵』82丁にも収）

六世　雪江宗深　応仁元年三月二十六日入寺　退院年月日不詳

雪江宗深は摂州野間荘の生まれで、日峰宗舜に師事し、文安三年（一四四六）に至って「雪江」の道号を授与されたが印可を与えられずに終り、さらに修行を重ねた。『雪江和尚語録』に次の偈がある。

病中寄雪江　義天、

山僧近日不安時、圧倒江西馬大師、日面仏兮月面仏、不教院主問如之、
何知今雨有来人、白髪懶惰黄鳥春、風景隔山花未落、経過従可頻頻、

寛正二年（一四六一）に桃隠が示寂し、残る義天も寛正六年に示寂した。余命の少ないことを悟った義天は、雪江にこの二偈を送ったのである。私は身体が不安となったが、まだ意気は江西の馬大師を圧倒する勢である。日峰先師もそうであったし、雪江（月面仏）もそうであろう。会いに来いと。

雨中にもかかわらず人の来た気配がする。鶯の鳴くこの春に白髪の私はなまけているが、花はまだ落ちずにいる（私は生きている）。これからは刻々と様子が変るので早く来いと。

雪江はこうして印可を義天から与えられた。瑞泉寺に塔頭妙喜庵を開創したのは永享十年（一四三八）とされている。妙心寺には塔頭衡梅院を開いた。

応仁元年（一四六七）三月二十六日、瑞泉寺へ入寺した。この年六月に悟渓宗頓に印可状を与えているが（雪江和尚語録）、「応仁元年六月、鬼宿」とある。

雪江の瑞泉寺入寺法語が龍済寺の『瑞泉入寺開堂法語』に見える（史料編参照）。

応仁二年の春には、雪江は、醍醐寺で九渕龍睬に会っているので（黙雲藁、『五山文学新集』五）、瑞泉寺住持を兼務しつつ、京と尾張を往来したというのが実態であろう。

雪江が瑞泉寺住持として三年二夏を過ごしたかどうか判然としないが、三年目に当る文明元年に、日峰宗舜の項相を再製して、雪江が賛を書写したものが瑞泉寺に所蔵されているので（史料編参照）、この頃も瑞泉寺に在住していた可能性がある。この時には日峰宗舜禅師のために「禅源大済」の禅師号下賜に尽力した。そして瑞泉寺においてこれを慶祝する香語をつくっている。

瑞泉開山日峰和尚賜徽号拈香

触著三尺竹篦、幾多辛辣、喫却三頓痛棒、多小艱難、怨入骨髄難遮掩、旧冤為報弁栴檀、共惟、開山祖師日峯老漢、生前莽鹵、死後瞞頇、凌滅鷲峰（松源崇嶽）正宗、驀面呵仏祖、疏鑿天源（南浦紹明）正脈、平地起波瀾、宝山（大徳寺）捧贄時、喚蛇作龍眼既瞎、花園（妙心寺）匡徒処、指桃罵李機何完、晦養軒前雲低遠塞鳴寒雁、養源塔下月移花影上欄干、一生泥在無明窟、百般玩弄業識団、何幸　今上皇帝、特降下綸音、勅謚禅源大済

禅師、慚汗慚汗、正当今日、望闕謝恩一句、如何渉言端、挙香云、手把少林無孔笛、等間吹起万年
歓、揷香、
（雪江和尚語録）

また、寛永本『心宗録』に「南昌祖詢監寺予修下火語」がみえ、その末尾に、
右仏事、予為百年後請之、青龍山主雪江叟唱以応監寺需云、旹文明五祼季春上澣、
とあり、この頃も一時期雪江が瑞泉寺に住山していたようにも見受けられるが、この年七月には、雪江は「龍安寺殿尽七日忌堕座法語」を述べていて、龍安寺に在住していたと思われるので、雪江はごく短期間瑞泉寺へ来住していたのかどうか、史料が希薄なので詳しくはわからない。
雪江宗深の行状は『雪江和尚語録』に収録され、またその生涯を述べた著作も多いので、瑞泉寺以外のことは省略する。文明十八年（一四八六）六月二日に示寂した。世寿七十九歳。全身は遺命によって妙心寺の衡梅院に葬られた。
永正二年（一五〇五）八月二日、朝廷から「仏日真照」の禅師号が下賜された（雪江和尚語録巻頭収録）。永正二年は雪江の示寂後十九年目に当たる。

七世　景川宗隆　文明十一年九月二十六日入寺　文明十二年八月十六日退院
文明十七年九月二十二日再住

景川宗隆は応永三十二年（一四二五）北伊勢に生まれた。平氏という。若くして、父のすすめで伊勢の円明寺へ入門した。そして十九歳の時に円明寺を出て、尾張犬山の瑞泉寺雲谷玄祥のもとへ移った。

ここで研鑽したあと、美濃の愚渓庵の義天玄承のもとに転じ、義天が管領の細川勝元の招きで龍安寺へ入寺すると、これに従った。龍安寺では、土木の労役に耐えかねて辞去する者が続出し、景川も桃隠玄朔が讃岐の慈明庵で禅風を鼓舞しているのを耳にして、師事することになった。景川は、ここでも修行の労に耐えられず、今度は師を伴って郷里の伊勢国保々郷へ慈明庵を移し、ここに師弟で寓居した。保々郷の朝倉氏は私第（しだい）を捨てて大樹寺を建て、ここに桃隠を開山に招いたので、景川も師に仕えていたが、三年を経て再び景川は龍安寺の義天のもとへ転じた。そして再び桃隠の膝下へ戻り、桃隠に仕えること十三年にして、碧巌百則の公案の大方（おおかた）を了得した。まさに印可状を与えられるという段階に至ったが、寛正二年六月、桃隠は示寂してしまった。景川は、大樹寺で桃隠の四十九日忌を済ませると、龍安寺の義天のもとへ移ったが、義天も間もなく逝き、雪江の門下に入った。

雪江から印可を与えられた景川は、文明七年三月二十日、五十一歳にして大徳寺へ晋住（しんじゅう）した。文明七年三月日の南禅寺蘭坡による大徳寺入寺同門疏がお茶の水図書館『妙心寺入寺法語』（大休）にみえる。景川は妙心寺へも住山

明応９年 景川自賛頂相
（いなべ市瑞応寺所蔵）

している（初住の時期不明、再住文明十二年十二月）。

文明十一年には、細川政元が大心院を開創し、景川を住持に迎えたという。ただ大心院は、応仁の乱前にすでに妙心寺寺内に雪江が院号を求めて景川を第一祖として建立されていたとの説もある（『妙心寺史』119頁）。

文明十一年九月二十六日、瑞泉寺へ景川は入寺した（瑞泉寺記）。龍済寺蔵『瑞泉入寺開堂法語』に入寺法語がみえる（史料編参照）。

瑞泉寺で景川は、文明十二年（一四八〇）正月二十六日、瑞泉創建日峰の三十三回忌を執行し、一偈をその牌前に上呈した（瑞泉寺入寺法語）。ついで同年七月八日、汾陽寺開山雲谷玄祥二十五年忌に当り、香語をのこしている（同）。この香語によれば景川は三年ほど雲谷に師事したことがあるらしく、「大なる哉恩涯何をもってか報いん」と述べている。瑞泉寺の木曽川を隔てた対岸の鵜沼に居た万里集九も、この忌斎にあわせて、次のような和韻を寄せている。

　依景川和尚値雲谷師之忌斎、作偈之厳押、（『桃花無尽蔵』四）

四海虚堂七世師、為誰今髄又分皮、今朝痛被吾翁喝、震裂龕中曲彔枝、

瑞泉寺の景川と鵜沼の万里とは近距離に居ることもあって、何かと交友があったらしく、万里はその忌斎に招待を受けたのであろう。そうすると、この忌斎は汾陽寺でなくて、雲谷の塔院龍済庵のある瑞泉寺で行われた可能性が強い。

景川は文明十二年八月十六日に退院し（瑞泉寺記は同年八月八日とする）、同年十二月から文明十六年頃まで妙心寺住持をつとめたらしい。そして文明十七年九月二十二日瑞泉寺へ再任した（後述）。

『瑞泉入寺開堂法語』による退院の偈は次のとおり。

阿母痴（癡）頑老在堂、胸中五逆我何蔵、秋風白髪三千路、一片孝心皈策忙、

八世　悟渓宗頓　文明十二年十二月十三日入寺
文明十三年七月十五日退院（瑞泉寺記）　延徳元年四月十六日再住。

悟渓宗頓は応永二十三年（一四一六）に愛知県丹羽郡扶桑町山那（やな）で生まれた（明応九年に八十五歳で寂から逆算）。生誕地には、寛永年間に悟渓寺が建てられて存続している。山那は犬山瑞泉寺に近いので、十七歳の時（永享四年、一四三二）に瑞泉寺の日峰宗舜に入門したという。日峰は永享四年頃に上京したので、これに悟渓も随身した。文安五年（一四四八）正月二十六日に日峰が亡くなると、悟渓は濃尾へ帰り、主として雲谷玄祥に師事した。雲谷は康正二年（一四五六）七月八日に亡くなり、雲谷和尚の年忌に際して「参侍巾瓶已十秋（さんじふくへいすでにじっしゅう）……」という香語を悟渓が残しており、雲谷に師事するこ

明応８年 悟渓自賛頂相
（岐阜市大龍寺所蔵）

とおよそ十年に及んだことがわかる（『虎穴録』上）。それは丁度文安四年から康正二年までの十年に当たるとすると、日峰が亡くなってから移籍したのではなくて、日峰の晩年、亡くなる一年ほど前に移ったのかもしれない。康正二年以後は、桃隠・義天に仕え、ようやく応仁元年（一四六七）六月に雪江から悟渓に印可状が与えられた。

応仁元年十月十一日、悟渓は交友の厚かった前守護代・斎藤越前守利永の墓をたづねて大安寺へ至り、次の一偈をのこした（『虎穴録』上）。

済北山前龐老祠、野僧今日払苔来、不知居士生耶死、亜菊早梅春一枝、

応仁二年は、雪江の瑞泉寺住山（応仁元年三月廿六日〜）に随侍してか瑞泉寺山内の臥龍庵に居たらしく、龍済（雲谷）の十三年忌をとり行った（虎穴録）。臥龍庵は悟渓が文正元年（一四六六）に創建したという（瑞泉寺記）。

翌文明元年にか、美濃守護土岐成頼と執権斎藤妙椿（みょうちん）（利永の弟）に招かれて、上加納（かみかのう）（岐阜市）に瑞龍寺を創建した。この金宝山瑞龍寺には、文明二年（一四七〇）三月十四日に、後土御門天皇から、十刹に準ずる旨の綸旨が下賜されている（虎穴録）。

その後、文明十二年十二月十三日に、悟渓は瑞泉寺に住山し、翌十三年七月十五日に退院した。文明十六年結夏日（四月十五日）には妙心寺へ入寺し、同年仲夏に東海庵を創建した（『虎穴録』の行状）。妙心寺の悟渓は、同年仲夏下澣に、西川宗洵首座のために自身の頂相に自賛をしている（寛永本『心宗録』下80丁）。

悟渓はまた、文明十八年（一四八六）正月鬼宿に、宗珉に玉浦との道号を授けている（寛永本『心宗録』下）。（『異本葛藤集』上10丁）。これには「養胎軒主悟渓宗頓書之」とある。

また、同年夷則（七月）上澣に、玉浦宗珉蔵主の求めで頂相に自賛したが、「悟渓叟宗頓、書于正法山拈花室」とある（寛永本『心宗録』下81丁、『孤岫録』65丁、大智寺に頂相原本あり）。

九世　特芳禅傑　文明十三年九月入寺（瑞泉寺記）明応元年四月十六日再住、明応六年三月十五日退院（瑞泉寺記）

特芳禅傑は、尾張熱田（名古屋市）の人で、若くして京へ上り、五山派の寺で修行したのち、龍安寺の義天玄承に師事し、また雲谷・桃隠の教えをうけて、文明五年九月上旬に雪江宗深から印可を与えられた（『妙心寺史』170頁年表に記述、『雪江録』に印可状写）。

これより先の文明元年（一四六九）に、瑞泉寺に塔院・輝東庵を創建し（寺伝）、年月は未詳であるが特芳は輝東庵から美濃見龍庵の景川法兄を尋ねたこともあった（『景川和尚語録』下）。

特芳の大徳寺晋住は文明十年九月のことで、この時の年月入りの同門疏が犬山龍済寺本の巻頭に見える。その住山法語には、結夏上堂語、冬至上堂語などがある。

文明十三年九月に、特芳は瑞泉寺へ住山し（『西源録』に住山年月の記入は無いが、瑞泉寺記に入寺年月がみえる）、文明十五年夏までの三年二夏を過ごしたらしい。

雪江老師は、特芳の瑞泉寺住山を気づかい、その直前まで瑞泉寺に住山していた悟渓に指南を頼んだ。

特芳住尾之瑞泉、万事指南可有者也、珎重、万福、

微笑塔下宗深　花押

瑞龍長老　侍司

（雪江和尚墨牘、在大法、出耳目志、『大雲山誌稿』15）

文明十五年秋か、特芳の瑞泉寺退院に当り、悟渓は送行の頌を特芳に上呈した（寛永本『心宗録』天末尾」）。

和特芳瑞泉寺退院之頌、以送行、

道者家風不繋舟、烏藤先問洛陽穐、穐来一別千般恨、愧我留公未有由、

（以下明応元年再住の条に記述）

一〇世　東陽英朝　文明十六年六月五日入寺（少林無孔笛）、同十七年退院

明応六年四月十五日再住、文亀元年正月二十六日退院（瑞泉寺記）。

東陽英朝は土岐氏の出身といわれ、岐阜県八百津町野上（のがみ）に生まれた。のちに野上の米山寺（べいさんじ）（近世の正伝寺）や八百津の大仙寺に住山したので、東陽と野上付近との密接な関係をうかがうことが出来る。幼くして京都天龍寺の玉岫英種に入門した。文安三年（一四四六）に玉岫が示寂したので、しばらくして義天玄承のもとへ移籍し、寛正三年（一四六二）に義天が示寂すると雪江に師事した。文明十年（一四七八）に雪江から印可を受けた時、東陽はすでに五十一歳になっていた。

東陽の瑞泉寺初住は文明十六年六月五日で、文明十七年には堆雲庵（丹波国の龍興寺付近らしい）

に住山している（少林無孔笛）。文明十六年九月二十日には、前住瑞泉の雲谷玄祥に「仏智広照」の禅師号が下賜された。この時瑞泉寺住山中の東陽は、この雲谷を瑞泉寺・祖堂に祀り、その法語をのこしている（雲谷の条参照『少林無孔笛』）。

瑞泉寺塔頭の臨渓院は、文明十四年開創とされるが（青龍山瑞泉寺記）、実は文明十六年以降のことかもしれない。

某年の正月十六日付で天縦宗受が東陽あてに出した次の手紙は、文明十七年正月のものかと思われる。

東陽英朝自賛頂相
（八百津町大仙寺所蔵）

謹んで言上する。天地は春を回らし、青龍を堆雲の上に仰ぐ。国家は復旧し、紫鳳を岐山の陽に瞻ぐ。ここに明時を過ぎ、普く法霈を霑す。恭しく惟れば、堂上老師大和尚は、道体堅固にして寿算綿延、拙は産賀致すべくといえど、先玄鳳蔵主をもって一香を献上し奉り、三祝する。この趣は尊聴に達せられれば万幸なり。誠恐誠惶、至個至祷。

春正正月十有六日　宗受九拝敬白

拝復瑞泉堂上老師侍衣閣下

（大仙寺本『少林無孔笛』）（原漢文）

七世再住　景川宗隆　文明十七年九月二十二日再住～文明十九年か

景川は文明十七年（一四八五）九月二十二日に瑞泉寺へ再住した。翌十八年二月二十一日に、美濃の執権であった斎藤持是院妙椿の七周忌が行われることになり、景川は革手（かわて）（岐阜市下川手）の霊薬山正法寺へ導師として招かれた。その時の香語には、「瑞泉小比丘宗隆」と自書している（『景川和尚語録』下）。その折のことであろうか、再住瑞泉堂頭大和尚（景川か）が瑞龍寺に悟渓をたづねた。悟渓は野偈一章でもってこれに礼謝している（禅昌寺本『明叔慶浚等諸僧法語雑録』）。景川の瑞泉寺退院は、『景川和尚語録』に見える瑞泉寺再住法語の記述から推定して、文明十九年であったと思われる。

景川は、明応九年（一五〇〇）二月、死期の近いことを悟り、「竜泉永住の供養」にと、弟子らのために頂相に自賛をしている（『葛藤集』160丁）。

景川は、明応九年（一五〇〇）三月一日、七十六歳をもって妙心寺で示寂した。境墓は大亀塔と称し、法弟の特芳が額に大書した（『景川和尚語録』下・行状）。これは瑞泉寺内に景川が建てた塔院「大亀庵」（今の龍泉院）に因むものであった。

正保三年（一六四六）十一月二十一日、景川に対して「本如實性」との禅師号が下賜された（『景川和尚語録』付録）。（景川の瑞泉寺初住については、七世の項を参照）

八世再住　悟渓宗頓　延徳元年四月十五日再住　延徳二年二月までか。

長享三年（延徳元、一四八九）四月十五日、瑞泉寺へ再住した。その入寺法語が『虎穴録』上にみえる。

延徳二年二月十三日、斎藤持是院妙純が汾陽寺中興に悟渓を請じ、和知郷内（八百津町和知）に名(みょう)田(でん)を寄せたので（大興心宗禅師紀年録）、この時、瑞泉寺は兼務のままであろうか、一時汾陽寺へ移ったらしい。瑞泉寺には法嗣の誰かを住山させ、また汾陽寺は法嗣の独秀に任せて、自身は間もなく瑞龍寺へ帰山したらしい。

悟渓は、生前の明応六年五月二十四日に「大興心宗」の禅師号を下賜され、明応九年（一五〇〇）九月六日に瑞龍寺で示寂した。八十五歳。瑞龍寺内に塔院として済北院が建てられていた。嘉永元年（一八四八）七月三日に、禅師の二五〇年遠忌を前にして、「仏徳広通」の国師号を追贈された。（悟渓の瑞泉寺初住については、八世の項を参照）

九世再住　特芳禅傑　延徳四年四月十六日再住　明応六年三月十五日退院（瑞泉寺記）

延徳四年（明応元年、一四九二）四月十六日に瑞泉寺へ再住した（瑞泉寺記）。そして、明応六年三月十五日に退院とあるが、明応三年に京都で洞照院殿の五七日忌を執行しており（『西源特芳和尚語録』一）、継続して六年間瑞泉寺に住山を続けたのではないらしい。実は、代って明応三年頃に法嗣の天錫が瑞泉寺に住山していたものと思われる（次代参照）。

特芳は、永正三年九月十日、八十八歳で龍安寺内の西源院で示寂した。承応二年（一六五三）夏、「大寂常照」の禅師号を下賜された（特芳の前半生は文明十三年初住の項参照）。

特芳の語録『西源録』下巻には、瑞泉寺の輝東庵坊に頼まれて自賛をした時の頂相賛がみえるので紹介する。読み下しは、平成十五年『大寂常照禅師語録』の龍安寺住職・田代玄英師による。

又（自賛）　輝東庵

老々大々　頊々痴々、烏竹篦を拈って、背触弁せず、金縷衣を被して、是れ甚の意義。咦。吾に超竃之作無し、先師の折脚鐺子、汝が横提堅持するに一任す。

九世の次　天釈紹弥　明応三年～明応五年

特芳の瑞泉寺再住は明応元年四月十六日のこととされ、明応六年三月十五日退院とあるが、実は特芳は一住三年にして明応三年頃には退山し、法嗣の天釈（天錫ともいう）に代わったのではないかと思われる。

大休宗休の天釈十三年忌香語（『南化玄興遺稿』上）に、

老兄は一日師命を受けて遂に瑞泉の法席を董せり。緇素は歓呼し遐きく遞る欣ぶ。伏して道に光輝は莫盛なり。瘴雨の攸澪蛮の所、我や尓微恙に染り、溘然戢化せり。一門の不幸惜しむべき哉。其の徒は履を尾の犬山に瘞むか。図像は接（摂津）の竜雲か。尓来烏積兎久しく、指を倭すれば、今茲永五戊辰孟春廿有五蓂は、すなわち十三白の辰なり。……。

とある。このように天釈は明応五年（一四九六）に犬山の瑞泉寺で病没したことがわかる。

一〇世再住　東陽英朝　明応六年四月十五日〜文亀元年正月二十六日（瑞泉寺記）

東陽は明応六年（一四九七）四月十五日に瑞泉寺へ再住入寺し、住山は二年近くであった。明応六年五月二十一日、東陽は美濃守護土岐政房の招きを受け、瑞泉寺から出向いて、岐阜の正法寺で土岐成頼（政房の父）の四十九日忌法要に加わった。その際の長文の法語が『少林無孔笛』三に見える。東陽の法兄の悟渓は折から自身の禅師号下賜を受けるため在洛中であったらしい。

瑞泉寺勧請開山の無因宗因が亡くなってから、正当百年は永正六年（一五〇九）のことであるが、これを十二年早めて、明応六年六月四日にその百年忌法要を東陽が行った。『梅花無尽蔵』四には、「東陽が瑞泉寺に住し、開山百年忌を営弁した」と書かれており、万里集九も招かれて一偈を上呈した。万里は「実はあと二年に（正当は）在るも、預め百年忌を成すなり。」と注記しているが、実は十二年早めてのことであった。

また、明応六年九月五日に、岐阜市加納の慈雲院主・善性尼（斎藤利永室）四十九日忌を、その子利綱および孫の又四郎らが、加納の安養寺で執行した時も、招かれて瑞泉寺から出かけている（少林無孔笛）。

東陽は、明応六年九月一日、「小参」を著して大衆に示した。前半は中国の高僧が若い時に大変苦学したことを述べ、ついで瑞泉寺に住山した諸師兄のことを書いて、修行僧に一層の努力を求めたものである。この小参は、妙心寺派内で良く知れ渡っており、その写が臨渓院にある（筆致の特徴から快川紹喜の法嗣の柏堂景森の筆と思われる）。また犬山永泉寺にも天文期の写がある。

明応六年十月五日の達磨忌（鼻祖忌）には、「旅窓下」で迎えた「瑞泉小比丘英朝」が一偈をつくっている（松が岡『禅林雑記』一祖忌の条）。この年十月十三日は、革手正法寺で開山法灯国師（嫩桂正栄）の二百年遠忌が行われ、東陽がその導師として正法寺桂昌院へ招かれており、万里も招かれて囉斎鉢を持ったというので（『梅花無尽蔵』四）、旅窓下とはその時のことを指しているのではないかと思われる。

東陽は明応七年六月に、瑞泉寺の若年僧のために、学童の家訓を定めて掲げた。板刻のものが臨渓院にある。翌明応八年十月八日に東陽は瑞泉寺から岐阜県各務原市那加の少林寺

東陽英朝作蒙童家訓（臨渓院所蔵）

へ移った。さらに大仙寺へ住山したあと、少林寺において永正元年（一五〇四）八月二十四日に示寂した。この間の明応九年の浴仏の偈には「青龍山英朝九拝」とあるから（伊自良東光寺所蔵）、引き続いて瑞泉寺住持をも兼帯していた可能性が強く、「青龍山瑞泉寺記」の文亀元年正月二十六日退院という記事は正しいのであろう。禅の景川、福の悟渓、寿の特芳に比して、才の東陽と評されるとおり（『正法山誌』六）、語録『少林無孔笛』のほか、『百丈清規』、『江湖風月集』、『宗門正燈録』、『正法山六祖伝』など多くの著作をのこしている。

　承応二年（一六五三）八月二十四日、朝廷から大道真源禅師の号を追贈された。

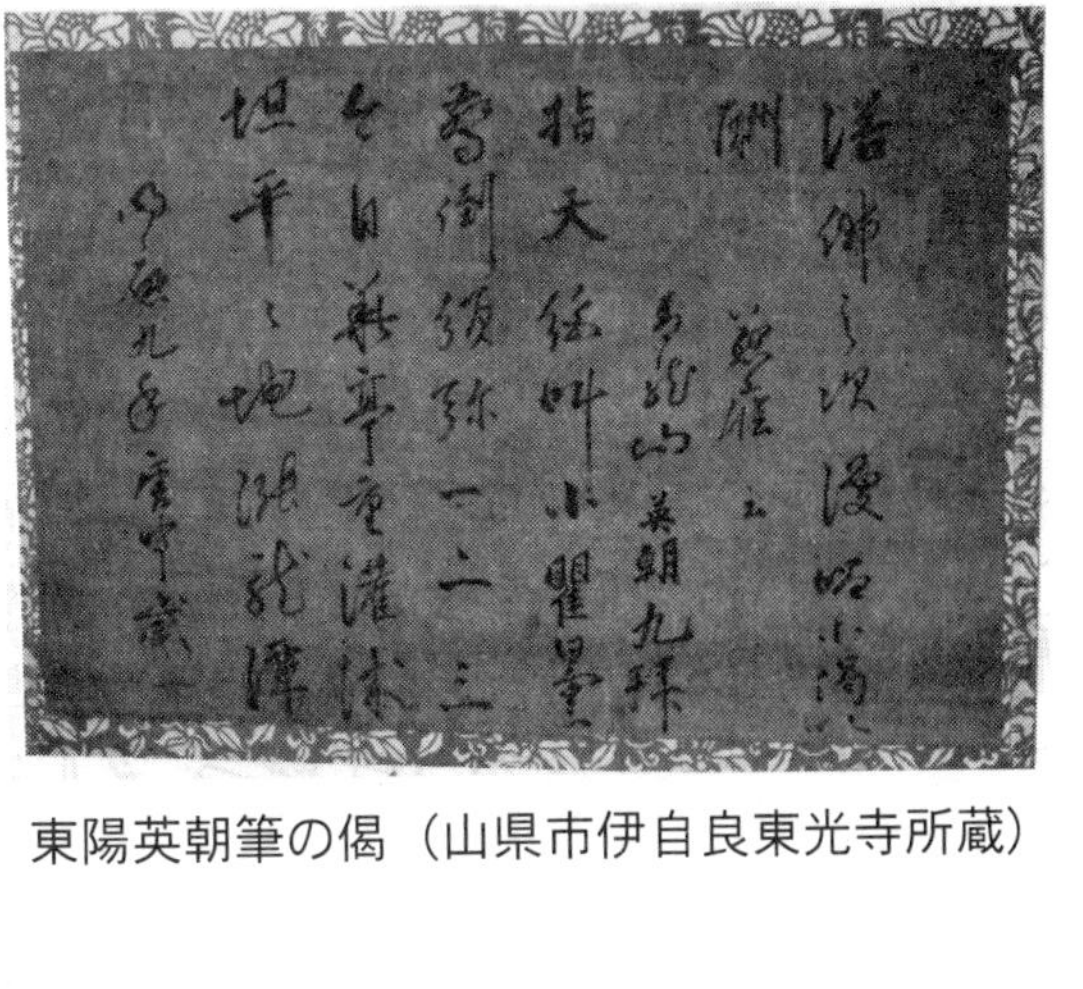

東陽英朝筆の偈（山県市伊自良東光寺所蔵）

一一世　柏庭宗松　文亀元年八月十九日入寺、文亀三年正月二十六日退院
永正十六年頃再住（瑞泉寺記）

　柏庭宗松は応永年間の妙心寺取りつぶし以来絶えていた妙心寺の紫衣着用による贈紫綸住を再興したことで知られる人である。柏庭は犬山の織田氏の出身といわれ、宝徳二年（一四五〇）に桃隠玄朔が瑞泉寺へ入寺した時に、桃隠に入門したといわれている。柏庭が満十四歳の時であった。以来桃隠に師事し、北伊勢の大樹寺で松岳宗繕や景川宗隆らに混って修行を重ね、桃隠亡きあとは、義天や雪

江にも参禅したが、主として景川に師事し、文明前半頃に印可を授与された。
柏庭の贈紫綸住は永正六年五月三日のことであるが、それより九年前の文亀元年八月十九日に瑞泉寺へ輪住し、文亀三年正月二十六日に退院した（永正十六年再住の項を参照）。

一二世　天縦宗受　文亀三年七月二十六日入寺

初め京都東福寺の永明庵で修業し、若くして文学に非凡の才があった（『延宝伝灯録』三〇）。のち妙心寺派悟渓宗頓門下に入り、文明十五年仲春上澣に悟渓から「天縦」の道号を授与された（『紀年録』文明十五年条）。

その後、本巣市糸貫町上之保の豪族堀口氏に招かれて、その菩提寺たる天龍山慈雲寺の開山となったとされているが、それは恐らく天縦の法嗣の大宗宗弘の頃のことで、天縦は時の美濃小守護代といわれた石丸利光の帰依をうけて、岐阜市加納にあった舟田（ふなた）城下の龍光寺開山となった（文明の末ごろから延徳初年頃）。

天縦の大徳寺出世は、恐らく石丸氏の支援を受けてのことで、明応三年末までのことかと思われる（大徳寺第六〇世）。つづいて妙心寺に住山したか確認できない。

文亀元年に瑞龍寺へ住山し、一年一夏を過ごしたあと、文亀三年七月二十六日に瑞泉寺へ輪住した。その入寺法語は『瑞泉入寺開堂法語』と『正法山列祖語録』にみえる。後住の大休が翌永正元年十二月に入寺しているので、天縦の瑞泉住山は一ヶ年余の短期だったことになる。瑞泉寺には、天縦開基の南芳庵があったが、明治初年に廃された（塔頭編参照）。

天縦は、永正五年に再び瑞龍寺へ輪住して一年一夏を過ごし、永正九年正月十一日に示寂した。生前の永正五年八月三日に、天縦は西川の頂相に賛を書いた。これは岐阜県池田町の龍徳寺に現存し、また永正七年小春初一日に、瑞翁宗縉頂相に賛を書いたものが岐阜市の大龍寺に在る。天縦自身の当時の頂相は伝来していない。

一六世　仁済宗恕　永正元年三月か～永正元年十二月か

仁済は、美濃加茂市蜂屋の生まれで世良氏という（瑞林寺蔵『仁済和尚行状』）。『濃飛両国通史』は土岐氏の出身としている。嘉吉元年（一四四一）七歳の時に、瑞龍寺の悟渓宗頓に入門したといわれるが、その頃は、悟渓も修行中の頃なので、実は地元の寺へ入門したかもしれない。

文明年間、悟渓から印可を得て間もなく、蜂屋に瑞林寺を創建した（境内に残る宝篋印塔銘などから見れば、五山派の寺を改宗したかもしれない）。明応七年（一四九八）春、大徳寺へ出世し、在住二ヶ月という。ついで妙心寺へも住山した(明応七、八、九か)。明応申歳(九年)の「妙心寺年頭頌」があり、また、特芳禅傑から炭を贈られている（東海鉄崑崙）。文亀三年二月二十八日に、仁済は瑞龍寺へ輪住し（『仁済古語』に入寺法語がある）、同年四月三日、土岐成頼の七周忌の導師をつとめた。翌年春退院すると共に、瑞泉寺へ輪住したらしい。

瑞泉寺では入寺年月日を不詳としているが、『瑞泉入寺開堂法語』に入寺退院の語がみえ（史料編参照）、閏月の春の入寺であったらしく、それは永正元年三月以外に無いと考えられることによる。松が岡文庫の『禅林雑記』一63丁に次の偈がみえる。

瑞泉退院　仁済
皈欤正月喧鴬末、踏砕落花山履香、

仁済は永正七年に瑞龍寺へ再住した。さらに永正十三年にも瑞龍寺へ住山した(三住)。この時には、悟渓十七年忌をつとめている（瑞龍寺紫衣輪番世代牒写）。

仁済は永正十六年八月十七日、八十五歳をもって瑞林寺で示寂した。正徳六年（一七一六）に、朝廷から本覚霊照禅師の号を追贈されている。

瑞林寺に永正十六年四月の自賛頂相がある。また語録の断片『仁済古語』が同寺にあり、『美濃加茂市史史料編』にも収められている。

一三世　大休宗休　永正元年十二月二十四日入寺、永正三年三月二十六日退院

初め東福寺永明院で修行した(東大史料編纂所の『常陽雑録』天縦との問答注記)。天縦と同輩であった。永正元年十一月に、特芳禅傑から「大休」との道号を付与され、法嗣となった。その直後の永正元年十二月に瑞泉寺へ輪住し、永正三年に退院した。入寺・退院の法語が『瑞泉入寺開堂法語』に収められている（史料編参照）。その間、「尾州青龍山瑞泉寺歳旦偈」（版本『見桃録』、恵林寺本『見桃録』62丁）や、「継鹿尾見花」（同）をのこしている。また退院に当り、

自代乃翁称住山、三年光景彭兵斑々、一声杜宇袈裟角、割取蓬莱左股還、大休
（『葛藤集』125丁）

と唱えているので、足かけ三年の住山で、しかも特芳の代理で住山したとの思いであったことを知る。

その後永正十三年に妙心寺へ出世した（入寺法語）。東福寺の湖月真鏡和尚による同門疏によって、入寺は同年三月のことであったと判明する（『見桃録』四）。妙心寺再住法語もあるが、大永元年十二月には妙心寺住山が確認され、大永三年孟夏や大永四年三月には龍安寺に住山中であった。また、享禄元年菊月に、「正法山主大休叟」と書き、『瑞泉之八頭塔寺院』のなかに、享禄二年小春日に鶡巣号説があり「妙心住持大休老衲記焉」とあるので、この頃も妙心寺へ住山していたことを知る。享禄三年孟陬（正月）二十七日には退蔵院にあり（『見桃録』三）、享禄三年夏五月には丹波の龍潭寺へ移っていた（『見桃録』二）。享禄四年には三たび妙心寺へ住山し、天文二年からは霊雲院へ退いた。名僧との聞こえは日増しに高まり、天文十一年には、後平城天皇に法語を講義したこともある（見桃録）。降って天文十七年、齢八十歳の老身をもって今川義元に招かれて臨済寺へ入寺した。同年三月十七日には義元の兄氏輝の十三回忌法要の導師をつとめた。

大休は、天文十八年八月二十四日に霊雲院で示寂し、天文十九年二月七日、後平城天皇から「円満本光」の国師号を贈られ、また大休の法徳をもって妙心寺派の開祖・開山慧玄のことを知った後平城天皇は、関山に対しても、弘治三年に「本有円成」の国師号を下賜されたのであった。大休には木版本の語録『見桃録』四巻があり、『大正新脩大蔵経』に収録活字化されている。別本『見桃録』二巻本が恵林寺にあるが、内容は、ほとんど同じである。

一四世　太雅耑匡　永正三年五月二十八日入寺

郷里・姓氏は不詳である。東陽英朝に師事し、その法を嗣いで岐阜県八百津町の大仙寺二世となった。東陽英朝が少林寺へ再住した文亀元年二月のことであろうか（『少林無孔笛』、少林寺住山語）。

太雅は、のち各務原市那加の少林寺にも住山し、妙心寺へも出世した（臨時奉勅入寺か）。永正三年（一五〇六）五月二十八日に瑞泉寺へ輪住して、恐らく一ヶ年間の住山を果たしたと思われる。また、永正五年八月一日に八百津町久田見の宝蔵庵を開創した（大仙寺史）。

永正十五年四月、頂相に自賛し（大仙寺蔵）、同月二十六日に大仙寺で示寂した。宝暦十二年二月二十九日に、朝廷から「一燈廣照禅師」の号を追贈された。

太雅の示寂に際して、少林寺の天関和尚（太雅の法弟の天関宗鶚）が悼偈を上呈したのに和して、太雅の法嗣の功甫玄勲も一偈をつくっている。

奉和少林天関和尚悼太雅先師之尊韻　功甫和尚
誰得全機継後蹤、无由振已墜綱宗、鉄腸鋳出黄金涙、籌室蕭疎膝巨容、
永正十五年戊寅四月廿六日

（臨渓院蔵『那加少林寺年表』に収録）

西川宗洵　永正四年五月か～永正五年四月か

瑞泉寺の記録では瑞泉寺住山の記録が脱落しているが、『葛藤集』125丁には、
匡半千徒道不肥、争教祖跡甚光暉、青山可笑笠檐短、帯得満天春雪仮、瑞泉退院　西川
とあって、西川が瑞泉寺へ輪住したのは確実である。
西川は京都の人で、諸刹の宗師の門を扣（たた）き、ついに悟渓の門下生となった（『延宝伝灯録』30巻七丁）。

そして、文明十六年（一四八四）仲夏上休日には、悟渓から「西川」との道号を与えられた（龍徳寺旧記）。同年仲夏下旬には、悟渓から自賛の頂相ももらって一人立ちの時を迎えた。「龍徳寺文書」の文明十八年十二月二十五日の左近二郎の林売券案（はやしうりけんあん）に「無情堂敷地証文、宗洵記之」とあるので、文明十六年には龍徳寺主となってその経営に当ることになったのだろう。

明応十年六月二十日、美濃楊岐山安国寺徳陰庵主宗珎が、亡母和岩宗康禅定尼十三年忌を行ない、龍徳小比丘宗洵を導師に招いている（明叔慶浚等諸僧法語雑録』）。

文亀二年正月二十六日、西川は瑞龍寺へ輪住した（西川の語録『十様錦』）。そしてこの年九月、瑞龍寺で悟渓の三回忌を行った（『頌文雑句』六下86丁）。また、この年、檀越国枝大和守の頼みで、西川はその娘婿の斎藤丹波守利光（宗虎禅定門）の七周忌を行った（十様錦）。また、この頃か、小島（おじま）庄河合三家村鐘や六所大明神鐘の銘文を撰んだ（十様錦）。

この頃か、西川は妙心寺へ出世した（龍徳寺古記）。奉勅入寺であろう。永正二年には揖斐川町小島の瑞岩寺で開山無象静照の二百年忌が行われ、西川も一偈をのこしている（『頌文雑句』六下）。西川が招かれて導師をつとめたかもしれない。

西川の瑞泉寺住山の年次は判然としないが、悟渓の弟子として、天縦のすぐ下の順位であったことから見れば永正四～五年か。西川は永正五年八月三日に示寂した（龍徳寺古記）。同日付けで、法兄の天縦が西川の頂相賛を書いている（同）。

一五世　松岳宗繕　入寺年月日不詳（永正五年～六年か）
大永三年再住。大永五年三月十日退院

松岳は、桃隠玄朔に入門し、のち景川宗隆から道号を授与された。『景川和尚語録』下に、

松嶽

八千春色八千秋、子葉孫枝鎖翠丘、若把蒼髯比翁欝、白雲万里隔崖州、

とある。そして印可を与えられた。主として松岳は北伊勢の大樹寺で活躍した。「寛正二年季夏(六月)□(二十)□一日」に書かれた桃隠頂相賛を、松岳が再製した桃隠頂相に松岳が書き入れ、「前妙□(心)松岳宗繕一香九拝謹写」としている（四日市の文化財）。その年次は不詳であるが、すでに妙心寺へ出世を果していることもわかる。

明応年間頃、松岳が米山（べいさん）（丹波龍興寺）で看院をつとめていた時の、景川からの見舞状がのこされている（松が岡『法語偈頌』の南涌庵蔵景川手簡）。この手紙は、明応七年閏十月七日のものかと思われる（景川の条参照）。

明応八年三月二十六日に法兄の春江紹蓓が亡くなり、その頂相に松岳が賛を書いている（お茶の水図書館『禅林無尽蔵』）。

這老古錐、魁偉奐特、面上桃花、肛裡荊棘、握亀毛払、欺黒豆禅、踞兎角床、提白拈賊、与奪縦横、千聖罔測、咦、

松老雲閑旧家山、清風匝地有何極、

前住大徳当院開山春江和尚尊像、諸子等命工絵之、需賛、仍矢俚語塞其語、以充隣松永住供養云、

正法山劣弟松岳宗繕一香九拝謹書、

松岳は永正五年頃に瑞泉寺へ住山した。この時の入寺、退院の法語が『瑞泉入寺開堂法語』と大仙寺の『東海鉄崑崙』にみえる。永正六年かと思われる三月二十九日付の妙心寺再興奉加銭についての連署状（『妙心寺史』186頁）では、当住宗松、龍泉院玄訥らと共に「大心院宗繕」の名で見えている。その後、永正十四年に大心院殿（細川政元、永正八年亡）の七周忌の導師を松岳がつとめており（『雪叟詩集』22丁）、この前後に松岳は妙心本寺に奉勅入寺をとげたらしい。東大史料編纂所の『疏藁』に、玄圃による「松岳の妙心に住する同門の疏」が収められている（年月日不詳）。

なお大永三年の松岳再住の項参照のこと。

独秀乾才　永正六年~七年住山か

独秀は悟渓宗頓の法嗣で、永正四年七月には、瑞泉寺の臥龍庵塔主をつとめていた（臥龍寺蔵悟渓頂相賛）。また、永正五年に独秀は入鹿の福昌寺にも居たとされ（鶴棲山因由簿）、『瑞泉寺記』で瑞泉寺住山者が不明のこの時期に、独秀が瑞泉寺に住山したとしても矛盾は無いと思われる。

十七世　鄧林宗棟　永正七年九月廿八日入寺

中年から出家したといわれる人で（大雲山誌稿）、霊雲派特芳禅傑の法嗣である。『正法山誌』六では山名宗全の子とする。細川勝元にはじめ子がなかったので宗全に請うて養子としたところ、政元が誕生したので鄧林を出家させたという。また、鄧林は細川安房守教春の子で、その姉妹は裏松（うらまつ）政資に嫁したとの伝えもある（『大雲山誌稿』９丁）。鄧林は明応の頃、特芳から自賛の頂相を授与された。賛文は欠年ながら、『西源録』に収められている。

　自賛　宗棟庵主請

這没意智漢、老而益愚頂相、不亜眼肘後不懸符凭……

永正三年十二月の大徳寺壁書では、「龍安寺宗棟」と書かれており、龍安寺当住中であることがわかる。『妙心寺史』171頁年表（ねんぴょう）では、永正三年妙心寺住山とある。

永正六年二月二十五日、勅を奉じて大徳寺へ綸住した（『大雲山誌』九所引『法山誌』）。『見桃録』の鄧林和尚入牌祖堂語では、妙心寺第十七世に挙げている。入寺は実住でなく奉勅入寺であったといわれ、妙心寺派では初めての例となった。

永正七年九月二十八日に瑞泉寺へ入寺した。『瑞泉入寺開堂法語』に瑞泉寺入寺法語がある。また瑞泉寺内に塔頭・大有院を創建した（その後廃亡）。

永正十八年半夏日に、頂相に自賛をした。それには「前大徳住龍興鄧林」とある（龍安寺蔵）。鄧林はその二年後の大永二年に示寂した。大永二年壬午十月廿五日示寂とある（岩瀬文庫本『大徳寺増補正灯世譜』）。大永三年林鐘（りんしょう）吉辰に法弟大休宗休が、宝林寺の諸徒の依頼で鄧林の遺像に賛を書いている（大休『見桃録』）。

永禄五年本大仙寺『少林無孔笛』には、竜興寺の鄧林令弟（れいてい）が、四年前に伊予国で逝去したというが、山川を隔てて訃を聞かなかった。たまたま便りの中でこれを知り、追悼の一偈をつくったとある。鄧林は東陽英朝の法弟ではないので、この追悼の偈は東陽（永正元年示寂）の作ではないかもしれない。

十八世　天蔭徳樹　永正八年三月二十七日～永正九年正月二十六日

東陽英朝の法嗣である。文明十六年（一四八四）十月十日付で、妙心寺会計の役にあった仁済宗恕と天蔭徳樹が、連名で汾陽寺雲谷の禅師号下賜の礼銭・二十五貫文余の京着分受取り状を出している（汾陽寺文書）。これが天蔭の初見文書であろう。

その後、永正六年（一五〇九）頃には養源院主をつとめており（『妙心寺史』186頁「妙心寺再興奉加帳」）、永正の末頃も養源院にあり、大仙寺の功甫玄勲に手紙を出している（梅北集）。

この間の永正八年三月二十七日に瑞泉寺に輪番入寺し、翌永正九年正月二十六日に退院した。その入寺退院の法語が『瑞泉入寺開堂法語』に見える（史料編参照）。また永正十五年前後には、天蔭は勅を奉じて妙心寺へ入寺した。（『妙心寺史』216頁）。天蔭の住山は三日間で、退院に際しての偈は、

挑灯祖室払苺苔、為謝皇恩去却来、屋裏楊州存長物、回頭又見隔年梅、

であったという（延宝伝灯録）。しかし、永正十五年六月二日正当の雪江三十三回忌に、天蔭が香語をささげているので、実住であったのだろう。永正十七年十二月七日の西源院敷地定書にも「前住徳樹（花押）と自署している（『大雲山誌稿』十五）。

大永四年には東陽英朝の妙心寺での塔院・聖澤院を創建した。『妙心寺史』は聖澤院が大永四年に竣工したと述べており、大永四年甲申結制日の天蔭による「院中壁書」が聖澤院にあるので、この頃の創建であろう。

天蔭は、大永五年（一五二五）に、自身の頂相に自賛をしており、全文が『聖沢八祖伝』に見える。

それによって、これは禅昭首座の求めによって書いたもので、大永五年秋の杪（おわり）に七十八歳であったことがわかる。『大雲山誌稿』はこの画賛を文政十二年に聖澤院で写している（聖澤院に現蔵）。

大永六年四月十六日示寂。真浄円妙禅師と諡（おくりな）された（『大雲山誌稿』一）。

一九世　景堂玄訥　永正九年二月二日入寺、享禄元年八月十五日再住、

景川宗隆の法嗣。景堂は文正元年（一四六六）に、おそらくは美濃東部から南飛騨あたりで生まれたと推定される。

景堂が初めて史料に姿を見せるのは、明応五年（一四九六）の夏である。この年、東陽英朝筆写の五山版勅修『百丈清規』の講本に、句読・朱引をしたことが、長野県飯田市の開善寺所蔵本の奥書に見える。

東陽英朝の『少林無孔笛』五には、

昨（さく）は真正和尚（訥景堂也）　枉（まげ）て野寺（やじ）を高駕（こうが）するを見る。

とあり、真正寺（しんしょうじ）の和尚が景堂玄訥のように読み取れるが、海津市南濃町奥条の真正寺の寺伝では、東陽英朝が開山で愚堂（ぐどう）が中興したとされ、景堂住山のことは言われていない。文亀年間頃に、景堂が真正寺の東陽を訪問したと考えておくことにする。

永正三年（一五〇六）冬から同四年三月にかけては、景堂は越前にあり、越府（一乗谷か）から帰洛の時、「石友斎記」を書き残している（『葛藤集』86丁）（『異本葛藤集』下20丁）。

上洛した景堂は、永正四年から六年にかけて妙心寺に住山したらしい。雪嶺永瑾（せつれいえいきん）の「住妙心山門疏」が東大『疏藁』五に見え、また永正六年二月には「妙心寺当住玄訥」と書いた史料がある（『妙心寺史』140頁）。

永正六年の『妙心寺奉加帳』には、「龍泉庵の玄訥」と連署しているので、妙心寺住職を退いて山内の龍泉庵へ入ったとみられる。

永正八年には龍泉庵から大心院へ移り（妙心山内）、以後一〇年余の間ここに在住した。

山野（景堂）は永正庚辰（一七年）来命に応じ、京城大心の席を董（ただ）すこと十歳、朝に暮に瓊筵（うつくしいむしろ）の床に、羽觴（さかずき）で月に酔（よ）う、其（そ）れ会盟なり、

（衡梅可山雑記）『妙心寺史』205頁

大心院というのは、細川政元が応仁の乱後の文明十一年（一四七九）に景川和尚のために建立した塔頭というが（『妙心寺史』119頁）、同書の塔頭一覧表では明応元年（一四九二）景堂開祖とある（同245頁）。龍泉庵は景川の塔院であり、大心院は景堂の塔院ということになる。

景堂は永正九年（一五一二）二月二日に、大心院から瑞泉寺へ輪住し、一年間住山した。また永正十五年から十七年にかけて妙心寺にも住山した（再住か）。

永正十七年以後も、景堂は大心院主をつとめたらしく、大永三年（一五二三）秋の法語にも「大心院宰景堂」とある（『葛藤集』87丁）。

入寺の時期は明確ではないが、景堂は、大永六年二月には妙心寺住持を勤めていた。いわゆる妙心寺三住である。おそらく翌大永七年には妙心寺を退き、再び大心院へ戻ったのだろう。享禄元年

（一五二八）には龍泉寺へ再住した。
（以下享禄元年再住の項参照）

二〇世　玉浦宗珉　永正十年三月十九日入寺

丹波紅里の人で塩三氏の出という。幼くして悟渓宗頓に師事し（松が岡『玉浦語録』付随の行状）、文明十八年（一四八六）に、悟渓から「玉浦」という道号を与えられた（大智寺に原本、『虎穴録』上）。その後、明応九年（一五〇〇）五月、岐阜市山県北野の城主・鷲見美作守保重が、菩提寺である雲黄山大智寺の開山に招いた（鷲見家史蹟）。玉浦は、永正元年（一五〇四）、瑞龍寺へ輪番住山し、同八年にも再住した（瑞龍寺紫衣輪番世代牒写）。

玉浦は、永正十年三月十九日に瑞泉寺へ輪住した。瑞泉寺入寺の法語が『瑞泉入寺開堂法語』に見える（史料編参照）。また瑞泉寺山内に塔頭蕉雨軒を開創した。この蕉雨軒はのち衰微して臨渓院に合併されており、詳細は不明である（青龍山瑞泉寺記）。

永正十六年（一五一九）十一月晦日、玉浦は大智寺で示寂した。のち大用弘照禅師の号を下賜されている。

二一世　天錫禅弥　永正十一年入寺（瑞泉寺記）

霊雲派特芳禅傑の法嗣。鄧林・大休らの法兄で天釋とか天錫紹弥ともいう。大徳寺・妙心寺へ出世し、明応五年（一四九六）二月（一月か）二十五日に示寂した（見桃録、天釋和尚十三年忌香語）。従って瑞泉寺へ輪住したのも永正十一年（一五一四）という『瑞泉寺記』の記述は誤りで、長享・延徳・明応年間の住山でなければならず、世代数も二十一世でなく第十一世のあたりへのぼらせなければならない。明応三年・天錫の項参照のこと。

また、永正十一年の瑞泉寺住山者が正しくは誰であったか、今のところ判明しない。

二二世　朴庵宗堯　永正十二年二月二十七日入寺（正法山列祖語録）
永正十三年正月二十六日退院

東陽英朝に師事し、「朴庵」の道号を授与され（少林無孔笛）、その法嗣となった。明応六年（一四九七）一月頃、東陽が岐阜市山県の定恵寺から八百津町の不二庵へ移り、さらに各務原市那加の少林寺へ転じた。朴庵もこれに従って少林寺で修行し、文亀三年（一五〇三）正月に、典座となって鑽飯を設けたことが東陽英朝の語録『少林無孔笛』二に見える。

東陽の示寂後、朴庵は定恵寺二世となった。永正十二年二月二十七日に瑞泉寺へ住山し、翌十三年正月二十六日に退院した。入寺の法語が『瑞泉入寺開堂法語』に見える（史料編参照）。永正十五年頃には岐阜県可児郡御嵩町の岩泉寺二世となって入寺したという。岩泉寺で天文六年（一五三七）六月十八日に示寂した。

二三世　桃雲宗源　永正十三年二月十四日入寺（瑞泉寺記）

龍泉派杲観祖晦の法嗣である。岐阜県可児市の姫の出身で可児氏という。杲観の示寂後、北伊勢大樹寺の法灯を守っていたが、招かれて飛騨中呂の円通寺（今の禅昌寺の所に在った）へ移った。関市の梅龍寺四世ともなったが、また出身地たる可児市の姫に運龍寺を開創した。晩年の永正十三年二月十四日に瑞泉寺へ住山し、同年三月十九日に大樹寺で示寂した。世寿七十五歳。（梅龍開山歴代年譜録）。瑞泉寺入寺法語が『瑞泉入寺開堂法語』に見える（史料編参照）。

なお、瑞泉寺には、桃雲開基の寮舎・得月軒が在ったが、江戸前期にはすでに妙喜庵に合併されていた（承応三年『青龍山瑞泉寺記』）。

二四世　興宗宗松　永正十三年九月十六日入寺

興宗が悟渓に入門した若い頃、興宗が無一物で貧窮しているのを見て、悟渓は興宗を衣鉢閣に三年間居らせて侍衣を勤めさせた後、瑞龍寺内の開善院主とした。開善院へ移る時、興宗が衣鉢閣から運び出した家珍（家具など）は七十荷に及んだという（寛永版『心宗録』の旧刊行状）。節約・蓄財の人であったかと思われる。

その後、悟渓から印可を得て、明応三年冬、美濃の郡上郡吉田郷（郡上市美並町吉田）に臨済山大宝寺を開創した（大宝寺はその後数年のうちに岐阜市内へ移転した）。

永正元年勅を奉じて大徳寺へ出世したと『延宝伝灯録』にあるが、実は一年前の文亀三年十月のことであったらしい（『大雲山誌稿』二二）。妙心寺への住山は文亀四年（一五〇四）二月という（同二二）。

永正十年八月〜十一年七月の龍安寺抽分納下簿に興宗の花押がある。龍安寺の大珠院は永正・明応の頃興宗が開基となって創建されたという『龍安寺誌』の記述は、この納下簿によって、永正十～十一年頃のことかと思われる。またこの頃の龍安寺住職は興宗であったことがわかる。大珠院に自賛の頂相があるという（大雲山誌稿）。また犬山市の永泉寺に永正八年の自賛頂相がある。

永正十三年九月十六日、興宗は瑞泉寺へ住山した。『瑞泉入寺開堂法語』に入寺退院の法語が見える（史料編参照）。のち大永二年（一五二二）六月二十一日に龍安寺で示寂した。世寿七十八歳。

永正８年自賛の興宗頂相
（永泉寺所蔵）

天文四年（一五三五）、興宗の十三回忌に当り、「大猷慈済」の禅師号が下賜された（松が岡『法語偈頌』）。

二五世　稜叔智慶　永正十四年入寺（瑞泉寺記）

特芳禅傑の法嗣。鄧林の法弟で大休の法兄に当る。

幼くして龍安寺で義天に受業し、享徳元年（一四五二）義天が智慶との安名を付し、のち特芳の法嗣となり、文亀二年（一五〇二）冬に印可状を与えられた。永正十年丑（永正十四年丁丑の誤り）に瑞泉寺へ住山し、また龍安寺・大徳寺にも視篆した。細川右典厩源尹賢が富春院を龍安寺中に建てたので、請われて開祖となり、大永二年（一五二二）に尹賢公の肖像に賛をした。天文四年（三年）十一月四日示寂、法臘八十一という（以上大雲山誌稿の「龍安寺稜叔慶禅師」伝）。

享徳元年（一四五二）十二月二十七日の義天による安名頌が『大雲山誌稿』にみえる。文亀二年十二月十三日の特芳による印可状も『大雲山誌稿』に見え、「楞叔座元」とある。大永二年林鐘（六月）日の尹賢公肖像賛では「稜叔叟智慶自訐」とある。

二六世　天関宗鶚　永正十五年九月三日入寺

東陽英朝に師事し、永正元年（一五〇四）に「天関」との道号を与えられ、またまもなく印可を受けて、各務原市那加の少林寺二世となった。少林入寺は永正十年前後のことで、その前後に瑞泉寺塔頭臨渓院・犬山市羽黒の興禅寺にも在住したといわれる。

永正十五年九月三日、瑞泉寺へ輪住し、翌十六年に退院、大永三年（一五二三）九月二十一日に七十一歳で示寂した（興禅寺歴代表）。『瑞泉入寺開堂法語』に天関の瑞泉寺入寺法語がある（史料編参照）。

一一世再住　柏庭宗松　永正十六年頃（瑞泉寺記）

柏庭は、文亀元年（一五〇一）に初住し（十一世の項参照）、その後、永正十六年頃、天関宗鶚のあとをうけて瑞泉寺へ再住した。瑞泉寺再住の法語は、『瑞泉入寺開堂法語』にも収められていない。

瑞泉寺では山内に塔院・慶雲庵を創建した。同庵は江戸前期の承応三年（一六五四）にはすでに廃庵となっており、南芳庵へ合併されていた（青龍山瑞泉寺記）。

柏庭は大永七年五月五日、三河の三玄寺で示寂した。この間、三玄寺のほか犬山に徳授寺を建て、岐阜県恵那市明智町東方に全雄寺を開創した。降って享保二年（一七一七）二月十四日に朝廷から「正宗法幢禅師」の号を追贈された。柏庭の伝記には、享保年間に仁渓慧寛が著した『妙心柏庭松和尚行状』がある（徳授寺蔵）。

永正16年自賛の柏庭宗松頂相
（徳授寺所蔵）

二七世　寿岳宗彭　永正末年頃住山か

悟渓宗頓の法嗣。寿岳門派の祖。延徳三年（一四九一）小口（おぐち）城主織田広近の創建した愛知県丹羽郡大口町の徳林寺に悟渓が招かれたが、悟渓は弟子の寿岳にこれを譲ったので、この門派は徳林寺を拠点として近隣に弘まった。徳林寺では寿岳を創建開山としている。京都大徳寺へも寿岳は出世した（元禄法系図）。

寿岳は永正二年示寂とされ、また山姥物語の『彪物語実記』では永正三丙寅十二月十日示寂とする。瑞泉寺の世代から見れば、永正末年頃の住山となるが、示寂が永正の初めであれば、瑞泉寺住山はそれ以前となる。

寛政十二年（一八〇〇）、清賢禅師の号を下賜された。また瑞泉寺には、寿岳開基の寮舎・雲授庵が在ったが、廃されて妙喜庵に合併となった（承応三年『青龍山瑞泉寺記』）。

寿岳和尚頂相（徳林寺蔵）

三七世　春湖宗范　大永元年頃の住山か

宗范は文亀三年（一五〇三）に、東海派の西川宗洵から道号を与えられ、この頃師から一人前の僧（法嗣）として認められた。『十様錦』には次のように書かれている。

江左宗范首座被蘄稚称、々曰春湖、仍系以一偈、
雪尽湾々水正肥、烟波欲暖白鴎飛、鏡容七百里新漲、一葉扁舟栽月帰、
文亀龍集癸亥　如意珠日（何月かは脱）

これによれば、春湖は近江国（江左）の出身かとも思われる。

春湖は、永正十二年（一五一五）に瑞龍寺へ入寺して、一年を過ごした（瑞龍寺紫衣輪番世代帳写）。

瑞泉寺への入寺は瑞泉寺では天文二・三年頃住山となって三十七世にあげられているが、実は大永元年（一五二一）頃の住山かと思われる。『瑞泉入寺開堂法語』に住山法語があるものの、これからは具体的なことは何も読みとれない（史料編参照）。

大永三年、瑞龍寺へ再住した（瑞龍寺紫衣輪番世代牒写）。天文十九年、春湖は曄山大居士（足利義晴）葬儀の折に「起龕」の役をつとめ、その法語がある（頌文雑句四二三丁）。しかし、この人は五山派の人であろうか、年代が合わない。

二八世　九庵□鑑　大永二年二月七日入寺

特芳禅傑の法嗣。大休宗休の法弟に当る。永正十六年（一五一九）六月十六日に亡くなった土岐政房（承隆寺殿海雲宗寿大禅定門）の葬儀に当り「九庵鑑」の名で奠湯（てんとう）の役をつとめている（南泉寺『仁岫・快川・大愚等法語雑録』岐阜県史二310頁）。九庵は恐らく美濃の某寺に住山中に招かれたのであろうが、詳細は不明。大永二年（一五二二）二月瑞泉寺へ住山した。入寺退院の法語が『瑞泉入寺開堂法語』に見える（史料編参照）。

二九世　亨仲崇泉　大永二年九月十二日入寺、大永三年九月二十六日退院
大永七年九月十一日再住、享禄元年退院

東陽英朝に師事し、はじめ「物外」の道号を付与されたが、のち「亨仲」に改めた。北伊勢の員弁郡藤原町大字鼎の太清山龍雲寺は、先師東陽が開山に招かれて幾旬か住山したといわれる寺で、亨仲はその二世となった。ここから各務原市の少林寺へも住山し中興開山となった。大永二年九月十二日に瑞泉寺へ住山した。入寺退院の法語が『瑞泉入寺開堂法語』に見える（史料編参照）。同七年九月十一日にも再住をしている。天文十八年春に示寂した（大仙寺史）。

一五世再住　松岳宗繕　大永三年再住（十月か）、大永五年三月十日退院

永正五年頃住山、大永三年再住、大永五年三月十日退院と『瑞泉寺記』にあり、『瑞泉入寺開堂法語』に再住の法語がある（史料編参照）。

大永四年九月六日に心宗禅師（悟渓）二十五年忌を瑞龍寺で雪岫瑞秀が行った時、松岳も和韻した（『雪岫和尚語録』12丁）。松岳は瑞泉寺住山中であり、招かれて出向いたのであろう。『雪叟詩集』では、松岳の和韻は、

龍子龍孫遍天下、満山松竹倚雪長、

とある。

大永六年三月には、松岳は永木都寺（つうす）に「東苑」との道号を与えており（犬山市今井光陽寺蔵）、末尾に、

前正法山主松岳老衲、書于洛東福聚東簷下（らくとうふくじゅうとうせんか）

と自署し、「松岳」「宗繕」との朱印を捺している。

松岳は、正当天文元年の景川和尚三十三回忌に、

那伽三十有三年、舌上龍泉衝斗轤、莫レ道先師無此語、黄鸎啼破緑楊烟、

と唱えた。また大休も和韻している（『頌文雑句』五 61丁）（『雪叟詩集』22丁）。

示寂年月日は不詳。

三〇世　大宗宗弘　大永五年九月十日入寺

東海派天縦宗受に師事して印可を受けた。『延宝伝灯録』三〇には「大宗玄弘」とあり、瑞泉寺入寺法語中にも「玄弘上座」とあるので、玄弘という諱をかなり長く使用していたらしい。

永正九年に天縦が示寂したあと大宗は岐阜県本巣市の慈雲寺二世となり、永正十一年に瑞龍寺へ輪住した。翌年退院し、まもなく妙心寺出世を果したらしく、永正十八年中春の頂相自賛中に「前妙心大宗叟書」と書いている。

大永五年九月十日に瑞泉寺へ輪住し（住山の法語が『瑞泉入寺開堂法語』にある、史料編参照）、翌年慈雲寺へ帰り、のち揖斐川町小野の東光寺へも開山として住山した。

瑞泉寺住山中、大宗は衆僧に碧巌録の解説をした。それは四月二十八日まで四十余日に亘る講議で、楽田永泉寺の泰秀（当時はどこの寺に居たか不詳）も聴講したので、そのあと「宗門の第一書を読む」と題して一文を草している（『永泉余滴』上 39丁）。

三一世　天西宗関　大永六年十月二十四日入寺

霊雲派天錫（天釋）の法嗣東英承暉の法嗣。この天西を以って天錫の法系は絶えた。『瑞泉入寺開堂法語』に入寺退院の法語がある（史料編参照）。

二九世再住　亨仲崇泉　大永七年九月十一日再住、享禄元年退院

東陽英朝の法嗣・亨仲は大永二年（一五二二）九月十一日に初住した。『瑞泉入寺開堂法語』には再住と退院の法語がみえる（史料編参照）。

亨仲は天文十八年春に示寂した。

一九世再住　景堂玄訥　永正九年二月二日初住
享禄元年八月十五日再住、享禄二年七月頃退院か

景堂は、永正九年二月二日に瑞泉寺へ初住してから十六年ぶりの享禄元年（一五二八）八月十五日に再住した。再住の法語が『瑞泉入寺開堂法語』にある（史料編参照）。

享禄二年七月には景堂は瑞泉寺を退院して、妙心寺内の大心院へ戻ったと思われる。瑞泉寺開山の日峰宗舜が文安五年（一四四八）一月二十六日に亡くなってから、享禄二年一月で満八十一年目に当るが、景堂はあえて日峰百年忌を自身の住山中に執行した。永正九年に住山した時に、すでに日峰禅師の人柄に心酔し、今回遠忌を早めて自らの手でとり行いたいとの思いが強かったにちがいない。『頌文雑句』六下99丁にその時の香語が収められている（日峰宗舜の条に全文収録）。

これに、桂峯、勝岩、仁岫、正法禅序（美濃革手正法寺の禅序という僧）、清林（独秀下）、秀本、琢東堂、祖沢、信蔵主、普蔵主、岐秀（大宗下）、妙興侍者、友峯、覚林、明斉、先照、億蔵主、文叔が和韻を寄せている。

このほか、犬山永泉寺の泰秀宗韓も和韻したことが、『永泉余滴』上39丁に見えている。

瑞泉大済禅師百年忌香語之和

打雪団鷲鶻崙、巴陵銀椀莫曽論、吾門成大闍浮樹、秋不凋兮春不繁、

なお、天文十六年一月の日峰正当百年忌の時は、当住の了江が遠忌を行っている（後述）。

三二世　桂峯玄昌　享禄二年八月十六日入寺　享禄三・七月退院か

桂峯は東海派仁済宗恕の法嗣で、岐阜県土岐市妻木町の崇禅寺住持となり、永正十七年（一五二〇）春に妙心寺へ出世したという（『延宝伝灯録』30）。『妙心寺史』上194頁では、永正九年頃妙心寺へ出世したとしている。大永元年に瑞龍寺へ輪住（瑞龍寺紫衣輪番世代帳写）、享禄二年八月十六日に瑞泉寺へ輪住し、翌年退院した。入寺退院の法語が『瑞泉入寺開堂法語』に見える（史料編参照）。天文二年（一五三三）正月に、岐阜の長井又八の屋敷で詩会が催された時、竜泉派の景堂玄訥と共に桂峯も出席している。

天文八年七月二十八日に崇禅寺で示寂したと『崇禅寺史』にあるが、むしろ、尾張では活躍し尾張で亡くなった可能性が強い。

三三世　東庵宗暾

享禄三年入寺とあるが誤りで、元亀四年の項参照。

文器□璉　享禄三年入寺か

版本の『少林無孔笛』六に、文器の道号頌が収められている。

文器　瑞龍璉首座

梵語唐言絶異同、百千周孔漫雕蟲、太虚空紙須弥筆、不墜東風交割中、

とある。東陽が永正元年に亡くなる前、璉首座に「文器」との道号を付与したことを知る。

犬山市楽田の永泉寺の泰秀宗韓の語録『永泉余滴』上37丁に、瑞泉主翁の文器が、宗穏死去の悼偈の和韻を手本として一偈をつくったとして、これが載せられている。宗穏とは安室宗穏大姉のことで、泰秀宗韓の母である。同書上巻4丁の、天文二年六月十三日、安室宗穏大姉七周忌和によって、宗穏は大永七年六月十三日に亡くなったと判明する。文器と泰秀は何かと交流があったらしく、大永七年の宗穏死去から天文二年の七周忌までの間に、文器は瑞泉寺へ住山したとみられる。

なお文器は妙心寺派宗派図に見えず、詳細は不明であるが、東海派に属する人であろう。

三四世　渓関□濂　享禄四年八月二十七日入寺

聖澤派天蔭徳樹の法嗣。この人の生涯については行状等ほとんど判明しない。瑞泉寺入寺法語が『瑞泉入寺開堂法語』にある（史料編参照）。

三五世　秀林玄俊　天文元年八月二十六日入寺、天文二年七月十六日退院

龍泉派春江（しゅんこう）門派の桃雲宗源の法嗣。岐阜県関市の村山氏出身で、北伊勢の大樹寺に居た桃雲の門

下生となり、師事すること数十年に及んだという。

永正十三年三月十九日に桃雲が示寂したので、これをうけて秀林が大樹寺住持となったかどうか。同年四月二十三日には、安叔紹泰蔵主に印可状を与えている（梅龍寺開山歴代年譜録）。

大永二年（一五二二）九月五日に妙心寺へ出世した時は、五十二歳になっていた。関市の梅竜寺や北伊勢の大樹寺に住山し、天文元年八月二十六日に瑞泉寺へ輪住した。入寺退院の法語が『瑞泉入寺開堂法語』に見える（史料編参照）。

天文二年七月十六日退院し、同年十月二十二日に世寿六十九歳をもって示寂した（梅龍寺開山歴代年譜録）。

当時正宗寺（八百津町の正宗寺）に居た景堂玄訥が追悼の偈を上呈している（愚渓寺本明叔録（みんしゅくろく））。明叔慶浚も一偈を和した（内閣本『明叔録』42丁）。

門頭嶮峻是吾翁、六十余年任変通、貴愛今看両兄弟、鶺鴒急雪壓驚風、秀林和尚悼之和韻

三六世　惟盛□茂　天文二年十月二日入寺、天文三年退院か

この人は妙心寺派法系図に見えず詳細不明である。ただし、東海派興宗宗松法嗣に惟周があり惟周は大永五年の兵火後に岐阜の大宝寺を復興し、また天文五・六年頃に永安寺（美濃加茂市伊深町か）へ入寺しているので（『永泉余滴』上27丁）、この人のことかとも思われる。惟盛和尚の瑞泉寺入寺退院の法語が『瑞泉入寺開堂法語』に収められているが、簡潔な法語なので嗣法関係などは読みとれない（史料編参照）。

三七世　春湖宗范　入寺退院年月不詳、

東海派西川宗洵法嗣。実は大永元年頃住山か。大永元年の条参照

三八世　先照瑞初　天文三年九月二十日入寺、天文四年七月十六日退院

聖澤派功甫玄勲法嗣。東濃の出身といわれる。はじめ岐阜県可児郡御嵩町の愚渓寺で修業し、のち八百津町の大仙寺三世功甫玄勲の室に転じた。大永四年（一五二四）正月に功甫から印可状を得て（大仙寺現蔵）、六年後の享禄三年（一五三〇）頃、先照は妙心寺前板寮（のちの前堂）職に就き（愚渓寺本『明叔録』季春初七日付書状）、首座から座元へ進んだ。これより前の大永四年四月の功甫示寂により大仙寺および近くの米山寺住持となり、またのちに愛知県木曽川町黒田の劒光寺、岐阜県加茂郡坂祝町酒倉の長蔵寺を開創し、犬山市栗栖の大泉寺を中興した。これら各寺の住山時期は判然としないが、大泉寺では天明四年（一七八四）の由緒に天文十一年（一五四二）入寺とある。

天文三年九月二十日に瑞泉寺へ輪住し、翌四年七月十六日退院した。入寺退院の法語が『瑞泉入寺開堂法語』に見える（史料編参照）。妙心寺の出世は晩年の天文十年～十三年頃と推定される。天文十六年正月に行われた瑞泉寺での日峰百年忌法要に、先照は次のように和韻している。

瑞泉創建百年忌香語（太平寺『雪叟詩集』27丁）

攙動禅源為大済、余流致遠溢叢林、百年厳忌永嘉末、一曲黄鶯正始音、先照禾上

天文十六年七月二十一日には、犬山城主織田寛近（とおちか）が、瑞泉寺で亡母本英貞光禅定尼の一周忌を行い、

その導師として大泉寺の昱初（瑞初）が招かれている（『異本葛藤集』下26丁）。その拈香語を抄出して掲げる。

本英貞光禅定尼小祥忌拈香　先照

……、忍世界瞻部洲大日本国尾州路丹羽県犬山郷居住、奉三宝弟子孝男寛近、天文十六年孟秋廿有一日、伏値先妣本英貞光禅定尼小祥忌之辰、干青龍山瑞泉寺、荘厳梵筵、追修白業、命工無辺光仏慈容彫刻者一躯、……、借手大泉小比丘昱初、梵這妙兜楼、供養本師釈迦牟尼世尊、……、特当山開山和尚、……、夫惟、本英貞光禅定尼、志存脱節徳等坤、維受衣盂於洞流、……、

先照は翌天文十七年六月七日に大泉寺で示寂した（大仙寺史、大泉寺史）。

三九世　天真宗昇　天文四年九月十二日入寺、天文五年七月十六日退院

天真は始め南禅寺で修行し、のち妙心寺在住中の景川宗隆に参じた。景川は間もなくその法嗣の柏庭宗松に天真を付属させたので、天真は柏庭に師事して、ついに印可を得るに至った。天真はヒゲをのばしていたので、鬚天真の愛称がある。大永七年（一五二七）五月五日に柏庭宗松が示寂したので、天真は犬山市の徳授寺の後席をついだ。

天真は柏庭の五七日忌に次の一偈をのこしている（徳授寺『義山古記』）。

与我元来無一□（物か）、即命何以合酬君、此香近日蓬莱□（出）、不問江南求宝□（薮）、

徳授寺は、柏庭の法嗣らによる三年住山輪番制をとったとあるので（義山古記）、天真が住山を続けたのではないかもしれないが、大永七年から十年近くの間の天真についてはどこの寺に在住したの

か史料が見られない。

天文四年九月十二日になって天真は瑞泉寺へ住山し、翌五年七月十六日に退院した。その入寺・退院の法語が『瑞泉入寺開堂法語』に見える（史料編参照）。

天文五年十月に、祥麟に与えた道号頌が『葛藤集』に見える。

禎首座雅号、喚作祥麟、更賦一偈式、塞其求云、

一角尖々尖似錐、毛中称長特標奇、類非百獣多嘉瑞、赫厥徳兮烜厥威、

天文五年龍集丙申小春日

前妙心天真叟書、于万歳山下

万歳山とは妙心寺十境の一つであり、天真がこの時に妙心寺へ奉勅入寺を果し（住職は亀年禅愉がつとめていた）、その三日間の妙心寺在留中に作った道号頌と考えられる。

天文十一年十二月に瑞泉寺へ住山した明叔慶浚の入寺法語中に「徳授堂上大和尚、八十知識……、天真仏吾称之一門叔父」とあり、すでに八十歳に達していたことが判明するが、示寂の年は不詳で、四月二十七日とのみ判明している（徳授寺史、柏庭和尚小伝、義山古記）。

四〇世　蘭室宗播（**代理友峯**）**天文五年八月十九日入寺、天文六年七月十七日退院**

はじめ悟渓に入門し、明応五年小春上澣日に悟渓は蘭室という道号を付与した（宗播蔵主、『心宗録』下64丁）。しかし、明応九年九月六日に悟渓が示寂するまでには大成するに至らず、悟渓の法嗣・寿岳の門下生となった。

蘭室は寿岳の後席をついで天文五年頃愛知県大口町の徳林寺二世となったが、いつ頃のことか徳林寺が火災で焼けるのを見て大悟したといわれる。扶桑町山那の龍泉寺の開山でもある。

天文五年八月十九日に瑞泉寺へ輪住ということになったが、病中のゆえか法嗣の友峯がこれをつとめ、天文六年七月十七日まで在寺した。『瑞泉入寺開堂法語』に入寺の法語が見える（史料編参照）。

示寂年月日不詳。天文六年七月に瑞泉寺祖堂へ祀られたことからみると（瑞泉入寺開堂法語）、瑞泉寺住山直前か、住山途中に蘭室が亡くなったことは間違いなく、それで友峯が退院すると共に祖堂に祀られたのであろう。

四一世　儀仲宗演　天文六年九月十七日入寺、天文七年頃退院か

聖澤派朴庵宗堯の法嗣。『明叔録』に、

少林之佳、義仲座元禅友、三十年来発屮瞻、今日拗折鉄牛角、仏袖而皈誓堅□、風子豸虫志避也、

とあり、明叔慶浚とは三十年来の知己で、少林寺へ輪番住山したことがあると思われる。座元に進んでいるが、妙心寺に出世したかどうかは不明。元禄版『妙心寺派宗派図』には「妙心寺」が付されていない。瑞泉寺入寺退院の法語が『瑞泉入寺開堂法語』にある（史料編参照）。法嗣に玉翁栄琇がある。

南溟紹化　天文七年秋～天文八年夏か

瑞泉寺第四二世に挙げられている祥麟宗禎は「天文七年入寺」とあるが誤りで、元亀元年頃の住山である（後述）。それではこの頃の住持は誰かというと、大平寺の『雪叟詩集』20丁に、

献白山　於犬山
移廟竜峰詔降天、威神護法万斯年、白山般若如々体、秋菊春扇易地然、南溟

との一偈がある。南溟が犬山で白山神社の移廟（移転）の折に、その導師をつとめた時のものである。従来、白山神社の移転（犬山城山から白山平への移転）は天文六年とされてきた。天文六年八月二十一日に東の宮に獅子頭が奉納されていて（白山神社の後身の針綱神社所蔵）、天文六年には移転の工事が始められたらしく、実際の御神体の移動などは天文七になったかもしれない。というのは天文五年には瑞泉寺に蘭室が入寺し、天文六年には儀仲が入寺しているのは動かしがたく、南溟が瑞泉寺へ入寺したのは、その後の天文七年と考えられるからである。

そして瑞泉寺へ住山した南溟は瑞泉寺で清規の講議をしたらしい。『異本葛藤集』下10丁に、

○賀講清規　宗韓九拝
瑞泉堂上和尚はこの頃訢輝が撰ぶ所の清規を講ぜり。翅ならず人夫を聳動す。嗚罅、礼紅楽緑、叢林を黼黻する者なり。某は根底から席末に陪わり耳を濡す。けだし和尚と二十年前に洛の正法山（妙心寺）で結襪浅からず。ゆえをもって旧時を忘れず、俚語一篇を着けて貎右に呈上し、式んで笑具に備えて云わく、密かに雲斤を需む。
大智海寛僧有龍、克興礼楽又弘宗、老禅方丈霊山会、天雨曼陀午講鉡、
吾れ二十年の師友・永泉堂上大禅仏は、この頃昌読し清規の妄談を尊聴す。古に曰く、匪分の恥君子変わらず、不類の歌の仁は罪犯弥天に当らず。然りと雖も余は君・仁の比に非ず、之を恕す日の昨、剰え謝偈一篇を拝賜せり。青萍結緑、僧の薛下の門を□する者か。謹んで尊押に攀っていわく。

　大法筵開象竜与、全機独脱興心宗、一篇尊偈碧沙句、催講華鯨飯後(ご)鐘、天文八年の歳旦を、南溟は瑞泉寺で迎えたらしく、次の一偈をつくり、これに東海派の梅室が和(わ)している。

己亥(天文八)歳元記大唐、一香万々祝吾皇、誰知沢国戦国外、日本蓬莱青尽長、
梅室和　禅林盛事絶勝唐、六十州安祝聖皇、福恵兼全老円照、杖頭日月瑞光長、
（『葛藤集(かっとうしゅう)』12丁）

天文八年か二月十五日の仏涅槃に南溟が一偈をつくっている。

贅背海山雖路遐、青龍曲駕入烟家、瑞泉一滴蓬壺酒、百年三万日酔花、於瑞泉寺
（禅昌寺本『明叔慶浚等諸僧法語雑録』）

年次未詳であるが（天文八年三月か、）南溟は瑞泉寺僧堂の屋根葺替えの奉加として一緡(いちびん)を拠出した（松が岡文庫『禅林雑記』二）

○為僧堂上葺、奉加銭壱緡贈進、
　　季春　日　南溟
　瑞泉寺
　　　修造寮

四二世　祥麟宗禎　天文七年入寺（誤り）元亀元年住山（後述）

龍泉派天真宗昇の法嗣。

四三世　春荘□晄　天文八年九月九日入寺（瑞泉寺記は九月二十日）、

東海派の瑞翁三世蜀甫法嗣。天文八年九月九日瑞泉寺に輪住した。入寺法語が『瑞泉入寺開堂法語』にある（史料編参照）。住山一ヶ年で、天文九年八月頃退院したことになる。天文十四年には瑞龍寺へ一ケ年間輪住した。天文十六年十一月の土岐頼充の葬儀では鎖龕の役をつとめ、「大龍春荘」の名でみえている（仁岫録）。これにより、この頃岐阜市の大龍寺に住山中であったことがわかる。

泰秀宗韓住山か　天文九年か

泰秀が開基となって瑞泉寺内に太有庵という寮舎が建てられていた。承応三年に『青龍山瑞泉寺記』が書かれた時には、すでに廃され輝東庵に合併していた。寺内の他の寮舎の例から見ると、瑞泉寺に輪住した人が寮舎を建てており、泰秀のみが輪住しなかったとは考えにくい。しかし瑞泉寺の記録にも、永泉寺の記録（泰秀の語録『永泉余滴』）にも、そのことが見えない。ただ、記録を読み解くと、天文九年秋〜十年夏の一ヶ年間の泰秀の行動が不詳であり、また瑞泉寺でもこの一ヶ年間の当住者が不明なので、今ここに泰秀の住山時期として仮定しておくことにする。

四四世　玉淵□顓（せん）　天文十年九月四日入寺

聖澤派希雲楚見の法嗣。天文五年（一五三六）四月六日、岐阜県山県市伊自良の東光寺二世希雲が示寂し、東光寺三世となった。ついで玉淵は天文六年頃妙心寺へ出世し、天文十年九月四日に瑞泉寺へ入寺、翌十一年に退院した。瑞泉寺入寺退院の法語が『瑞泉入寺開堂法語』にみえる（史料編参照）。

瑞泉寺主席を退いた玉淵は、大川寺（だいせんじ）（犬山市栗栖・現大泉寺）に移った。そして天文十五年八月十日に母の悦渓宗忻大姉の七周忌を同寺で催すことになった。交友のあった楽田永泉寺の泰秀はこの法要に出席して一偈を上呈している（『永泉余滴』上26丁）。

玉淵は、永禄七年（一五六四）九月四日、東光寺で示寂した（大仙寺史）。

四五世　明叔慶浚　天文十一年十二月十七日入寺

龍泉派景堂玄訥の法嗣。南飛禅の三木（みつき）大和守直頼の兄というのが通説であるが、実は誤りで、何らかの俗縁が有ったのが誤伝したものらしい。自身では直頼の外戚であると述べている（禅昌寺本『明叔慶浚等諸僧法語雑録』）。

明叔は妙心寺へ出世し、また甲斐の恵林寺・駿河の臨済寺・美濃の大円寺・愚渓寺・飛騨の禅昌寺・円通寺などに住山し、妙心寺派を甲・信・駿・遠・濃・飛の六ケ国へ飛躍的に発展させる基礎を築いた名僧である。その語録と生涯は『瑞泉寺史・別巻』二を参照されたい。

明叔は天文十一年十二月十七日に瑞泉寺へ輪住し、翌年退院した。入寺退院の法語が『瑞泉入寺開堂法語』に見える（史料編参照）。その間の天文十二年には、友人の先照瑞初の依頼をうけて、大永四年正月に功甫玄勲が先照に与えた印可状写の揮毫をしている（大泉寺現蔵）。住山中に、

鼇背海山雖路遐、青龍曲駕入烟家、瑞泉一滴蓬壺酒、酔百年三万日花、於瑞泉寺
（禅昌寺本『明叔録』県史二368頁）

との作品をのこした。

明叔は天文二十一年八月七日に美濃岩村大円寺で示寂した。享和三年（一八〇三）閏正月二日、光格天皇から「円応大通」の禅師号を追贈されている。

四六世　仁岫宗寿　天文十二年九月二十二日入寺

東海派独秀乾才の法嗣。永正十一年（一五一四）に独秀が示寂すると共に、岐阜市長良崇福寺の第二世となったとされているが、実質的には仁岫が妙心寺派としての崇福寺の第一世である。三年後の永正十四年六月十日に妙心寺へ出世した（第二十六世と『葛藤集』にある）。『仁岫録』に「永正十四年六月十日妙心入寺、其晨(そのあさ)久雨(ひさしきあめ)忽(たちまち)晴(はるる)、退院十二日、亦晴」とあって、臨時奉勅入寺であったことが判明する。

この年八月、崇福寺（神護山崇福弘済寺）の大鐘勧縁疏をつくっているので、梵鐘が成ったのであろう。永正十五年瑞龍寺へ輪住し（瑞龍寺紫衣輪番世代牒写）、また永正十六年八月五日には土岐政房公の四十九日忌の導師をつとめている（仁岫録）。

永正十七・八両年は「尾州路龍集山本覚寺」（今日の羽島市竹鼻町・曹洞宗本覚寺）の住持をつとめているが、また崇福寺在住の記録もあり、両寺を兼帯していたらしい（仁岫録）。

天文四年八月の稲葉山城をめぐる斎藤道三の大乱により、崇福寺は炎上したために、仁岫は、快川らの弟子を引き連れて濃北の龍雲庵へ避難した。仁岫は美濃市大矢田の道樹寺のごく近くに寺は在ると書いているが、所在は不詳である（仁岫録）。天文七年頃は鳳翔院（所在不詳、瑞龍寺塔頭か）に居て、天文十年の瑞龍寺輪住（再住）指名の時は、代理に法嗣の天瑞座元を派して一ケ年の住山をつとめさせた。崇福寺再興に多忙を極めていたのであろうか。天文十二年九月二十二日には瑞泉寺へ輪住し、翌年退院した。その入寺退院の法語は『瑞泉入寺開堂法語』にみえる（史料編参照）。また入寺の法語が『孤岫録』24丁に収められている（退院法語は見られず）。

天文十六年十一月に前守護土岐頼充（頼純）が道三に殺され、岐阜県山県市大桑に南泉寺が創建されたので、その開山に招かれ、天文十八年十一月十七日の頼充三周忌に用意された画像に賛を書いている。天文二十年六月十五日に示寂した。

四七世　高峯宗源　天文十四年九月十九日入寺

聖澤派天関宗鶚の法嗣。天関が大永三年（一五二三）に示寂し、高峯は犬山市羽黒の興禅寺三世となった。天文十四年九月十九日に瑞泉寺へ輪住し、翌年退院した。『瑞泉入寺開堂法語』に入寺退院の法語がある（史料編参照）。天文十九年十二月頃示寂した（大仙寺史）（尾張興禅寺史）。

四八世　了江宗贇（そういん）　天文十五年十月二十七日入寺

龍泉派春江門派秀林玄俊の法嗣。了江は岐阜県関市肥田瀬に少林寺を開創した。天文十五年十月二十七日に瑞泉寺へ輪住し、天文十六年正月、瑞泉寺創建日峰和尚の百年忌を執行した。この年が正当であった。かつて享禄二年一月には、景堂が日峰百年忌を予修したが（前掲）、改めて正当のこの年に了江が行ったことになる。『瑞泉入寺開堂法語』に了江の瑞泉寺入寺退院の法語がある（史料編参照）。

禅昌寺本『明叔慶浚等法語雑録』に日峰百年忌の偈と和韻がみえるので次に揚げる。

攪動禅源為大済、余流致遠溢叢林、百年厳諱永嘉末、一曲黄鶯正始音　瑞泉創建百年忌本韻了江（『雪叟詩集』25丁では、この偈を了江でなく先照作としているが誤りであろう）

正当祖忌百年今、瑞靄依然満四林、紫燕黄鸝花世界、春風一切法勝音、

法勝音菩薩也、幻住曰、一切法勝音、掬水月在手□陵、杜工部弄花香満衣云々、　泰秀

擇取河南河此地、一茎草上現禅林、聞壢正月喧鶯末、太雅松風無此音、先照

報恩香遍界無隠、折来正月桂成林、三万六千唯一日、不知鼻孔吽威音、長福寺恵匡（鵜沼長福寺）

四九世　趙庵□諗　天文十六年十月二十六日入寺

東海派興宗宗松の法嗣。天文十一年に瑞龍寺へ輪番住山した（瑞龍寺紫衣輪番世代帳写）。天文十六年十月二十六日に瑞泉寺に入寺し、翌年退院した。入寺退院の法語が『瑞泉入寺開堂法語』に見える（史料編参照）。

五五世　友峯□益　入寺退院年月日不詳

東海派寿岳門派の蘭室宗播法嗣。天文五年（一五三六）八月十九日に蘭室の代理として入寺し、その後正式に輪住したが、その年月を詳にしない。愛知県丹羽郡扶桑町の龍泉寺を開創した。扶桑町の龍泉寺では慶長五年一月示寂となっているが、天文年間に活躍した友峯がその七十年後まで健在で

あったことになり、今後の研究を要する。瑞泉寺住山は仮に天文十七年の項に入れて後考をまつことにしたい

五〇世　済関□透　天文十八年十月二十八日入寺

聖澤派亨仲崇泉の法嗣。天文十八年(一五四九)十月二十八日に瑞泉寺へ入寺し、『瑞泉入寺開堂法語』にその入寺退院の法語がのこる（史料編参照）。

永禄の初め頃にか示寂し、道徳寺和尚（弘治三年には東海派大宗下の大甫宗覠が住山中、道徳寺の所在は不明）が悼偈をつくり、雲外・快川・蘭叔がこれに和している（『葛藤集』63丁）。

即今説甚太麤生、啗倒須弥驀直行、猶有遺風余韻在、青天白日喝雷轟、

悼済関和尚　道徳寺

五一世　義雲祖厳　天文十九年九月二十九日入寺

龍泉派柏庭門派の月湖宗沖法嗣。月湖は三河三玄寺の二世となり、義雲はその後席を嗣いで三世となった（三玄寺世代帳）。のち犬山の徳授寺にも住山したらしい。天文十九年（一五五〇）に瑞泉寺へ輪住し、翌年退院した。入寺退院の法語が『瑞泉入寺開堂法語』に見える（史料編参照）。天文二十三年十一月二十一日に示寂した。

六五世　蘭畹玄秀　天文二十年頃住山か

伊勢の人で藤原氏といい、幼くして北伊勢の大樹寺安叔紹泰に参じて、天文十三年に印可を得た。安叔のあとをうけて関市の梅龍寺住持となり、また、後席に法嗣の天猷を据えて故郷の伊勢へ戻り、員弁郡の延福寺に住山した。岐阜県富加町加治田の龍福寺蔵涅槃図箱書に、「勢州員部(ママ)郡大泉縣喜雲山延福禅寺公用、永禄九甲寅霜月如意珠日、十方檀那施入者也、当住全秀（花押）」という墨書がある。これによれば、諱は玄秀のほか全秀も用いたようである。

これより先の永禄四年（一五六一）に蘭畹はすでに延福寺に在り、別伝による美濃法乱の時に瑞泉寺へ輪住中であった速伝宗販とも親交があった。速伝は、永禄四年に延福寺の蘭畹に、別伝の乱等の近況を報じている。

永禄十年に法嗣の天猷玄光晃が関の梅龍寺から加治田の龍福寺開山として招かれた時、天猷は蘭畹を勧請開山とした。蘭畹は龍福寺に至り、檀越佐藤紀伊守の画像に、天正二年仲春、「再住妙心蘭畹叟全秀讃焉」と書いている。また天正四年龍福寺十境を定め（龍福寺文書）、天正六年三月十八日に示寂した。寿六十七歳。

法嗣の天猷が永禄四年に瑞泉寺へ入寺しているので恐らくその師である蘭畹の入寺はそれより前の天文末～永禄初年のことであろう。

五二世　南陽宗耕　天文二十一年二月十八日入寺

東海派天縦門派の春岳宗泰法嗣。天文十九年（一五五〇）六月二日の定恵院殿南堂妙康大禅定尼（今

川義元妻）の葬儀で、南陽は奠湯の役をつとめており、この頃は駿河か遠江方面に在住していたらしい（禅昌寺本『明叔慶浚等諸僧法語雑録』）。天文二十一年二月十八日に瑞泉寺に住山した。入寺退院の法語が『瑞泉入寺開堂法語』にみえる（史料編参照）。

仁甫珠善か　天文二十二年住山か

天文二十二年（一五五三）の住山者は不詳である。ただし、豊橋市太平寺の『雪叟詩集』76丁に、
拄花開烏鉢曇、春風吹入活伽藍、今朝嵩岳飛来也、聴得吾山万歳三、仁甫、乾坤無処不門風、東海児孫日転隆、昨夜金龍呑一気、暁之咄出瑞雲紅、林隆曽栽岩谷松、年々積翠鎖千峰、今朝有瑞世奇快、不假風雪尽化龍、住瑞泉時
とあるので、仁甫が天文二十三年九月に甲府の東光寺へ入寺する前年に、瑞泉寺で一年一夏を過ごした可能性がある。
仁甫は、東海派興宗門派の泰秀宗韓法嗣である。

五四世　泰室宗岑　天文二十三年入寺

聖澤派天関下、高峯宗源法嗣。犬山市羽黒興禅寺の高峯宗源の印可を得てのち、同じ羽黒に笑面寺を開創した。天文二十三年に瑞泉寺へ輪住し、妙心寺へも出世した。妙心寺への出世は、永禄九年（一五六六）九月であった（東大『疏藁』）。五山の禅僧策彦周良が山門疏をつくってこれを祝福している。
天正六年（一五七六）七月十二日の『妙心寺定法式条章』に岱室岑の名で連署している（妙心寺文

書）。泰室は天正七年二月五日に示寂した。

五六世　三陽玄韶　天文二十四年十一月十日入寺

東海派西川下の明伯宗宝の法嗣。天文二十四年（一五五五）十一月十日、瑞泉寺へ輪住、住山一ヵ年であった。入寺退院の法語が『瑞泉入寺開堂法語』にみえる（史料編参照）。

永禄四年（一五六一）十月十一日、斎藤義龍（国清寺殿前左京兆雲峰龍公大居士）の葬儀では、奠茶の役を「三陽和尚」がつとめた（『葛藤集』147丁）（禅昌寺本『明叔慶浚等諸僧法語雑録』）。永禄七年には瑞龍寺へ住山した（瑞龍寺紫衣輪番世代牒写）。

永禄十年九月には妙心寺へ出世した（居成り、『龍安寺日黄事故略鈔』大雲山誌稿十九）。

五七世　真龍惴戩（ずいせん）　入寺退院年月不詳

龍泉派柏庭下、祥麟宗禎法嗣。実は天正年間頃の住山であろう。

五八世　以安智察　弘治三年十一月十七日入寺

聖澤派先照瑞初の法嗣。美濃国加茂郡細目（八百津町）の古田氏の出身といわれる。永正十一年に生まれ、享禄四年（一五三一）、二十五歳の時に先照の室下に参じた。天文十七年（一五四八）に印可状を得て、同年先照が示寂するや八百津町の大仙寺の住持となり、弘治三年に瑞泉寺へ住山した。自筆の入寺の法語が岐阜県川辺町の臨川寺にある。また、入寺退院の法語が『瑞泉入寺開堂法語』にみえる（史料編参照）。

弘治三年と推定される年の十二月十三日、瑞泉寺の以安と思われる人が、大円寺の悦崗に次のような手紙を出している（禅昌寺本『明叔慶浚等諸僧法語雑録』）。

謹んで申し上げる。そもそも去月（十一月）二十八日の御手紙は、十二月一日に三薫して拝披（はいひ）した。面展を遂げたようで、また両眉は左右の間に在るようだ。獅子吼（ししく）を聞くに似ている。祝々（喜ばしい）。この頃はよく思えば貴殿は健勝で、貴寺も無事で何よりです。この地も変わりなく、一山の衆たちも懇で、かえって恐縮しています。推察して下さい。また大円寺内の倚松（いしょう）（軒）主へ書状を届けようと思っていますが、繁がしくて果たせません。あなたから私の意向を伝えて下さい。恐れながら茶話のついでにお願いする。年内は余日なく、明春には早速和尚が当方に来られるというなら、（恵那）郡中を遠山（とおやま）を指して行き、尾張のことなど語り、心から打ちとけたいと思います。この旨上達する。誠恐誠惶敬白。

臘月十三蓂　——（以安）

進上大円寺

○謹んでお答えする。十二月の雪は続くが春風は禅宗界にも近づく。それにしても寒い寒い。思うに、貴殿は自重され喜ばしい。そもそも今月十三日のお手紙は、十八日の暮れ時にい

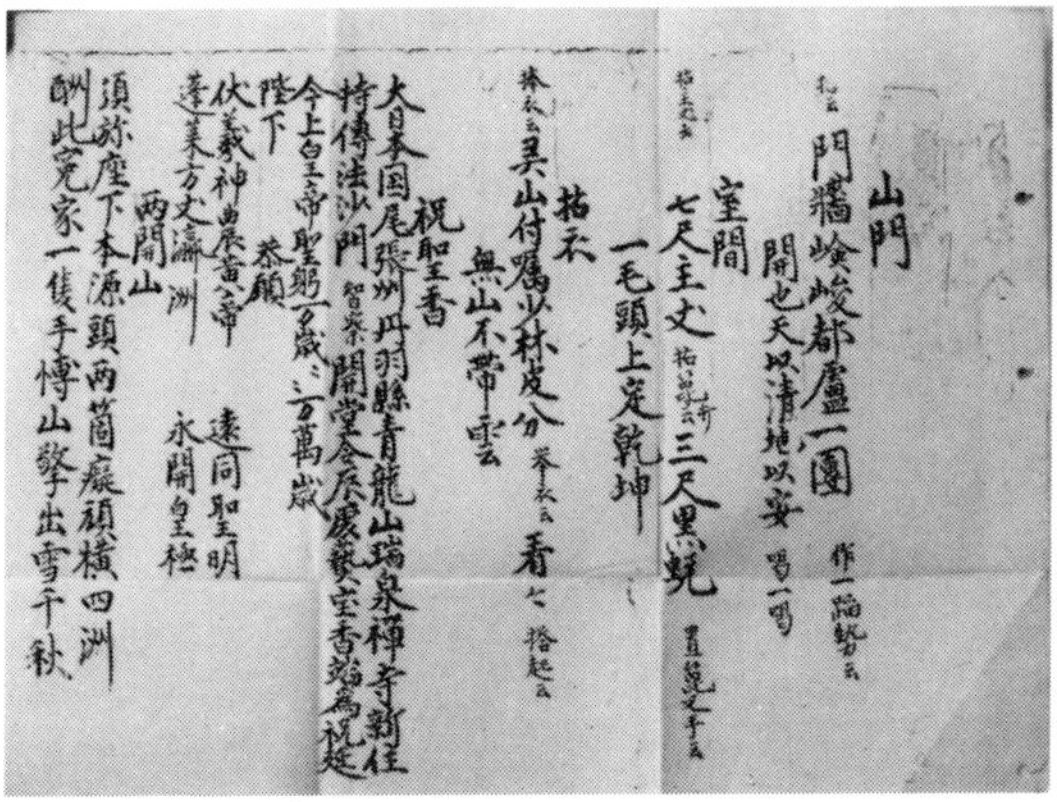
山門
開也天以清地以安
室間
一毛頭上定乾坤
拈衣
無山不帯雲
祝聖香
大日本国尾張州丹羽縣青龍山瑞泉禅寺新住持傳法沙門
今上皇帝聖躬万歳万々歳
陛下　恭願

以安の瑞泉寺入寺法語（川辺町臨川寺所蔵）

ただいた。それで三薫一戴し、開いてみれば、実に尊顔を仰ぎ見ているような気持ちがする。しかし、百書は一見面にしかずと故人が言うように、私も同じ思いだ。すなわち貴寺の一衆たちの帰仰のもとで住山されているのは、祖門の誇りであり、上坐のよろこびも大きいでしょう。かつまた、あなたの偈三篇を拝見した。句々は金声のようで、字々は玉を振るようだ。たとえ十の翰林や雪豆があらわれても、どうしてこの間に異論をはさめようか。いたづらに風の一字を抜いて謹んで和韻申し上げます。一にこの旨をもってよろしく御披露下さい。誠惶誠恐敬白。

臘月十九日　宗怡

進上瑞泉寺

不動干戈乱世雄、青龍山裡老師翁、徳香与百花春似、併見雲門林際風、

以安が瑞泉寺へ入寺した時、自身で、

（前欠）黒面翁、三万蓬莱万歳蓋、坐花酔月一春風　瑞泉寺

と詠じており（以安和尚語録）、悦崗はこれに和したことになる。

弘治四年に大仙寺へ帰山した以安は、近くの米山寺住持も兼務したらしい。元亀二年（一五七一）五月吉日に某名に与えた書（道号頌か）写には「前瑞泉以安叟書」とあり、天正三年（一五五七）十二月吉日に景縱蔵主に与えた惟天との道号頌には、「米山住山以安叟智察」とある。

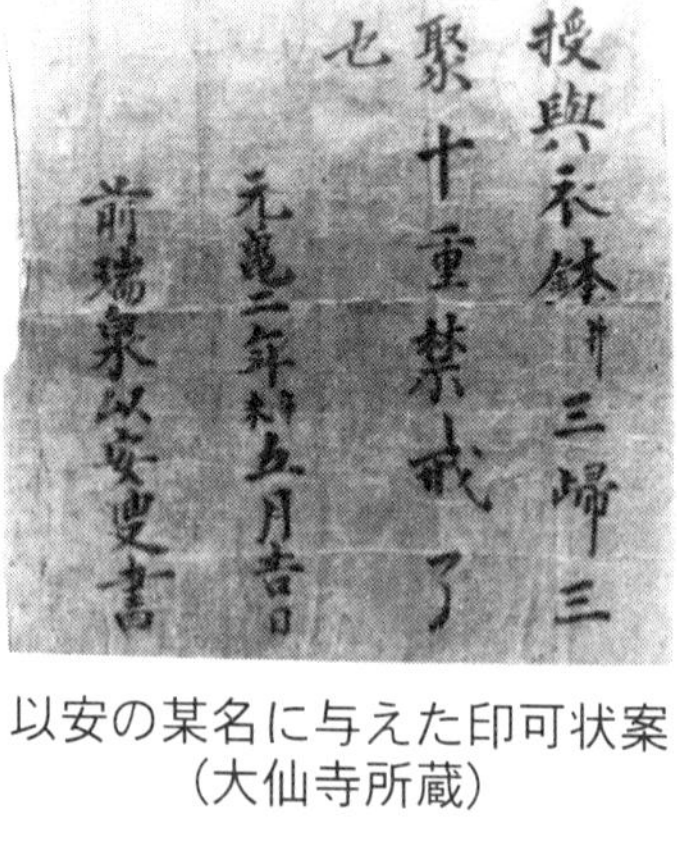

以安の某名に与えた印可状案
（大仙寺所蔵）

天正九年に以安は犬山の大泉寺へ住山し、翌十年には伊自良の東光寺へ転じた。同年七月、この東光寺から妙心寺へ出世し（初住・居成りか）、天正十一年夏頃再住を果した（一年間住山）。大仙寺へ戻った以安は、天正十五年二月二十六日に七十四歳をもって示寂した。

五九世　真甫寿允　永禄二年九月二十三日入寺

東海派仁済門派の剛岳玄確の法嗣。天文十四年七月十二日に剛岳が示寂したので、そのあとをついで真甫が瑞林寺四世となった。永禄二年（一五五九）九月二十三日に瑞泉寺へ住山した。『瑞泉入寺開堂法語』には、瑞泉寺入寺退院の法語がある（史料編参照）。退院の偈では、

この霊場に看院と称して来たる。慚愧する無能の老の鬢は霜なり。今日望行すれど嘆きは再びならず、残暑と共に去るにすでに秋光なり。

と詠じている。永禄三年秋七月頃の退院であろう。永禄四年の別伝の乱では（後述）、真甫らも快川紹喜らと共に各寺を出奔して瑞泉寺へ集った。永禄四年三月十二日付の妙心寺評定衆禅師あて連署状などに、瑞林寺寿允の名で見えている。

謹んで言上する。別伝悪行の謀書ならびに義龍の一札写運上の処、寺法の旨に任せ、削籍・擯出され、許状差し下され、諸老の連判太く分明するなり。諸門中大慶これに過ぎず、故に使僧をもって礼謝を述べる旨奉達す。恐惶敬白。

（永禄四年）三月十二日　瑞泉寺　宗販判

大宝寺　宗永判

梅龍寺　玄光判
慈雲寺　光巴判
少林寺　宗智判
瑞林寺　寿充判
崇福寺　紹喜判

迫上、妙心寺評定衆禅師

（永禄沙汰）

真甫は元亀二年（一五七一）十月五日に示寂した。

六〇世　忠嶽瑞恕

六十世に忠嶽が挙げられているが、この人の活躍は元亀・天正期なので、その項参照。

六一世　岐秀元伯　入寺年月日不詳、永禄四年七月十六日退院

東海派天縦門派の大宗宗弘法嗣。岐阜県本巣市の慈雲寺三世となり、また揖斐川町小野の東光寺二世となった。東光寺に大宗・岐秀二人の頂相がある（永禄八年、虎哉宗乙の賛がある）。岐秀は天文十六年に岐阜市の瑞龍寺へ輪住し、一年間在住した。天文二十三年にはすでに甲府の瑞雲院（武田晴信の母の菩提寺）へ招かれて、晴信（信玄）亡母の三回忌を行っているが（天正玄公仏事法語）、おそらくは天文二十一年に晴信の母が亡くなって間もなく、晴信が岐秀を招いたのであろう。岐秀はのち甲府へ移された長禅寺住持となり、永禄二年の晴信の出家に際しては「信玄」という諱を授与した。
永禄三年八月吉日に、甲州の万沢氏に常喜との法号を付与し、その法号記に「釈氏六十世、前住妙心岐秀述」と書いており（中巨摩郡富沢町広福寺旧蔵、『山梨県史資料編』六・中世三上）、この時はまだ長禅寺に在ったものと思われるが、その直後に瑞泉寺へ入り、永禄四年七月十六日退院までの一ケ年を瑞泉寺で過ごしたものと思われる。入寺退院法語が『瑞泉入寺開堂法語』に見える（史料編参照）。岐秀はその翌年、永禄五年十月二十三日に示寂した。長禅寺で亡くなった説と美濃へ帰って亡くなった説とがあるが、『頌文雑句』六下115丁に、「長禅中興岐秀堂頭大和尚」が永禄五年十月二十三日に亡くなったという記事があるので、長禅寺へ戻って亡くなった可能性が高い。

七九世　恵雲宗智

『青龍山瑞泉寺記』に、慶長八年濃州新加納村少林寺より住職とあり、『青龍史考』も同じく少林寺より入寺したとあり、しかも「再住」となっている。しかし、恵雲宗智は、永禄別伝の乱にその名が見える人で、永禄年間に活躍し、元亀二年八月二日に示寂した人である。従って慶長八年には存命せず、これは法孫黙照の世代のことであるから、聖澤派亨仲法嗣の恵雲ではあり得ない。恵雲の住山は永禄年間のことであろう。

六二世　貞林□見　永禄五年三月十日入寺

聖澤派の朴庵宗堯法嗣。永禄五年三月十日に瑞泉寺へ住山した。その入寺退院の法語が『瑞泉入寺開堂法語』にみえる（史料編参照）。

六三世　天猷玄晃　永禄五年九月二十七日入寺、永禄六年七月十六日退院

龍泉派春江門派の蘭畹玄秀法嗣。尾張水野郷（瀬戸市）出身で、幼少から仏門に入り、諸寺を遍歴したのち、北伊勢の大樹寺から美濃関の梅龍寺に転じた蘭畹玄秀に師事し、天文十八年、三十一歳の時、印可状を与えられた。

天猷は、天文末年には関市に在った龍淵寺住持となり、永禄四年にその本尊の開眼供養をしている（梅龍寺文書）。また焼亡した梅龍寺の再興を天文年間に進めた。永禄五年に瑞泉寺へ輪住し、翌年梅龍寺へ帰った。その入寺退院の法語が『瑞泉入寺開堂法語』にみえる（史料編参照）。永禄十年、岐阜県富加町加治田の領主佐藤紀伊守に招かれて龍福寺住持となった。

『梅龍寺史』30頁収録写真に、

仏成道
突出瞿曇（くどん）猶不完、雪山々上雪漫々、梅花与仏争成道、法戦一𡡉（へい）毛骨寒、
前青龍天猷叟書

という一偈がみえる。瑞泉寺へ住山したのち、妙心寺へ出世する前の作品だから「前青龍」と書いたのであろう。

ついで天猷は岐阜県七宗町神淵の龍門寺住持に招かれ、元亀元年に本尊の供養をした。元亀三年二月、佐藤紀伊守から妙心寺出世料として七千疋の提供をうけて、妙心寺へ出世した。天正二年の佐藤

紀伊守母の十三年忌香語には「比丘玄晃・」とあるが、それより前の史料では玄光・の諱を用いている。天正十年仲秋如意日に夬雲玄孚に与えた印可状では、「前妙心并青龍現住龍福天猷叟玄晃書之」である（梅竜寺開山歴代年譜録）。晩年の天正十八年には、妙心寺護国院（池田恒興の菩提寺）に移っており、慶長七年二月二十一日に護国院で示寂した。世寿八十四歳。同年六月二十日に「大徹法源」の禅師号を下賜された。詳細は『瑞泉寺史別巻』二の『大徹法源禅師天猷和尚語録』を参照のこと。

蘭叔玄秀　永禄六年頃住山か

松が岡文庫の『乙津寺蔵書』中のうちの「孤岫和尚法語」の末尾に次の文書が収録されている。

謹んで言上する。先回函丈（住職）に詣るの処、叮嚀の治具、かえって冥加無きなり。はたまた、瑞泉蔵経の儀は、出すべからずの由申さるの条、愚拙（私）が尾へ発足のこと、まずもって延引するものなり。かつまた臥龍庵より官状のこと、申し越され候間、御判成され、数十判紙を遣わさるべく候、免僧へもこの由申し遣し、定めて奏達あるべく候、この旨御披露す。恐惶敬白。

　小春廿九日　玄秀（花押影）

　進上瑞龍寺侍衣閣下

右は濃の梅寺（乙津寺）蘭叔和尚より高見、瑞龍寺十洲和尚に寄する尊書なり。しかるにすなわちこの書は

臥龍庵に在り、後代の重書たる者なり。なかんづく、尊書の内、数十判紙の四字着眼すべし。幸甚々々、寛永歳舎丁卯（四）冬之仲（十一月）初五蓂、政秀寺槐山和尚の渇望により、即ち単伝八十三歳これを書く。

これによれば、乙津寺の蘭叔玄秀が瑞泉寺の経典を見るために赴こうとしたら、見せないとのことで出発するのをやめたという。また瑞泉寺輪住の職状を出すと言ってきたので、瑞龍寺住持十洲の決裁を仰ぎたいというような意であろうか。そうであれば、永禄六年秋にも蘭叔が瑞泉寺へ住山した可能性があると思われる。

第二章　永禄の災禍と復興期

第一節　永禄別伝の乱と瑞泉寺

妙心寺四派のうち特芳禅傑を祖とする霊雲派は、主として駿河・甲斐などで発展したが、特芳下の大休宗休の法嗣に亀年禅愉があり、その法嗣に別伝宗亀がいた。

別伝は妙心寺に出世した人で、どうした縁によるものか弘治二年（一五五六）に美濃国主となった斎藤治部大輔義龍の帰依をうけるようになった。もともと義龍は、父道三の時代から日蓮宗に帰依し、稲葉山城下の井の口の常在寺（もと泉町に在った）檀越であった。別伝は岐阜市早田（そうでん）に少林山伝灯護国寺という寺を建立し、永禄三年九月には義龍と師檀の契を結び、ついで亀年和尚から錦襴の袈裟を付与された（濃飛両国通史）。

さらに別伝は、義龍の権力に乗じて、美濃国内の妙心寺派の寺を悉く（ことごと）自分の傘下に置こうとした。こうしてついに永禄三年十二月、義龍の名でもって次のような布告を出させることに成功した。すなわち、美濃の禅僧はすべて伝灯寺の支配下に入り、四節の礼儀や臨時の公事などは代人でなく本人が伝灯寺へ出頭すること。またたとえ少しの土地でも所有して還俗（げんぞく）する時は、伝灯寺へ出頭した上で、武士一人分の税金を負担しなければならない。

というものであった。

美濃における龍泉・東海・聖澤三派の寺々は総反発し、永禄四年正月五日に瑞龍寺へ集って協議した結果、義龍へ訴状を出すという結論に達したが、岐阜市粟野の大龍寺の龍谷が一人反対した為に、訴えることは中止となった。足並みが揃わないまま、二月八日には長良崇福寺の快川紹喜が国外へ退去、同じく十日には瑞龍寺輪番住職中の速伝宗販が退去、つづいて関市の梅龍寺、各務原市の少林寺・本巣市の慈雲寺などの諸老が出奔して、尾張犬山の瑞泉寺へ参集した。

瑞泉寺へ集った少林寺の恵雲宗智、瑞龍寺の速伝宗販、大智寺の景聡興勗、梅龍寺の天猷玄晃、崇福寺の快川紹喜、大宝寺の湖叔宗永、慈雲寺の雪岑光巴の七名は、

> 謹んで啓す。亀別伝悪行、忍びがたきの間、国中三派の諸老出奔せしむる処、義龍明鏡の一札、ならびに別伝謀書案文、これを出すにより、別伝亦退出、御披見のため彼の写差し上げ、悪行の段、一々別紙にこれを記せり。此の如くの大罪、寺法を行なわるべきか、衆議次第たるべし。此の外猶使僧演説すべき旨奏達す。恐惶敬白。

という文書を二月十二日付で妙心寺評定衆へ申し送った。瑞泉寺へ集った諸老は二十余名にも及んだという。その後の義龍の奉行衆宇佐見左衛門尉・上田加賀右衛門尉らの仲介もあって、二月十六日に瑞泉寺から瑞龍寺を経て諸老は帰寺したのであった。別伝を伝灯寺から退去させるという和議の条件は、その後実行される気配がなく、再び義龍が別伝を被護して、伝灯寺へ帰寺させていることが判明したので、快川紹喜・速伝宗販ら諸老は、示し合わせて二月二十八日深夜に再び出奔して瑞泉寺へ集った。瑞泉寺から義龍配下の寺社奉行に送った次の一書はまさに名文で、恐らくは快川の起草にかかる

ものであろう。

再び出奔につき、丁寧の書簡珍重なり、義龍は一国の主なり、衲僧は三界の師なり。三界の広きを以って、豈一国の狭きに換えん。闔国（国中）人去って再び帰らず。事々不宜。

二月晦日　　出奔衆中より

寺奉行中

これに相前後して、妙心寺の評定で、義龍の書出しと諸老の書状を検討した結果、別伝悪行は宗門の屈辱だとして、「削籍する者なり」との決定を知らせる二月二十八日付の一書が到着した。

別伝を支援する大龍寺の龍谷□倩についても、出奔諸老は三月十二日付で妙心寺へ擯出の状を送った。しかしこの龍谷については妙心寺で意見が分かれたらしく、除籍とはならず「御用捨」（そのまま据え置く）との知らせが閏三月十七日頃に届いた。そこで尾張の諸老たる南溟紹化・澤彦宗恩・大運宗章からも、四月六日付で妙心寺評定衆へ擯出すべきであることを書き送った。

一方、別伝の属する特芳一派（霊雲派）は主として駿河に大きな勢力地盤を有しており、また別伝が霊雲派の亀年禅愉の法嗣でもあることから、特別な動きはみられなかったが、この頃になるとついに腰を上げ、清見寺の月航玄津、臨済寺の東谷宗杲、得寺の玄洪、龍徳寺の宗淳は連名で、「特芳一派はまた三派と一味すること必矣」といい、別伝の「削籍擯出」について妙心寺・龍安寺へ嘆願するに至った。

しかしこうした動きを全く無視し、義龍は将軍足利義輝を動かして、四月二十四日、ついに伝灯寺に紫衣奉勅の寺格を下賜させることに成功するのである。

少林山伝灯護国寺は、
関山師祖十世の的孫なり。別伝上人は、一色左京兆を外護檀越として草創、今上皇帝御願の蘭若(寺)なり。是をもって綸命を賜う。然るに則ちすべからく紫衣を著して入院の儀式をすべし。位次は南禅寺に等しく、前後に年月を限るべきなり。門徒は相互に、専ら仏法を紹隆し、宜しく宝祚延長を祈り奉るの由なり。天気此くの如し、仍って執達如件。

永禄四年四月廿四日　　左少辨

当寺長老禅室

濃州伝灯寺の事は、
勅願寺なり。紫衣を着し、入院の儀式をとり、専ら御祈祷の趣をすべし。綸旨を成さるは、忝けなく存じ奉るべく候、萬里小路大納言と相談あって、執乎申さるれば、喜悦たるべくの状件の如し。

四月晦日　　義輝御判

山科殿

ところが、これまた驚愕すべき急報が瑞泉寺へ到着した。国主義龍が五月十一日に急死したというのである。翌々日の十三日には織田信長が早くも木曽川の下流で濃尾国境を侵して美濃へ乱入した。驚いた別伝は寺に火をかけたが、これが発覚したため、近在の人に殺されようとした。別伝の輩下の沙弥と僕二人は捕えられ、別伝は間一発のところで逃亡、大龍寺の龍谷もこれを知って逃げてしまった。なお龍谷は翌永禄五年の三月十八日の晩に妙心寺の七堂伽藍に火を付けようとして門前をうろついていたが、門番等にとがめられて棒でなぐり殺された。一方の別伝の行方はついに不明のままであった。

なお義龍は三十三歳の短命に終ったが、信長の乱入による戦乱のため葬儀が執行できなかった。八月二十八日に飛騨の禅昌寺の功叔宗補に送った書状のなかで、快川紹喜は「義龍不慮の逝去、ああ蓋し法罪か天罰か」と言っており、義龍の死後三ヶ月を経ても快川の心中は平穏ではなかった。

義龍は元来日蓮宗であったが、『南泉寺語録』の雲峰玄龍大居士（義龍）の下火に「法華の座を転じて、達磨宗に帰す」とあり、先の別伝に帰依して妙心寺派に転じたことが判明する。そこで信長と斎藤軍との戦乱も一段落した九月十八日に、義龍の葬儀は十月八日と決定し、引導の師として快川は尾張熱田の龍珠庵の住持南溟紹化を挙げて、快川からその旨を同庵へ知らせている。導師だけは快川は引受けたくなかったのであろう。ところが、南溟はこれを固辞したらしく、どうした運命か結局快川が導師をつとめたのであった。

話は戻るが、永禄別伝の乱では瑞泉寺が一派中の拠点となった。永禄四年二月十日の瑞龍寺評定衆から宇佐美左衛門尉にあてた書状のなかに、瑞泉寺は「夷中の本寺」と書かれており、当時の妙心寺派の諸老中にも、田舎本山あるいは準本山としての認識が在ったことがわかる。

別伝の乱が表面化した永禄四年二月には、瑞泉寺住職は岐秀元伯であった。しかし、『別伝座元悪行記』などを見ても岐秀の名は見えず、あるいは自身は高齢のため甲府の長禅寺に居て、代僧を送って住山させていたかもしれない（永禄五年十月二十三日に亡くなった）。岐秀の退院は永禄四年七月十六日だったことになっている。別伝の乱は永禄四年五月十一日の斎藤義龍の急死によって一転解決に向ったので、瑞泉寺の住山者もすぐ決って入寺してきたのであろうが、後任者は明確でない。歴代のところでは恵雲宗智を入れておいたが、なお検討を要するだろう。

第二節　瑞泉寺の焼亡と復興

永禄四年五月十一日、美濃国主の斎藤義龍が急死すると、即座に織田信長が美濃へ攻め入った。急死のわずか二日後のことで、西濃墨俣方面を北へ攻めのぼった。不意をつかれた義龍の子斎藤龍興は、重臣長井甲斐守以下多数の将兵を失い、防戦に四苦八苦となった。そうした中で、龍興と対立していた長井隼人（関城主）と和議が成ったこともあり（永禄四年六月六日付、開善寺あて瑞龍寺三役者書状に、「尾軍境を犯すといえども、差したる行(てだて)に及ばず在陣せしめ、特に長井隼人は此の地と和談、先ず以って無事堅固なり」とある『永禄沙太』）。戦線は一応安定した。信長は墨俣城に兵を入れ、龍興軍とにらみ合う状況が続いた。八月二十八日付けで快川が南飛騨の禅昌寺へ出した手紙では、「大垣と雑説(ぞうせつ)がおきた。危機が訪れたが無事であった」と述べている（禅昌寺本『明叔慶浚等諸僧法語雑録』）。信長が大垣方面で内応工作を進めていたらしいが、成功しなかったらしい。逆に龍興も、犬山城主織田信清と同盟を結び、信清は小口城や黒田城を支城にして信長に対抗した。

信長は、尾北(びほく)と美濃攻略のため、小牧山城を築いて移ることにした。永禄六年二月のことである（定光寺年代記）。これより前の永禄五年二月には、信長は墨俣から撤兵し、人質を返して龍興と講和していた（二月二十七日付け禅昌寺あて快川書状、禅昌寺本『明叔慶浚等諸僧法語雑録』）。信長は戦線を整理し、犬山城の織田信清を攻めることに専念しようとしたのである。こうして信長は、永禄七年には小口城を工作によって内応させることに成功し、づづいて黒田城も入手した。裸同然となった犬山城は、永禄八年二月についに落城して、信長の尾張平定が完了した。犬山落城の際に、瑞泉寺も兵火で全焼したことは次の快川書状でわかる。

謹んで啓上す。
夷則（六月）廿五の尊翰ならびに紅帯西條、八月初吉に落手せり。焼香拝読。欣慰々々。伏惟れば道体堅固万福なり。前年（永禄七年）洛陽乱後に当国（甲州）太守（信玄）の堅請に応じ、恵林古刹に再住せり。再三の瀆、克ざれば汗顔なり。然るに恵林・崇福一回々々の兼約なり。来年（永禄九）岐山へ皈住か。抑大和尚が勢陽の乱を松源精舎に見避するは、天幸拈起なり。家伝苕帚を生じて掃却す。伊州の兵塵は則ち快なるか。瑞泉伽藍は夷中四派の本刹なり。犬山落城故に一炬に焦土となる。天か命か。宗門の破滅、仏法下衰寔に時至れるか。誰か敢えて嘆息せざるか。本寺妙心の関山国師弐百年後、山門建立諸堂巍然として、花園再び少林の春を回らせり。是によって之を観れば則ち瑞泉再興亦時有るべきか。亦復松源（松源寺）、大円（大円寺）と相い去ること一里なり。時々竜吟虎嘯はこれを推しこれを察し羨殺す。濃陽と甲府は遙かに千山万水を隔てり。日々亀思鶴望し、これを企だてこれを止む。憐生すべし。なかんづく、出山像は顔輝之筆にして、無準の賛なり。両奇絶は特に山名殿大安開山に寄進せり。出処高哉、彼此万代の重器なり。此国に留むべき処これ無く、先ず奏返す。委悉は延公舌上なり。此旨奏達す。恐惶敬白。

八月初五日　　紹喜　在判

（大仙寺蔵『快川希庵悦崗等法語雑録』）

この快川の手紙が八月五日付けであることから、永禄七年十一月に恵林寺へ入寺した快川が、翌永禄八年八月五日に出した手紙とほぼ断定できるだろう。『武功夜話』などでは、犬山の落城が永禄七年であるとしているが、これは誤りと考えられる。

また、東大印哲教室の「滝田文庫」収蔵『異本葛藤集』に、瑞泉寺住持東庵宗暾による「青龍山瑞泉禅寺方丈再興上堂」の語が見え（全文後掲）、

永禄八年乙丑二月二十二日、此の山の伽藍、回禄の変に罹り、尽して焦土となる。……。

と書かれており、瑞泉寺が兵火で炎上した年月日が確定する。なお、この文は次のように続いている。

丁卯（永禄十年）六月十日勅許あり、緡銭一百十貫が常住修造に入り、即ち香積厨（庫裡であろう）落成せり。其の韻をもって仏法当今を祝えり。荒棒入眼一禅林、天上糸綸雨露深、厨庫風香修造日、了無祖仏不傾心、

これにより、永禄十年六月十日の勅許により、百十貫文の銭が常住に入り、庫裡の完成を見たことがわかる。ただ、瑞泉寺の修造について、勅許まで得たという点については、詳しくはわからない。永禄十年の妙心寺当住は霊雲派の東谷宗杲であり（甲府義雲院文書）、妙心寺あげての尽力によって成ったことは間違いないだろう。

永禄十年九月六日、信長は稲葉山城の斎藤龍興を攻め落し、つづいてここへ入城した（従来は、稲葉山落城は永禄十年八月十五日とされてきたが、近年の研究で九月初めのことと判明し、九月六日説が確定的となっている。詳しくは、『郷土研究岐阜』の拙稿平成十二年八六号「信長による稲葉山攻略日の新史料」を参照のこと）。濃尾両国を平定した信長によって、この地方に平和がおとずれたので、ここに瑞泉寺再興の機運が盛り上ってきた。その一連の文書が妙心寺雑華院所蔵の『雑編』に収められている。瑞泉寺再興の中心となった提唱者は誰なのかはっきりしないが、多分岩村大円寺の希庵玄

密ではなかろうかと思う。永禄十三年（元亀元年）八月十四日には、小牧市に在った政秀寺の澤彦によって奉加帳が作られた。『葛藤集』93丁に、

青龍山瑞泉禅寺再興奉加帳　私云、紫衣衆十緡、黒衣衆一緡、平僧或卅片或一両ヶ出之、蓋(けだし)一ヶ両ヶ出之衆ハ別僧某□(記)之、

位次不同　沢彦和尚自筆也、元亀庚午(元年)八月十四日、

とあり、つづいてこの奉加を歓迎する内容の、八月初吉の瑞泉寺あて玄密書状、八月四日の瑞泉寺あて宗恩書状が収められている。この二点は『雑編』にも載せられており、『雑編』にはこのほか東庵宗暾と以安智察・快川紹喜の書状もみえるので、そのすべてを『雑編』から掲げることとする。

謹啓、四派の尊宿より、当寺再興相い催すべくの書箚これ有り、此の旨をもって、門徒の諸大老へ奏達、御奉加希(ねが)うところ也、後堂以下の諸位、沙喝に至り、筋力を抽(ぬきんで)らるべくの趣(おもむき)、具(つぶさ)に演説多幸なり、恐惶不備、

仲秋(八月)十三蓂　　維那　祖林判

修造　宗受判

当住宗禎(祥麟)判　　納所　祖乾判

瑞泉寺

拝呈全公首座禅師(興宗下大成ノ法嗣、天安宗全か)

侍司(ママ)

○貴寺再興は何暮耶(いつや)、門派中奉加并(ならびに)大小檀施これを催せば則ち輪奐観(りんかんみ)るべき矣(なり)、而(しかして)今国家大平の時節、

早速仍旧貫たる者、吾門の栄なり、これを思うにこれを思う、恐々不宣、

八月初吉　　希庵玄密判

扒呈瑞泉寺諸役者中　大円寺

○謹んで啓す、貴寺の再興、頃年相い調わず、如何々々、尾濃の間静謐、好ケ時節なり、当住并門徒諸大老の尊命、奉加をもって方丈建立有るべく者、宗門の大幸此の時の者乎、恐惶不宣、

秋之中初四蓂　　澤彦宗恩判

拝進　瑞泉寺諸役者中　　政秀寺

○謹んで啓す、貴寺の再興如何、当住并門中諸大老の尊命、奉加をもって方丈の建立有るは惟う時なり、恐惶敬白、

八月初吉　　東庵宗暾判

拝進　瑞泉寺諸役者中　　龍雲寺

○謹んで呈上す、数年尾濃は干戈の日を閣けど、はるかに是貴寺の再興遅々たり、維れ時は国家静謐なり、当住ならびに門徒諸大老の尊命を伺われ、奉加をもって早速建立するは、宗門の光輝たるべし、恐惶敬白、

仲秋下澣　　以安智察判

近上瑞泉寺諸役者中　　大仙寺

○四海の波平にして万国穏かなり、好ケ時節、本寺再興尤可なり、全公座元衆に代って発足、其の志願大なる哉かな、奉加の文帳これを拝せり、愚老また諸老の例により、十緡の黄金これを出せり、

僧衆またこれに随う、若し近辺に在らば則ち石を曳き土を搬(はこ)ぶといえども、千山万水、思って能(あた)わず多罪なり。万端座元の舌上に掛在せり、誠恐稽首(せいきょうけいしゅ)、

小春初十　快川紹喜判

拝進　瑞泉寺評定衆中　恵林寺

これらの諸老の手紙によれば、元亀元年の瑞泉寺輪番当住であったのは、天文二十二年頃に亡くなった邦叔宗楨でなく、景川派柏庭門派の祥麟宗禎であったと思われる。この人は、天文五年（一五三六）小春吉日に師の天真宗昇から「祥麟」との道号を付与されている（『葛藤集』142丁）（徳授寺史）。この奉加帳に四派の尊宿四名からの手紙を添え持って、瑞泉寺内の全公座元（天安宗全）が徒僧を連れて妙心寺派の各寺院をたづねて歩いたというのである。

こうしてかなりの大金が瑞泉寺へ集ってきたので、これに合わせて木曽川を流下する筏を買い上げて材木を調達し、工事が進められていった。ところが、公用以外のこうした民用材の流下には課税(かぜい)がされる仕組みになっていた。八百津町錦織(にしこり)には河上関所(かわかみせきしょ)があり、筏のすべてが厳重にチェックされる。それで、これを無税扱(むぜいあつか)いにしてもらうために、寺では信長に申し出て次のような朱印状をもらったのである。

当寺の事、関山派本寺たるの条、早く再興尤もに候、材木召し下(くだ)すに付き、河並諸役これを除くの状、件(くだん)の如し、

元亀弐

六月廿日　信長（朱印）印文「天下布武」

瑞泉寺
（瑞泉寺所蔵）

祥麟宗禎につづく元亀二年秋頃からの瑞泉寺当住者は今のところ不明である。翌年秋には霊雲派の東庵宗暾が入寺してくる。丁度その頃、つまり元亀三年八月初めに、瑞泉寺に瑞寅典蔵という修行僧が居た。この人はこれより前に岩村大円寺で希庵の指導を受けて長年にわたって修行した人であった。希庵が熱田の瑞光院で宿を借りて泊った時、瑞泉寺内に書院を新築した瑞寅のために、頼まれて「夢梅斎」と命名し一文を書き与えたのであった（犬山大泉寺文書）。

夢梅斎

小蓬の東、瑞泉名刹の高僧・瑞寅典蔵禅師は、実地を足蹈し、宗門を胸徹するの佳衲子なり。先是予の陋室に掛錫して旭煆臙鍊し、孜々として参究するは年尚し。今また瑞泉再興の日、土木の役輪奐美を尽す者なり。近くに在る人は皆、拭目してこれを竢てり。このごろは書斎を築いて予に名を徴めり。予は夢梅と扁す。蘇知識曰く、夢は呉山を繞り月は廊に劫り、白梅・盧橘の猶に香るを覚う。二字を摘んでもって其の求めに応じたり、かつ禅詩一章を綴り、厥の義を訂して云わく。

一東坡亦蝶耶荘、梅白呉山却月廊、
不渉遮二兼栩々、暗香吹入黒甜郷、
元亀三年壬申八月初吉
五住妙心希庵老衲滌筆於瑞光之室
（印二つ）

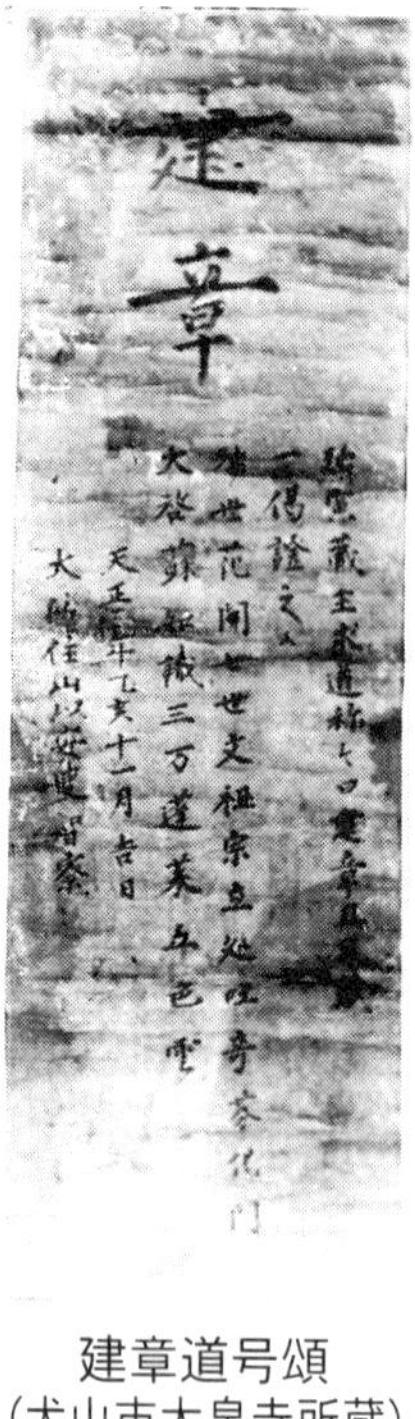

建章道号頌
（犬山市大泉寺所蔵）

瑞寅は、その後天正三年十一月になって、師の以安から「建章」との道号を付されている（大泉寺文書）。なお、瑞泉寺では、希庵の働きかけで義天の塔院「黄梅院」を再興すべく奉加帳を回す手配が進められていた。元亀二年九月下旬のことで、次の文書が『葛藤集』98丁に見える。

謹んで言上する。杳（はる）かに音容（おんよう）に接せざりき。伏して以（おもんみ）るに、尊体万安億福なり。よって瑞泉寺黄梅院敗壊の由、是れ塔主は駿遠甲信の諸老の座下に会了し、彼の帳面に奉加を催（うなが）され、御覧なされ、然るべく様（よう）御奉加は、祖翁（日峰）の定中点頭すること必ずなり。この旨尊聴（に達す）。恐惶敬白。

（元亀二年か）

鞠月下浣　　玄密判

進上海国寺侍衣閣下

元亀三年八月頃、瑞泉寺へは東庵宗暾が入寺した。その時の香語が大平寺『雪叟詩集』104丁に見えている。

瑞泉寺開山香語

炉中一滴梅檀（せんだん）水、漲起蓬莱
三万波、東庵

そして、元亀四年（一五七三）の正月には、東庵は住山中の瑞泉寺で次のような偈をつくっている（『孤岫録』20丁）。

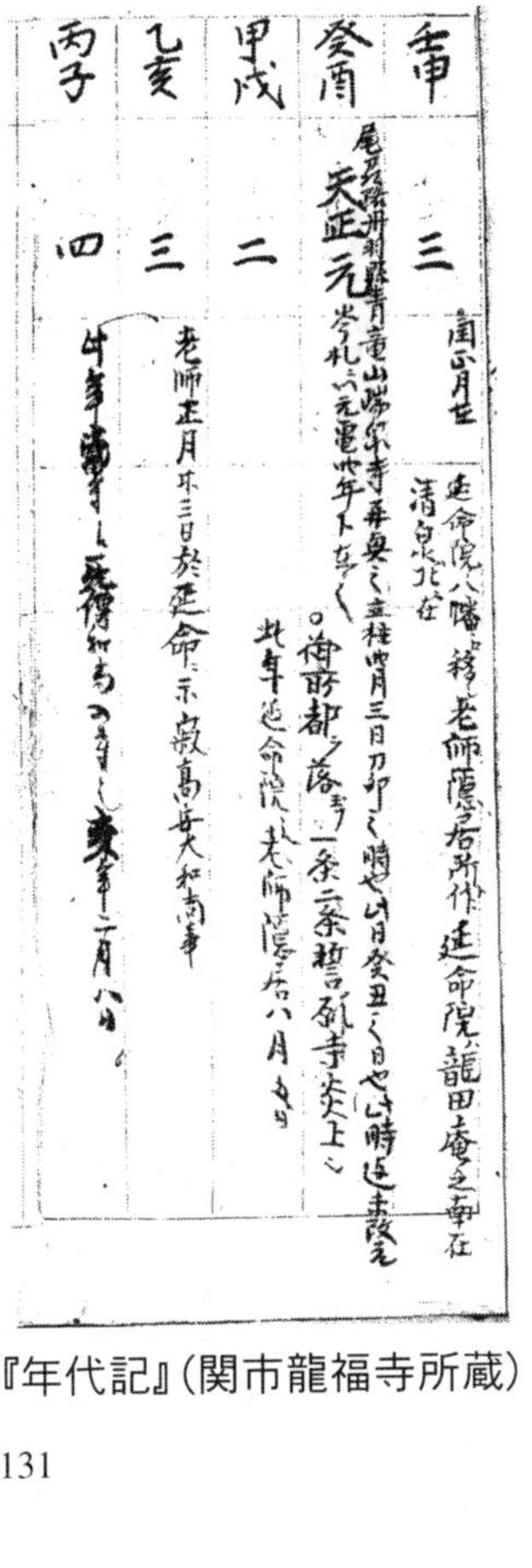

『年代記』（関市龍福寺所蔵）

建化門中大願輪、為君一気転洪鈞、正知造物良材大、殿閣花開天下春、
瑞泉住
元亀四歳旦　東庵

その後本堂の立柱式にこぎつけたのは元亀四年（天正元年）四月三日のことであった（関市武芸川町『龍福寺年代記』）。

この時、瑞泉寺住持の東庵宗暾は、「青龍山瑞泉禅寺方丈再興上堂語」で、次のように述べている（東大印哲『異本葛藤集』上4丁）。

青龍山瑞泉禅寺方丈再興上堂

大日本国尾州路丹羽縣青竜山瑞泉禅寺住持、伝法沙門宗暾、方丈再興上堂令辰、謹焚宝香、端為祝延、今上皇帝聖躬万歳々々万々歳、陛下　恭願、深信此道而仏日重輝、高聳寿山而皇家益固、竪払云索話、起馬祖十八灘、六反震動、登竜門千万仭、四海雷奔、這裡単刀直入不用小根、参、有僧問、出陣、背者易兮触者難、此山依旧二竜蟠、威風吹作炎天雪、方丈門開毛骨寒、臨席、巳墜宗綱、請師提起、師云、仰山開会皈宗曳石、進云、青竜第一関中主、妙喜親伝五葉孫、師云、堂々意気走雷霆、凛々威風掬霜雪、
進云、記得、維摩丈室、以日月不為明、端的在那裡、師云、看脚下、進云、離妻行処浪滔天、師云、
牛頭没馬頭回、進云、不審和尚丈室以何為明、師云、棒頭有眼、入陣、入陣、小出大遇、伏惟、弥重、師云、江上脱来堪画処、漁人披得一簑皈、乃云、

　清泉白石、仏寺金銀、
橡栗実芋魁灰、歎其枯淡、
荷葉衣松花食、眼其朴淳、
　此是先輩住持様子、夫以外護国王大臣、
新方丈五百間、崖立絶俗、
老宝掌一千歳、叢規得人、
　将謂曇華現瑞、由来代木求仁、
画棟飛南浦雲、亀蔵語黙、
黄金布西方地、蝉蛻根塵、
　所以光明後世、由来浩就前因、
仏法之金城湯池、無辺無表、
吾禅兮眼檣鉄壁、不緇不磷、
　三代礼楽猶在、万古業風未泯、
取臨済才則蓋覆后昆於蔭涼樹、
執魯陽戈則麾回中天於恵日輪、
　楼殿涌出、家国平鈞（均カ）、
乾坤遶玉堦、如月印水、
山河扶綉戸、似花在春、

拈主丈云、傍有木上座、忍俊不禁、叉手近前云、和尚今夏説何法、前半夏説如来禅、卓一下云、山是山水是水中夏、説祖師禅、打成一片、卓一下云、山是山水是水、猶未委悉作偈指陳、一夏早知己過半、護生禁足弄精神、静中消息動中得、緑水青山繞四隣、又問、曽仏日為圜悟作忌、大仰為潙山設斎、今日祖忌、和尚底作麼生你要看祖師真麼、卓一下云、正当乃祖忌斎辰、供欠清茶薦欠蘋、無底椀盛一団雪、炎天梅蘂咲誾々、卓一下云、方丈門啓凡聖要津、

自序、

方丈再興之上堂、猿猴而冠冕、

単丁独弄之住院、馬牛而襟裾、

况驢嘶而秉塵尾乎、忸怩々々、

上堂之次、共惟、乙津堂頭蘭叔大和尚、道高位崇、似地擎山、功成名遂、如石含玉、誠宜哉、

又惟、竜福堂頭天猷大和尚、付仏法於有力檀那、貯清風於無心椀子、衆之所皈也、

天外座元禅師、骨海規矩井々、肉山威儀堂々、道之行矣、其在茲乎、

匡周座元、第五代昭王逢仏誕、其君子者乎、千万世臨清興吾禅、這風顛漢也、

春叔座元、千万世済北宗、只合作蔭涼大樹、六十州日東地、豈不現瑞世烏曇、至祝至祷、

真竜座元、是竜玩瑞光掌内之珠遺影迹、其魚知円照籃外之水有泳游、古今同日吾者也、

朴翁座元、霊樹堂中二十年得雲門、百花園裡第一位接首座、珎々重々、

又惟、

山門東西班丈室、在右侍一堂大衆、四海名流、適来禅客諸位禅師、木有椿草有芝山、為砺河為帯、人々呑七沢於陶中、个々種万松於門外、棟梁仏法而厭旋造化、柱礎祖道而運樞機然、則七堂伽藍一時建

立、非大衆之力又何耶、不亦盛大耶、竪払子、
拈提、
記得、虚堂和尚住径山日、朝廷降賜度牒、三十道入常住修造上堂、恭謝畢云、年垂九十礙叢林、歴
尽風霜歳月深、妙蘊豈能起仏祖、可哀端可格天心、
永禄八年乙丑二月二十二日、此山伽藍罹回禄之変、尽成焦土矣、丁卯（永禄十年）六月十日有勅許、
緡銭一百十貫入常住、修造即香積厨落成矣、以其韻祝仏法当今、荒棒入眼一禅林、天上糸綸雨露深、
厨庫風香修造日、了無祖仏不傾心、
茲有全修造者、飽参活衲也、不忍看此荒廃、感彼前後暫韜光来蔵、諸老門化衆類、以再興方丈、不
日成矣、茲年元亀第四癸酉孟夏初三日立柱、今又就余有上堂請、豈不感于懐、不兌打皷登猊座、截
断虚空、葛藤把鳶、膠嗣賞音変荊棘、復作檀林、丈室通風密甚深、二万猊床三尺竹篦耶、金粟祖師心、
収払叉手云、謹謝供養、便下座、

第三節　六四世～九四世の概要

永禄五年入寺の貞林のあと、永禄八年の兵火による混乱で、瑞泉寺では六四世に嫩桂宗維が天正十三年（一五八五）九月に入寺したことを記しているのみで（瑞泉寺記）、七一世一逢栄専までは、入寺年月を書き留めていない。

しかし、前述したように瑞泉寺が再興のために奉加帳を廻した元亀元年の頃は、祥麟宗禎が住持をつとめていたので、世代に挙げなくてはならない。それ以降も順調に輪住がなされていたのは間違いない。また、嫩桂宗維の後に輪住したことになっている蘭畹玄秀は、天正六年三月十八日に示寂しているので、それより前の生存中に輪住したとみられる。七一世までについては、住持の名を列記したのみで、厳密な前後関係を示しているものではないと考えられる。以下、瑞泉寺における世代に従わず、推定入寺期にあわせて、略伝を述べることにする。

なおこの間の瑞泉寺における主な出来事として、天正七年十二月に大鐘が再鋳されたことを挙げなくてはならない。

鋳出鴻鐘大願輪、声々月夕又風晨、嵩呼万歳華鯨吼、楽緑礼紅従此新、青龍山瑞泉公用、飛州益田郡禅昌寺住僧、玄情首座寄進之、大工濃州可児郡荏戸之住、長谷川平左衛門、
天正七年己卯十二月吉辰　前住当山功叔叟

（青龍山瑞泉寺記）

なお、禅昌寺は、当時は下呂市萩原町桜洞に在った。住僧の玄情首座という人の詳細は不明であるが、何らかの縁によって、功叔宗補の仲介で、瑞泉寺に梵鐘が寄進されたのであろう。なお禅昌寺は、この六年後の天正十三年に、金森氏による三木（みつき）氏攻めの際、兵火で焼亡し一旦（いったん）は廃寺となった（のち中呂に再興）。

その後、天正九年（一五八一）十一月吉日に、犬山城主織田信房が禁制を瑞泉寺に掲げた。翌天正十年九月には、犬山城主中川定成が禁制を掲げ、さらに天正十四年十月には犬山城主（武田清利か）が禁制を掲げている。（史料編参照）。

文禄五年（一五九六）四月二十三日には、犬山城主石川光吉の尽力もあって、豊臣秀吉が犬山本郷のうちで五十石の寺領を寄進するなど（寄進状あり）、しだいに瑞泉寺の再興が成しとげられて、旧観に復すようになってゆく。

復興期瑞泉寺の概要（年表）

永禄六	七月十六日、天猷玄晃退院
七	蘭畹玄秀在寺か
八	二月二十二日、瑞泉寺回禄（全焼）（東大印哲『異本葛藤集』）
九	永禄年間頃住山恵雲宗智（七九世）
十	六月十日、勅許により再建開始、緡銭一百十貫下賜、香積厨成る（同書）
十一	
十二	この頃恵雲宗智再住か

十三	八月十四日、瑞泉寺再興奉加帳　澤彦自筆（『葛藤集』93丁）
元亀二	当住祥麟宗禎（雑華院『雑篇』）
三	当住東庵宗暾
四	歳旦瑞泉住東庵（『孤岫録』20丁）
	当住東庵宗暾　四月三日、方丈再興立柱式（異本葛藤集）
天正三	八月　澤彦瑞泉寺へ入寺（禅林無尽蔵）
四	七月　澤彦退院
五	功叔宗補（五三世）この頃住山か
六	忠嶽瑞恕（六〇世）この頃住山か
七	梵鐘改鋳成る「前住当山功叔」
八	
九	伝芳慈賢（七一世）この頃住山か
十	天安宗全（六六世）この頃住山か
十一	
十二	
十三	九月嫩桂宗維（六四世）入寺

六七世　東庵宗暾　元亀三年入寺～元亀四年（天正元年）

東庵は瑞泉寺三三世と六七世に挙げられているが、三三世東庵が享禄三年に瑞泉寺へ入寺したとするのは年代的に無理である。

東庵は逆算すると、永正十二年（一五一五）の生まれと判明する。八歳の春（大永二年、一五二二）に、定光寺開山覚源禅師清照塔前で出家し、のち妙心寺へ移って修行した（大仙寺『東庵語録』）。そして天文十四年（一五四五）五月二十八日、大休宗休から自賛頂相をもらい（豊橋市太平寺所蔵）、天文十七年頃は大梅寺に住山していた（禅昌寺本『明叔慶浚等諸僧法語雑録』）。永禄八年は藤枝市の長慶寺に在り、永禄九年に妙心寺へ出世した(居成り、『東庵語録』)。永禄十年も長慶寺に在り(霊雲院文書、臨済寺史）、永禄十一年には瀬戸市の定光寺へ移って、ここで覚源禅師（平心処斉）の二百年忌を執行した。元亀元年には龍雲寺（浜松市か）に在り（雑華院『雑篇』）、元亀二年三月二十六日に妙心寺再住を果した（東庵語録）。元亀三年春に妙心寺を退院したらしい。同年秋か冬に瑞泉寺へ輪番住山した。元亀四年の歳旦の偈を瑞泉寺で詠じている（『孤岫録』20丁）。入寺の折であろうか、住山中に次の一偈をのこしている（『雪叟詩集』96丁）。

瑞泉寺開山香語

炉中一滴栴檀（せんだん）水、漲起蓬莱三万波、東庵

元亀四年四月三日には前述のように方丈の立柱式を行った（異本葛藤集）。ついで妙心寺へ三住を果し（年月日不詳）、以後は長慶寺で長養して、天正十九年五月十六日に同寺で示寂した（『雪叟詩集』16丁）。世寿は七十七歳。

天正七年の妙心寺定法式条章に見える東庵の署名印（妙心寺文書）

澤彦宗恩　天正三年八月入寺～天正四年

澤彦は、輪住したことが瑞泉寺での記録には見られないが、天正三年八月頃入寺したことが松が岡文庫の『禅林無尽蔵』で判明する。

○二月すでに破れ三月というといえども、日々時々に臨み、大平日なく、風春（かぜはる）ならず、至祝々々、よって些少といえども、扇子一柄進献す。また堂上老師も一管を呈し候。

宗珠

政秀寺侍（衣閣下）に進ず、

瑞泉寺住持職のこと、衆評をもって堅請す。先規の如く早く御住院ありたし。よって状件（じょうくだん）の如し。

天正三年乙亥七月廿六日　侍真宗珠判

進上澤彦和尚大禅師侍（衣閣下）

六〇世　忠嶽瑞恕　永禄三年入寺とあるが、実は元亀天正期

景川派柏庭門派の叔栄宗茂法嗣。尾張小林郷の牧氏の出身という。幼い頃熱田の海国寺で叔栄に入門し、また諸国を遍歴して修行を重ねた。叔栄から印可を得て、のち妙心寺へ出世し、帰って熱田の宝泉寺に住山した。清洲城主織田信雄は、伊勢（四日市市）の景陽山安国寺を清洲の城下へ移し、総見寺と改称して、父信長の菩提寺と定め、忠嶽を招いた。忠嶽は鎌倉時代の虎関師練（こかんしれん）を第一世とし、自らは第二世と称した。文禄五年（一五九六）秋、妙心寺へ再住し、同年（慶長改元）十二月六日に示寂した。六十三歳。こうした経歴からみると、瑞泉寺へ永禄三年に住山したというのは、少し無理があるように見受けられ、実は天正年間でなかったかと思われる。

五三世　功叔宗補　入寺年月日不詳（天正五、六年頃住山か）

龍泉派景堂門派の希庵玄密の法嗣。希庵玄密は元亀三年（一五七二）十一月二十七日に、美濃岩村大円寺で武田信玄の兵に殺害された。功叔はその法嗣であるから、希庵の行動からみて、永禄年間に印可を付与されたのであろう。功叔は希庵の後席を嗣いで飛騨禅昌寺第五世となり、妙心寺へ出世した。慶長五年（一六〇〇）、下呂市竹原の慈雲院を中興し、同十二年下呂市森の泰心寺中興開山となるなど、天正・慶長期に活躍して慶長十四年六月七日に示寂した（萩原町史）。

功叔は天正七年（一五七九）に瑞泉寺へ梵鐘を寄進している。その時の鐘銘に、「青龍山瑞泉寺公用、飛州益田郡禅昌寺住僧玄情首座寄進也、大工可児郡荏戸之住、長谷川平左衛門、天正七年己卯十二月吉辰、前住当山功叔叟」とある。天正七年にはすでに瑞泉寺輪住を果していることが判明する。ただし永禄年間頃印可を得た事情からすれば、天文二十二年頃住山と『青龍山瑞泉寺記』にあるが、そのような早い時期ではなく、梵鐘銘に見える天正七年の直前に住山し、永禄八年の兵火で亡失した梵鐘再興を発願し、弟子と思われる玄情首座の寄進によって、ようやく実現したということではないか。

天正六年「妙心寺定法式条章」より

七一世　伝芳慈賢　天正十年以前か

聖澤派の先照瑞初法嗣。岐阜県坂祝町の長蔵寺は勝山城主川尻秀隆（信長の家臣）の菩提寺として永禄年間に建立された寺で、開山は先照瑞初であるが、実質的開山はこの伝芳である。伝芳は天正十三（一五八五）年五月二十九日に示寂したので、瑞泉寺への輪住も六四世嬾桂宗維より前でなくてはならない。

六六世　天安宗全　天正前半か

東海派興宗門派の大成□韶（泰秀宗韓法兄）の法嗣。元亀元年（一五七〇）八月に瑞泉寺再建が始った頃はまだ首座で、八月十三日付の全公首座禅師あて瑞泉寺祥麟宗禎の書状が雑華院『雑篇』に見える（瑞泉寺の焼亡と復興の節参照）。この頃天安は妙心寺東海庵主であったかもしれない。瑞泉寺への入寺年月日は不詳で、天正前半期頃かと思われる。

五七世　真龍瑞戩

龍泉派の柏庭下、祥麟宗禎法嗣。祥麟が元亀元年頃の住山であるから、真龍の住山は天正十年代と考えられる。

元亀四年（一五七三）四月三日の瑞泉寺方丈立柱式に、住職の東庵宗暾が、列席した天外座元と真龍座元・朴翁座元に謝語を述べたことが東大印哲の『異本葛藤集』6丁に見えるのが、真龍に関する唯一の記録といえる。示寂年月日は不詳である。

真龍の法嗣には犬山徳授寺等に住山した説道宗禺がある。

六四世　嫩桂宗維　天正十三年九月入寺（瑞泉寺記）

聖澤派天関下の泰室宗岑の法嗣である。泰室は犬山市羽黒に笑面寺を開いた人で、天正七年二月五日に示寂した。嫩桂は笑面寺や興禅寺で修行し、天正十三年（一五八五）九月に瑞泉寺へ輪住した。妙心寺へも出世し、文禄五年（一五九六）に犬山市善師野に禅龍寺を開き、元和三年（一六一七）に同じく善師野に福昌寺を建てて隠居した。元和七年六月九日示寂。禅龍寺に愚堂東寔賛の頂相がある（八百津・大仙寺史）。

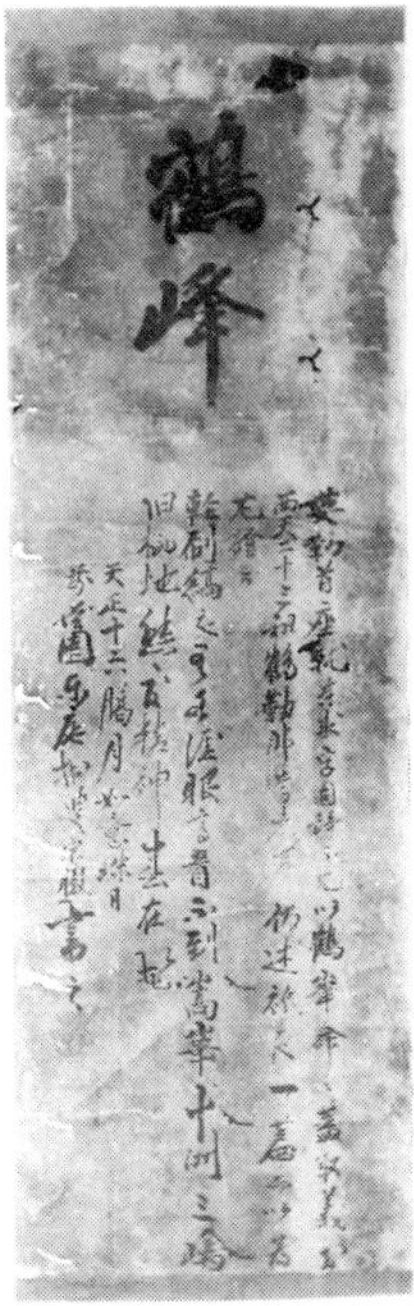

東庵筆　鶴峰道号頌
（犬山大泉寺所蔵）

六九世　周岳玄荘

龍泉派春江門派の了江宗贇（りょうこうそういん）の法嗣であるが、瑞泉寺の入寺年月日等不明である。

七〇世　天岫宗育（天正十九年入寺～天正二十年）

東海派寿岳門派松峰□永の法嗣。松峰は江南市の文永寺開山となり、天文二十二年（一五五三）に示寂した人である。天岫は一宮市笹野の妙光寺三世で、妙光寺過去帳に天正十九年（一五九一）瑞泉寺輪住との記事がある。示寂年月日不詳（妙光寺史料）。

七二世　夬雲玄孚（文禄五年十月十八日入寺～慶長二年七月十六日退院）

龍泉派春江門派天猷玄晃法嗣。上有知（こうづち）（岐阜県美濃市）の猿渡氏出身で、幼くして梅龍寺の天猷に入門した。十四歳で落髪、のち諸国を遍歴して天正十年（一五八二）八月に天猷から印可を受けて、玄孚蔵司（ぞうす）はその法嗣となった。梅龍寺・龍福寺に住山し、妙心寺へ出世、ついで文禄五年十月十八日に瑞泉寺へ輪住した。翌慶長二年七月十六日に退院した。瑞泉寺入寺退院の法語が『瑞泉入寺開堂法語』に見える（史料編参照）。その後苗木城主遠山友政に招かれて菩提寺の雲林寺開山となった。雲林寺には法嗣の中華玄等を入れて夬雲は龍福寺へ帰り、慶長三年三月二十六日には、春江の百年忌を執行した。その時の香語は次のとおり。

後代児孫万劫殃、胸中五逆不曽蔵、黄金鋳出百年鉄、鎔作炉薫一炷香、

（『梅龍開山歴代年譜録』春江の条）

元和八年（一六二二）三月二十五日、七十六歳をもって示寂した。関市上ノ保の南陽寺に夬雲自賛の頂相があるという。

また、加治田龍福寺の夬雲自賛頂相に、次のように書かれている。

手裡亀毛払劫灰、魔宮仏界共塵埃、画工写出蘭亭帖、肩上伽梨棗木梅、
応忠陽南請、製野偈賛之云、

慶長庚戌（十五）仲春日
前妙心夬雲書
（原本左書、龍福寺所蔵）

七三世　鰲山景存（慶長二年九月十五日入寺、翌年退院）

東海派、独秀門派、南化玄興法嗣。天正十九年（一五九一）八月、南化が妙興寺から上洛する時、妙興寺の後住を任されたらしい。文禄二年（一五九三）には、妙興寺の仏殿を再興し、棟札に「前妙心現住報恩景存」と書いている（妙興寺文書525号）。慶長二年（一五九七）九月十五日に、鰲山は妙興寺から瑞泉寺に輪住した（七三世、一年一夏）。その入寺退院の法語が『瑞泉入寺開堂法語』にみえる（史料編参照）。

慶長七、八年頃か南化は妙心寺内の隣華院に定住し、兼務してきた京都祥雲寺住職の席を鰲山に譲ったらしい。祥雲寺へ入ったのは某年の新春であったらしく、一偈が『乙津寺歴代偈頌』7丁に収められている。

慶長十五年には、鰲山は玉鳳院主をつとめていることが、鉄山宗鈍の語録『懶斎集（らんさいしゅう）』（お茶の水図書館）の玉鳳院鐘銘によって判明する。

七四世　伯蒲恵稜（慶長三年任～慶長四年）

史料上の初見は、永禄三年（一五六〇）の新春に、龍安寺の稜侍者が試筆をしたのに、妙心寺当住中の希庵が和韻した記事であろう（禅昌寺本『明叔慶浚等諸僧法語雑録』）。天正十年（一五八二）三月には座元に進み、同年十月に妙心寺への奉勅入寺を果たした（大雲山誌十九『日黄事故略鈔』）（『五岳疏藁』一）。その後文禄・慶長・元和年間はほとんど龍安寺に住山していた。

慶長三年（一五九八）に瑞泉寺へ輪住したが、入寺退院の法語は見られず、展待料を納めるのみで来住しなかったと『瑞泉入寺開堂法語』に書かれている。

七五世　惟天景縦（慶長四年十月十日入寺～慶長五年）

聖澤派の以安智察の法嗣。天正三年（一五七五）に岐阜県八百津町の米山寺（べいさんじ）（のちの正伝寺）で以安から「惟天」との道号を授与され、その翌年には犬山市羽黒の興禅寺へ移り、そこから銭五貫四百文を妙心寺へ納めて前板寮

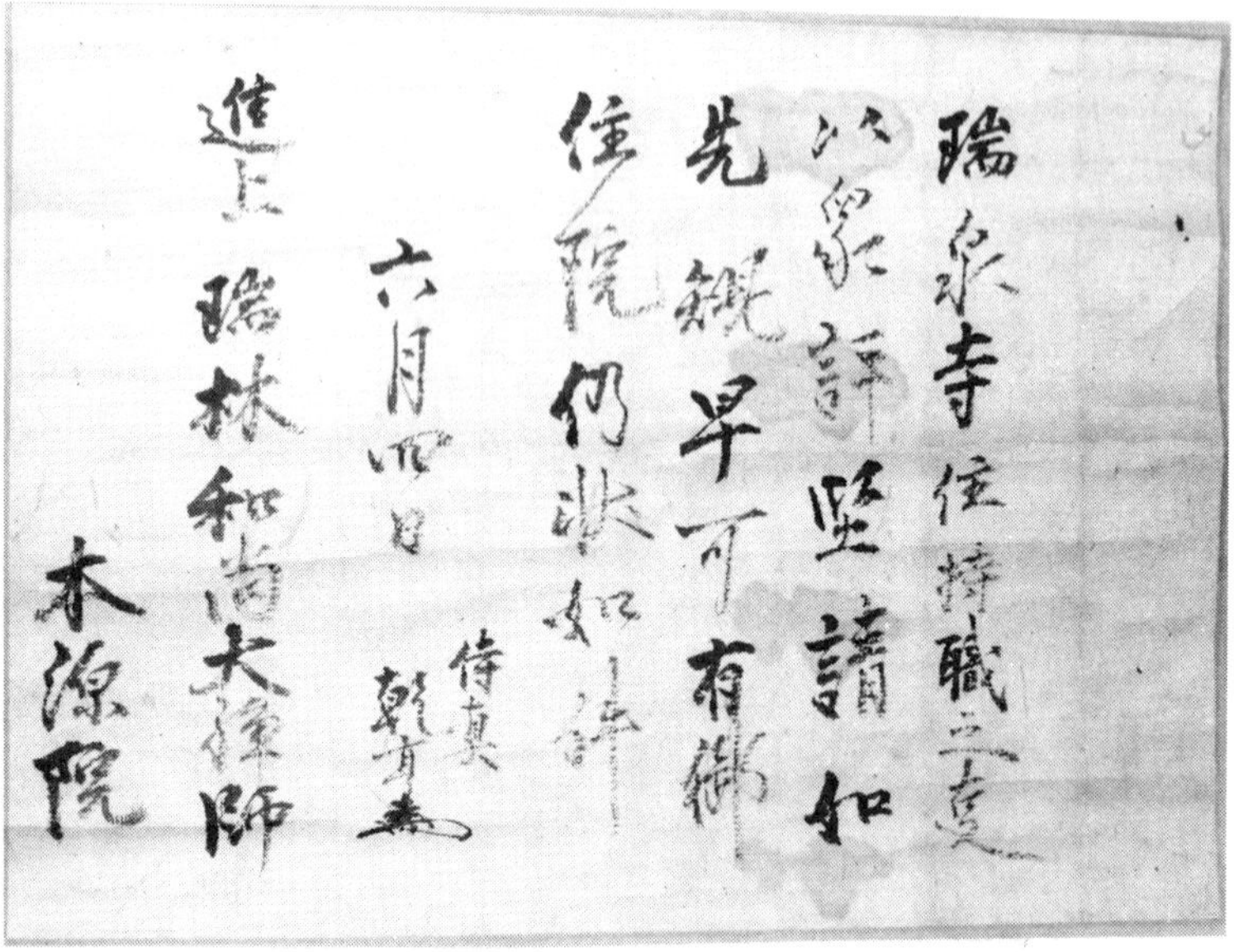

瑞林寺　江国宗珉和尚の招請状（職状）か（犬山市光陽寺所蔵）

の職に就き（居成り）、座元に転位した。天正十五年（一五八七）に以安が示寂したので八百津町の大仙寺住持となり、天正十九年十二月に妙心寺へ出世した（百十貫文を納めて実住せず居成りであった）。慶長二年（一五九七）にはすでに「再住妙心惟天叟書」と書いているので、すでに再住を果たしていた。慶長四年十月十日に瑞泉寺へ輪住し、翌慶長五年に退院した。入寺の法語が『瑞泉入寺開堂法語』に見える（史料編参照）。

晩年は岐阜県白川町犬地の積善寺（今廃寺）に隠居し、元和二年六月十五日に示寂した。

七六世　心聞宗怡（慶長五年入寺～慶長六年）

龍泉派松岳下の顕孝宗順の法嗣。松岳下の法系は、この心聞宗怡と法弟の長山宗登で絶法した。心聞は妙心寺へ出世し（元禄版法系図）、慶長五年（一六〇〇）に瑞泉寺へ輪住した。入寺法語は伝存しない。

七七世　江国宗珉（慶長六年入寺～慶長七年）

東海派仁済門派の明丘紹審の法嗣。享禄元年（一五二八）に生まれ、明丘の門下で法嗣となり、文禄二年（一五九三）に明丘が示寂したあと、六十五歳で美濃加茂市蜂屋の瑞林寺六世となった。慶長六年（一六〇一）に瑞泉寺へ輪住し、翌七年退院した。入寺の法語が『瑞泉入寺開堂法語』に見える（史料編参照）。慶長九年三月十九日に示寂した。世寿七十七歳。慶長九年二月七日に自賛した頂相が瑞林寺にある（瑞林寺史）。

なお江国は美濃加茂市太田の祥光寺・上蜂屋の願成寺の中興開山で、また同市小山の小山寺の勧請開山となっている。老後、犬山市今井の光陽寺に隠退したといわれている。

七八世　綱宗宗安（慶長七年十月十五日入寺〜慶長八年）

霊雲派太原門派の鉄山宗鈍法嗣。妙心寺へ出世し（元禄版宗派図）、慶長七年（一六〇二）十月十五日、妙心寺塔頭大龍院から瑞泉寺へ輪住した（瑞泉寺記）。入寺の法語が『瑞泉入寺開堂法語』に見える（史料編参照）。

七九世　恵雲宗智

聖澤派亭仲崇泉法嗣で、主として各務原市那加新加納の少林寺に居り、元亀二年（一五七一）八月二日に示寂した。『青龍山瑞泉寺記』は七九世に挙げ、『瑞泉入寺開堂法語』では、慶長八年の再住法語を掲げているが（史料編参照）、実はそれよりかなり前の永禄年間に瑞泉寺に住山したのでその項参照のこと。

八〇世　久岳玄要（慶長九年入寺〜慶長十年）

龍泉派景堂門派の三芝等維法嗣。慶長九年に瑞泉寺へ輪住し、入寺の法語が『瑞泉入寺開堂法語』にある（史料編参照）。岐阜県御嵩町の愚渓寺五世軒室宗頤の法弟であり、久岳もしかるべき寺の住持となっていたのであろうが、法嗣が無く絶法した。

八一世　大岳宗喜（慶長十年十月十日入寺〜慶長十一年）
東海派寿岳門派の大運宗章の法嗣。愛知県大口町の妙徳寺から、慶長十年（一六〇五）十月十日に瑞泉寺へ輪住した。入寺の法語が『瑞泉入寺開堂法語』に見える（史料編参照）。法弟には各務原市鵜沼の大安寺を中興した春叔玄陽がある。

八二世　天秀得全（慶長十一年〜慶長十二年）
霊雲派亀年門派の直指宗諤法嗣。慶長十一年（一六〇六）に入寺の指名を受けたが、『瑞泉入寺開堂法語』によれば、展待料七両を瑞泉寺へ送って入寺しなかった。いわゆる「前住瑞泉」の居成りである。入寺法語なし。

八三世　無文智良（慶長十二年十月入寺〜慶長十三年）
聖澤派太雅門派玉田宗琨の法嗣。岐阜県坂祝町の長蔵寺で玉田の後席を継いで四世となり、同寺を中興した。慶長十二年（一六〇七）十月に瑞泉寺へ輪住し、入寺の法語が『瑞泉入寺開堂法語』にある（史料編参照）。元和三年（一六一七）三月五日示寂。

八四世　潔堂宗圭（慶長十三年十月入寺〜慶長十四年）
龍泉派柏庭門派の仁峰永善法嗣。仁峰は名古屋市熱田の海国寺二世となり、また、三河の天恩寺に住山し、妙心寺へ出世した。潔堂は天恩寺の後席を継ぎ、慶長十三年（一六〇八）十月に瑞泉寺へ輪住した。入寺の法語が『瑞泉入寺開堂法語』にある（史料編参照）。

八五世　無傳宗直（慶長十四年～慶長十五年）

東海派玉浦門派高安瑞登の法嗣。慶長十四年（一六〇九）に瑞泉寺輪住の指名を受けたが、『瑞泉入寺開堂法語』によれば、展待料を送って瑞泉寺に住山しなかった。入寺法語なし。

八六世　仲山宗甫（慶長十五年入寺～慶長十六年）

霊雲派太原門派瑶林宗琨の法嗣。妙心寺へ出世し（元禄版法系図）、慶長十五年（一六一〇）に愛知県豊橋市の東観音寺から瑞泉寺へ輪住した。入寺の法語が『瑞泉入寺開堂法語』にある（史料編参照）。東観音寺に元和七年（一六二一）の自賛頂相がある（平成十二年図録『東観音寺展』年表）。

八七世　庸山景庸（慶長十六年十月十二日入寺～慶長十七年）

聖澤派太雅門派東漸宗震の法嗣。東濃の遠藤氏の出身。一説には土岐氏出身ともいわれる。幼年から以安智察の室下で修行し、以安の示寂後、文禄三年（一五九四）仲秋に東漸から印可と道号を授与された（宗統八祖伝）。印可の前に愛知県犬山市の大泉寺に居たことがあり、そこから妙心寺の聖澤院看院を東漸から命ぜられて移った。のちに聖澤院の檀越となった早川主馬頭長政の支援により慶長四年（一五九九）五月に妙心寺へ出世し、慶長十三年には再住を果たした（聖澤院文書の鉄觜道号頌に「慶長己酉（十四年）孟春、住妙心庸山……」とあり、慶長十三年秋の入寺であろう）。慶長十六年十月十二日、瑞泉寺へ輪住し、入寺法語が『瑞泉入寺開堂法語』にのこされている（史料編参照）。寛永三年七月十七日示寂。世寿六十八歳。

八八世　宙外玄杲（慶長十七年九月十一日入寺～慶長十八年）

龍泉派春江門派天猷玄晃の法嗣。『瑞泉入寺開堂法語』の宙外和尚瑞泉寺入寺法語に「宙外和尚当郷生産也」とあり、犬山の出身かと思われる。妙心寺塔頭盛岳院主となり、妙心寺へ出世し、慶長十七年（一六一二）九月十一日に瑞泉寺へ輪住した。「大円智光」の禅師号を下賜されている。なお、慶長十八年は瑞泉寺は無住で、慶長十九年には愛知県木曽川町叡光寺第四世の斗山玄泰が輪住することになった。慶長十九年、斗山は聖澤派の宿院たる臨渓院に至ったが、入寺開堂式の前夜急死し、輪住を果たすことが出来なかった（瑞泉入寺開堂法語）。

八九世　説心宗宣（元和元年十月十五日入寺～元和二年）

霊雲派太原門派の大輝祥暹法嗣。諱を慈宣ともいう。慶長十四年（一六〇九）十二月十二日妙心寺へ出世し、慶長十三年八月三日、前住大輝祥暹の後をうけて静岡市清水区興津の清見寺四世となった。元和六年九月十五日に隠居して、寛永三年十月二日に示寂した（巨鼇山清見興国禅寺の歴史）。

この間の元和元年十月十五日に瑞泉寺へ輪住し、一ヶ年住山した。入寺の法語が『瑞泉入寺開堂法語』にある（史料編参照）。

六四世　再住　嫩桂宗維（どんけいそうい）**（元和二年入寺〜）**

初住は天正十三年九月である（六四世の項参照）。元和二年（一六一六）、犬山市善師野の禅龍寺より瑞泉寺へ再住し、再住の法語が『瑞泉入寺開堂法語』にある（史料編参照）。

九〇世　梁南禅棟（元和三年入寺〜）

龍泉派柏庭門派の忠嶽瑞恕法嗣。天文二十一年（一五五二）生まれで、桑名城下の伊藤氏の出身。幼くして桑名の隣松院で希庵玄密に入門し、十五歳（永禄九年）の時に、美濃の蘭畹玄秀の室下に転じた。のち総見寺の忠嶽に学び、その法を嗣ぐに至った。総見寺の住持をつとめ、また岐阜市の加納城主奥平摂津守の招きにより、城下の光国寺開山に招かれ、妙心寺へも出世した。

元和三年（一六一七）瑞泉寺輪住の指名を受けたが、展待料七両を送って来住しなかった（瑞泉入寺開堂法語）。妙心寺内に光国院・盛徳院を創建した。寛永十五年（一六三八）二月十日示寂。世寿八十七歳。光国院に葬られた（旧名古屋市史、徳授寺史）。

九一世　槐山宗三（元和四年十月十九日入寺〜元和二年）

東海派興宗門派の雪巖宗郁法嗣。元和四年（一六一八）十月十九日、名古屋市の政秀寺から入寺し、入寺退院の法語が『瑞泉入寺開堂法語』にある（史料編参照）。

九二世　千巌玄呂（元和五年九月十二日入寺〜）

霊雲派太原門派の鉄山宗鈍の法嗣。元和五年（一六一九）九月十二日に瑞泉寺へ住山し、入寺の法語が『瑞泉入寺開堂法語』にある（史料編参照）。

元和六年は輪住する人なく、無住となった（瑞泉入寺開堂法語）。

九三世　芳澤祖恩（元和七年〜）

龍泉派景堂門派の材岳宗佐法嗣。元和七年、瑞泉寺の住持に指名されたが、妙心寺塔頭瑞祥院にいて、展待料を送って住山しなかった（瑞泉入寺開堂法語）。入寺法語なし。

九四世　玉翁珪樹（元和八年入寺〜）

東海派寿岳門派の崑山舜鉄法嗣。各務原市鵜沼大安寺四世となり、元和八年（一六二二）に瑞泉寺へ輪住した。入寺の法語が『瑞泉入寺開堂法語』にある（史料編参照）。のち一宮市笹野の妙光寺へ移りその六世となり、寛永十四年（一六三七）正月四日に示寂した。

第三章　近世の瑞泉寺

第一節　前期展待料時代

一、元和九年～寛文元年の概要

元和八年（一六二二）に、各務原市鵜沼の大安寺玉翁珪樹が瑞泉寺九四世として入寺開堂式に臨んだのを最後にして、元和九年、寛永元年の二年間はついに無住となった。寛永二年（一六二五）に龍泉派春江門派の荊州玄與が住職に決まったものの、展待料を送って入寺開堂をすることがなかった。それまでにも慶長三年（一五九八）に伯蒲恵稜が展待料を納めて来住しなかったのをはじめとして、元和三年に尾州名古屋の総見寺梁南禅棟が展待料七両で入寺開堂式をせず、元和七年に妙心寺塔頭瑞祥院の芳澤祖恩が展待料によったことはあったが、ついに寛永二年以後はこれが通例となってしまった。

折からキリシタン流布が最高潮に達した時期で、東海地方の寺院は荒廃が進んだ時であるから、無理からぬことであろう。瑞泉寺を支える四塔頭（龍泉、輝東、臥龍、臨渓）の住僧によって、かろうじて現状が維持されるという時代が寛文元年（一六六一）まで四十年ほど続いた。その間、特筆すべき事項には正保四年（一六四七）の開山二百年忌、および万治元年（一六五八）の無因禅師二百五十年忌がある。

二、九五世〜一一四世の概要

以降の世代及び下端の寺の名については『青龍史考』より、住職名と展待等の記事、入寺年については『瑞泉入寺開堂法語』による

無住　元和九年（一六二三）
無住　寛永元年（一六二四）
九五世　荊州玄與　展待　寛永二年（一六二五）　龍泉派春江門派正雲法嗣。
九六世　慶甫玄賀　太守へ礼あり　寛永三年（一六二六）　東海派の崇福寺一宙法嗣。
無住　寛永四年（一六二七）
九七世　千岳宗仭　展待　寛永五年（一六二八）　聖澤派太雅門派惟天法嗣。石川県伝燈寺。
九八世　蕙山紹羆（えさんしょうひ）　展待　寛永六年（一六二九）　龍泉派柏庭門派大川法嗣。妙心寺玉龍院。
九九世　龍巌瑞顕　展待　寛永七年（一六三〇）　東海派玉浦門派南洲法嗣。大阪大仙寺。
一〇〇世　兀山　穏（ごっさん　おん）　展待半分大守へ礼アリ　寛永八年（一六三一）　竺英法嗣。
一〇一世　東外孝勤　展待　寛永九年（一六三二）　聖澤派太雅門派瑞雲法嗣。
一〇二世　陽南玄忠　展待　寛永十年（一六三三）　龍泉派春江門派夬雲法嗣。濃州加治田龍福寺。
一〇三世　昊天　建　開山江香アリ　寛永十一年（一六三四）　悦岫法嗣。江州彦根龍潭寺。

一〇四世　林叔　恵　同（開山江香アリ）　寛永十二年（一六三五）泰岳法嗣。
一〇五世　愚堂東寔　展待　寛永十三年（一六三六）聖澤派太雅門派庸山法嗣。濃州細目大仙寺。
一〇六世　霊岩　文　展待　寛永十四年（一六三七）龍泉派景堂門派山堂法嗣。濃州御嵩愚渓寺。
一〇七世　鉄船　崑　展待　寛永十五年（一六三八）東海派独秀門派淳岩法嗣。
一〇八世　岐陽　策　展待　寛永十六年（一六三九）霊雲派十洲法嗣。泉州岸和田泉光寺。
一〇九世　千英宗茂　展待　寛永十七年（一六四〇）聖澤派太雅門派。東漸法嗣。
一一〇世　春澤　甫　展待　寛永十八年（一六四一）龍泉派春江門派文華法嗣。
一一一世　末伝　本　展待　寛永十九年（一六四二）東海派仁済門派見龍法嗣。濃州妻木崇禅寺。
無住　寛永二十年（一六四三）
一一二世　雲甫　祥　展待　正保元年（一六四四）聖澤派太雅門派南景法嗣。備州岡山三友寺。
一一三世　伝外　智　展待　正保二年（一六四五）龍泉派春江門派太華法嗣。備州岡山国清寺。
一一四世　霊峰元奨　展待両祖忌焼香　正保三年（一六四六）東海派独秀門派海山法嗣。妙心寺麟祥院。

三、開山日峰二百年忌

正保四年（一六四七）正月二十六日執行の開山日峰禅師の遠忌については、「創建二百年忌万帳」があるので、その主な部分を紹介する。なお時の瑞泉寺住職は名古屋東照軒の霊峰元奨で、当日には蔵主四人と僕五人を引連れて瑞泉寺へ来て法要を行ったが、他の招請僧はほとんど不出頭であった。参拝者は、主として犬山城下の信徒たちであった。

（表紙）

「正保四丁亥年正月廿六日、創建二陌年忌万帳、納所龍済庵乾瑞誌」

創建二百年忌は、前年の冬、尾濃両国え遣し申す書札の写、但し逐一これを遣さず。云々。来る亥の正月念六日は、当寺創建日峰大和尚二百年忌なり。然るといえども、式々にこれを執行せず、只例年の祖師忌鉢斎の体なり。これに因って其の派その派の本庵より、尾濃両国の諸老え内証申す事に候。御近遍の諸尊宿え仰せ談ぜられ下さるべく候。云々。恐惶。

大済禅師二百年忌大小事帳

出来ならびに諸香

百文　出米斗也、寺中香停止故香無之、　尾ノ那護屋東照軒

住持霊峯元奨和尚

（二十文 銭百文香　本寺石天和尚之侍者、今度住持之持香　宗物蔵主

二十文　祖什蔵主

二十文　禅轄蔵主

一十文　祖源蔵主

五十文　僕五人

五十文出来（三百文香）　不出頭　尾ノ印庭良福寺槐山宗三和尚

五十文出来　不出頭　濃ノ細目大仙寺愚堂東寔和尚

二十文（百文香）　瑞倹首座

一十文　僕壱人

三百文香　不出頭　濃ノ苗木雲林寺一秀玄廣和尚

五十文（三百文香）　尾ノ那護屋慈雲庵喝堂全用和尚

二十文（百文香）　宗左首座

一十文　僕壱

五十文（三百文香）　濃ノ関　梅龍寺　廣雲玄博和尚

（二十文 百文香）　玄江蔵主

（二十文 百文香）　東成蔵主
二十文　僕二人

（五十文 三百文香）　不出頭　濃ノカウツチ清泰寺梁屋祖棟和尚

（二十文 百文香）　清泰寺免僧　祖乙蔵主
一十文　僕一人

（三十文 二百文香）　不出頭　濃ノ加納大宝寺節山祖連座元

（二十文 百文香）　大宝使僧宗圓蔵主
一十文　僕一人

（中略）

二十文　不出頭　濃ノ細目大仙寺僧玄永蔵主
二十文　不出頭　右同寺　祖圭蔵主
二十文　不出頭　右同寺　全量蔵主

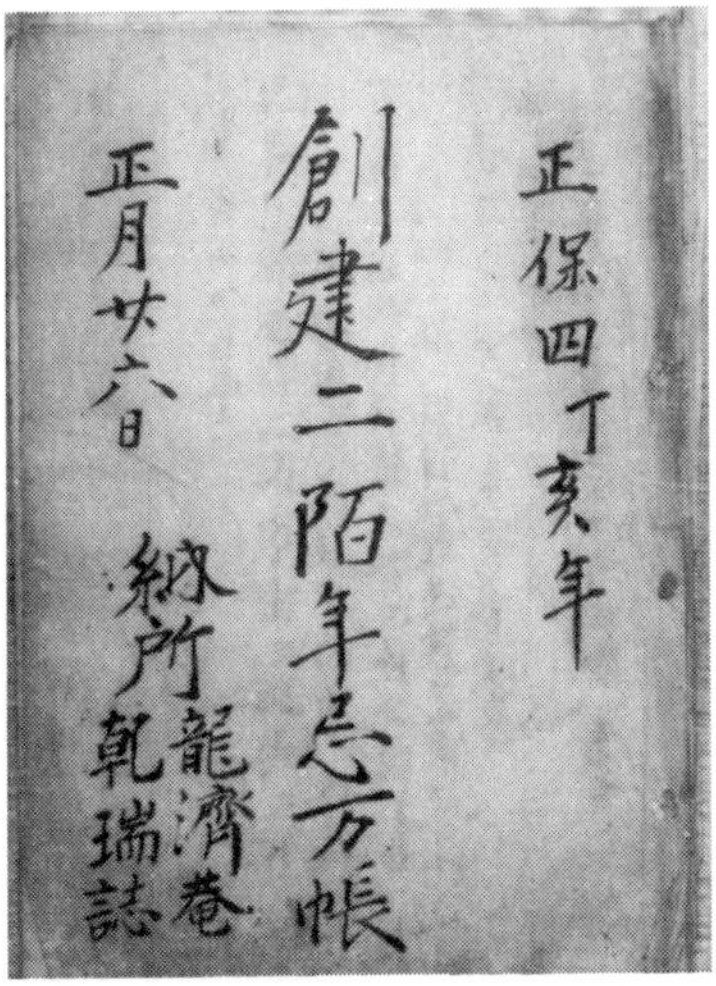

創建二百年忌万帳（瑞泉寺蔵）

俗漢　位次不同

二十文　□□□道安
二十文　當郷煉（練）屋町　保浦　忠左衛門
二十文　同町　同名子理左衛門
二十文　同町　鈴木　太兵衛
二十文　同町　半次郎
二十文　同町　助衛門
二十文　同町　佐橋　次郎兵衛
二十文　本町塗師　若森市兵衛
二十文　同町同　同名　作左衛門
二十文　同町塗師　宗兵衛
二十文　同町磨師　若森左七郎
二十文　同町同　同名　左次衛門
二十文　同町　吉衛門
二十文　同町　ヒモノ師　助衛門
二十文　名栗町　久次郎
二十文　魚町　九兵衛
二十文　同町　農具□□　六衛門

二十文　同町　油屋　清衛門
二十文　同町　宗兵衛
二十文　同町　桶師　喜衛門
二十文　同町　筆屋　忠次郎
二十文　地(寺)内町　彦衛門
二十文　内田村　仁兵衛
二十文　本町ヅシノ　久四郎
二十文　内田ノ　長兵衛
二十文　同処　大工　太郎八
二十文　継鹿尾村　藤蔵
二十文　同処　三十郎
二十文　栗巣村　助衛門
二十文　同処　左平次
弐十文　尾ノ上スヘ村　次郎衛門
　婆子
十文　妙等
十文　妙覚
十文　門守　婆子

香資帳ニ付申分上下百八十五人
出米合　三石六斗仁升　米壱升ニ付銭十六文ツヽノ和市也。
香銭合　拾貫文
散銭合　九百五拾文　貴賤男女参詣ノ衆散□也。
散米合　壱升五合　右同理
　米二口合　三斛六斗三升五合
　銭二口合　拾貫九百五拾文
（以下出銭の分省略）

なお、岐阜県八百津町八百津の大仙寺文書中に次のような偈があり、正保四年の日峰禅師二百年忌の時のものと推定される。これは霊峰和尚の偈に、近隣の諸老が和韻をしたものである。そのため、起・承・結の各句は「然」「天」「千」を用いた偈となっている。

尾州犬山青竜山瑞泉寺開山日峯和尚二百年忌之香語
　　　　尾州之住　霊峯
二百年来勢凛然、青竜悪発跨跳天、
白雲堆裏不留跡、剔抉禅源潤大千、
　　　　梅応（龍）寺　広雲
累百経年明歴～、松風吹月上三天、
雲牛溺起青竜水、東海児孫日転千、

大竜寺絶宗
祖塔到今自靄〱、光明寂照遍春〱、
青竜加護灘頭水、毒気猶腥億万〱、
妙喜庵體道
一炷香煙在自〱、梅花薫徹満春〱、
日峯光気尽今古、普照影堂輝百〱、
道樹寺泰□
人傑地霊自儼〱、門前湖水源溜〱、
影堂今日拝来宥、松老雲閑万世〱、
妙光寺禅麟
活鯱々号(号)了々〱、祖師意気自衝〱、
青竜張起西江水、四海禅流幾万〱、
陽徳寺活堂
寺前風景地皆〱、撃角青竜飛九〱、
二百年間瑞泉□、月光照被界三〱、
東禅寺了傳
日上峯□不隠〱、無辺真照朗通天、
古今溺起青竜水、洞色宗川湖万〱、

永泉寺徹源

祖室光明猶廓〜、灯々相続昧人天、
余風不滅知多少、炷杖頭辺四百年、

崇禅寺物元

祖意明々歴々〜、霊光不尽照人〜、
一峯高出一輪日、長輝児孫万歳〜、

瑞林寺南伝

青龍出窟振心〜、呑却乾坤勢満天、
南北東西不覆蔵、迅雷吼破尽三千、

竜福寺末現

別認余光錯果〜、日輪孤耀白峯〜、
児孫荷擔重多少、二百年間大法千、

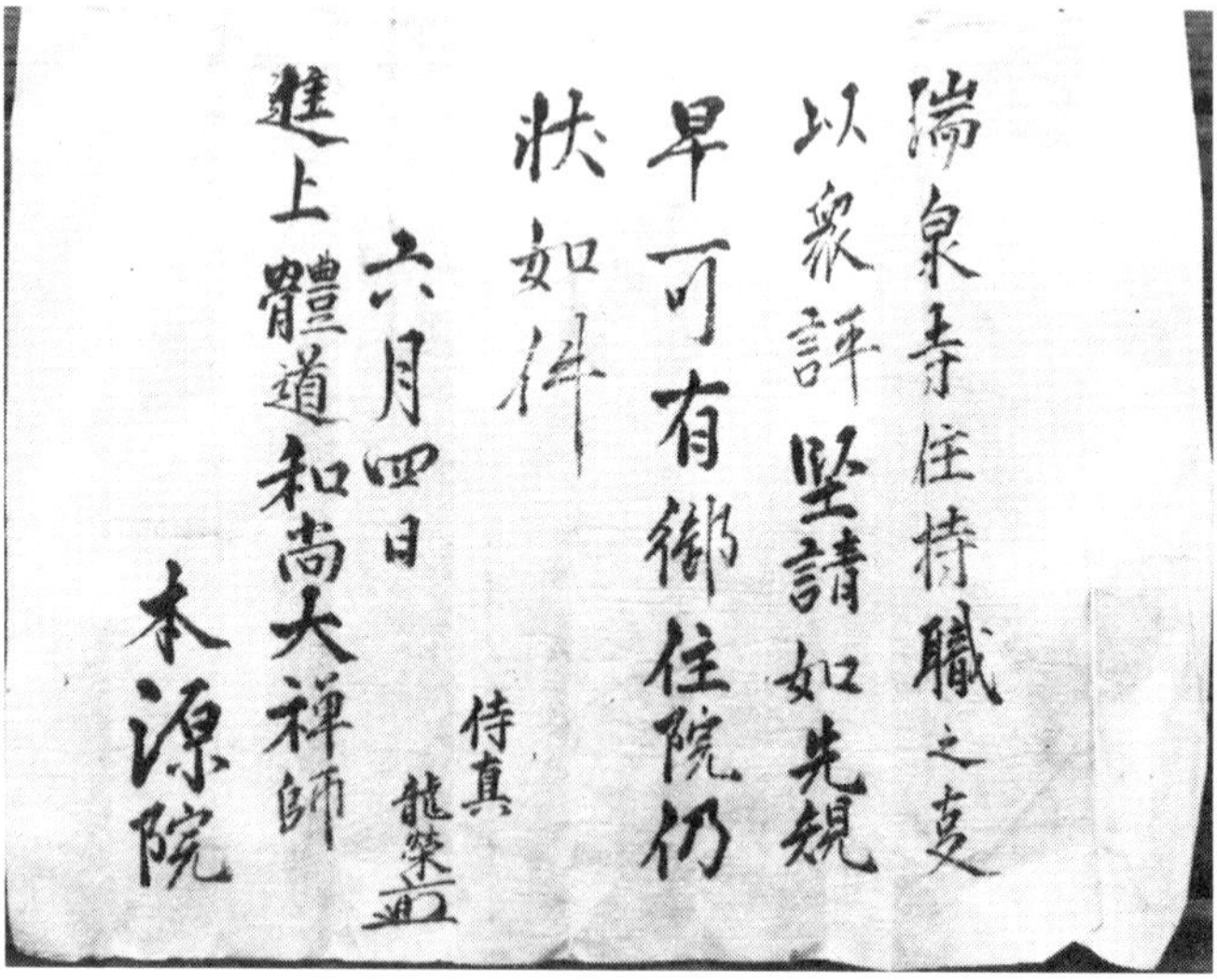
瑞泉寺住持職之事
以衆評堅請如先規
早可有御住院仍
状如件
六月四日　侍真
龍榮
進上
體道和尚大禅師
本源院

承応元年　体道和尚への招請状（職状）（少林寺文書）S53

四、一一五世～一二八世の概要

一一五世　大梁宗欣　展待　　正保四年（一六四七）霊雲派太原門派説心法嗣。駿州興津清見寺。慶安二年（一六四九）正月十二日示寂（清見寺史）。

一一六世　林岳　叢　展待　　慶安元年（一六四八）聖澤派太雅門派鉄叔法嗣。妙心寺長慶院。

一一七世　了傳智歇　展待　　慶安二年（一六四九）龍泉派柏庭門派十翰法嗣。濃州久々利東禅寺。（住持職職状、御嵩町正願寺に現蔵。慶安二、九廿六日付）

一一八世　即道　林　展待　　慶安三年（一六五〇）東海派興宗門派江山法嗣。妙心寺天球院。卯（慶安四年）ノ春、両祖焼香。

一一九世　東源　等　展待　　慶安四年（一六五一）古宗法嗣。妙心寺海福院。両祖忌焼香。

一二〇世　體道宜全　展待　　承応元年（一六五二）聖澤派太雅門派愚堂法嗣。瑞泉寺臨渓院。

日峰忌頌（體道）巳（承応二年）ノ正月廿六日、

掀飜苦海作禅源、僉曰衆生大済尊、是此青龍跨跳勢、喝雷棒雨尽乾坤、喝一喝、

無因忌頌（體道）巳ノ六月四日、

祖月禅風尽十方、乾坤何処不霊光、報恩一炷匪空手、直把炎梅作弁香、喝一喝、

一二一世　香道超雲　展待　　承応二年（一六五三）龍泉派景堂門派玉雲法嗣。飛州中呂禅昌寺七世。

一二二世　傳宗宗以　　明暦三年十一月七日示寂（萩原町史）。
承応三年（一六五四）　東海派仁済門派竹源法嗣。濃州蜂屋瑞林寺八世。
延宝元年十一月二十三日示寂（瑞林寺史）。
南傳座元（瑞林寺十世）師に代って、展待料並運上、献仏餉、寺中へ鉢斎（青龍史考）。

一二三世　特英壽采　展待　明暦元年（一六五五）霊雲派月航門派伯浦法嗣。京北山西源院。

一二四世　瑞南卜兆　展待　明暦二年（一六五六）聖澤派太雅門派愚堂法嗣。大坂寒山寺。

一二五世　廣雲玄愽　展待　明暦三年（一六五七）龍泉派春江門派用玄法嗣。濃州関梅龍寺。

一二六世　梁屋玄棟　展待　万治元年（一六五八）東海派玉浦門派北州法嗣。濃州上有知清泰寺。無因忌焼香。

無因大和尚二百五十年忌頌　亥ノ三月四日探支、
二百年余五十周、瑞泉源深長支流、大家飲啄渾身冷、一滴争消万劫讐、喝一喝、

嶺宗浄庚　万治元年十二月廿九日、聖澤派太雅門派體道法嗣。
迂化以後、敦恩ノ両弟子、常住江運上住代而、被称当山之前住矣
（青龍史考）（瑞泉入寺開堂法語）。

一二七世　嶺室全庚　展待　万治二年（一六五九）霊雲派太原門派説心法嗣。勢州桑名長寿寺

一二八世　玄門道幽　展待　万治三年（一六六〇）聖澤派太雅門派絶同法嗣。武州高田龍興寺

五、入寺式再興期の世代（一二九世～一三四世）

寛文元年（一六六一）九月二十六日の第一二九世北禅禅秀による入寺式の再興は、同年三月に開始された尾張藩のキリシタン大弾圧と大いに関連がある。とりわけ尾張藩ではキリシタンが隆盛を極め、寺院は相対的に衰微の極に置かれていた。住職までもがキリシタンとなる場合もあり、寛文元年三月からのキリシタン弾圧は、尾張藩による宗教統制の強化となっていく。幕府と尾張藩は寺請制度を国内くまなくに強制した。士農工商のすべての人が仏教寺院の檀家にならなくてはならないというこの制度によって、一寒村に至るまで寺院が再興されてゆく。そうした中で、瑞泉寺でも住持に指名されても展待料のみ送って実際に来住することが無い時が続いていたが、北禅禅秀の輪住を境として入寺開堂式を挙行することになった。『瑞泉入寺開堂法語』の北禅の条に、

「元和八壬戌年、玉翁和尚入寺以後、毎歳展待料ばかりにして入寺の儀式断絶するは四十年なり。北禅和尚これを悲嘆して、寛文元辛丑閏九月廿六日、入院の儀式執行さるものなり。各々これを儀式再興というは是なり。」

とある。しかし北禅の英断による入寺式再興も、わずか六年続いたのみで再び展待料のみの輪住に戻ってしまうのである。

一二九世　北禅禅秀（寛文元年九月入寺〜寛文二年退院）

竜泉派柏庭門派闔山法嗣。俗姓市川氏。慶長十年（一六〇五）五月、伊勢長島に生まれ、十一歳の時、総見寺の塔頭陽岩院にいた繁室に入門し、のち闔山に師事した。修行ののち三十歳で闔山から印可を得て、岐阜市加納の光国寺の住持となった。妙心寺実相院主を経て正保二年（一六四五）冬に四十二歳で総見寺へ移り、七年後の承応元年（一六五二）に妙心寺へ出世した。万治元年（一六五八）扶桑町小淵に大慈寺を創建、寛文元年（一六六一）に各務原市各務に大樹寺を建てたという。この年九月総見寺から瑞泉寺へ輪住して入寺式を執行し、寛文三年八月に妙心寺へ再住した。『瑞泉入寺開堂法語』に入寺退院の法語がみえる（史料編参照）。寛文五年に総見寺を隠居し、熱田の自休庵へ移り、寛文六年五月二十三日示寂した。世寿七十四歳。のち聖諦廓然禅師の号を諡された（名古屋市史　人物編）。松が岡文庫の『名古屋景陽山総見寺六祖伝』の四世北禅禅秀禅師の条には、美濃各務郡の処士安積氏の招きで、寛文元年に蔭涼山大樹寺へ入寺し、また同年秋に瑞泉寺への住山を要請されて入寺したとの記事がある。

一三〇世　牧叟宗薫（寛文二年十月四日入寺〜寛文三年退院）

東海派独秀門派笑外の法嗣。寛文二年（一六六二）十月四日に一宮市の妙興寺から瑞泉寺へ輪住し、入寺開堂式を行った。入寺退院の法語が『瑞泉入寺開堂法語』にある（史料編参照）。牧叟は寛文十一年に示寂し、妙興寺の後住には牧叟の俗甥の南梁密鍼が就いた（妙興寺散歩）。なお、牧叟の瑞泉寺住山中に山門の石段（山門の前の意味か）が完成し、その供養に当っての偈が入寺法語の後に収められているので、史料編と重複するが掲げる（山門は『瑞泉寺記』によれば承応三年には存在していたので、その門前の石段ということになる）。

山門石壇供養　寛文三癸卯年六月二日、

青龍山瑞泉禅寺の山門階石は、参差（さんさ）として心足危嶮なること年尚矣（としひさし）。当山の諸檀越、労倦（う）みて視目するに、各々機に応じてこれを寄付せり。修造の功落成するものなり。時に住持小比丘宗薫、これを賀して以って一偈に曰く、

高顕日東霊地巒、特開法窟二龍蟠、存規則者行綿叢、汲瑞泉僧消熟瞞、

旧塔遙登路危嶮、層梯重築石欄干、諸檀修造功成後、礼楽門頭億万安、

一三一世　春国玄忠（寛文三年九月二十六日入寺〜寛文四年退院）

霊雲派太原門派大顛法嗣。寛文三年九月二十六日、三河小松原の東観音寺から瑞泉寺へ輪住した。入寺開堂と退院の法語が『瑞泉入寺開堂法語』にある（史料編参照）。

一三二世　泰翁了倹（寛文四年九月二十六日入寺〜寛文五年退院）

聖澤派太雅門派愚堂東寔法嗣。寛永五年（一六二八）に愚堂の門下生となり、翌六年「瑞倹」という諱を付与された。十九年後の正保四年（一六四七）に法兄體道の推挙で愚堂から印可状を授与され、寛文元年（一六六一）に愚堂の示寂をうけて、岐阜県八百津町の大仙寺第九世となった。

寛文四年九月二十六日、瑞泉寺へ輪住し、入寺開堂と退院の法語が『瑞泉入寺開堂法語』にある（史

料編参照）。泰翁は貞享三年（一六八六）四月十五日に大仙寺で示寂した（大仙寺史）。

一三三世　玉淵祖大（寛文五年入寺～寛文六年退院）

龍泉派景堂門派夬龍秀全の法嗣。名古屋の大林寺から寛文五年に瑞泉寺に輪住し、入寺退院の法語が『瑞泉入寺開堂法語』に見える（史料編参照）。

一三四世　直傳宗蓦（寛文六年九月二十六日入寺～寛文七年退院）

東海派興宗門派槐山宗三法嗣。寛永十四年、名古屋市西区に寺地を購入して海福寺を創建した。寛文六年（一六六六）九月二十六日瑞泉寺に輪住し、入寺・退院の法語が『瑞泉入寺開堂法語』にある（史料編参照）。延宝五年（一六七七）四月二十一日に海福寺で示寂した（名古屋市史社寺編、名古屋寺院誌）。

六、後期展待料時代の概要

千山玄松（せんざんげんしょう）が一三五世輪住の指名をうけた寛文七年（一六六七）から禅外道倫輪住の明治十三年までの二百十三年間のうちで、瑞泉寺へ来山して入寺開堂式に臨んだのは、明和四年（一七六七）の第二三五世可山禅悦と元治元年（一八六四）の第三三三世雪潭紹璞の二名にすぎなかった。この間は瑞泉寺輪住の指名をうけても、展待料を送ってくるのみで、住山する者が無く、塔頭僧による管理運営の時代が二百余年も続いたのであった。

展待料と寺領（五十石）等以外には瑞泉本寺へ入る収入が無く、伽藍の維持経営はしだいに困難になっていった。こうして自然発生的に「前住瑞泉」の追贈という行為がおこって慣習化していったといえる。追贈による展待料収入は、一年一件の正規の展待料収入とは異なり、職状授与を乱発すれば、それに比例して増加するので、当寺経営の大きな財源となったのであるが、江戸後期になって妙心寺の経営が苦しくなると、妙心寺による追贈停止事件へと発展してゆく（後述）。

七、創建日峰宗舜二百五十年遠忌

日峰の二百五十回忌は、元禄九年（一六九六）八月二十六日に執行されたが、日峰は文安五年（一四四八）正月二十六日の示寂であるから、正当は元禄十年正月二十六日である。よって五ヶ月短縮されていることになる。元禄九年八月二十六日の『創建弐百五拾年忌下行牒』がのこされているので一部を抄掲する。

（表紙）

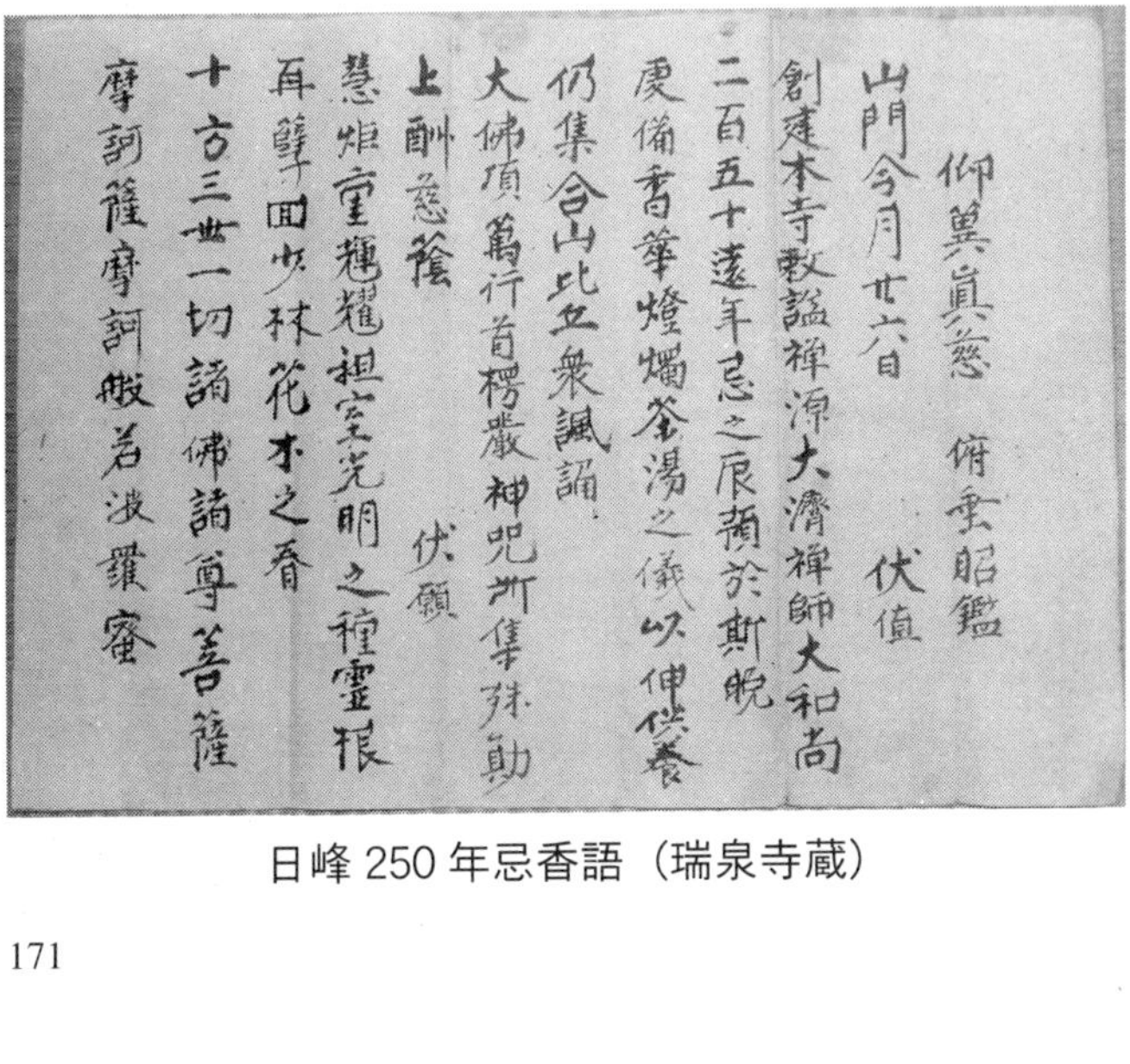
仰冀眞慈　俯垂昭鑑
山門今月廿六日　伏値
創建本寺敷謚禅源大濟禅師大和尚
二百五十遠年忌之辰預於斯晩
虔備香華燈燭茶湯之儀以伸供養
仍集合山比丘衆諷誦
大佛頂萬行首楞嚴神咒所集殊勛
上酬慈蔭　伏願
慧炬重輝耀祖室光明之種靈根
再蘇固少林花木之春
十方三世一切諸佛諸尊菩薩
摩訶薩摩訶般若波羅蜜

日峰 250 年忌香語（瑞泉寺蔵）

「　元禄九丙子歳
創建弐百五拾年忌下行牒
八月廿六日　造官・輝東番」
諸方之礼
一、金弐顆、百挺ハ愚翁和尚江、三拾挺ハ鈍翁座元江、
一、銭三百文、住持請待ノ時、四役者持参、蝋燭百三拾挺、
一、参百六拾九文、磬之礼、伊深正眼寺殿司江、
一、斗樽壱個、豆腐拾丁、番之礼、公儀足軽、
一、茶参袋、立華之礼、神戸源右衛門、
一、同参袋、諸道具借物礼、保浦利左衛門、
一、同弐袋、同断、山内助左衛門、
一、金壱顆、人足之礼、内田村、
一、茶弐袋、諸事肝煎之礼、同両庄屋、
一、銭五百文、同断、大工平次郎、
一、金壱顆、茶壱袋、同断、八百屋佐助、
一、銭四百文、屋敷の者四人、
万買物（よろず）
一、金参歩、創建開山画像ノ表具、

一、銭弐百六拾四文、同箱代、
一、銭壱貫四百五拾六文、中高紙五帖、
一、六百拾二文、奉書三帖、
一、弐百弐拾四文、墨六挺、
一、百四拾八文、筆六対、
一、百弐拾四文、硯箱五箇、
一、百六拾文、硯五箇、
一、六百文、岩茸三斗六升、
一、金三歩、銭六百六拾文、大豆壱斗五升、
一、三拾文、同駄賃
（以下略）

大仙寺蔵『帝王年代目録』元禄十年の条に、
　日峯和尚二百五十年、於瑞泉寺、愚翁和尚焼香、
とあり、前掲文書の最初に、瑞泉寺からお礼として蝋燭百挺を渡された人に愚翁和尚の名があり符合する。

八、後期展待料時代の世代（一三五世～三三三世）

一三五世　千山玄松　寛文　七年　霊雲・林叔子、京妙心塔頭　東林院
一三六世　旭窓景曄　同　八年　聖澤・愚堂子、京　妙心寺
一三七世　寂庵全昭　同　九年　龍泉・廣山子、勢州山田　正法寺
一三八世　物現宗勤　同　十年　東海・末傳子、濃州妻木　崇禅寺
一三九世　桂峯壽昌　同　十一年　霊雲・洪州子、京妙心塔頭　唯心院
一四〇世　崇山禅清　同　十二年　聖澤・愚堂子、江戸　正燈寺
一四一世　魏山祖長　同　十三年　龍泉・龍江子、三州片寄　天恩寺
一四二世　江禅祖珉　延宝　二年　東海・泰傳子、濃州大矢田　道樹寺
一四三世　提山祖綱　同　三年　霊雲・浮山子、京妙心塔頭　永久院
一四四世　牧翁祖牛　同　四年　聖澤・雲甫子、備州岡山　三友寺
一四五世　呑海東浙　同　五年　龍泉・乳峯子、京妙心塔頭　天祥院
一四六世　壁立禅（祖）仭　同　六年　東海・石叟子、濃州鵜沼　大安寺
一四七世　石潭良全　同　七年　霊雲・千山子、江戸渋谷　吸江寺
一四八世　雪牛義牧　同　八年　、江戸　長徳院
一四九世　絶外宗純　天和　元年　龍泉・藍田子、備州岡山　国清寺
一五〇世　南山祖團　同　二年　東海・香南子、阿州徳島　慈光寺

一五一世　宗山祖岌　同　三年　霊雲・大震子、江戸牛込　松源寺
一五二世　卓宗宋巨　貞享　元年　聖澤・林岳子、京妙心塔頭　長慶院
一五三世　兀巖義全　同　二年　龍泉・嶺室子、城州淀　長州寺
一五四世　寂水禅物　同　三年　東海・北岩子、阿州徳島　瑞岩寺
一五五世　幽巖祖岑　同　四年　霊雲・随圓子、
一五六世　雪潭豊玉　同　五年　聖澤・愚堂子、勢州山田　中山寺
一五七世　黙水龍器　元禄　二年　龍泉・大潜子、江戸高縄　東禅寺
一五八世　徹叟法珍　同　三年　東海・喝岩子、遠州井々谷　龍潭寺
一五九世　虎林全威　同　四年　霊雲・南谷子、紀州和歌山　禅林寺
一六〇世　盤珪永琢　同　五年　聖澤・牧翁子、播州網干　龍門寺
一六一世　殑伽端如　同　六年　頑叟子、阿州徳島　興源寺
一六二世　湖山祖浄　同　七年　顕州子、京妙心塔頭　大通院
一六三世　演溪紹祐　同　八年　特英子、京龍安塔頭　宜春院
一六四世　洞天慧水　同　九年　聖澤・體道子、江戸渋谷　東北寺
一六五世　松翁栄蔭　同　十年　虚檽樗子、京洛北　圓通寺
一六六世　湘山楚潭　同　十一年　淵室子、江戸牛込　済松寺
一六七世　鉄堂宗寔　同　十二年　鳳山子、甲府　長禅寺
一六八世　實堂宗真　同　十三年　雪潭子、勢州　建福寺

一六九世	黙室普傳	同	十四年	天英子、	三州吉良	華蔵寺
一七〇世	黙隠禅宜	同	十五年	絶心子、		
一七一世	生鐵素崙	同	十六年	大圓子、	野州宇都宮	英岩寺
一七二世	即應祖悦	宝永	元年	千缶子、	江戸	東源院
一七三世	性天禅旭	同	二年	乾明子、	肥後熊本	泰勝寺
一七四世	粋岩祖純	同	三年	牧宗子、	江州楢崎	高源寺
一七五世	金牛祖寛	同	四年	聵禅子、		
一七六世	節外祖貞	同	五年	盤珪子、	予州大洲	如法寺
一七七世	實應宗充	同	六年	龍河子、	尾州熱田	大法寺
一七八世	寧山良泰	同	七年	江天子、	名古屋	政秀寺
一七九世	陽堂祖陰	正徳	元年	碧潭子、	勢州桑名	長壽寺
一八〇世	大春元貞	同	二年	密雲子、	濃州北方	慈溪寺
一八一世	千岩宗丈	同	四年	景雲子、	勢州桑名	天祥寺
一八二世	大州紹覺	同	五年	密堂子、	尾州熱田	龍珠寺
一八三世	伽山良茂	享保	元年	越溪子、	江戸渋谷	吸江寺
一八四世	大随祖壁	同	二年	盤珪子、	肥前平戸	雄香寺
一八五世	空山宗空	同	三年	凉禅子、	京妙心塔頭	春浦院
一八六世	荊山智璉	同	四年	隠溪子、	京妙心塔頭	播桃院

一八七世　江山宗岷　同　五年
一八八世　杲山英昱　同　六年
一八九世　太龍禅驪　同　七年
一九〇世　楞山慧脱　同　八年
一九一世　天渓全利　同　九年
一九二世　越山周忍　同　十年
一九三世　璃海禅瑠　同　十一年
一九四世　鼎岩慧周　同　十二年
一九五世　無著道忠　同　十三年
一九六世　松宗慧棟　同　十四年
一九七世　俊鶚宗逸　同　十五年

徳門子、江戸牛込　松源寺
玲巌圭子、京妙心塔頭　聖澤院
白翁璁子、名古屋　総見寺
碩州隆子、名古屋　白林寺
交天宗淡子、
泉州岸和田　興禅寺
實堂真子、
勢州山田　中山寺
北山迪子、
濃州御嵩　愚渓寺
寧山泰子、
名古屋　政秀寺
竺印門子、
京妙心塔頭　龍華院
洞天水子、
當山塔頭　臨渓院
絶外純子、
備州岡山　曹源寺

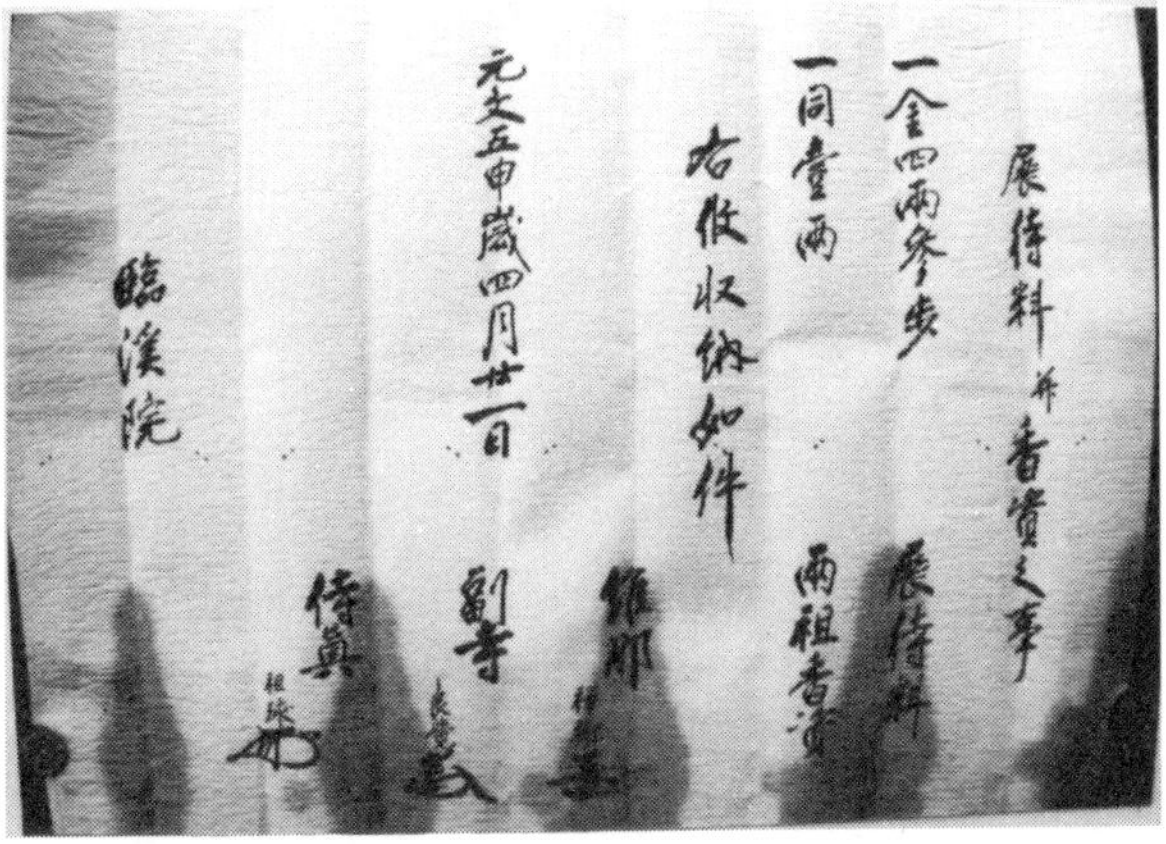
展侍料并香資之事
一金四両参歩　展侍料
一同壹両　両祖香資
右依収納如件
元文五申歳四月廿一日
副寺
維那
侍眞
臨渓院

晩英祖栄の瑞泉住山展侍料受取状（大仙寺所蔵）

一九八世　愚溪知頑　同　十六年　要宗津子、江戸浅草　海禅寺
一九九世　大拙祖榮　同　十八年　江山珉子、江戸牛込　松源寺
二〇〇世　亨宗祖覚　同　十九年　大春貞子、濃州北方　慈溪寺
二〇一世　梅仙宗庱　同　二十年　周天智惷子、京妙心塔頭　長江院
二〇二世　覚翁全妙　元文　元年　賢宗全秀子、遠州見付　見性寺
二〇三世　石樹宝悦　同　二年　錦溪子、甲府　長禅寺
二〇四世　絶海宗古　同　三年　北磵辰子、越前福井　東光寺
二〇五世　乾堂全壽　同　四年　活門龍子、豊後佐伯　養賢寺
二〇六世　曇溪長瞿　同　五年　定水津子、江戸谷中　南泉寺
二〇七世　鐵心東粲　寛保　元年　澄水寿子、駿州　寶泰寺
二〇八世　晩英祖栄　同　二年　活山旭子、濃州細目　大仙寺
二〇九世　柏道禅緑　同　三年　密水定子、備州岡山　曹源寺
二一〇世　一洞慧音　延享　元年　劫外廓子、濃州須本　江國寺
二一一世　龍堂自門　同　二年　竺州子、江戸牛込　松泉寺
二一二世　石翠義雲　同　三年　梁岩子、江戸　光林寺

九、日峰宗舜三百年遠忌

この法要の準備は、正当延享四年（一七四七）の五年前から準備が始まった。京大文学部の『正眼寺旧蔵「常住記録条箇」』には、

瑞泉寺大済禅師遠忌に付、願いこれあり、記録降下ならびに葉禅座元、礼謝として登山（とうざん）。葉禅座元へ四派方丈において応対ならびに宣労。十一月。寛保二（一七四二）。

とある。また、同書の延享三年の条には、

正眼寺住持、瑞泉寺遠忌の節出頭致すべくや伺い。十月。延享三。瑞泉遠忌に付、法事椀借用致したきとの儀にソロの由、正眼寺より申し来る。
　許可十一月。延享三。

とある。八百津町の大仙寺では、延享四年（一月二十六日か）に日峰和尚三百年忌に出席するため木曽川を舟で下った（同寺『帝主年代目録』）。同目録には、「流良（長）崇福大和尚焼香」とも書かれている。瑞泉寺の輪番住職者は、『青龍史考』では第二百十二世石翠義雲（江戸光林寺）となっているが、展待料によって実際には住山することが無かったので、この三百年遠忌のために、崇福

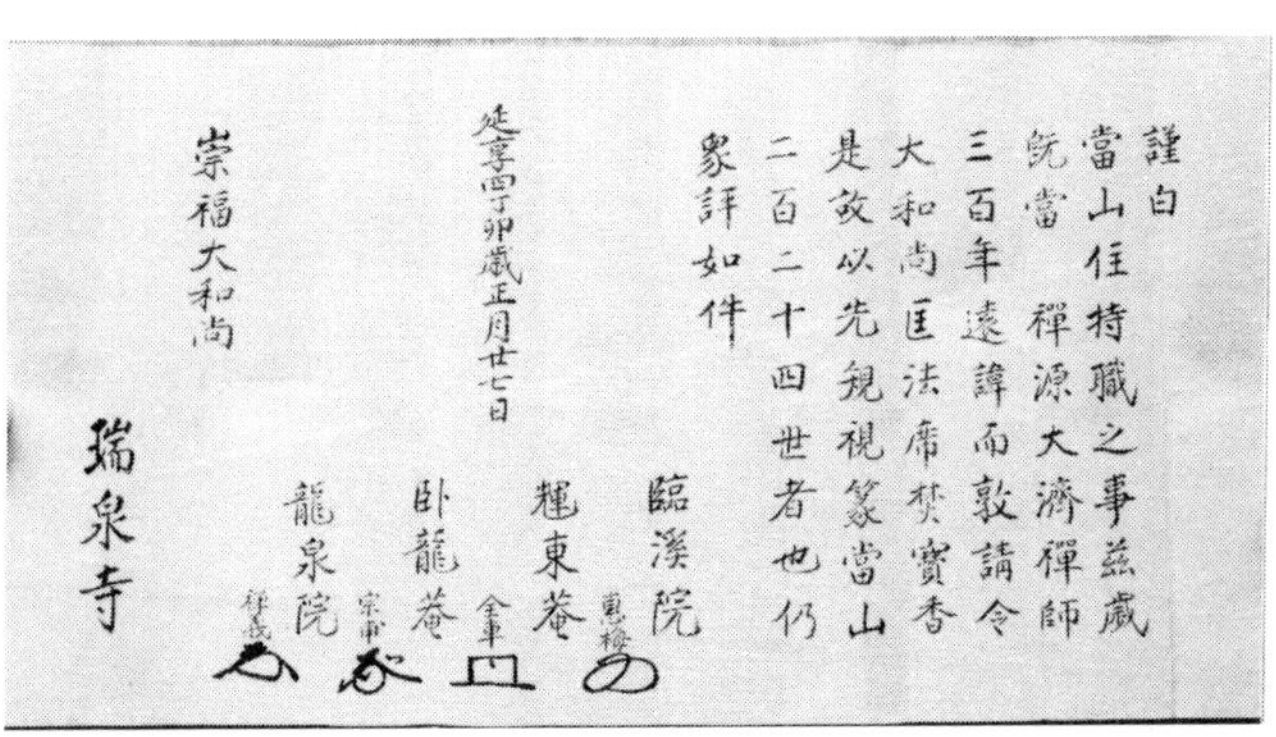
謹白
當山住持職之事茲歳
既當　禅源大濟禅師
三百年遠諱而敦請令
大和尚匡法席焚寶香
是故以先規視篆當山
二百二十四世者也仍
衆評如件
臨溪院
輝東菴
臥龍菴
龍泉院
延享四丁卯歳正月廿七日
崇福大和尚
瑞泉寺

崇福寺玉泉和尚への招請状（崇福寺文書　古 14-1-9）

寺住職の玉泉恵崑が招かれたのである。崇福寺文書（古十四－一－九）には、

謹白

当山住持職の事、茲歳既に禅源大済禅師三百年遠諱に当って、敦請す。

大和尚をして法席を匡し、宝香を焚かしめんとす。是故先規をもって当山二百二十四世に視篆する者なり。よって衆評如件。

延享四丁卯歳正月十七日

臨渓院　恵梅（花押）

輝東庵　全車（花押）

臥龍庵　宗甫（花押）

龍泉院　禅義（花押）

崇福大和尚

瑞泉寺

という職状がのこされている。

大仙寺は住持の晩英祖栄が出席し、次の一偈を和韻した（晩英和尚語録）。

侍師円福徹宗源、開闢龍山昌化門、厳忌今晨三百歳、金炉香燼磬声黐、

瑞泉寺には次のような法語がのこされている。

仰冀　真　慈、俯　垂昭鑑、

山門今月廿六日、伏して創建本寺勅諡禅源大済禅師大和尚三百遠年忌の辰に値り、香華灯燭・茶菓珍饈を虔備し、以って供養を伸ぶ。すなわち合山の比丘衆を集め、同音に大仏頂万行首・楞厳神

呪(しゅう)を諷誦す。集める所の殊勲は慈蔭を上酬す。伏して願くば、慧炬は重ねて祖室光明の種霊根を輝(き)耀(よう)し、再び少林花の春を孶(うれ)う。十方三世一切の諸仏諸尊菩薩、摩訶般若波羅密。

十、延享四年からの世代

二一三世　頴川道統　延享　四年　瑞嶽子、三州佐翛　長松寺
二一四世　関道希芸　寛延　元年　積翠子、越前田谷　大安寺
二一五世　東岩禅海　霊峯子、武州野火止　平林寺
二一六世　夢関祖鳳　寛延　二年　悦堂子、摂州大坂　寒山寺
二一七世　鯤溟禅従　太龍子、京妙心塔頭　実相院
二一八世　大淑紹悦　寛延　三年　要関子、遠州　安寧寺

以上旧臥龍庵所蔵「瑞泉寺歴代法語」（青龍史考所収）による。以下の世代は龍済寺関董光氏編『青龍史考』によるもの。

二一九世　正天慧真　宝暦　元年　絶外子、江戸　龍源寺
二二〇世　照山智鑑　宝暦　二年　東院子、播州赤穂　随鴎寺
二二一世　団嶺智団　宝暦　三年　乾州子、讃州高松　法泉寺

二二二世　梅岑玄乾　宝暦　四年　瑞堂子、京妙心塔頭　智勝院
二二三世　醍珍性淵　宝暦　五年　生鉄子、豆州玉川　禅叢寺
二二四世　別巌祖本　宝暦　六年　越山子、勢州山田　中山寺
二二五世　的翁元瑜　宝暦　七年　琳山子、阿州徳島　興源寺
二二六世　空印円虚　宝暦　八年　龍頷　輌子、濃州上有知　清泰寺
二二七世　洪巌宗栄　宝暦　九年　蘭亭　香子、丹州八木龍興寺塔頭　雲処軒
二二八世　芳山祖海　宝暦　十年　晩英　英子、濃州細目　大仙寺
二二九世　叔鳳崇琨　宝暦十一年　萬庵　資子、江戸芝　東禅寺
二三〇世　愚極義泰　宝暦十二年　一方　信子、備後三好　鳳源寺
二三一世　泉山宗諄　宝暦十三年　教堂　訓子、江州安土　總見寺
二三二世　普山祖宰　明和　元年　亨宗　覚子、濃州北方　慈渓寺
二三三世　定嶽慈眼　明和　二年　容山　麟子、京妙心塔頭　大光院
二三四世　要峰景三　明和　三年　絶冲　悦子、阿州徳島　慈光寺
二三五世　可山禅悦　明和　四年　桃峯　瑑子、京妙心塔頭　衡梅院大仙寺

十一、後期展待料時代の入寺式実行者・可山禅悦

妙心寺衡梅院主の可山は、江府触頭（ふれかしら）一件（『妙心寺史』下二九七頁）に際して、享保二十年（一七三五）十一月十四日、妙心寺慧照院（えしょういん）の末宗と共に江戸へ下って二ヶ年の間、幕府等の折衝に当ったことがあり、妙心寺派の歴史に精通しなければ、幕府との交渉も有利に運ばないことは身をもって体験したのである。また享保末年頃、妙心寺龍華院主の無着道忠（むちゃくどうちゅう）が一派の基本史料を収録した『正法山誌』を編集し、その二、三年後の元文二年（一七三七）には大休宗休の語録『見桃録』を編集刊行するなど学僧として名声を高めていたことも、可山を刺激したのであろう。

従って享保二十年から三十二年を経た明和四年に、七十三歳となった可山に、瑞泉輪住の要請があった時、慣例を破って瑞泉寺において入寺式に臨んだのは、おそらく史料採集の意を秘めていたのにちがいないと思われる。明和四年八月四日の入寺式の法語は、さすがに学僧だけあって長文である。山門・仏殿・土地堂の法語からはじまり、檀那香の語では、

この香、大檀那尾陽太守源朝臣黄門郎宗春卿のために炉中を挿向（さしむ）ける……、

と述べ、嗣法の語で妙心第一座桃峯先師法乳に酬（むく）いんことを約して、また、松林和尚・孤雲和尚・総見和尚に謝語を述べている（史料編参照）。

これより前の明和二年（一七六五）六月二日に雪江宗深の『佛日真照禅師語録』を可山は完成させていたが、この語録を解説した『雪江録別考』四巻は、瑞泉輪住中（明和四年八月～五年七月）を含む明和四年（一七六七）十二月から翌五年七月にかけて執筆したものであり、雪江宗深が濃尾地方に

おいてつくった法語等の解説は、この地方へ来てみないと理解出来ない部分も多いので、可山の瑞泉輪住は、『雪江録別考』の記述に大いに役立ったにちがいないのである。

なお、可山輪住の時の瑞泉寺四派請疏と可山の受請書状を掲げる（『青龍史考』）。

四派請疏

謹白、当山一回之住持職、従今秋八月朔旦、到来歳七月、自恣之日、大和尚既膺于其輪次、伏乞莫辞譲、仍敦請如件

丁亥(明和四年)正月廿六日　　臨渓院　諱判
　　　　　　　　　　　　　輝東庵　同
　　　　　　　　　　　　　臥龍庵　同
　　　　　　　　　　　　　龍泉院　同

(上包)「拝晋衡梅大和尚
　　　　　　　　侍衣閣下」
(裏ニ)「瑞泉寺」

拝晋
　衡梅大和尚
　　　　　瑞泉寺

謹復、瑞泉四派諸位禅師侍右、伏承従今秋八月朔旦、到来歳七月、自恣之日、山門虚席、欲使蒙為補処、争奈衰残、愚魯朽邁一村翁、豈敢堪其任耶、雖然龍山古制四派輪差之地、而蒙当其順次、以故屡遇列位相、煎勢不可辯避焉、勉強応之、臨期登嵩、必刷入寺之式、万煩神用、伏乞各自垂補翼之手、惟幸、季春極暄、道体為法順法、不宣、

丁亥季春廿六日　　　　衡梅院　禅悦
瑞泉寺　四派本庵諸位禅師　各侍側

十二、明和五年からの世代

二三六世　東龍義範　明和　五年　石翠　雲子、江戸麻布　光林寺
二三七世　祥鳳禅瑞　明和　六年　霖翁　霈子、名古屋　總見寺
二三八世　為霖宣恢　明和　七年　鼎巌　周子、名古屋　政秀寺
二三九世　耕月紹芸　明和　八年　洞渓　廓子、京龍安塔頭　東光院
二四〇世　東国壑翁　明和　九年　威山　雄子、濃州伊目良　東光寺
二四一世　褒禅慧忠　安永　二年　籌巌　海子、京妙心塔頭　玉龍院
二四二世　徑山東識　安永　三年　柱道　實子、勢州津　龍津寺
二四三世　龍天楚拙　安永　四年　石樹　悦子、甲府　長禅寺
二四四世　養禅祖育　安永　五年　別巌　本子、勢州山田　中山寺
二四五世　圭蓬慧湛　安永　六年　孝嶽　順子、勢州桑名　天祥寺
二四六世　薩水玄澤　安永　七年　阿州徳島　大安寺
二四七世　綱宗宗紀　安永　八年　悟山　大子、江戸牛込　松源寺
二四八世　陽国禅指　安永　九年　泰龍　篤子、日向　龍興寺

二四九世	模林宗古	天明　元年	了體	同子、	京妙心塔頭　大心院
二五〇世	曹源祖水	天明　二年	江南	隆子、	奥州塩釜　東園寺
二五一世	大梁紹扶		舜道	蒲子	
二五二世	桂叟慧昌	天明　三年			江戸市谷　道林寺
二五三世	康林祖寧	天明　四年	芳山	海子、	濃州細目　大仙寺
二五四世	擔禅禅來	天明　五年	霖翁	霈子、	名古屋　寶泉寺
二五五世	大蓬全來	天明　六年	太随	祁子、	尾州水野　定光寺
二五六世	鳳澤	天明　七年			武州　泉福寺
二五七世	天巖禅祐	天明　八年	竺印	郁子、	名古屋　大林寺
二五八世	乾嶺祖辰	寛政　元年	桃嶽	實子、	名古屋　白林寺
二五九世	荊山東雅	寛政　二年			駿州　寶泰寺
二六〇世	完道玄牛	寛政　三年	仁英	義子、	丹州九世戸　智恩寺
二六一世	陽溟禅喜	寛政　四年			江戸牛込　養源寺
二六二世	圭峯祖椿	寛政　五年			武州野火止　平林寺
二六三世	彦巖宗俊	寛政　六年			三州片寄　天恩寺
二六四世	天瑞元提	寛政　七年			江戸牛込　済松寺
二六五世	蕙山宗寔	寛政　八年			江戸牛込　松源寺

十三、日峰宗舜三百五十年忌

寛政九年（一七九七）に瑞泉寺で行われたこの法要については、岐阜県武儀郡武芸川町の汾陽寺に、当時の詳細な記録『出頭記』がのこされているので、それを全文掲載する。

（表紙）
「寛政九丁巳正月下旬
　瑞泉寺創建三百五十年諱出頭記
　　乾徳山汾陽禅寺　」

△寛政八丙辰年九月三日、従尾ノ瑞泉寺、就　創建大済禅師三百五十遠年忌、当寺一山招請、价僧前原福性（ママ）寺渓岩座元登山、直ニ常住江来臨、時刻八ッ半也、但シ当山江ハ別格也、此時、現住不在、价僧三役ニ而点頭有之様ニ被申、則チ三役者、常住ニ而点頭相済シ、茶礼了テ茶漬也、使僧ハ其日直ニ高野永昌寺江参リ度由被申、依之、無止宿、則使僧口上有リ、就創建大済禅師遠年諱、雖為勤労出頭希者也、有書翰、小鷹、
後臥龍書翰無之故、無返翰、
△謹啓、　二陳従廿四日出頭攸希也、
来歳正月廿六日者、当山創建大済禅師三百五十遠年諱也、任旧例敦請輪住和尚洎（ならびに）三役禅師、雖為勤労、被枉高駕、則薅薮宗猷一助也、伏乞、莫辞矣、誠惶敬白、

丙辰
八月
維那　禅可（花押）
副寺　霊樞（花押）
侍真　祖楞（花押）

汾陽寺
侍司
三役禅師　瑞泉寺

△九月廿日、従当開山、使僧時之副司菊泉軒器蔵主、勤瑞泉寺江登山ヲ、
但シ、一僕・挟箱・口服・白衣・薄衣・襪子・香筐持参也、
現住より之献香持参、八ツ半時ニ先臥龍菴江落着、臥龍塔主知亨主宰江相見、委曲伝達、則従当山
御見舞之方金弐顆、現住之草書共ニ相渡シ一禮了テ従現住之口上、
　使僧口上、奉書二ッ折、
△先達而者遠路之所、御使僧被仰下候、口上之趣、委曲承知仕候、就而ハ来正月廿六日大済禅師遠年
忌ニ相当、諸般御取込之段推察仕候、這回従当開山、為御見舞使僧被差上候、仍之些少之到ニ御座
候ヘ共、方金弐顆、聊表資助之寸志迄ニ御座候、敬白、
右之趣、常住表江可然御披露所希御座候、以上

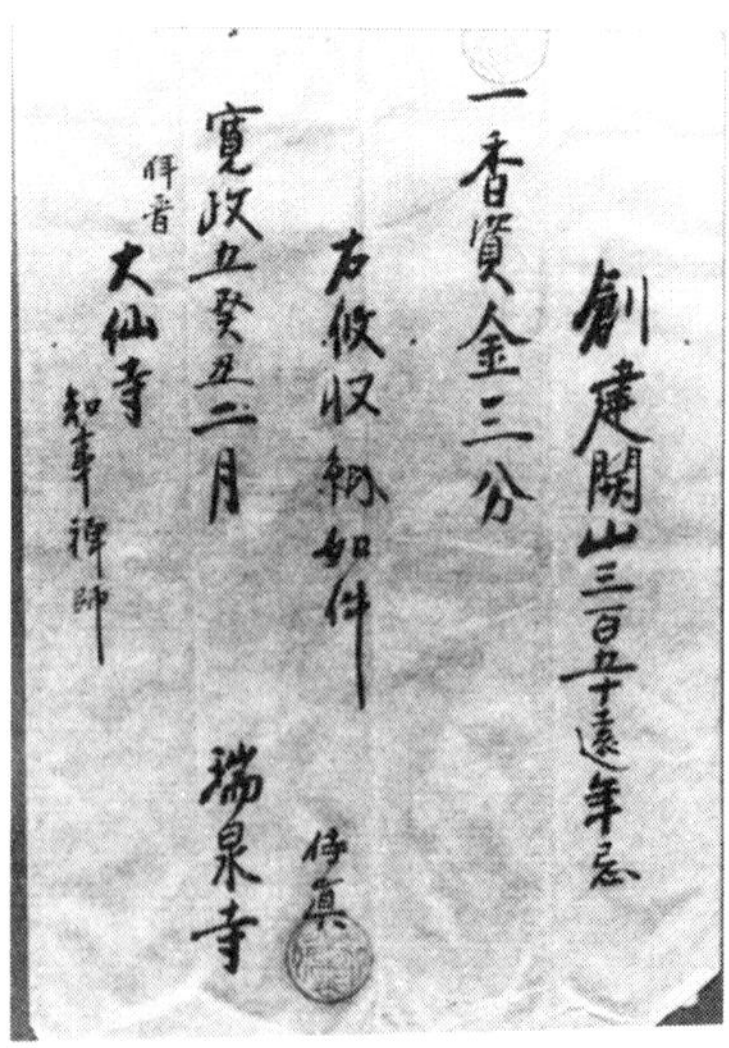
創建開山三百五十遠年忌
一香質金三分
右慥収納如件
寛政五癸丑二月　瑞泉寺
侍真
拝首
大仙寺
知事禅師

香質請取状（大仙寺文書）

九月廿日　　　　　　汾陽寺現住　宜典和南

臥龍主宰

其日落着、茶漬、小四にまめ栗、松茸、とーふ、即刻臥龍主宰案内ニ而到常住、別創建真前ニ点香之火、進テ献現住之香、焼香、皈在三拝、拝畢レハ一僧延到礼之間、執事方四人ニ相見、出書翰、則有茶礼之式、了テ皈院休息、

△謹領

牋示刻期来丁巳孟正廿六烏、探支

貴嶠創建大済禅師遠年諱、開大斎令、便四海後孫再三更過孟津之次、使蒙等馳駑胎、以応尊命之隆情、争容黄脂耶、酬忌無半全之肯温、故有宗誼之眷所処者、発春以告期日、謾成途轍不免一馬三寅耳、波折合処猶依舐犢之愛、誠惶敬復、

丙辰　　維那　慧芸（花押）

九月　　副司　文器（花押）

拝晋　　侍真　祖誠（花押）

瑞泉寺侍司

三役禅師

汾陽寺

臥龍ニ而非時、温飩・吸物・栗猪口・かさめし、

翌廿一日朝、餐応、一汁三菜、
即日、従副寺、見舞料受納之書付来ル、
大済禅師遠年忌ニ付、御見舞、
方金弐顆
　右攸収納如件
丙辰　　　　瑞泉寺
　九月廿日　　　　副司不白㊞
　　汾陽寺
又従臥龍返翰、
○謹答
如来臨、来歳孟春大済禅師遠忌ニ付、願〆為御見舞、遠路御使僧殊更方金
弐顆預り御投□、常住江披露仕候処、御丁寧之□衆座より宜様ニ御挨拶
可仕□被申聞候、尚亦臨其期、各々御出頭奉希候、誠恐敬白、
　九月廿一日　　　臥龍菴塔主
謹復　　　　　　　　　知亨　九拝
　汾陽堂頭老和尚
　　法座下

瑞泉寺出頭次第

△廿四日暁天、発駕、

現住乗物、看版四枚肩、前、森本勘四郎、金屋孫八、後、森本常吉、金屋与惣吉

伴僧、左、刀蔵主、右、履蔵主、

侍四人、彦坂・宮部助右衛門、伊自良大森・高井弥太郎、當所・花室安吉、岩崎・鷲見百助、当所・舟渡助四郎、

草履、森本・利兵衛、長柄、大矢田村・多七、片箱、同村・林蔵、翕籠、三荷

三役、雲松軒芸蔵主、向栄院無住故、借住持正庵誠蔵主、菊泉軒益蔵主、

各院一僕宛、挟箱、履箱、

中食持、二人利平、文蔵、於関、各々休息、又於勝山、休息、経内田渡、申刻瑞泉寺江登山、

△総門前、現住下乗、

現住左、右、伴僧、侍三人、三役、草履、長柄、片箱、翕籠三荷、挟箱総テ六荷、

△門看、座下テ各々一礼、翕籠金屋八助、森本林蔵、洞忠七、

△挟箱六荷、金屋甚太郎、洞甚八、同銀次郎、森本友八、洞為吉、同八三郎、

△侍五人、乗物四人、草履一人、長柄一人、片箱一人、翕籠三人、挟箱六人、中食持二人、

〆廿三人、俗人計り、僧俗合而廿九人、

△総門、ノ内宿院札。

巾壱尺余り、長弐尺五寸計り、堅版札

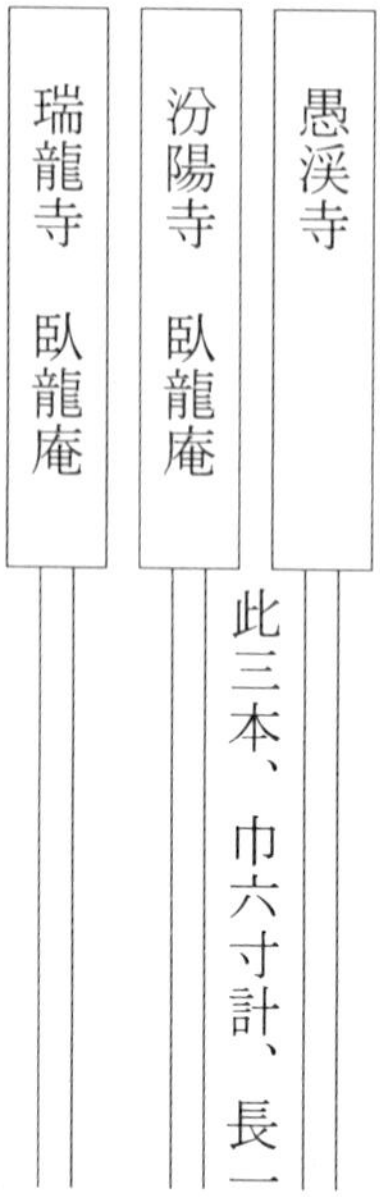

此三本、巾六寸計、長一尺六寸計、

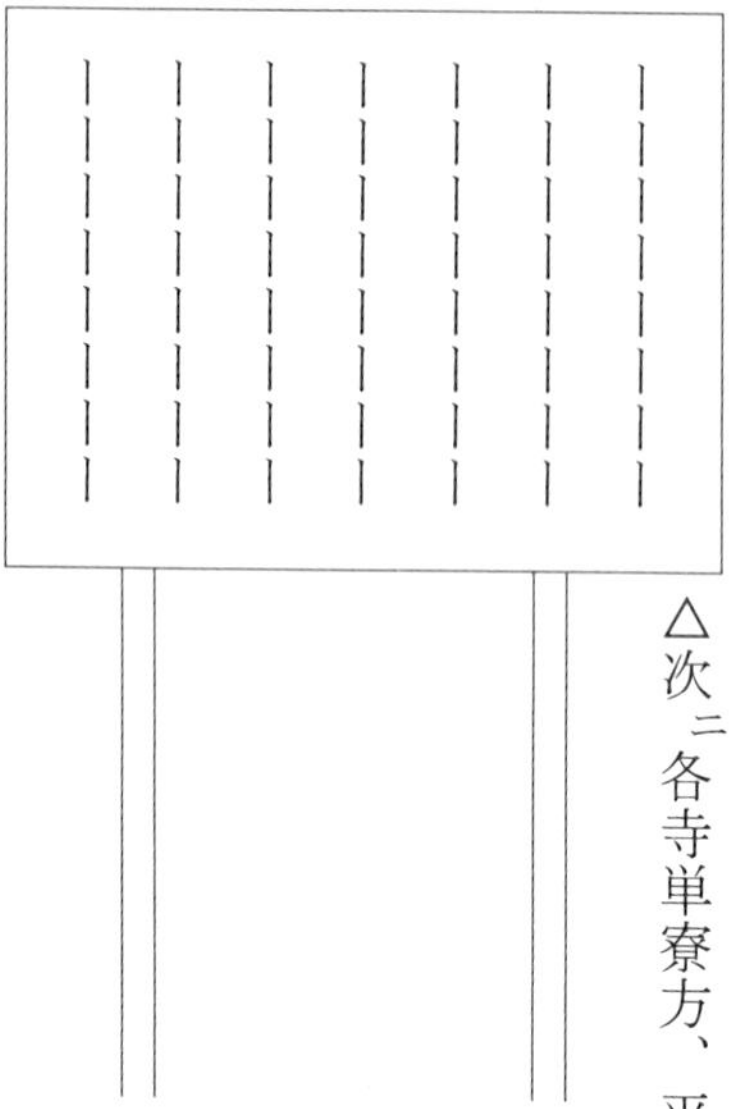

△次ニ各寺単寮方、平僧方、都合横版三枚（壱枚宛三本建）

△次ニ正眼寺塔主宿院札

不二庵
見桃庵
黄梅院

小方丈　妙喜庵

△汾陽寺一山臥龍庵江到著、

衣鉢閣現住、礼之間三役、伴僧、

○暫時休息、臥龍主宰江於書院
現住三役各献拝具、相見有り、

其日、非時、本堂各寺乱席、是ヲ呼胡乱（ウロン）座、

入浴　浴室本堂下左、

△此ノ間ニ香資、常住江伴僧持参、

当開山、方金三顆、伴僧二人青銅弐百文、

三役者青銅三索宛、

○右受納ノ書付、小鷹壱枚、

大済禅師三百五十遠忌香資、
一、金参歩　汾陽開山、
右攸収納如件、
寛政九丁巳正月廿五日
汾陽寺

瑞泉寺
臨渓	輝東	臥龍	龍泉

三役江請取、伴僧江請取同前、各々直紙半枚宛、
○創建三百五十年忌香資、
一　鵝目三十疋　芸首座、
右攸収納如件、
寛政九丁巳正月　　瑞泉寺㊞
雲松軒向栄、菊泉、伴僧右如此也、
薬石、本堂各寺乱席、餅汁煮、盛替也、
△廿五日朝、本堂、斎、各乱席、
一汁三菜、　○此間従上方和尚、侍衣投各寺宿院、香語披露有り、
入浴　勝手次第、非時前後、

此間ニ汾陽寺献香ノ古格、時刻宿院ヨリ案内有リ、
但シ開山并三役者伴僧等也、正味者前日香資奉行江相渡ス、今此ノ次第者、目録付計ニテ、古格
　ヲ表スル迄也、
現住并三役者、各白衣・薄衣・襪子履、具威儀到本堂、伴僧両人ハ掛絡一人持香資台、各進ンデ到
本堂、時ニ執吏一人、延現住令入室中、帽与中啓者、倒ニ置キ、時ニ三役・伴僧ハ室中唐戸ノ外ニ立
ツ、又次ニ延之、室中ノ西序ニ令着、時ニ伴僧一人、持香資台、度与現住、現住接之、直進ム真前、々々、
預メ点灯烛、現住出メ従香、焚之、謹献香資台、置前机、帰位三拝、三役・伴僧モ同三拝、拝畢
レハ、執吏方又延到礼ノ間、各着座、菓茶賓主相揖ス、次現住述遠年忌之多吏ノ意、執吏方モ亦遠方
御労煩之至、懇ニ挨拶有リ、茶礼了テ、各起座、執吏方相送、到中門下、各揖礼而、帰院、此時、瑞龍使僧モ献香同席也、

△同、非時、一汁三菜、菓子小豆餅二ツ、薄茶、
　献香折紙、其外如三百年忌之、
△席ハ上方大和尚始、単寮方、当山現住モ各々巡席、単寮方、次瑞龍使、次ニ正眼寺塔主・不二菴・
見桃菴、次ニ当山三役、代僧・平僧也、
△廿六日晩、止宿、
　香語　　上方　大仙大和尚
激翻風水泉頭浪、凌滅径山六世伝、
生鉄崑崙狼毒気、傷人三百五十年、

和　現住　大典
厳忌春回消息子、無因心卯独相伝、
今労猊下英朝後、拈弄香花酬往年、
現住　大典
副寺　文器
維那　恵芸
汾陽寺書記筆焉

八百津大仙寺の康林祖寧和尚もこの遠忌に招かれて出席し、前頁のような一偈をのこしたことがわかる。大仙寺所蔵の『康林和尚語録』にも、

瑞泉開山大済禅師三百五十遠年忌香語
激翻風水泉頭浪、凌滅径山六世伝、生鉄崑崙狼毒気、傷人三百五十年、
寛政九丁巳年正月念六日、応請、

とある。

十四、寛政九年からの世代

二六六世　春叟慈眼　寛政　九年　濃州北方　慈渓寺

二六七世　方国宗敦　寛政　十年　肥後熊本　泰勝寺
二六八世　通翁毒箭　寛政十一年　京妙心寺塔頭　鳳台寺
二六九世　有山空諸　寛政十二年　京妙心寺塔頭　大嶺院
二七〇世　天啓全威　寛政十三年　江戸日向　龍興寺
二七一世　夷山延拙　享和　二年　奥州会津　建福寺
二七二世　密巌宗穏　享和　三年　江州　石馬寺
二七三世　泰岩祖清　享和　四年　豊州竹田　碧雲寺
二七四世　月山全珠　文化　二年　豊州佐伯　養賢寺
二七五世　越山景伝　文化　三年　阿州徳島　慈光寺
二七六世　柯山志恒　文化　四年　紀州田辺　海蔵寺
二七七世　衡陽智雄　文化　五年　江戸白金　興禅寺
二七八世　大室文朝　文化　六年　阿州徳島　興源寺
二七九世　東龍祖清　文化　七年　濃州本田　通玄寺
二八〇世　髄道慈徹　文化　八年　龍安寺塔頭　多福院
二八一世　忠道祖仁　文化　九年　濃州細目　大仙寺
二八二世　茗天慧茗　文化　十年　讃州高松　法泉寺
二八三世　則宗宜統　文化十一年　越州田谷　大安寺
二八四世　真乗智索　文化十二年　京妙心寺塔頭　雄心院

二八五世	雄禅禅虎	文化十三年	武州小日向　龍興寺
二八六世	温宗師淳	文化十四年	京妙心寺塔頭　春浦院
二八七世	證宗祖明	文化十五年	京妙心寺塔頭　松林院
二八八世	實門祖真	文政　二年	野州足利　浄因寺
二八九世	月仙祖演	文政　三年	京妙心寺塔頭　宝相院
二九〇世	文裔智剣	文政　四年	京妙心寺塔頭　萬猷院
二九一世	戒翁全孝	文政　五年	花園　献珠院
二九二世	貫嶺等一	文政　六年	花園　聖澤院
二九三世	卓洲胡僊	文政　七年	名古屋　總見寺
二九四世	陽門定惇	文政　八年	花園　海福院
二九五世	鈍海恵春	文政　九年	江戸赤坂　松泉寺
二九六世	岫嶽宗勲	文政　十年	花園　慧照院
二九七世	籌堂恵策	文政十一年	武州忍　天祥寺
二九八世	象先禅識	文政十二年	花園　桂春院
二九九世	封山禅祝	文政十三年	濃州伊自良　東光寺
三〇〇世	行應玄節	天保　二年	予州雨井　龍潭寺
三〇一世	古梁紹岷	天保　三年	仙台　瑞鳳寺
三〇二世	謙同宗淑	天保　四年	豊後築杵（ママ）　養徳寺

三〇三世　荊林迪粹　天保　五年　飛騨中呂　禅昌寺
三〇四世　鍠外紹昜　天保　六年　遠州山寄　安寧寺
三〇五世　海山宗格　天保　七年　駿州　臨済寺
三〇六世　寧山禅恵　天保　八年　豊前中津　見性寺
三〇七世　春叢紹珠　天保　九年　阿州徳島　慈光寺
三〇八世　玉湛元亮　天保　十年　武州野火止　平林寺
三〇九世　大宜全愚　天保十一年　肥前平戸　雄香寺
三一〇世　玉潤元寔　天保十二年　阿州徳島　興源寺
三一一世　盡藴原桃　天保十三年　下總大室　圓通寺
三一二世　耕隠恵訓　天保十四年　濃州福田　大勝寺
三一三世　巴陵孜勤　弘化　二年　播州網干　龍門寺

十五、瑞泉寺追贈停止事件

この発端は、文化の頃から妙心寺派の僧で黒衣で示寂後の僧に対して、「前住瑞泉某和尚大禅師」の称号を追贈するようになったことについて、妙心本寺が瑞泉寺のこの行為を停止しようとしたことにある。これは、文政十二年（一八二八）から翌天保元年（庚寅の年）にかけて起こったことなので『庚寅記略記』と『文政庚寅記』とに瑞泉寺では記録している。これらの記録によれば、文政十二年冬十月と十一月の二度に亘って、妙心寺から牌名のことについて聞き糺したいとして、瑞泉寺に出頭要請があった。そこで瑞泉寺では、輝東庵の顧鑑古范座元と臥龍庵代僧・端首座が上京することになった。

京都妙心寺に至った顧鑑古范座元は「紫衣僧は当然として、大徳寺・妙心寺へ出世せずに瑞泉寺輪住のみで終わった人も、瑞泉寺では準住持と唱えて、黒衣のまま住持職をつとめたので、この人には前住瑞泉の称を追贈するのは当然である。現に義天・雲谷・桃隠等の諸老も、黒衣のまま瑞泉寺の住職をつとめたので、問題は無いはずである。また、この点については、桃隠の定めた壁書ものこっていて指摘されるような違法なことではない」と説明した。この壁書の文面は次のとおりである。

定

当山住持職の事、開山子孫の諸老として順次に勤務致すべく候事、縦令其の仁没後たりとも、児孫の願望によっては、当山一世の視篆に準ぜられるべき事、

一、諸転位等は、上香・開山の真前にて職状降下あるべくの事、

右の件々、先師遺命の定規也、

康正二年丙子九月廿六日

現青龍山主玄朔、於于慈明庵下書、

このような説明に対して、本山側は次のように詰問した。「瑞泉寺は、古く寛文年間（一六六一～七三）から紫衣僧住持の寺（紫衣山）に定まっていて、黒衣僧の住山は不当であり、桃隠壁書なるものも、寛政年中（一七八九～一八〇一）の提出記録に見られず、偽物である。」と。

従って話し合いは平行線となり、顧鑑座元らは京都に留まっていたが、明けて文政十三年正月に、

瑞泉寺から臨渓院の為成禅儀座元が上洛した。そして本寺に対して釈明を行ったが、これまた解決に至らず、二月二日に至って、三名は帰国の途についた。

この一件は瑞泉寺興廃の分かれ目であるとして、瑞泉寺では名古屋の尾張藩寺社奉行所に訴える一方で、塔頭・龍済庵の東伝座元を汾陽寺（岐阜県武儀郡武芸川町谷口）に急派して、瑞泉寺に有利となるような古文書の有無を調査させた。東伝座元は古文書の中から玉浦宗珉の文亀元年（一五〇一）七月付壁書を筆写して瑞泉寺へ帰った。その壁書は次のような文面であった。

定

尾州犬山瑞泉寺住持職に準じ、当山一回の住持相い勤められ候衆は、仮令(かりしも)雖為本山の座元の没后たりとも、位牌に大禅師と称すべき事、先師心宗禅師の遺命也、依而(よって)如件、

文亀元年　現汾陽

七月　玉浦叟　印

なお、この頃に瑞泉寺へ届いた追贈差止めの書簡は次のとおりであった。

妙心寺より役寺無□候来状之写

衆議啓し、態(わざ)々連署を呈し候、其の地犬山瑞泉寺においては、本山末派の前堂は、没後に準住持の追贈相い願う節は、差し許し候趣(おもむき)相い聞う。これにより、塔頭の内、顧鑑・為成両座元呼び登り相い糺し申し候処、先々より仕来(しき)たるの旨返答候得共、此の義は本山の位階に抱(かかわ)り、殊更(ことさら)天辺に対し奉り恐れ多き事に候、且つ住持の世数は、其の御役所ならびに本山へ差し出しこれ有り候牒面と、同寺住世帳には相違致し候儀、全く先々より心得違いと存じ候故、今般衆評の上、指し止めの義、

別紙の通り申し渡し候、右に付き、其の御役所へ御届けのため、使僧差し向け候間、然るべき取りはからいの儀、依願致し候処なり、不宣、

（文政十三）
庚寅
　正月廿七日

聖澤院
　禾因　判
霊雲院
　済違　判
東海庵
　紹恵　判
龍泉庵
　恵充　判

この書簡は宛先を欠くが、恐らく尾張藩内における妙心寺派の役寺たる名古屋の總見寺・白林寺・大林寺に宛てたものであろう。役寺を経由して役所へも届けてほしいとの伝言である。

ところが尾張藩におけるこの一件の対応は次のとおりとなった。ことの次第は、御役所へ伺いも無く、直接本山から瑞泉寺へ申し渡して、役所には連絡がなかった。瑞泉寺では犬山御役所を経て尾張藩へも経過を伝えていたので、妙心寺の動きについては役所も立腹気味であったと思われる。役所としては、「何事によらず御領分の内は、御役所へ伺い無くしては、末寺たれども直接申し付けることは相い成らず、ましてこのような大切なことを役所抜きで申し渡したことは、厳しく咎める。」という見解を打ち出した。

そこで總見寺・大林寺・白林寺の三ヶ寺は、本山と瑞泉寺との往来の書状などを取り寄せて吟味し、かつ尾張藩寺社奉行（役所）へも「誠詞」を申し述べ、六月二十日に至って瑞泉寺へ住世帳や追贈停止通告書などを返すと同時に、「其の寺追贈準住持ならびに追贈前板の儀、先達而令停止せしめ候処、御国法に相い願い候儀これあり候に付、右両様一旦相い解き候」という判定を申し渡した。尾張藩国法に鑑みて、追贈停止を解いて、一旦元に戻すという内容である。

同年（文政十三年）八月九日、輝東庵の祖道蔵主は、名古屋の寺社奉行を訪れて、そこから京都の本山へ向った。これは、本山が追贈停止を解いたことに対する祝儀として、香資等を届ける為であった。八月十五日、本山では、これは尾張藩の国法を尊重して応じたものであるから、礼には及ばないとの見解を示した。祖道蔵主は弁明につとめたが受納されず、書面を添えた香資等を受取って帰った。祖道蔵主は妙心寺滞留の間に、次のようなうわさを聞いた。

一、瑞泉寺は四派の先祖の出身地であるのに、四派の御会評によらず、執事が勝手に行っていた形になったため、国法の関係で停止出来なかった。

二、名古屋の役寺を通さず、直接瑞泉寺を呼立てたことは失敗だった。

などであったと書き留めている。

この間、七月晦日には、瑞泉寺が生前追贈をした甲州承天寺住職に対する職状を取り戻すために、輝東庵の恵忠蔵主が出発した。これは尾張藩寺社奉行の指導によるもので、八月二十二日、同二十四日の二度に亘る寺社奉行からの催促をうけて、二十六日には東伝座元が下向して、承天寺から取り戻してきた。他に江南市草井の地蔵寺住職あての追贈職状も、九月上旬に取り戻した。これらは生前追贈の分で、明らかに瑞泉寺の行き過ぎであったことから当然である。

九月四日には、白林寺で、妙心寺からの頭付（かしらづけ）（質問状）が瑞泉寺側へ渡された。これに対して瑞泉寺では、十一月十日に白林寺へ次のような回答を提出した。

（瑞泉寺あて頭付の内容）

一、本山末派の前堂没後に、その弟子等から要望があった時、「準住持職」を贈っている理由。

二、その時の牌名はどのように唱えているか。また、これは紫衣綸住の和尚同様と心得てよいとの風聞であるが事実か。

三、これを住持世代数に入れているのか。

四、職状も出しているそうであるが事実か。

五、平僧も第一座追贈をしている由であるが実否は。

（回答内容）

一、開山の命（めい）によるのであり、また壁書も根拠である。

二、「前住当山某和尚大禅師」と唱えている。また住職に準ずる扱いで、紫衣和尚である。

三、古来、正住・準住を通算して何百何世と数えている。

四、職状も当然出している。

五、現在、平僧は没後に限って追贈していて、職状も出している。

瑞泉寺から役寺の白林寺あての回答は、同文で本山あてと寺社奉行・犬山役所あてとが用意された。これ以後の記録が瑞泉寺に遺存しないが、以後も明治前期まで没後追贈を継続しているので、瑞泉寺の主張はそのまま認められて、すべて一件落着したとみなされる。なお次節に、正住・追贈を通算した世代帳を掲げておく。しかし、結局瑞泉寺の世代は追贈を除外して数えており、この一件で妙心寺へ「正住・準住を古来通算して数えている」と報じたのは必ずしも正しくない。

前住瑞泉を追贈された場合は、妙心寺において紫衣綸住を果たしたのと同格の扱いになるということで、当時塔頭の臨渓院為成禅儀（いせいぜんぎ）座元や顧鑑古范（こかんこはん）座元らの実力者が派下の寺院から追贈希望者を募ったが、希望する者が多数となり、その分だけ妙心寺への「前住妙心」追贈希望者が減少することになり、本山役寺が瑞泉寺へ追贈停止の指示をしたのである。瑞泉寺としては、寺領五十石を有する大寺であるが、それゆえにまた経費がかさみ、檀家が無いこともあって、追贈による香資という収入の増加を図ったのがこの一件であろう。

十六、瑞泉寺追贈による準住世代

瑞泉寺で今日行われている世代は、これまでに述べてきたとおりで、明治七年に泰法祖道老師が住山して独住となる直前の儀山善来で三四四世となっている。

かつて妙心寺から前住瑞泉の称号の追贈を停止された事件の時、瑞泉寺では、たとえ追贈者といえども世代に入れて通算して世代を数えていると妙心寺へ説明したが、実情としては追贈者を世代に入れておらず、追贈停止事件がおこってから追贈者を入れて通算した世代がつくられたらしい。それで慶応二年までの分が住世下牒という形でのこされているので次に掲載する。

『住世下牒』による世代　（太宇鶴舞図書館本『青龍山瑞泉寺記』による）

【世代】	【正住住持（せいじゅう）】	【追贈居成住持】	【年次】	【備考】	
三一〇世	**衡陽智雄**		**文化　五年**	**江戸白金　興禅寺より**	**二七六世**
三一一世		関道霊樞			
三一二世		實洲宗顕			
三一三世	**大室文朝**		**文化　六年**	**阿州徳島　興源寺より**	**二七七世**
三一四世		大梁紹扶	文化　六年	尾州稲葉　禅源寺先住	
三一五世	東龍祖清		文化　七年	濃州本田　通玄寺	二七八世
三一六世	髄道慈徹		文化　八年	洛之龍安寺中多福院より	二七九世
三一七世		菱錐紹範	文化　八年	尾州野間　大仙寺先住	
三一八世	忠道祖仁		文化　九年	濃州細目　大仙寺より	二八〇世
三一九世		葉禅祖梅	文化　九年	臨渓院先住	
三二〇世		完裔不白	文化　九年	臨渓院先住	
三二一世		凉山祖門	文化　九年		
三二二世	茗天慧茗		文化　十年	讃州上松　法泉寺より	二八一世
三二三世		勇方常爾	文化　十年	当国古渡　泰雲寺先住	
三二四世	則宗宜統		文化十一年	越州田谷　大安寺より	二八二世
三二五世	真乗智索		文化十二年	妙心寺中　雄心院	二八三世

三二六世	猷峯宗古	文化十二年	濃州根本　元昌寺より	
三二七世	雄禅禅虎	文化十三年	武州小日向　龍興寺	二八四世
三二八世	南嶺禅立	文化十四年	勢州阿曽浦　片山寺	
三二九世	祥山祖瑞	文化十四年	勢州阿曽浦　片山寺	
三三〇世	商隠令喆	文化十四年	本（尾）州一之宮　妙興寺	
三三一世	仁鳳弘恕	文化十四年	勢州村山　龍江寺	
三三二世	温州師淳	文化十四年	法山　春浦院	二八五世
三三三世	嶺堂宗庚	文化十五年	勢州古和浦　甘露寺	
三三四世	大恬知恬	文化十五年	勢州古和浦　甘露寺	
三三五世	大義	文化十五年三月九日	三州佐脇　長松寺	
三三六世	證宗祖明	文政　元年	法山　松林院	二八六世
三三七世	大冥慧團	文政　二年三月廿八日	笹野　妙光寺	
三三八世	實門祖真	文政　二年	野州足利　浄因寺	二八七世
三三九世	金鈴　猛	文政　二年九月廿四日	遠州保六島　宝珠寺より	
三四〇世	景山祖鳳	文政　二年十二月十八日	本州智知（多）郡　普明院	
三四一世	桃龍祖雄	文政　三年六月十四日	濃州恵那　林昌寺より	
三四二世	月仙祖演	文政　三年	妙心寺塔頭　實相院	二八八世
三四三世	方州紹甫	文政　三年三月十九日	本州野間　大仙寺中興	

三四四世　文裔智剣　　文政　四年　京妙心寺塔頭　萬猷院　二八九世
三四五世　　大徽妙猷　文政　四年十月廿二日　予州八幡浜　大法寺
三四六世　戒翁全孝　　文政　五年　妙心寺内　献珠院　二九〇世
三四七世　　完嶺玄蜜　文政　六年四月十日　濃州鵜沼　大安寺
三四八世　貫嶺等一　　文政　六年八月　妙心寺中　聖澤院　二九一世
三四九世　　楞山祖単　文政　六年九月廿八日　三州老津太平寺中興
三五〇世　卓洲胡僊　　文政　七年八月　当国名古屋　總見寺　二九二世
三五一世　陽門定惇　　文政　八年八月　京花園　海福院　二九三世
三五二世　鈍海慧春　　文政　九年八月　江戸赤坂　松泉寺　二九四世
三五三世　　陽山智旭　文政　九年十一月四日　濃州祖父江　實相寺
三五四世　　大仲全律　文政　十年六月　三州小松原　東観音寺
三五五世　岫嶽宗勲　　文政　十年　花園　恵照院　二九五世
三五六世　　大衍良和　文政十一年二月　濃州梶田（加治田）　龍福寺
三五七世　　抜山　文政十一年三月　濃州川都（ママ）　禅源寺
三五八世　　寂庵玄定　文政十一年四月　濃州郡上　慈恩寺
三五九世　　春堂　英　文政十一年四月　飛州　宗猷寺
三六〇世　　春令指天　文政十一年五月　本州下野　覚王寺
三六一世　籌堂恵策　　文政十一年　武州忍　天祥寺　二九六世

三六二世		中巌雄道	文政十一年七月	当国名古屋　海福寺	
三六三世		敬山祖白	文政十二年二月四日	甲州都留郡平野　寿徳寺	
三六四世		東林	文政十二年三月廿日	南勢神津佐　法泉寺	
三六五世		大鏡妙照	文政十二年四月十七日	飛州益田郡下原　玉龍寺	
三六六世	衆先禅識		文政十二年	京花園　慶春院	二九七世
三六七世		欽山恵空	文政十二年十月十四日	甲州船津　円通寺	
三六八世	封山禅祝		文政十三年	濃州伊自良　東光寺	二九八世
三六九世	行応玄節		天保　二年	予州雨井　龍潭寺	二九九世
三七〇世		聯芳祖芳	天保　三年三月	南芳庵先住	
三七一世		密雲玄密	天保　三年五月一日	濃州北方　慈渓寺先住	
三七二世	古梁紹岷		天保　三年六月一日	奥州仙台　瑞鳳寺	三〇〇世
三七三世		空山玄東	天保　四年三月十日	濃州小嶋　瑞巖寺	
三七四世		孝林全戒	天保　四年六月十七日	遠江見附駅　慈恩寺	
三七五世	謙同宗淑		天保　四年八月一日	豊後杵築　養徳寺	三〇一世
三七六世		潭堂祖信	天保　五年八月六日	遠州岡田村　宝珠寺	
三七七世	荊林迪粋		天保　五年八月朔日	飛州中呂　禅昌寺	三〇二世
三七八世	鍠外紹昜		天保　六年八月朔日	遠州山崎　安寧寺	三〇三世
三七九世		掇帚　理	天保　六年閏七月十二日	讃州□殿　常住寺	

三八〇世　戒田玄珠　天保六年九月廿六日　当国余野　徳林寺

三八一世　海山宗格　天保七年　駿州府中　臨済寺　三〇四世

三八二世　玉峰宗璵　天保七年五月五日　武州江戸海禅寺塔頭　泊船軒

三八三世　寧山禅恵　天保八年　豊前中津　自性寺　三〇五世

三八四世　単宗祖環　天保八年九月八日　濃州本巣郡曽井　梅英寺

三八五世　籌外智丈　天保八年九月八日　濃州本巣郡曽井　梅英寺

三八六世　龍山大活　天保九年三月九日　濃州福田　大勝寺、同寺開山

三八七世　南星自證　天保九年四月　濃州福田　大勝寺中興

三八八世　春叢紹珠　天保九年　阿州徳島　慈光寺　三〇六世

三八九世　康邦元収　天保十年二月二日　濃州安八郡北方　慈渓寺

三九〇世　喝源　天保十年三月十八日　江戸池ノハタ　休昌院

三九一世　性巌　天保十年三月十九日　江戸池ノハタ　休昌院

三九二世　南嶺　天保十年三月廿七日　紀州牟婁郡田辺在朝来金屋村　円鏡寺

三九三世　董州　天保十年四月三日　当国大平村　長昌寺

三九四世　中山智孝　天保十年十二月十一日　濃州不破郡荒尾　円成寺

三九五世　玉湛元亮　天保十年　武州野火止　平林寺　三〇七世

三九六世　賢仲維恭　天保十年　紀州田辺在朝来金屋村　円鏡寺

三九七世	西宗全江	天保　十年	遠州豊田郡中瀬村　普賢院先住	
三九八世	珉山宗崑	天保　十年	遠州豊田郡中瀬村　普賢院先住	
三九九世	麟堂全楞	天保　十年	遠州豊田郡中瀬村　普賢院先住	
四〇〇世	岱嶺宗實	天保　十年	遠州豊田郡中瀬村　普賢院先住	
四〇一世	禎道全祥	天保　十年	遠州豊田郡中瀬村　固幹座元法師	
四〇二世	盤谷祖珍	天保十一年十月十九日	飛州吉城郡高原邑　両全寺先住	
四〇三世　太宣元亮		天保十一年十月十九日	肥前平戸　雄香寺	三〇八世
四〇四世	絶巓玄珠	天保十二年三月廿一日	濃州冨長(永)　林泉寺	
四〇五世　玉潤元寔		天保十二年八朔	阿州徳島　光源寺	三〇九世
四〇六世	老山慈専	天保十二年四月九日	濃州曽井　梅英寺	
四〇七世	遂安宗寔	天保十二年四月十二日	濃州加納　瑞龍寺僧堂	
四〇八世	桃源長茂			
四〇九世	寛仲志温			
四一〇世	啄同玄機			
四一一世	月山紹圓			
四一二世　盡瀘原桃		天保十三年八朔	下総大室　円通寺	三一〇世
四一三世		天保十三年十一月廿七日	豊後松岡　長興寺	
四一四世	粛堂祖欽	天保十四年二月四日	新加納　少林寺先住	

四一五世　耕隠恵訓　　天保十四年八朔　濃州福田　大勝寺　　三一一世
四一六世　顧鑑古范　　天保十四年八月廿日　輝東庵先住
　　萬応　　天保十五年　京妙心寺塔頭慈性院より輪番　　三一二世
四一七世　大亮　雅　　天保十五年八月晦日　甲州巨摩郡下山村　南松院先住
四一八世　九宝　　天保十五年九月三日　讃州高松　慈恩寺先住
四一九世　巴陵孜勤　　弘化　二年　播州綱干　龍門寺　　三一三世
四二〇世　蒲庵省思　　弘化　二年三月九日　本州水野　定光寺先住
四二一世　十洲　　弘化　二年五月三日　濃州恵那郡大川　林昌寺先住
四二二世　悠道智北　　弘化　二年八月　龍泉院先住
四二三世　大愼自詮　　弘化　二年十二月十五日　光陽寺先住
四二四世　一山祖栄　　弘化　三年十一月七日　笹野　妙光寺先住
四二五世　始山義整　　弘化　三年十一月八日　嶋村　東林寺先住
四二六世　頑石智盤　　弘化　三年八月　阿州徳島　潮音寺　　三一四世
四二七世　警邦　定　　弘化　四年正月九日　勢州一色　昌久寺先住
四二八世　警洲　　弘化　四年正月廿一日　江戸池之端　休昌院先住
四二九世　大丘恵性　　弘化　四年二月廿四日　豊後片嶋　宝福寺先住
四三〇世　春渓恵周　　弘化　四年四月十五日　勢州山田　中山寺先住
四三一世　安山玄永　　弘化　四年五月十日　濃州神海　金輪寺中興

四三二世　妙喜宗績　弘化四年八月　駿州沼津　蓮光寺　三一五世
四三三世　輪応玄蜜　弘化四年七月十八日　三州片寄　天恩寺先住
四三四世　萬拙全宜　弘化四年七月十九日　三州片寄　天恩寺先住
四三五世　泰叟　安　弘化四年九月廿五日　勢州五ヶ所　青龍寺先住
四三六世　要津恵奪　弘化五年二月廿七日　飛州殿村　瑞岸寺先住
四三七世　梅叟太庚　弘化五年二月廿八日　飛州殿村　瑞岸寺先住
四三八世　陽堂泰旭　弘化五年二月廿九日　飛州殿村　瑞岸寺先住
四三九世　萬応全如　弘化五年　花園　慈性院
四四〇世　千雄祖英　嘉永元年八月　丹波大呂　天寧寺　三一六世
四四一世　天元知亨　嘉永元年九月　臥龍庵先住
四四二世　浣渓宗活　嘉永元年　龍泉院先住
四四三世　趙闐全鞋　嘉永元年十一月　清水寺先住
四四四世　高峰祖群　嘉永二年正月廿二日　妙興寺先住
四四五世　林僧　哲　嘉永二年七月十九日　興禅寺先住
四四六世　慶春宗古　嘉永二年八月　古渡　泰雲寺　三一七世
四四七世　龍淵圓珠　嘉永二年九月十一日　泳宮　東禅寺先住
四四八世　快伝宗薫　嘉永二年十一月廿九日　濃州池田郡舟子村　平安寺開山
四四九世　福州　齢　嘉永二年十二月十二日　志州波切　仙遊寺開山

四五〇世　玉衡　嘉永三年二月十五日　勢州斎田　廣長寺開祖

四五一世　北宗　嘉永三年二月十六日　同州五ヶ所　青龍寺先住

四五二世　田翁　嘉永三年四月十九日　予州雨井　竜潭寺中興

四五三世　奐道宗璠　嘉永三年八月朔日　駿府　臨済寺　**三一八世**

四五四世　為成禅儀　嘉永三年七月廿三日　臨渓院先住

四五五世　潜耕　達　嘉永四年正月十九日　豊後佐賀関　地蔵寺

四五六世　良山　嘉永四年二月十日　当国山名村　龍泉寺

四五七世　淳翁　嘉永四年五月九日　飛州高原郷日比家邑　永昌寺

四五八世　徴山祖瑞　嘉永四年六月十九日　阿州徳島　興源寺先住

四五九世　快説　嘉永四年九月十五日　播州加納　常光寺先住

四六〇世　文裔　嘉永四年　花園　玉龍院　**三一九世**

四六一世　磕禅　嘉永五年二月二日　勢州伊勢地　西来寺先住

四六二世　東翁　顒　嘉永五年三月十三日　濃州手金松源寺先住、遠州内野万福僧堂より

四六三世　芳瑞古梅　嘉永五年五月十六日　飛州火打東泉寺先住　同州禅昌寺末

四六四世　鉄叟　嘉永五年五月十八日　信州中村　長清寺先住

四六五世　乾宗　嘉永五年五月十九日　信州中村　長清寺先住

四六六世　関谿全守　嘉永六年七月十九日　遠州鹿玉郡宮口村　報恩寺先住

四六七世　　光堂元虡　嘉永　六年二月二〇日　濃州一之瀬　天喜寺先住
四六八世　　梅叟祖英　嘉永　六年二月廿八日　濃州一之瀬　天喜寺先住
四六九世　寛海文郁　嘉永　五・八〜六・七　丹州永上郡稲上村　大燈寺　三二〇世
四七〇世　　峨山禅義　嘉永　六年三月廿三日　阿州徳島　瑞巖寺先住
四七一世　　棠隠　嘉永　六年三月廿四日　勢州伊勢地　西来寺先住
四七二世　　啓岩紹迪　嘉永　六年四月三日　三州設楽郡稲橋　瑞龍寺先住
四七三世　　蘭陵慈芳　嘉永　六年五月廿六日　鵜沼　大安寺先住
四七四世　　霊光不昧　嘉永　六年六月十七日　三州稲橋　瑞龍寺開山
四七五世　**天啓**　天啓楚祐　嘉永　六年八月朔日　勢州桑名　長寿院　**三二一世**
四七六世　　固幹元貞　嘉永　七年二月十九日　遠州中瀬　普賢院
四七七世　　丈巖　航　嘉永　七年二月廿九日　濃州御望　満願寺開山
四七八世　　敬山愿恭　嘉永　七年三月廿六日　勢州桑名　長寿院先住
四七九世　　状元祖光　嘉永　七年三月廿七日　濃州大桑　南泉寺開山
四八〇世　　藻川元瑄　嘉永　七年六月五日　阿州大丘　興源寺先住
四八一世　　暁山等一　嘉永　七年六月廿六日　濃州蜂屋　瑞林寺先住
四八二世　拙元宗一　　嘉永　七年八月朔日　濃州大垣　禅桂寺　**三二二世**
四八三世　　實酬士恩　安政　二年三月朔日　江州日夏　千手寺中興開山　**悟**
四八四世　　祥方全禎　安政　二年四月二日　遠州布地　永安寺先住　**悟**

四八五世　功岳秉均　安政二年四月十三日　飛州中呂　禅昌寺先住　景
四八六世　六湛　安政二年八月廿七日　東濃苗木　雲林寺先住　景
四八七世　黙伝　安政二年十一月晦日　予州宇和島等覚寺先住　悟
兵庫祥福寺より
四八八世　龍庵　安政二年十二月朔日　勢州　大聖寺先住　悟
四八九世　済宗祖運　安政三年正月十三日　豊後三佐　海潮寺開山　特
四九〇世　金嶺智精　安政三年二月八日　濃州錦織　福寿寺開山　悟
四九一世　泐潭（ろくたん）全猷　安政三年二月十一日　遠州見附　見性寺先住　悟
四九二世　梘嶺（おうれい）恵椿　安政三年二月廿六日　信州島田　龍門寺先住　悟
四九三世　天嶺　旭　安政三年二月廿八日　播州上西條村　南面寺開基　悟
四九四世　盤境元谷　安政三年　京都　春浦院　三二三世
四九五世　月叟慧潭　安政三年三月十一日　摂州大坂　少林寺先住　悟
四九六世　航隠全豁　安政三年三月廿八日　濃州関　梅竜寺先住　景
四九七世　瑞邦宗彦　安政三年三月廿二日　濃州関　梅竜寺先住　景
四九八世　啓宗令逸　安政三年六月十七日　尾州羽黒　興禅寺先住　東
四九九世　杏蔭禅味　安政三年六月十八日　尾州今井　光陽寺先住　悟
五〇〇世　馨林　安政三年十二月十八日　甲州甲府　東光寺先住　悟
五〇一世　邁翁宗俊　安政四年正月廿六日　濃州迫間　大雲寺先住　悟

五〇二世　啓邦玄栄　安政四年三月九日　肥後熊本　見性寺先住　**悟**

五〇三世　暘山（ようざん）楚軾　安政四年　花園　雑華院　**三二四世**

五〇四世　蘭州　隆　安政四年三月九日　濃州羽崎村　龍泉寺先住　**景**

五〇五世　仲山　甫　安政四年四月七日　遠州伊井谷　龍潭寺先住　**悟**

五〇六世　容宗智海　安政四年四月八日　駿州沼津　蓮光寺先住　**特**

五〇七世　仁哉圓授　安政四年八月十四日　濃州根本　元昌寺先住　**東**

五〇八世　晦巖道廓　安政四年　予州宇和島　大隆寺　**三二五世**

五〇九世　芳山宗古　安政四年十月十八日　濃州石原　真禅寺先住　**景**

五一〇世　咄宗祖源　安政五年正月十五日　濃州西脇　光徳寺中興　**悟**

五一一世　佚堂（いつどう）宗雪　安政五年二月十五日　名府　禅隆寺中興　**特**

五一二世　模林宗規　安政五年二月十六日　名府　禅隆寺先住　**特**

五一三世　仁裔　安政五年三月十七日　本州上條　泰岳寺先住　**悟**

五一四世　貫応志道　安政五年七月七日　江州石馬　石馬寺先住　**悟**

五一五世　済翁祖運　安政五年八月廿三日　臥竜庵先住　**悟**

五一六世　雞林楚暁　安政五年　江戸　天祥寺　**東**　**三二六世**

五一七世　諦堂　安政五年　濃州北野　大智寺　**悟**

五一八世　龍湫　幻　安政六年　紀州　祥源寺開山　**悟**

五一九世　林翁　梅　安政六年　武州江戸浅草海禅寺内　長徳院開山　**悟**

五二〇世　　　静山依松　安政六年　東濃苗木　雲林寺先住　景
五二一世　　　實堂　真　安政六年　西濃池田　龍徳寺中興　悟
五二二世　　　韜因（とういん）紹瑄　安政六年四月三日　知多郡野間　大仙寺先住　悟
五二三世　　　芳巖宗連　安政六年八月廿日　志州英虞郡　少林寺開山　悟
五二四世　　　潜林法宥　安政六年九月廿七日　但馬糸井　光福寺開山　悟
五二五世　　　西浙　安政六年十月十四日　豊後小野鶴村　西光寺先々住　悟
五二六世　蓬洲禅苗　安政六年　濃州可児郡久々利村　東禅寺　景　三二七世
五二七世　　　琅山（ろうさん）恵琳　安政七年正月十七日　本州余野村　徳林寺先住　悟
五二八世　　　石梁　安政七年二月十八日　勢州東宮　大仙寺開山　悟
五二九世　　　香巖　梅　安政七年二月十九日　勢州神津佐　法泉寺中興　悟
五三〇世　　　経巖祇典　安政七年三月十七日　濃州深瀬　賢相寺先住　悟
五三一世　　　禮洲智浄　安政七年閏三月十日　備後三上郡実留村　円福寺中興　悟
五三二世　　　泰峯慈遷　安政七年閏三月廿六日　臥竜庵中興　悟
五三三世　　　潜巖宗寔　安政七年閏三月廿七日　臥竜庵先住　悟
五三四世　　　豊洲祖英　安政七年閏三月廿八日　豆州澤次　龍澤寺三世　特
五三五世　　　栄総了椿　安政七年閏三月十九日　輝東庵先住　特
五三六世　潤叟文瑄　安政七年　江戸牛込　済松寺　悟　三二八世
五三七世　　　稲天秀恵　安政七年八月六日　美濃大野郡小津村　洞泉寺開山　悟

五三八世　雪擔禅龕　安政　七年十月廿五日　武州豊嶋郡浅草海禅寺内　長徳院九世　**悟**

五三九世　月丘恵韶　安政　七年十一月十八日　予州大洲領喜多郡大竹村　大円寺先住　**悟**

五四〇世　春岳智英　万延　二年二月廿八日　本州笹野　妙光寺先住　**悟**

五四一世　済宗玄喝　万延　二年六月十三日　濃州蜂屋　瑞林寺先住　**悟**

五四二世　圭巖元徹　万延　二年　武州野火止　平林寺　**特**　**三二九世**

五四三世　教宗祖淳　万延　二年八月六日　東濃付知　宗敦寺先住　**景**

五四四世　圓宗禅明　万延　二年十月廿一日　願主濃州久々里東禅寺愚海座元　濃州伊川常光寺先住　**景**

五四五世　峻山慧兆　文久　二年二月三日　西濃宮代　隣松寺中興　**景**

五四六世　梅岑宗信　文久　二年二月廿六日　予州大洲　曹渓院先住　**悟**

五四七世　格宗致遠　文久　二年三月廿八日　越前福井　瑞源寺先住　**悟**

五四八世　玉函周文　文久　二年　濃州細目　大仙寺　**東**　**三三〇世**

五四九世　徳洲全栄　文久　二年九月四日　遠州宮口　報恩寺先住　**悟**

五五〇世　斧山　文久　二年九月廿一日　濃州富永　林泉寺先住　**悟**

五五一世　静海宜恬　文久　二年十月朔日　濃州神篦　信光寺先住　**景**

五五二世　圭巖寿白　文久　二年十二月十五日　本州前原　福昌寺先住　**悟**

五五三世　卓翁玄東　文久二年十二月廿六日　龍泉院中興　景
五五四世　因住玄中　文久三年正月十三日　濃州小島　瑞巖寺八世　悟
五五五世　断崖仁勇　文久三年正月十四日　濃州小島　瑞巖寺九世　悟
五五六世　滴傳巨壑　文久三年正月十五日　平安寺再中興　悟
五五七世　牧宗祖演　文久三年二月十七日　濃州山田村　瑞東寺先住　景
五五八世　荊蘂宗球　文久三年六月四日　濃州青波邑　長泉寺先住　悟
五五九世　益洲守一　文久三年　飛州下原　玉龍寺　景　三三一世
五六〇世　梅山春石　文久三年八月三日　濃州上有知　清泰寺先住　悟
五六一世　豹隠宜健　文久三年八月廿一日　本州名府　政秀寺先住　悟
五六二世　覚堂董鑑　文久三年九月七日　濃州上野　長蔵寺先住　悟
五六三世　雪鴎周郁　文久三年十一月十九日　勢州宇治　養徳寺先住　悟
五六四世　盤国　存　文久三年十二月五日　遠州永島　明心寺先住　悟
五六五世　積應恵俊　文久四年二月廿二日　濃州新加納　少林寺先住　東
五六六世　主山　住　文久四年三月二日　勢州船江　大江寺中興　東
五六七世　徳洲全明　文久四年四月十五日　濃州猿子大通寺先住　願主武州保
土ヶ谷福聚寺月鑑座元　東
五六八世　雪潭紹璞　文久　四年　紀州太白　大泰寺　悟　三三二世

〔美濃正眼寺、霧隠余光〕佐藤弥太郎氏筆者本

青龍山晋山

瑞泉滴水、甘露門開、渇仰之者、喚喁曝顒、

五六九世　保国宗寿　文久四年八月十二日　濃州徳永　興禅寺先住　**悟**

五七〇世　霊海玄妙　文久四年八月十七日　濃州小野村　東光寺先住　**悟**

五七一世　槐州智参　文久四年九月七日　濃州荒尾　円成寺先住　**悟**

五七二世　厳城　文久四年十月十七日　駿州由比　林香寺先住　**特**

五七三世　信宗　文久四年十月十七日　駿州由比　林香寺先住　**特**

五七四世　令仙紹律　元治二年正月二十日　三河碧海郡駒場村　極楽寺先住　**悟**

五七五世　月扃(げっきょう)行恵　元治二年正月廿八日　濃州郡上　慈恩寺先住　**悟**

五七六世　蔵山祖因　元治二年二月十日　野州足利郡板倉邑　養源寺先住　**特**

五七七世　天令祖梅　元治二年二月十一日　本州北山名　竜泉寺先住　**悟**

願主濃州麻生臨川寺桑洲座元　**悟**

五七八世　蘭髄祖秀　元治二年二月廿八日　濃州伊木辻(津志)　見性寺先住　**景**

五七九世　柏宗恵昌　元治二年三月二日　飛州高山　宗猷寺先住　**景**

五八〇世　雲畦慧済　元治二年三月五日　濃州揖斐　松林寺先住　**悟**

五八一世　範渓元摸　元治二年三月七日　本州岡田　慈雲寺先住　**特**

五八二世　賢應文義　元治二年　丹波法貴　天王寺　**特**　三三三世
五八三世　俊叟宗逸　元治二年八月廿九日　濃州神箆　信光寺先住　**景**
五八四世　仙峯　元治二年九月八日　勢州度会郡阿曽里　片山寺先住　**東**
五八五世　寂湛玄溟　元治二年九月十二日　勢州薦野　見性寺先住　**悟**
五八六世　竺原　斎　元治二年九月廿三日　丹後切渡　智恩寺中興　**景**
五八七世　水嶋　順　元治二年九月廿四日　丹後切渡　智恩寺中興　**悟**
五八八世　祥法玄理　元治二年十月四日　龍済庵先住　**景**
五八九世　関梁　要　慶応二年　遠州城東郡門屋村　長永寺先住　**悟**
五九〇世　蜜雲祖印　慶応二年　江州神崎　大徳寺先住　**悟**
五九一世　仁邦守政　慶応二年三月廿五日　豊後高崎　惟福寺先住　**悟**
五九二世　猷法寿白　慶応二年四月六日　濃州瀧田　法源寺先住　**景**
五九三世　大芳禅慈　慶応二年四月廿六日　濃州山田　瑞東寺先住　**景**
五九四世　猷邦祖微（ママ）　慶応二年六月十六日　予州小松　仏心寺先住　**悟**
五九五世　晙桑乗頓　慶応二年　濃州伊自良　東光寺　**東**　三三四世
五九六世　萬年妙暁　慶応二年八月九日　三州須瀬　正宗寺先住　**特**
五九七世　萬元曇昌　慶応二年八月十日　三州須瀬　正宗寺先住　**特**
五九八世　謙堂恵諄　慶応二年八月十一日　三州須瀬　正宗寺先住　**特**
五九九世　鈍令禅利　慶応二年八月十二日　三州須瀬　正宗寺先住　**特**

六〇〇世	謙亨祖抦	慶応　二年八月廿六日	濃州御嶽	愚渓寺先住	**景**
六〇一世	鳳宗元祥	慶応　二年九月八日	遠州敷地	永安寺先住	**悟**
六〇二世	萬洲守一	慶応　二年九月廿二日	江州川並	乾徳寺先住	**悟**
六〇三世	廣願宗智	慶応　二年十月七日	濃州小田	正宗寺先住	**景**
六〇四世	旭傳　的	慶応　二年十月十九日	濃州小島	瑞巌寺四世	**悟**
六〇五世	黙翁　證	慶応　二年十月廿日	濃州小島	瑞巌寺五世	**悟**
六〇六世	拙門　拙	慶応　二年十月十一日	濃州小島	瑞巌寺六世	**悟**
六〇七世	伶道　利	慶応　二年十月廿二日	濃州小島	瑞巌寺七世	**悟**

（終）

十七、日峰宗舜四百年忌

日峰宗舜の四百年忌は弘化四年（一八四七）が正当であるが、二年早く弘化二年の二月に行なわれた。弘化二年二月における瑞泉寺住持は妙心寺塔頭慈性院の巴陵（三一三世）であったが、展待料のみで恒例によって来住しなかったので、瑞泉山内の塔頭によって法要が執行された。その折の記録があるので次に掲げる。

大済禅師四百遠年忌会前入用帳　弘化二乙巳稔二月良辰、

覚

香　此印ハ香資金之内、

修　此印ハ修造金之内、

副　此印ハ副寺方ヨリ出分、

二月廿二日、衆評、

一、副三貫廿文□点心入目、

四月廿六日、

一、修正弐朱　清水江音物、

五月七日、

一、香菓儀、三歩、本源院、

一、香菓誼(儀)、弐歩、龍山塔頭末山衆等九拝、

濃楮、拾紐、

右、石田窟侍衣閣下、

一、香侍衣和尚果儀(ママ)百疋、衆僧菓茶料、

一、香百疋、饗応料、壱両、

一、香施入、弐百疋、

岦上、青山塔頭末山諸大徳、

一、香正弐歩、大勝へ拝請之節、楮皮壱束代并上下七人路費共、
一、修造金之内ニ而、正三拾六匁四厘、同断路費、
一、修正廿壱朱四分壱厘、福田より御使僧到来、饗応料并諸雑費□□ト行、
一、香、六月六日金参歩ト五百五拾六文、泰法座元福田ニ見舞ニ遣ス節相渡ス、
一、白銀、壱両、京都養源果儀、
一、修金壱歩ト五百八拾三文、福田行、路費并音物、
一、同年六月三百拾六文、清水和尚江問候、懐紙壱紐、
一、同年八月再請ニ付、金弐百疋、延引、大勝江衆金、
一、香、同年八月同断、金百疋、石田老師江濃紙壱束代、

十八、弘化三年からの世代

三一四世　頑石智盤　弘化　三年　阿州徳島　潮音寺
三一五世　妙喜宗績　弘化　四年　駿州沼津　蓮光寺
三一六世　萬應全如　嘉永　元年　花園　慈性院
三一七世　千雄祖英　嘉永　元年　丹波大呂　天寧寺
三一八世　慶春宗古　嘉永　二年　古渡　泰雲寺
三一九世　奐道宗璠　嘉永　三年　駿州　臨済寺

三二〇世　文裔　嘉永　四年　花園　玉龍院
三二一世　寛海文郁　嘉永　五年　丹州永上郡稲土　大燈寺
三二二世　天啓楚祐　嘉永　六年　勢州桑名　長寿院
三二三世　拙元宗一　安政　七年　濃州大垣　禅桂寺
三二四世　盤境元谷　安政　三年　花園　春浦院
三二五世　暘山楚軾　安政　四年　花園　雑華院
三二六世　晦巖道廓　安政　四年　予州宇和島　大隆寺
三二七世　雍林恵暁　安政　五年　武州江戸　天祥寺
三二八世　蓬洲禅苗　安政　六年　濃州久々里　東禅寺
三二九世　潤叟文瑄　萬延　元年　江府牛込　済松寺
三三〇世　圭巖元徹　文久　元年　武州野火止　平林寺
三三一世　玉凾周文　文久　二年　濃州細目　大仙寺
三三二世　益洲守一　文久　三年　飛州下原　玉龍寺
三三三世　雪潭紹璞　元治　元年　紀州大田　大泰寺

十九、三三三世　雪潭紹璞の入寺

紀州牟婁郡大田村の清水家に生まれ、十歳で同郡の大泰寺桐岳和尚に入門した。その後諸寺を歴遊して、文政三年（一八二〇）に美濃国郡上郡の慈恩寺棠林和尚に参禅した。文政六年（一八二三）、棠林が同国加茂郡加治田龍福寺に転じたので、これに従って移り、さらに棠林が同国瑞龍寺僧堂に移るとこれに従い、ついに印可を得るに至った。そして天保年間に紀州大泰寺住持となって赴いたのである。天保十二年（一八四一）秋、美濃加納城下の天澤庵へ移ったが、この頃すでに雪潭を親う僧は七八十人にのぼったという。

弘化四年（一八四七）春、請われて美濃伊深の正眼寺へ住山し、僧堂を新築した。これらの功績により嘉永元年（一八四八）に妙心寺へ出世し、朝廷から紫衣を賜わり、天皇に拝閲した。

安政五年（一八五八）三月、犬山市羽黒菊川の阿弥陀堂の地蔵石仏に一偈をつくり「勅住妙心雪潭紹璞焚香謹識」とした（刻銘）。

元治元年（一八六四）、瑞泉寺輪住の指名をうけ、従来の展待料を送るのみで入寺式すら行わないという風習を破って入寺開堂式に臨んだ。

慶応三年九月、天皇に拝閲し、特に「真如明覚」の禅師号を賜わり、ついで美濃国方県郡福光郷（岐阜市）に真福寺を再興した。明治元年、法嗣の泰龍に命じて正眼寺の住持とし、自らは真福寺へ退隠したのであった。明治六年九月十八日示寂。世寿七十三歳であった（近世禅林僧宝伝）（妙法山正眼禅寺誌）。

雪潭が俗姓吉田を名乗ったのは、かつて紫衣参内（さんだい）に当って、父の清水良左衛門の家系が詳かでないので、時の村の戸長（庄屋か）吉田三郎右衛門の計らいで戸籍を借りて、その二男としたためであるという（妙法山正眼禅寺誌）。

元治元年の瑞泉寺入寺式の時には、犬山城主も来て（代理の犬山城代家老であろうか）、臨済録を提唱したが、講堂に入るや、簾を垂れて講話を聴こうとする城主を見て、

「咄(とつ)、何人(なんぴと)か簾中(れんちゅう)に坐して講を聴かんと欲するや、予将(よまさ)に正法を挙揚せんとす、更に些(いささか)の秕糠(ひこう)無し、何ぞ秕糠を篩(ふるい)の状(さま)になす。此(かく)の如きぞや疾(と)く簾を撤し去れ、もし撤去せざれば吾れ決して説法せず」

と大声を発したので、一坐をあげて色を失ってしまった。犬山城主も賢明な人であったので、深くその非礼を謝して、直ちに座を下手に換えて、簾もはづして拝聴したという。このように雪潭は大声を出すことから、「雷鳴雪潭(かみなりせったん)」の愛称があるが、身長は五尺の小さい人、負けず嫌いの人であったという（妙法山正眼禅寺誌）。

雪潭の瑞泉入寺の際の記録のうち、入寺法語が雪潭の語録『霧隠余光』に見えるので次に掲げる。

入寺

瑞泉正脈、混々洋々、青龍所護、千古流芳、月到中秋満、風従八月涼、喝、

両開山拈香

祖祢不了、殃及児孫、驀面遭遇、報思酬冤、紹璞九拝

また、『霧隠余光』には次のような偈等がみえる。

青龍山晋山

瑞泉滴水、甘露門開、渇仰之者、険喁曝顋、

滹沱録開巻

喝殺金剛宝剣銛、叨叨何必渉廉繊、象流截断淬将去、不免到今呼白拈、

開山敕諡興文円慧禅師無因大和尚四百五十年忌拈香
（万延元年六月四日正当）

青龍乾徳要先天、蟄起春雷出瑞泉、鼓動本源千尺浪、飛騰四百五十年、
無因種子蔚扶桑、枝蔓葛藤攀遺芳、本源混混瑞泉月、天下清風仰蔭涼、

拚巻兼送行

已到暁鐘春又過、落花芳艸惹愁多、行行更不説離別、那処叢林問若何、

また、八百津の佐藤弥太郎氏が、昭和十七年に星野書店で買い求めた「雪潭の瑞泉住山記録」が、佐藤筆写本『霧隠余光』に収められているので紹介する（大仙寺所蔵）。

元治元甲子年八月朔日、紀州太田大泰寺雪潭大和尚輪番、于時、濃之伊不加（いぶか）、為于正源寺上方依而遷住申入候得共、遠而御断故、入寺略式相願、七月十七日臨渓迄来駕、晦日宿坊臥竜庵迄遷、同日大掃除、寺中役導具出等、準開祖忌、朔日四ヶ□耳役に出す、延寿金徳大夫、外に日雇に人頼込、当日出頭、清水・徳授・吸江・禅徳及末山、巳の刻大鐘と度法鼓出頭、私命晋山、就于方丈入寺法語、次に祝聖、引続き本源塔拈余諷経、前住再入堂、余衆は廊下に立って辞席へ請し、侍興請状相渡す、此時に先日旧帳一処に持参、是は略式故也、夫より於于書院、惣茶礼、次に入堂済、前日於命巡山土産□子壱□宛、二日還香、同□、三日早天下山、勝山迄舟にて四塔主送、問屋銀三□方にて離盃、伊不加迄は駕篭、人足は外に一人遣す。

役配

泰衛座元　梅裔座元

西序　戒堂座元　　　　東序　魏堂座元
　　要津座元　　　　　　自宣蔵主
侍衣　偃渓座元　　　　侍香正源下総禅士
介抱侍者正源下妙禅士　聴呼　證渉弥
聴呼　訓沙弥
侍興　祥法座元　知殿春蔵主保侍者
配膳　樵蔭座元　給仕盈侍者直侍者
調菜　門番延寿堂二人保侍者才侍者

出頭人数左の通

清水　月鑑和尚　　輝東　泰法座元　　興禅　贓山座元
南芳　璞堂座元　　笑面　希雲座元　　竜泉　鈍寧座元
臥竜　忠嵓(巌)座元　臨渓　頑石座元　　禅竜　泰応座元
福昌　萬国座元　　陽徳　顧山座元　　竜済　祥法座元
光陽　泰衜座元　　妙喜　樵蔭座元　　顕宝　庭山座元
南芳　正麟座元　　輝東　威庵座元　　竜泉　沚山座元
福昌　契庵座元　　笑面　梅裔座元　　徳授　碨渓座元
吸江　長山座元　　興禅　戒堂座元　　臥竜　阜韻座元
黄梅　魏堂座元　　臨渓下要津座元　　輝東下自宣蔵主

南芳 宜春蔵主　　臥竜下 恵文侍者　　正源下 総禅士
輝東下 白保侍者　　輝東下 自證沙弥　　竜済下 恵訓沙弥
正源下 妙禅士　　内田庄屋二人
禅徳 恵隆蔵主

瑞泉寺住持職之事、
任先規之旨、下(可)有執務者也、仍衆評如件、
元治元年七月廿六日　侍真玄理（花押影）
雪潭和尚大禅師
本源院
右奉書に竪認可、包紙、
雪潭和尚大禅師　裏に玄理

献立
皿(さら)　揚昆布　　汁　豆物 茄子 青味
中盛 汁付　大揚 抜菜
皿　和(あ)へ物　昆若　　飯
中酒　三巡
重　生(しょう)が　里芋　　重 志ヲ 白瓜

菓子五厘饅頭およ弐ッ宛
右凡そ人数　八拾員
従香并暖席料之事、
一、金百匹　雪潭和尚　両祖従香
一、金百匹　同　暖席料
右攸収納如件
元治元甲子年八月朔日　恵才印
副寺　玄鶴印
侍其　玄理印
宿坊
臥竜庵

二十、元治二年からの世代

三三四世　柏宗恵昌　元治　二年　飛州高山　宗猷寺
三三五世　賢應文義　元治　二年　丹波法貴　天王寺
三三六世　晙桑乗頓　慶應　二年　濃州伊自良　東光寺
三三七世　濃洲祖仁　慶應　三年　常州潮来　長勝寺

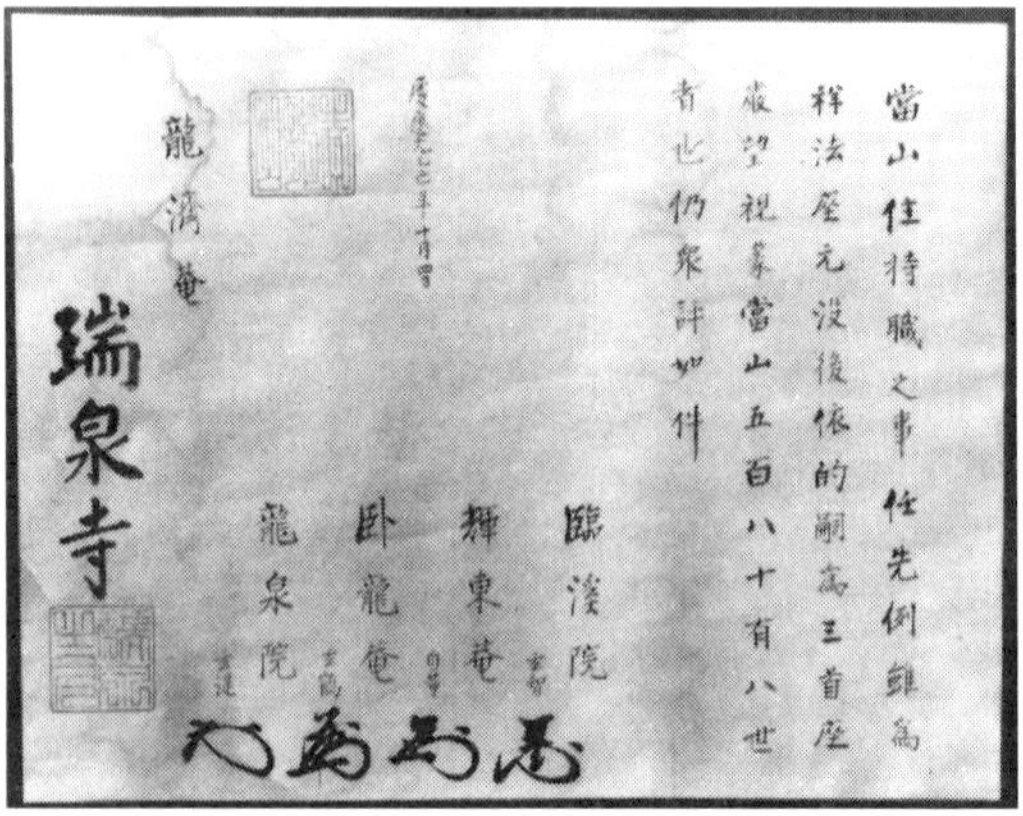
當山住持職之事任先例雖高
祥法座元没後依的嗣高三首座
歳望視篆當山五百八十有八世
者也仍衆評如件
慶應元乙丑年十月四日
臨溪院
輝東菴
臥龍菴
龍泉院
龍済菴
瑞泉寺

慶応元年 10 月 4 日、先住祥法座元に与えた
瑞泉寺前住職状（龍済寺所蔵）

三三八世　樵禅禅鎧　明治　元年　予州大洲　曹渓院
三三九世　洪川玄俊　明治　二年　丹波八木　龍興寺
三四〇世　諦嶺慧文　明治　三年　東京渋谷　東北寺
三四一世　柏堂楚俊　明治　四年　肥後熊本　泰勝寺
三四二世　鶻山古梭　明治　五年　信州飯島　西岸寺
三四三世　曹渓慧通　明治　六年　花園　龍華院
三四四世　儀山善来　明治　七年　備前圓山　曹源寺
（以下独住制となる）

第四章　独住時代の瑞泉寺

三四五世　泰法祖道（尾関泰法）（明治七年入寺～明治十一年春退院）

山内の輝東庵第二十世の顧鑑古范（尾関氏）の甥に当り、天保十四年（一八四三）四月十七日に輝東庵第二十二世となった。天保十五年正月に、福宮を修理した時は、輝東庵が当番であったので、棟札にその名が見える（棟札写）。その後、安政五年（一八五八）初夏に、御詠歌仮名鈔に跋文を書いており、「貞実林下書、松荷庵泰法叟」とある。その翌安政六年に、犬山中切村の油屋林右衛門（あぶらやりんうえもん）の娘が、父母の供養のために、泰法の弟子となって犬山丸山に貞林庵を開創するというので、そのために尽力した。このことをまとめて「貞林庵創建之記」を著している（貞林庵蔵）。その末尾には、「松荷庵主泰法誌」と書いている。

従来は、山内の塔頭の主が瑞泉寺住職になることはほとんど無かったが、泰法は人望が高く、推されて明治七年に独住第一世として晋山した。住山中の明治十一年仲秋には、羽黒興禅寺の膩山（じさん）禅味の頂相に賛を書き、「前花園七十三叟、青龍山主泰法九拝書」としている。同じく、興禅寺の文明恵晋の頂相にも賛を書いて、「青龍山主七十三叟、泰法拝書」とある。

明治十一年春に退院し、貞林庵に隠居してここで示寂した。

三四六世（独住二世）禅外道倫（遠山禅外）（明治十一年七月十五日入寺〜明治二十年八月二日退院）

丹後国与謝郡日ヶ谷村の人で、天保七年（一八三六）十一月十日、山添九兵衛の二男として生まれた。弁之助といい、嘉永二年（一八四九）二月十五日、十四歳で須津村の江西寺鉄翁を拝して剃髪し、道倫と安名された。長じて嘉永五年（一八五二）、播州加古郡神野の常光寺に掛錫し、砒礵軒九方和尚に参じて印可を受けた。慶応二年（一八六六）に九方和尚が示寂し、鉄牛が後席をつぐや、越後に至り、また常光寺に戻り、明治二年正月になって、岐阜市長良の真福寺の雪潭に参じ、同年二月一日には妙心寺に転版すると共に丹後江西寺の住職となった。明治九年二月江西寺を出て美濃伊深の正眼寺僧堂に投じた。明治十一年春になって、瑞泉寺入寺の招請をうけ、同年七月十五日に入寺式を挙げた。正眼寺の泰龍和尚の賀偈は、

瑞日放光宇宙間、人天共仰揖厳顔、青龍吐出清涼水、呑却乾坤深鎖関、

であった。

明治十二年十月、禅外は、瑞泉寺に僧堂を開いた（以上瑞龍寺刊の『金宝歴代録』）。

明治十五年秋、尾張神領の瑞雲寺湘筠和尚像に賛して、「現青龍山主倫禅外焼香拝題」と書いている（『金宝歴代録』の中の「瑞龍寺禅外和尚遺稿」昭16辻東山）。

明治十六年十二月の『瑞泉寺地価明細帳』に「遠山禅外」とある。禅師伝によれば、明治十七年春に瑞泉寺の僧堂を分散したので、修行僧は正眼寺に移ったとある。そして翌十八年二月、瑞龍寺僧堂天澤を兼務した。明治十八年九月二十日、禅外は妙心寺に入寺して式をあげ、「特別一等教師」を拝命した。同十九年九月には天澤に移り、翌二十年七月十五日には妙心寺で再住上堂式を行い、毒語心

経を提唱した。同年八月二日に瑞泉寺住職を免ぜられ、天澤に晋山式をあげた。明治二十三年二月十八日に瑞龍寺住職となり、それと共に瑞龍寺も輪番制を止（や）め、独住第一世となった。また、親族の遠山家が絶えたので、これを再興して遠山姓となった。

明治二十七年正眼寺に入寺し、同三十一年五月妙心寺の龍泉庵に保養し、同年十一月十一日に示寂した。世寿六十三歳であった。

三四七世（独住三世）無学文奕（ぶんえき）（明治二十年八月入寺～明治三十一年十二月三十一日退院）

美濃国武儀郡神洞郷の山田久右衛門の長男に生まれた。六歳の時、家が破産したために、父母は文奕を美濃市の清泰寺梅山和尚のもとへ預けた。八歳で剃髪した。天保八年（一八三七）、十六歳で大阪に至り、また、二十三歳の時、江戸に赴いて要津寺に寓居し、佐藤一斎・川田屏浦の門下に入り、経史詩文を学んだ。さらに各地を遍歴し、九州に至り、久留米の梅林寺蘇山和尚に師事することおよそ九年に及んだ。慶応三年（一八六七）二月に蘇山が示寂すると、梅林寺の住職となった。

明治維新を迎えて、藩主有馬氏以下の藩論は排仏毀釈（きしゃく）に傾き、梅林寺も廃毀されようとした。この時、有馬家の重臣・可児・山崎の二士は和尚の意を理解して藩主以下の説得に奔走し、ついに梅林寺の保護と金三千両の寄付を得ることに成功した。また筑南の宗綱を保持した和尚の功績も高く評価され、明治五年政府が教部省を設け東京に神仏連合大教院を建てて教導職を置くと、和尚は中講義に補された。そして職務として濃尾二州を巡化した。ついで明治七年には妙心寺住持に出世した。その時の『住正法山妙心禅寺語録』が瑞泉寺にあるので紹介する。

祝聖

大日本国山城州平安城正法山妙心禅寺住持伝法沙門文奕、開堂令辰、謹焚宝香、瑞為祝延、今上皇帝聖躬万歳万万歳、陛下、恭願、

聖政盛治、蕩蕩仁風永扇、

文明開化、赫赫徳光日新、

索話

拈仏子曰、恁麼相見、三世諸仏歴代祖師、立在下風縦令言前、薦得句下精通、且得没交渉、若有不育底麼、参、

提綱

拈拄杖云、折柱(拄)杖頭、昨出九州、今在這裡、直又東遊、作麼生不動尊、識得不動尊、則与千聖把手共行、雖然恁麼、総是臭皮襪堪作何用、咄咄咄、卓一下、

只知途路遠、不覚又黄昏、

自叙　奕上座

魯鈍誰如是、住山汚法筵、海容深感荷、奉謝道儀全、

謝語

開堂之次、伏惟、

四派各各諸大和尚、

提起吹毛、門庭逼日多禅、桃花波遠、至聖恩沢是円、

次惟、玉鳳守塔各位長老禅師、
　花園聯芳、千歳帯霞添瑞、法王正令、一時転凡作仙、
又惟、山門東西両序単寮蒙堂前資、弁事一会海衆諸位禅師、
　法窟麟龍、発爪牙于遊戯、人天眼目、逞殺活于機前、
　拈捉
拈拄杖云、挙芭蕉拈柱(拄)杖曰、汝有柱(拄)杖子、則与汝柱(拄)杖子、汝無柱(拄)杖子、則奪汝柱(拄)杖子、此老漢大雖有驅耕夫牛奪飢人食底手脚、又恨不能免右手、搔仏面左手触狗頭、山僧不然、卓一下、
　急要打老鼠、何故、棒挙不為龍、咦、

無学は、明治九年十二月に妙心寺を退いて済松寺へ移ったが、この時に臨済宗九派管長等にあった職も辞した。

同十一年七月に臨済宗九派と黄檗宗がそれぞれ別に管長を置くことになり、再び七月に和尚は初代妙心寺派管長に任ぜられた。ついで明治十二年和尚は大教正に補されたので、梅林寺住持職（兼務）は門下の猷禅に譲って管長と大教正に専念することになった。

明治十五年六月妙心寺派管長を辞したが、明治十八年四月再び管長職に押され、明治二十年八月、瑞泉寺独住三世に転じた。

無学の瑞泉寺晋山の法語は次のとおりである。

方寸随縁無所覔、青山迎我恁麼来、一炊巾地三生骨、放曠清飈払緑苔、
無学は、日峰が瑞泉寺から妙心寺へ再興に出向いた故事からして、今度は疲弊した瑞泉寺を妙心寺

管長が再興しなければならないといい、弟子の蒙堂（もうどう）に命じて、瑞泉寺伽藍の大改修にとりかからせたのであった。
無学が県知事あてに出した願い書は次のとおりである。

庫裡・開山堂及鐘楼位置変更願（原文は片仮名交り文）

尾張国丹羽郡犬山町
臨済宗　瑞泉寺

元本堂　横十間、竪五間、
庫裡　横十間、竪五間、
開山堂　横三間三尺、竪三間三尺、
開山堂　横三間三尺、竪三間三尺、
鐘楼　横三間、竪三間、

右は、非常に大破に及ぶ。朱書間数（けんすう）別紙図面の通り、位置変更修繕を加へ、元の本堂を庫裡に直し、保存仕度（つかまつりたく）、尚（なお）現在の庫裡は果亦（はたまた）非常に大破に付き、追て修繕を加へ、禅堂に保存仕度見込。信徒及び有志輩の寄付金を以て、別紙図面の通り境内道敷（みちしき）更に関係これなし。最も明治卅年三月卅日迄に落成の見込、依て目論見書（もくろみしょ）相い添え、願い奉り候なり。

日峰の本源塔と独住歴代塔（開山堂東側）

明治廿年　　月　　日　右寺住職関無学

尾張国丹羽郡犬山町　徳授寺住職

役寺惣代　桜井　寛宗

尾張国丹羽郡犬山町　瑞泉寺塔頭輝東庵住職

法類惣代　日野　恵操

尾張国丹羽郡岩田村大字塔之地

信徒惣代　紀藤　又一

尾張国丹羽郡犬山町

同　　田中　藤一

同　　広瀬繁五郎

同　　秋野　守道

同　　板津源四郎

愛知縣知事　時任為基殿

瑞泉寺改修工事進行の様子は、明治二十年九月五日付の「小方丈建築諸雇人日記」によってその一端が知られる。しかし、その後の明治二十四年十月二十八日に当地方を襲った濃尾大震災で、瑞泉寺の建物は大被害をうけたので、復興の工事を起して二十五年十月に完成、落慶式を行った。この工事は関蒙堂（せきもうどう）が監督をして、万端手を尽し、影の力となったといわれている。

明治二十九年四月、無学は妙心寺管長に選ばれて上京し、同三十一年十二月三十一日、妙心寺で示寂した。世寿八十歳。樹王軒と号した。

荼毘に付された時、舎利十二顆を得たので、これを身替り地蔵尊の宝珠中に納め、瑞泉寺に樹王塔を建てたのであった。

さらに久留米の梅林寺にも分骨した。嗣法者に万寿寺の大航がある（近世禅林僧宝伝・三）。

明治三十二年一月か、瑞泉寺樹王塔納骨の折の、豊田毒湛による掩土の語がある（『毒湛語録』）。

　尾州犬山瑞泉寺無学和尚掩土

夜来忽爾黒風吹く。吹倒す閻浮の大樹王。這の裏何ぞ論ぜん生也死かを。惟々悲しむ日下蔭涼を失うを。恭しく惟れば、四住妙心、前管長樹王無学和尚、蝋氷節を持し、鋼鉄腸を剔る。出格の拈提、有句無句、句句宗要を振う。痛快の作略、築著磕著。著々大綱を挙ぐ。梅林に初住し、緇素を接す。江湖は徳に滋う。後瑞泉を董して倒瀾を回えす。朝野光を浴び、肚裏の花窺い易からず。参天の荊棘は商量を絶す。如上の陳葛藤は和尚八十年の活受用なり。末後の端的、作麼生か挙揚し去らん。鍬子を挙げて曰く、錦江河北の音書断へ、白帝城南の秋夜長し。喝一喝。

無学の墓塔「樹王塔」は本堂西側、禅堂の北側に在る。

三四八世　猷禅玄達（明治三十二年四月二十四日住山～明治三十五年）

久留米市の梅林寺住職で無学文奕の法嗣の東海猷禅が明治三十二年四月二十四日、瑞泉寺兼務住職となった。猷禅老師は遠方のため、瑞泉寺の寺務代理として武儀郡上牧村（美濃市）の長蔵寺住職野々垣蒙堂に委任をしたのであった（瑞泉寺所蔵文書）。

写　委任

継関無学禅師遺命、瑞泉寺事務代理委任候者也、

瑞泉寺兼務住職

明治三十二年六月十日　　東海猷禅（印）

美濃国武儀郡上牧村長蔵寺住職

野々垣蒙堂殿

御届（原文は片仮名交り文）

尾張国丹羽郡犬山町

瑞泉寺

右寺儀は、臨済宗妙心寺派特例地にして、本派管長関無学、玄明治三十一年十二月迄住職したるも、不幸にして同年十二月三十一日遷（せん）化せられ、同三十二年四月二十四日、筑後国久留米市梅林寺住職東海猷禅兼務住職と相成りたる。該兼務住職は、遠方なるを以て、関無学禅師遺命に基き、美濃国武儀郡上牧村長蔵寺住職野々垣蒙堂に万事住職の事務を委任せられたり。依て別紙委任状を相添、此段御届申上候也。

右瑞泉寺兼務住職東海猷禅代理

明治三拾二年十一月廿一日　　野々垣蒙堂（印）

御料局名古屋支所御中

三四九世（独住五世）蒙堂董怡（明治三十五年～昭和二年）

慶応元年（一八六五）九月二日、谷吉右衛門の子として、尾張国葉栗郡田所村で生まれた。母ゆきは野々垣茂右衛門の長女で、文政九年（一八二六）二月五日の生まれであった。幼名を野々垣福次郎といい、明治三年千葉学童に弟子入りし、明治九年十二月、十一歳の時に武儀郡上野(かみの)村（美濃市上野）の長蔵寺住職千葉学童（田所村出身）のもとで得度した。諱を蒙堂と改め、明治二十二年に愛知県葉栗郡長戸田仙橘あてに改名届を提出した（瑞泉寺文書）。この届は明治二十二年三月二十五日付で田所村戸長(こちょう)稲葉儀右衛門の証判がある。

これより前の明治十三年、蒙堂は久留米の梅林寺で関無学老師について修業し、学童のあとをうけて、長蔵寺の住職となった。明治二十年八月に瑞泉寺へ無学老師が入寺すると、瑞泉寺へ移って無学老師の侍衣(じえ)をつとめることになった。明治三十一年十二月三十一日、妙心寺管長で瑞泉寺老師を兼ねていた関無学が示寂し、その遺命により、明治三十二年四月二十四日に、久留米市の梅林寺住職東海猷禅が瑞泉寺の兼務住職となった。ところが遠方のためにほとんど来住せず、推されて野々垣蒙堂が瑞泉寺の事務を委任されたのであった（明治三十二年六月十日付）。

明治三十五年、蒙堂は東海猷禅のあとをうけて第三四九世住職となり、瑞泉学林を創立した。瑞泉寺の中興開山として無学老師を奉じることは老師が生前堅く止めていたため、明治三十六年、蒙堂はその代りとして、関無学老師の身代り地蔵尊を安置するため、寺内の地蔵堂を改築した。

蒙堂は明治三十一年以来、瑞泉寺控の山林が国有地として没収されていたものを取り戻すべく努力していたが、ようやくその努力が実り、明治四十三年に四千余円で払い下げが決定し、同四十四年二月六日に登記が完了した（後述）。犬山町当局も町有林として所有したかったので、犬山町と払い下げ競争に勝ってのことであった。

ところが払い下げ代金の大半は、銀行等の借入金であったため、大正二年十月、惣代真野九郎右衛門・太田嘉十郎・岩田源次郎の了解を得て、金策をし、借金を大正三年にかけて完済した。

蒙堂老師は昭和二年二月十三日に示寂した。乾山窟と号した。墓塔「乾山窟」が開山堂東側に在る。

第三五〇世（独住六世）玄峰宜詮（山本玄峰）（昭和三年八月二十日入寺～昭和七年五月退院）

昭和三年八月二十日、六十三歳で伊豆澤地の龍沢寺より入寺した。玄峰は、二階建庫裡の二階を禅堂に使って、雲水を多く集め、専門道場を再興した。「山本玄峰老師」として名僧の聞えが高く、座禅会などに地元の青年らも多く参集した。

座禅会で「水急なれど月は流れず」などの禅語を聞き覚えている人も多い。またゲンコツは黄粉飴（きなこあめ）であるが、森川家に「厳骨庵」の屋号を付るなどして、ゲンコツを犬山名物にしたという逸話もある。

昭和七年五月に退院した。般若窟と号した。犬山市内に墨跡が多く残っている。墓塔の「玄峯塔」が開山堂東側に在る。

瑞泉寺時代の山本玄峰老師
（犬山森川家蔵）

第三五一世（独住七世）即禅一道（家永一道）（昭和七年十一月十日入寺～昭和十一年退院）

肥前平戸の雄香寺から昭和七年十一月十日に入寺した。三・四年間在住し、ついで東福寺管長となって去った。その後も、瑞泉寺を兼務し、毎月二十四日の授戒会（無学の創始）には来寺した。止渇庵（しかつあん）と号した。昭和二十五・六年頃に隠居をして瑞泉寺に偶居、昭和二十七年六月二十日に示寂した。七十歳。墓塔「止渇塔」が開山堂東側に在る。

大応玄徹（げんちょう）（竹田大応）（昭和十一年～昭和十三年）

昭和十一年六月九日に、虎渓山の毒湛の最後の法嗣である竹田大応が、僧堂師家（しけ）として住山した。三年ほど住山してのち、出雲の雲樹寺へ移り、酪醒と改姓した。三呼庵と号した。

第三五二世（独住八世）月渓宗海
（昭和十四年二月十三日入寺～昭和二十二年二月十八日）

阿波徳島の興源寺から昭和十四年二月十三日に入寺した。太平洋戦争となり、昭和十八年に梵鐘を供出した（拓本が本光寺にあるという）。南仙窟を号した。お茶をたしなみ、貞林庵主も手ほどきを受けたという。

供出される瑞泉寺梵鐘
（昭和 18 年）（川村有平氏蔵）

昭和二十二年十二月十八日、瑞泉寺で示寂した。七十四歳。墓塔の「南仙塔」が開山堂の東側に在る。

第三五三世（独住九世）大鑑玄要（長尾玄要）（昭和二十三年五月十五日入寺～昭和四十五年退院）

長尾玄要は山本玄峰の弟子で、玄峰老師と共に瑞泉寺へ来て、以来瑞泉寺の知客寮をつとめていたが、三呼庵に従って昭和十三年に雲樹寺へ移り、ついにその法嗣となった。

昭和二十三年五月十五日、五十六歳で東福寺末の丹波海潮寺から瑞泉寺へ仮入寺した。また駿州原の松隠寺（白隠ゆかりの寺）の副住職も兼務して妙心寺派に転じた。扣玄室と号した。

昭和四十五年に閑棲し、翌昭和四十六年八月三日に示寂した。世寿七十九歳。葬儀の導師は梶浦逸外がつとめた。墓塔「大鑑塔」が開山堂東側に在る。

第三五四世（独住十世）謙宗正道（松田正道）（昭和四十五年五月十五日～平成三年退院）

春日井市に生まれ、昭和四十五年五月十五日に、南禅寺

瑞泉寺別院の造成工事（昭和 58 年 5 月 22 日）

派の福知山の醍醐寺から瑞泉寺へ入寺したが、駿府の宝泰寺の副住職を兼ねて転派しての入寺であった。入寺の法語は次のとおり（青龍史考）。

　　山門
鉄鎖一時折、路頭通妙玄、諸人開眼見、万里仏光鮮、
　　晋山
木塔山中独坐禅、醍醐毒薬一時煎、業因難避青龍誘、不料携来注瑞泉、

住山中、庫裡の再建、墓地の拡張、鐘楼の解体修理、瑞泉寺別院の建設などを推進した。平成三年四月に退山し、瑞泉寺で長養中である。

第三五五世（独住十一世）雪峰宗俊（小倉宗俊）（平成三年四月入寺～）

京都で生まれ、二十歳で瑞泉寺山内の龍泉院主高橋良鑑（平成二十年寂）に師事し、のち三島の龍澤寺僧堂・瑞泉寺僧堂で修行した。そして松田正道の法嗣となり、平成三年四月に入寺した。

伽藍・塔頭編

第一章、伽藍

承応三年（一六五四）仲春に龍泉院周旭の筆写になる『青龍山瑞泉寺記』に、伽藍について次の記事がある。（原文はカタカナ混り文）
捴（総）門・今の門の処なり、後門・北の門の事、今に浴室の門と云う、浴室の辺にあるゆへ、
経堂・臥龍の上の山にあり、天文年中まであり、
僧堂・今の鎮守の場なり、
玉堂・味噌倉なり、
鎮守・額は霊亀廟、今の黄梅の西に有り、門守家の間なり、
小社拝殿・玉堂の上の山にあり、何の神社と云う事を知らず、祠堂・処は知れず、地蔵菩薩の像を安置の由なり、
薪屋・輝東の丑寅にあり、
風呂・今の竜泉の前の処、風呂屋敷なり、竜泉井水風呂の井なり、北門を風呂の門と云うなり、
雪隠・輝東の上にあり、

このうちでもう少し詳しく判明するものについては、次に述べることにする。

一、総門（山門）

承応三年（一六五四）に建っていた山門（承応三年に龍泉院の周旭が書いた『青龍山瑞泉寺記』には「今の門の処なり」とある）は、貞享四年（一六八七）になるとすでに亡失し、木を立て置く程度に荒廃が進んだ。そこで瑞泉寺では、犬山の寺社奉行高野重左衛門に再建を申請した。これをうけた重左衛門は、自身の名で尾張藩の寺社奉行渡辺弥太夫・荒川義大夫あてに再建申請をした（貞享四年十一月二十三日付瑞泉寺文書）。

翌貞享五年三月、寺からも直接尾張藩の寺社奉行あてに、奥行二間半、梁間四間程のものを建てたいと願い出たが、「九年後（元禄八年に相当）に予定している開山二百五十年忌のために、先年は方丈・庫裡の再建を果たした」旨を申し添えている（貞享五年三月付瑞泉寺文書）。

京大文学部図書館蔵の正眼寺『常住記録条箇』によれば、

一、犬山瑞泉寺四塔司登山、山門再興の儀、八月、元禄元年

現在の瑞泉寺山門

中世伽藍推定図

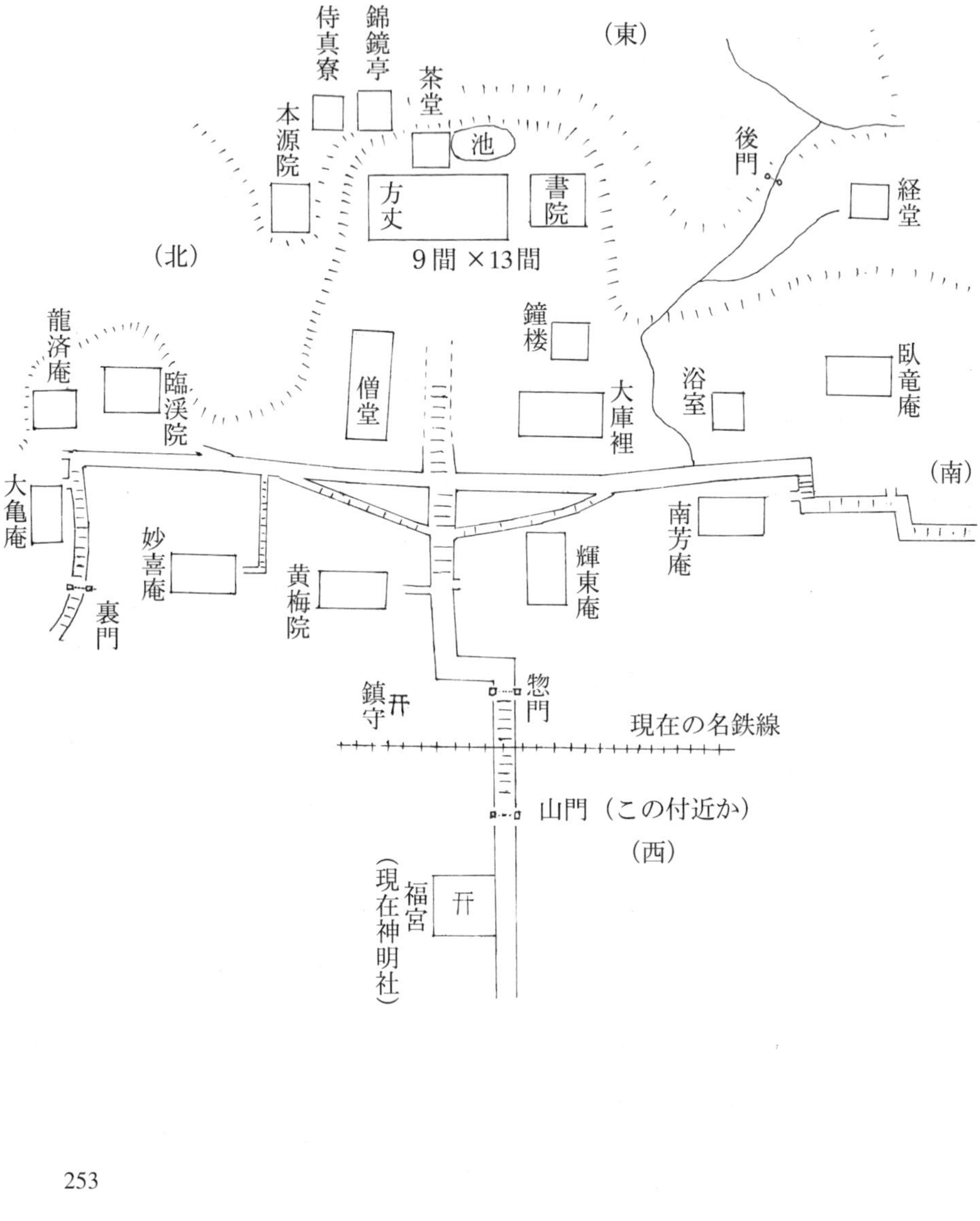
(東)
侍真寮
錦鏡亭
茶堂
池
本源院
後門
方丈
書院
経堂
9間×13間
(北)
龍済庵
鐘楼
僧堂
臥竜庵
臨渓院
浴室
大庫裡
(南)
大亀庵
南芳庵
妙喜庵
輝東庵
黄梅院
裏門
惣門
鎮守
現在の名鉄線
山門(この付近か)
(西)
福宮
(現在神明社)

一、尾州瑞泉寺より使僧登山、山門の儀、閏十一月、元禄二年

とある。元禄年間に山門が再興されたのであろうが、瑞泉寺にはこれに関する史料が見当たらない。

明治初年に犬山城の城門（内田御門といわれているがこれは榊など城内他の門とみられる）の払い下げをうけて、総門に転用したが、明治中期の伽藍総改造の折に旧参道より南方の現在地へ移建されて現在に至っている。

なお旧総門前の石段は、寛文三年（一六六三）六月二日に完成して、住持牧叟宗宣によりその供養が行われている（一三〇世牧叟の条参照）。

二、方丈（本堂）・庫裡

当初応永二十年代に開山日峰宗舜によって建てられた。その後の経過は不明であるが、永禄八年（一五六五）に信長の兵火のために全焼した。

その後、元亀元（一五七〇）年に政秀寺の澤彦宗恩が中心となり、希庵玄密・快川紹喜以下の濃・尾・駿・遠・甲・信の諸老の尽力で奉加帳が廻されて、瑞泉寺再建の気運が高まった。翌元亀二年六月二十日には信長から瑞泉寺再建用材の木曽川流下について「河並諸役免除」（非課税）の朱印状を得たことにより、再建工事は一段と進捗した（本文参照）。

庫裡・方丈は内部の造作が完成しないまま、小牧・長久手戦争などを得て慶長年間までに破損が進んだため、慶長二十年頃に再建された。その詳細な記録が当寺に存在したが、寺史編纂に当たって再

調査中に、この文書が行方不明になってしまったので、ここにその再建記録を載せられないのは残念である。

南化玄興の法嗣で妙興寺天祥庵の鰲山景存が、政秀寺へあてた手紙の中で、瑞泉寺の「屋裡」（庫裡か）が調わないこと（完成しないこと）について述べている。（妙興寺文書、八月五日付け書状。愛知県史はこれを元亀元年に間違えて載せているが、鰲山の活躍年代から見れば（天正六年に南化から印可状を与えられた。妙興寺文書517号）。慶長年間のものであろう。『一宮市史』からその文書を掲げる。

鰲山景存書状　（『一宮市史』の妙興寺文書五一八号）

（端裏ウハ書）

「　（澤彦宗恩）　　天祥庵（鰲山）

進上　政秀寺　　景存

侍衣閣下　　」

謹みて言上す。日の先、遠途の飛脚に候。尊書の殊に珍酒・佳肴一手に拝物す。毎度の御志懇冥加無き次第に候。随って昨日瑞泉寺へ使札を以って申し候処、返

瑞泉寺本堂

書到来、則ち達し候。屋裡調(ととの)わざるの由、御無用に候。苦しからず候。近日瑞泉寺へ罷(まか)り越(こ)すべく候条、猶々(なお)和尚屋裡調わざるの様子、具(つぶさ)に申し達すべく候。尊慮を安(やす)んぜられるべく候。侍者此旨(このむね)奏達す。恐惶敬白。

尚々(なお)請状数度御返進の上は、只今屋裡調(ととの)い候共、御無用に候。苦しからざる様子、拝面の節、御物語申し述ぶべく候。

八月初五　　景存（花押）

ついで元禄年間の開山二百五十年忌執行に当たり、寛文・延宝・天和の頃方丈・庫裡が再建された（貞享五年三月付瑞泉寺文書）。

方丈の本尊は虚空蔵菩薩である。当初の本尊は、伊勢朝熊山(あさまさん)金剛証寺の虚空蔵菩薩で、日峰宗舜が瑞泉寺へ移し、朝熊山には日峰の染筆で書き残してあると言い伝えられている（犬山里語記）。

京大文学部図書館の正眼寺収蔵「常住記録条箇」によれば、

一、尾州犬山瑞泉寺ヨリ拝借金の願　五ヶ所ニ出、享

玄関と庫裡（右側）

保十八年、

一、犬山瑞泉寺修覆之願　不調、ただし家は金五十両　九月、享保廿年、
　これを遣わす、

一、犬山瑞泉寺修覆之願、向後仕間布旨（つかまつりまじきむね）証文取置く、九月、享保廿年、

一、瑞泉寺総代鰲山、寄付金の時、十一月、享保廿年、

とあり、瑞泉寺では本堂以下の修覆工事を始めたものの財政難となり、修覆を中止したらしい。不足金について五十両を正眼寺が拠出することで一件落着したものと思われる。享保十六年に瑞泉寺へ移築された鐘楼などはその一連の事業の最初の工事であったと考えられる。

　本堂（方丈）はその後明治二十年から同年にかけて、西向きであるのを南向きに建て直された（詳細は本編）。本堂に現存する器物としては、太鼓（文政十三年）がある。ケイスは昭和十二年の作で、賽銭箱は昭和十七年のものである。

瑞泉寺本堂太鼓台柱
正面　尾州門間（かどま）之庄
　　　　　　　野垣氏
　　　同　大嶋恒蔵
右側　栗木　長谷川三郎右衛門
　　　笠松　小澤久兵衛
　　　南宿　加藤大吉

左側　文政十三庚寅歳六月　服部儀右衛門
同　服部源左衛門
狐穴　道家小四郎

本堂サイ銭箱
昭和拾七歳五月三日
南仙窟代
犬山町
佐野幸吉
妻　品子

大ケイス
瑞泉寺什物
昭和十二年旧一月二十五日
開山忌正当
訓示
「金龍子」

本尊虚空蔵菩薩

本堂内と山本玄峰筆「瑞泉」の額

三、本源院

瑞泉寺創建開山日峰宗舜と勧請開山無因宗因の木像を安置する開山堂で、『犬山里語記』には、「開山ハ無因大和尚・日峯大和尚両開山の尊像を開山堂に安置す、是を本源院と云、額有り筆者は知れず、本源院といふ事は、日峯大和尚剃髪し給ふを本源寺と云、其本源を失（う）せざるためなりと云（い）う」とある。

江戸後期の『雑話犬山旧事記』に「有増（あらまし）覚えたる分諸堂」があり、本源院は「開山堂、方丈北の山上ニ有」としてある。永禄八年の信長の兵火で全焼し、その後再建された。

創建開山日峰宗舜の塔院として建てられていたものの、『青龍山瑞泉寺記』には全く登場しない。慶長年間になると、本源院塔主として乾亨の名が知られる（今井光陽寺文書）。この人は龍泉院塔主もつとめ、龍泉院で亡くなったらしい。龍済庵の第四世に龍室乾亨首座の名が挙げられており、墓石では「廿三日」とのみ刻まれている。

本源院（開山堂）

四、経堂

承応三年（一六五四）の瑞泉寺記に「経堂は臥龍の上の山にあり、天文年中まであり」と記されている。その他の史料にはほとんど登場しないが、松が岡文庫『乙津寺蔵書・中』のなかに次の一文がみえる。

謹んで啓上す。先回函丈に詣でるの処、叮嚀の治具、却って冥加なく、将亦瑞泉蔵経の儀、これを出す可からざるの由、申さるるの条、愚拙尾へ発足の事、先以て延引せしむ者なり。且亦臥龍庵より官状の事、申し越され候間、御判数十と成され、判紙を遣わされ候、免僧へも此の由申し遺し、定めて奏達あるべく候、此の旨御披露す。恐惶敬白。

（永禄四）

小春廿九日　玄秀判

進上瑞竜寺侍衣閣下

右は濃の梅寺の蘭叔和尚より、高く瑞龍寺十洲和尚に見寄する尊翰なり、然るに則ち此の書は臥竜庵に在り。後代の重書たるべく者なり。なかんづく、尊書の内数十判紙の四字着眼すべし。幸甚々々。寛永歳舎[四]丁卯冬の仲初五蓂、政秀寺槐山和尚の渇望に依り、即ち半伝八十三歳書之、

十洲の瑞龍寺への輪番住山は永禄四年（秋）～五年夏のことであったから、この手紙は永禄四年に書かれたものと思われる。従って、永禄四年に至っても、瑞泉寺の経堂は存在し機能していたものと思われる。恐らくは永禄八年の信長の兵火で全焼したのであろう。

五、僧堂

本編の「三法嗣輪番時代の瑞泉寺」でも述べたが、『桃隠集』に、

瑞泉寺僧堂落成

宗匠工夫費郢斤、聖僧坐断五台雲、金毛獅子何山月、
似畏満堂竜泉群、

とあり、桃隠玄朔在住中（康正二年八月廿六日〜寛正二年六月の五ヶ年）に僧堂が完成したと思われる。

僧堂は、総門北側の近世の鎮守が在った所にあったという（承応三年の瑞泉寺記）。

その後の僧堂の様子を知る史料にとぼしいが、天文年間の頃になって、南溟紹化が僧堂の屋根葺き替えの為の奉加銭を拠出した時の史料がある。

為僧堂上葺、奉加銭壱緡、贈進、

季春　日　　南溟

瑞泉寺

修造寮

（松が丘『禅林雑記』二）

禅堂（僧堂）

恐らくは永禄八年に信長の兵火で焼失したものと思われる。

六、鐘楼・梵鐘

応永二十九年に惟肖得岩が撰んだ鐘銘があるので、鐘楼の創建は応永年間にのぼる。その後、永禄八年の兵火により梵鐘と共に焼失し、天正七年（一五七九）に梵鐘は再鋳された。鐘楼も当然再建されたと思われる。

その後約六十年を経て、寛永年中にこの鐘が破損した。そこで寛永十九年十月に犬山城代・都筑市左衛門の妻は、鐘楼と共に梵鐘を寄進した。鋳物師（大工）は濃州岐阜住の大谷(おおや)平左衛門であった。『雑話犬山旧事記』地巻に次のように述べられている。

一、鐘は昔年、東陽和尚鐘に銘せらる。乱世に失却云々、飛州益田郡禅昌寺住侶(じゅうりょ)（ママ）情首座寄進の鐘也、其銘に曰(いわ)く、鋳出鴻鐘大願輪、声々月夕又風農（震）、嵩呼万歳華鯨吼、楽緑礼紅従此新、青龍山瑞泉公用、飛州益田郡禅昌寺住僧玄情首座寄進也、大工可児郡荘（庄）戸之住長谷川

洲原神社から移築した鐘楼

平左衛門、天正七年己卯十二月吉辰、前住当山功叔叟、此鐘寛永年中破損、当地御城代都筑市左衛門尉の内方（うちかた）、法名孤峯瑞雪信女は、鐘楼共に寄進、銘は東陽和尚古（いにしえ）に書かれたる、体道和尚写す者也。今の鐘是也。

寛永十九年壬午十月日、大工濃州岐阜住平左衛門、今の鐘は享保三年五月六日、当山の南の洞にて鋳る。日峯和尚示寂・文安五年辰より明和七迄、三百二十三年。

この記録にある「東陽和尚の銘せらる」鐘とは、おそらく惟肖得岩の銘が誤って伝えられたのではなかろうか。東陽英朝の頃に瑞泉寺が兵火にかかった記録は無いので、東陽英朝による改鋳は考えにくい。そうすると、応永二十九年、天正七年、寛永十九年、享保三年と四度梵鐘が鋳造されたことになるのではなかろうか。

享保改鋳鐘の銘文は伝えられていないが、この時鐘楼も損朽していたらしく、美濃洲原（美濃市）の洲原神社の鐘楼を移建したと伝えられている。

昭和五十年代にこの鐘楼が解体修理され、その時、三点の墨書が発見された。

一、柱墨書

享保十六年辛亥年再建畢（さいけんしおわる）、
大工内田村平三郎・久□・平蔵、造、
木挽　善九郎・多七

二、同

奉行分上座　大工棟梁魚屋町、

寛政七卯年　　　　同　半兵衛
造宮臨渓、木挽　熊野町茂兵衛、
三、同
伝右衛門、
喜兵衛、
平八、
磯右衛門、
和尚、

これらの墨書によれば、鐘楼の再建（移建）は享保十六年（一七三一）のことで、寛政九年（一七九七）に解体修理を受けたと判明する（瑞泉寺での鐘楼再建決定は享保十五年三月のことであった）。八百津町の大仙寺では、享保十五年九月二十六日に、末寺からの賛助料も集めて、瑞泉寺へ鐘楼再建費用として引き渡している（本編参照）。

明治二十四年十月二十八日の濃尾大震災により、この鐘楼も破損したので、修理がなされた。昭和十八年には太平洋戦争のため梵鐘を供出し、戦後再鋳した鐘が吊下されている。

七、瑞泉寺鎮守

上鎮守

正徳二年（一七一二）の瑞泉寺書上げには、上鎮守として大神宮・大明神・白山の三社が挙げられている。この他に大縣宮も在ったが、これより以前に下鎮守へ移して、その跡地は百姓地になっていると記されている。上鎮守はその名のとおり、瑞泉寺の下方（西側）でなくて、上方や南北に散在して祀られていたのであろうか。今日これらの正確な旧跡をたどることは困難になっている。近世における鎮守は総門の脇に集められていたようである。その位置には、かつて僧堂が在ったという（承応三年諸堂記　僧堂の部）。

なお、三社の御神体は次のとおりであった（文化八年、瑞泉寺・鎮守書上げ）。

大神宮……………………天照大日霊貴尊
熱田大神（大明神のことか）……日本武尊
白山大権現………………………弥勒菩薩

この上鎮守の勧請は応永二十二年（一四一五）で、祭礼としては特別には行われず、毎月七日・二十一日に僧衆が諷経（ふぎん）するしきたりとなっていた（文化八年、鎮守書上げ）。

下鎮守（福宮（ふくのみや））

社地三畝余は除地（免税地）で、他に二畝十六歩の土地が内田村から添え地されていた（文化三年書上げ)。

文化二年(一八〇五)七月の「福宮一件諸願之覚」によれば、その草創は応永二十四年である。なお文化八年の書上げには応永二十七年鎮座とあり五年間のずれがある。

その後、慶長年間に内田村の依頼で天道社を合祭し、大縣宮も慶長年間に境内へ移した。この大縣宮跡地は除地となっており、百姓方へ村からの小作地とした。東西四間、南北四間半であった(文化三年書上げ)。さらに貞享三年(一六八六)に、天王宮も境内へ預かったという(同書)。

このほか境内に延寿堂一宇が在ったが、正徳二年(一七一二)にはすでに朽損し、その跡は百姓地になっていた。この延寿堂は永禄のころに廃されたといい、跡地は除地で、東西九間、南北三十六間である(同書)。

福宮の社殿の再建は延宝六年(一六七八)霜月で、その後、享保二十一年に福宮柿(こけら)屋根が大破に及んだため、葺直しを願い出ている(石原孫左衛門・榎本八郎左衛門・中野甚太左衛門あて。この三名は犬山寺社奉行)。さらに宝暦二年、寛延二年、天明三年、同六年にも修覆を願い出ている。

安永三年(一七七四)には鳥居の修覆の為、枯松一本(目通り六尺廻り、長さ十二・三間)を伐採した。安永七年になると拝殿大破の為に、四月八日から晴天七日間に限り、神楽を執行したいと、神官と庄屋(儀右衛門・惣右衛門)から寺へ申し出た。これをうけて、寺から寺社奉行あてにこのことを申請

瑞泉寺旧裏門(元金山城城門)

している。

寛政二年（一七九〇）には、福宮修覆の為、犬山中（犬山城下町とその周辺の村）に奉加帳を廻して茅葺で修覆したいと寺へ願い出ている。

なお神官は内田村の堀徳太夫で（正徳二年）、同家が代々勤めていたらしく、安永七年には喜内という人であった。

天保十四年（一八四三）、福宮の屋根が大破し、犬山町中に奉加を頼み、庄屋弥平・常右衛門らの尽力で翌年正月完成した（棟札写）。

このように瑞泉寺の下鎮守として寺の支配下にあるものの、内田村の鎮守を兼ねるようになり、氏子もしだいに内田村全員となったため、今日では内田地区の神社という感がある。なお大正六年造立の社標は「神明神社」となっていて、もと福宮と称した根跡は何もない。昭和四十四年刊、板津捨市氏が書いた『うち田』30頁によれば、神明社（瀬方の天道屋敷）は、今の名鉄ホテル敷地内からいつの頃にか現在地へ移転し、福宮と合社したようである。現在の神明社には、天保十五年の輝東庵泰法祖道らの名のある棟札、元治元年の龍泉院沚山玄湜らの名がある「福之宮天道宮」棟札、明治十九年の神明社葺替・玉垣新造棟札がある。

八、瑞泉学林

明治維新と共に学校教育が義務づけられたので、妙心寺においても、禅道修行前にまず普通学を授けることになった。本山では明治五年に般若林（はんにゃりん）が設立された。その後の変革をへて、明治十九年の学制改革では、大教校を本山に置き、美濃八百津大仙寺など六ヶ所に中教校を設けて教育をすることになった（妙心寺史）。

妙心寺史には、その後も瑞泉寺のことは出てこないが、少なくとも明治二十三年には私立瑞泉教校が設立されていた。

御願

岐阜県美濃国武儀郡高野村

寺班五等地・永昌寺住職東海保章徒弟・東海宜大、

明治七年一月三日生、

明治廿三年五月廿八日、本山知客職頂戴、

右之者、御校内ェ入校、掛塔御允許被成下度奉願上候、

授業師　右永昌寺住職

東海保章　印

瑞泉寺御教校御中

同年八月三十一日に、光蓮寺住職立木宗顯から瑞泉寺執事野々垣蒙堂にあてた書状によれば、教校規則改正により、入米金制をやめて、授業料を支払うことになった。

明治二十四年四月二十九日、妙心寺派普通大教校より、五部読本二十五冊を求め、代金二十円を支

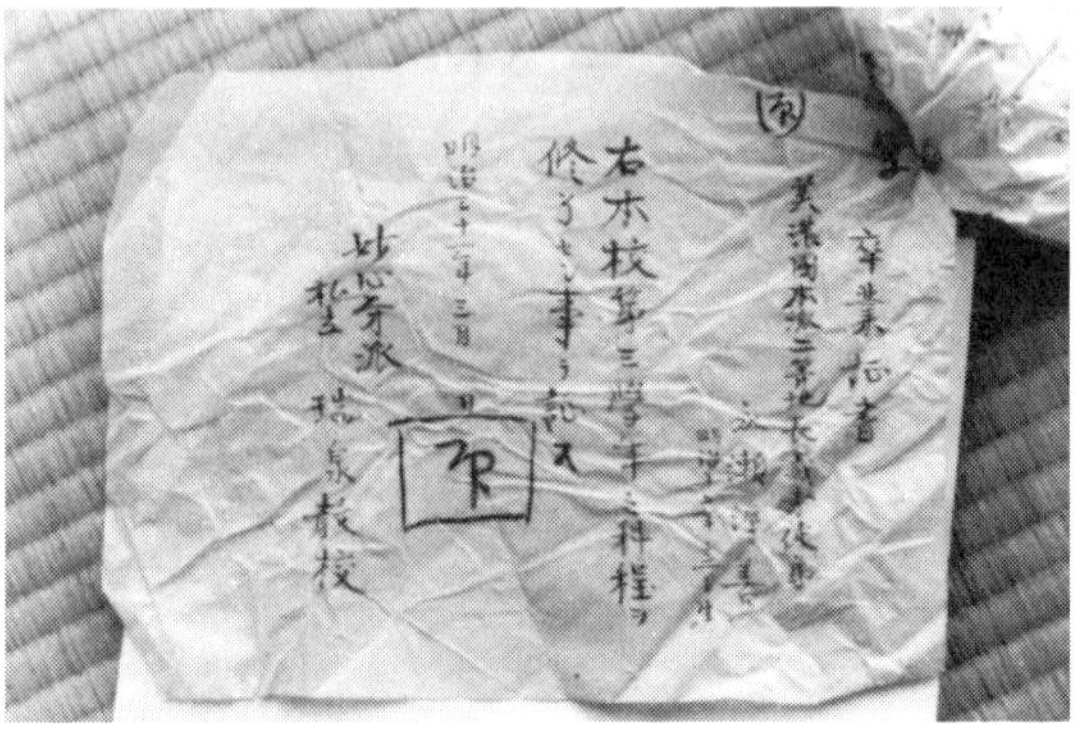

明治 31 年の瑞泉教校卒業証書写（瑞泉寺蔵）

払っているので、この頃瑞泉教校に二十名ほどの生徒がいたことになる。

永瀧浄善は、明治三十一年三月、第三学年の科程を修了し、山田董禅（後の妙喜庵住職）は明治三十六年三月十五日、沙弥（しゃみ）科を卒業、明治三十八年三月十五日に私立瑞泉教校を成業したという記録がある。

明治四十年十月瑞泉学校創立との記事が『犬山市史』に見える。

その後、瑞泉教校は瑞泉学林と改められたが、その初見は次の史料である。

御下付金請求書
愛知県丹羽郡犬山町大字犬山、瑞泉学林
右者、明治四十五年度分補助金御下付相成度、此段及請求候也、
明治四十五年六月十八日　右瑞泉学林長
関　蒙堂
妙心寺派教務本所
会計課御中

大正元年九月十日、瑞泉学林中学部一年生高野董鑑の名がみえる。大正六年九月十六日、私立瑞泉学林長関蒙堂は、「学林内部整理」という理由で、同年三月二十五日から授業を休業しており、大正七年三月二十六日以降授業再開の予定である旨を、丹羽郡役所へ届け出た。しかし、瑞泉学林は廃校となり、これに代わって一宮の妙興寺にこの頃学校が開かれたという。

九、瑞泉寺付属山林の没収と払い下げ

瑞泉寺に所属する寺の東側一帯の山林は、応永年間に瑞泉寺創建の折、内田左衛門次郎が寄付した寄進状を根拠として、明治維新まで除地（免税地）として保護されてきたのであるが、明治新政府から境内・山林共に国有地として没収されてしまった。この処置は全国の寺社とも同様の扱いであり、各寺社ともその払い下げ運動を展開することになる。瑞泉寺では、境内地の払い下げについては早期に済んだと思われるが時期は不明で、境外地については明治三十二年の申請がその初めである。

明治三十一年の犬山町役場の元瑞泉寺除地取調書があるので次に掲げる。

元瑞泉寺除地取調

一、反別四拾壱町六反壱畝八歩、内田左衛門之次郎ヨリ寄付也、

現今土地台帳面

字北白山平、拾壱町八反参畝参歩、之番ヲ除ク、山林合計

〃　七反壱畝七歩、原野合計

字南山、弐町五反四畝廿参歩、畑合計

字西平、弐町六反八畝廿五歩、畑合計

〃　弐反八畝拾歩、山林合計

計反別弐拾三町弐反七畝拾四歩　□山林・埋葬地 寺院境内 合計

右土地台帳字計之通、相違無き者也、

明治参拾壱年十一月廿一日

丹羽郡犬山町長田中円蔵代理
犬山町助役　竹田国太郎（印）

ところが、犬山町の統計とは別に、瑞泉寺側が御料局名古屋支庁へ提出した書類は次のように約二倍の四十一町歩であった。

瑞泉寺元除地反別、門前寺畑共、
一、四拾壱町六反壱畝八歩、
右ハ別紙之通り、境内山林及墓所又ハ新開地等、面積別ニ御座候ヘハ、御参照ノ為メ提出仕候也、

愛知県丹羽郡犬山町
瑞泉寺兼務住職東海猷禅代理
明治三十二年十一月廿一日

野々垣蒙堂　外三名
右代理人
守永宗教（印）

御料局名古屋支庁　御中

前述のようにこの年、明治三十二年八月八日、兼務住職東海猷禅代理野々垣蒙堂より、御料地・北白山平で一町八反二畝一歩の山林を立木共に「境外上地引戻」あるようにと御料局へ提出した。この申請は不調に終わったらしいが、明治三十四年二月五日および同年三月十二日付の払い下げ願書により、

字北白山平二番　　一町八反二畝一歩

字官林　一番　　三十五町三反五畝十九歩
字官林　二番　　十四町九反二畝十四歩
　　　　計　　　五十二町一反四歩

の土地、立木共で代金四千六百三十五円で払い下げが認可されたのは、約九年後の明治四十三年十月五日のことであった（帝室林野管理局長官より）。登記の完了は明治四十四年二月六日であった。

十、瑞泉寺山林の開発

瑞泉寺山林文書のうちで、開発等に関することを列記する。

明治四十一年六月十五日、字官林二番地内で、赤松枯損木を五本、伐採を帝室林野管理局へ提出して許可された。

明治四十三年八月三日、関蒙堂は、檀家惣代板津孫七・長瀬浅五郎両名に、製氷場用地として、字官林二番・十四町九反五畝廿四歩のうち、五反四畝二十四歩を、付近の山林二町歩込みで金百円で貸与したが、寺へ土地が払い下げられた後も継続するとしている。

明治四十三年十月五日、江戸時代まで所有していた山林がすべて払い下げられ、翌四十四年九月、赤禿となっている山林に砂防工事を施すことになった。そのため、県知事へ、工事費四千五百円と桧松の植林代（明治四十四、四十五年度分）五千円の借用を願い出た。これには妙心寺管長も副申している。

明治四十五年五月五日、山林の立木の抜き切り公売をすることになり、松など二六〇本余を入札に付した。ついで、この頃、字官林一番で一万一千余本、同二番で二千五十七本の計一万三千九百三十八本を入札に付し、大正元年十一月十日の投票では計千百六十三円で落札された。

先に貸与した製氷場用地は、大正元年八月二十三日に解約を寺から長瀬浅五郎へ申し入れた。ところが十一月に至って冬場の使用準備を開始したので注意書を出した。

大正二年七月十八日、字官林二番、山林十四町九反二畝二十四歩のうちで、七畝を瓦土採取地として、南別祖の伊藤深次郎氏に貸すことになった。一ヶ年で二百十一平方坪を取り、代金は四十五円。砂防指定地なので、手続きは借受人負担との条件であった。

大正二年八月二十一日、字官林二番一のうち七畝（傾斜角五度）について、伊藤深次郎より県知事松井茂あて開墾申請をした。また砂防指定地内作業認可申請も提出している。

大正五年一月五日、字官林一番のうち一畝（坂口二ヶ所用地）を、一年間につき一円で亜炭鉱業用地として、犬山熊野町の伊藤乙吉に貸与した。

大正五年十月九日、尾三農工銀行借入金返済のため、字北白山平二番・山林一町八反二畝一歩、字官林二番一・山林十四町八反七畝二十二歩、同一番丙道下一—九・山林一反一畝七歩、計十六町九反八畝を名古屋市の村瀬周輔・木村又三郎・後藤新十郎に遊園地用地として五千円で売却する旨、県知事あて申請をした。同年十一月一日許可あり。この土地の立木については、大正五年八月三十日に、この三名へ一万円で売却の契約をしている。

大正六年、遊園地用地としては不足のためか、字官林一番一の売却問題が起き、大正七年十二月、字官林一番一・六町五反五畝八歩、同二番二・山林五畝二歩を二千五百円で追加売却をして、尾三農工銀行からの借入金返済に充当するとして県知事へ申請した。

大正九年七月三十一日、字官林一番三十五町三反五畝十九歩のうち十三歩を、胞衣・産穢物焼却用地として一ヶ年につき六円で、犬山町の尾北胞衣合資会社へ貸与した。

大正十年二月字官林一番十二の五畝九歩を、大正十五年一月までの間、尾関作十郎氏に貸与。貸地料年間二円五十八銭であった。

大正十年六月二十四日、字官林一番四、山林・二町八反八畝四歩の内、山林二反五畝を、尾北猟遊会射撃場敷地として犬山町の河村格一氏に貸与。貸地料は年間十三円であった。

大正十一年一月五日、送電線路建設につき、補償費を兼ねて大同電力株式会社は瑞泉寺へ四百五十円を寄付した。

瑞泉寺山林の松茸

寺領の山林（字官林二番）では、秋になると入札によって松茸採取者を決めて、瑞泉寺の収入とした時期があった。記録にのこるのは、大正初期の分で大正元年九月の契約記録によると次のとおりであった。

一、白山平（はくさんびら）続き東へ全部	六円〇九銭	9／25～11／8	落札者	近藤久平
二、	五円〇二銭	〃	〃	板津藤四郎
三、	五円	〃	〃	山川

四、　　　　　　　　　四円五〇銭　　〃　　〃　　山川、石田鉄次郎
五、河端全部　　　　　一円七八銭　　〃　　〃　　板津藤四郎

大正二年九月十六日付で、生松茸の入札広告もみえる。

第二章、塔頭

承応三年（一六五四）の龍泉院周旭による塔頭を掲げるが、順序は開創の順になっている。

黄梅院　義天、廃して後、臨渓に入る、
妙喜庵　雪江、
輝東庵　特芳、
龍済庵　雲谷、
龍泉院　景川、
臨渓院　東陽、
慈明庵　桃隠、廃して後、龍済に入る、
臥龍庵　悟渓、

そのほか、廃された塔頭や寮舎についても判明分について順次掲げる。

一、黄梅院

『青龍山瑞泉寺記』によれば、永享七年（一四三五）に義天玄承によって創建されたとあり、瑞泉寺塔頭のなかで第一に挙げられている。当初は今の成瀬家墓地の所に建てられたが、永禄の兵火で焼けて、江戸前期に龍済庵の乾瑞首座が今の名鉄犬山遊園駅の旧名鉄レストランの所に再興した。今日では何も旧状を残していない。

瑞泉寺文書中に、雪江宗深から黄梅院主智宣書記に宛てて、銅製三具足を受領したことの礼状として出した書状があり、応仁・文明年間は智宣書記が居たことを知る。

ついで、明応六年（一四九七）九月一日の、東陽英朝作の小参の語中に、黄梅の祖師とある。また東陽英朝は、黄梅守塔であった心月観公記室の三十三回忌に際して、香語をつくっている。この香語は恐らくは明応六年～八年の瑞泉寺再住の時のものと思われるが、この香語によると心月観公は、幼年にして義天の門下生となり、中途から黄梅院主の席を占めるに至ったとある。以来同院を守って、ついに逝き、そして三十三回忌を迎えたのであった。そうすると、寛正年間頃（一四六〇年代）の示寂であろうから、その頃まで院主をつとめたことになる。よって、心月観公記室のあと智宣書記が院主となったものと思われる。

降って、永禄八年に信長の兵火によって黄梅院も全焼したが、本寺の瑞泉寺と同様に黄梅院再興の機運が起った。そして一派中の諸老が協議して、奉加帳を回すことになった。

謹んで啓上する。杳か音容を接さざりき。伏して以んみるに、尊体万安は億福なり。よって瑞泉寺黄梅院敗壊せり。是に由って、塔主会公、駿遠甲信諸老座下へ奉加を催さる。彼の帳面御覧なされ、然るべくよう御奉加するは、祖翁（義天）の定中点頭は必ずなり。此の旨尊聴ありたし。恐惶敬白。

鞠月下浣　　玄密　　希庵和尚也、

礼紙にいう。龍泉塔また近年開山らの墓が地に着いて踏まる。尊意を加えられ再興希う所なり。

愚もまたあとにならべて付すべく（名を連ねる）ものなり。

（青龍山瑞泉寺記の末尾掲載文書）

『青龍山瑞泉寺記』には、熱田の大法寺開山旧山宗石和尚の墨跡記録中にあって、「愚が一覧して大体を記す」とある。愚とは『青龍山瑞泉寺記』を書いた周旭であろうと思われる。また、この文書は、旧三河天恩寺本『葛藤集』にも収録されている。

この希庵の手紙は恐らくは元亀二年のものであろう。希庵はその翌年（元亀三年）十一月二十六日に示寂している。

こうして希庵玄密以下の諸老の援助で院主会公が黄梅院を再興したが、またまた廃寺となり、旧地は寛永初年に成瀬家墓地となった。正保年間頃に、龍済庵六世の乾瑞が旧地の西側（下の段）に再興した。江戸時代以後の判明分については次に列記する。

祖　運　貞享五年二月廿四日の瑞泉寺文書「黄梅院祖運」

良　覚　享保十一年の徳授寺文書・正宗法幢禅師二百年忌録に「和、黄梅院良覚」とあり。

屋蔵主　正徳二年六月の瑞泉寺文書・福宮一件に「黄梅院屋蔵主」。

惣堂元凱　元治元年四月六日　妙心寺宗派図・龍泉派景堂門派明叔下

魏　堂　明治三年八月　瑞泉寺文書・明細書上帳「住職魏堂」、「黄梅魏堂座元」（元治元『雪潭入寺法語』）

生駒南嶺　明治三十九年十月　兼務住職なるも退職、瑞泉寺老師関蒙堂兼務（瑞泉寺文書）

前田諦順　大正元年十一月四日　住職特命、同二年一月廿四日入寺（瑞泉寺山林控書類）

関　蒙堂　大正七年六月　　兼務住職を妙心寺より拝命（大正六年十二月一日）。

二、龍済庵

現在は龍済寺であるが、塔頭としての名は龍済庵であった。開基の五岳慈因首座は文明十三年十月十六日に示寂しているが、その宝篋印塔は今日当寺墓地に移されているものの、もとは鵜沼の大安寺に在ったといわれていることを考えれば、大安寺は美濃守護土岐頼益や斎藤越前守利永の菩提寺であり、斎藤一族の五輪塔や宝篋印塔がのこされているので、この五岳慈因首座も斎藤氏の出身である可能性は大きい。

ただし、文化年間に書かれた『犬山里語記』（犬山市史・史料編）に、

龍済庵二世之墓ハむかし法積村ニ有て、龍済庵ニ易地（かえち）する事聞へける、

とあり、大安寺ではなくて、鵜沼の宝積寺跡に慈因首座の宝篋印塔が在ったことも考えられる。

日峰宗舜の法嗣雲谷玄祥が美濃の武儀郡谷口に汾陽寺を創建した背後には、斎藤利永の援助があったことは良く知られているとおりで、この瑞泉寺内に雲谷が隠寮（宿所）として龍済庵を造った時にも、斎藤氏の支援があったものと思われる。

従来、龍済庵の創建は、宝徳二年と伝えられてきたが、妙心寺養源院所蔵の日峰宗舜書状により三年前の文安四年にさかのぼることが判明した。

龍済庵の歴代は次のとおりである。

開山　雲谷玄祥　康正二年七月八日寂。佛智廣照禅師
二代　雪江宗深
三代　五岳慈因　文明十五年十月十六日寂。
四代　龍室乾亨　二十三日寂　龍泉院にも住。
五代　龍雲宗智
六代　法麟乾瑞　元禄四年正月三十九日寂。黄梅院から大杉香林寺へ転。
七代　樹庭祖伯
八代　玉渕宜璨（さん）　名古屋大林寺住職。
九代　祖昌　天和二年十一月十四日公訟退院。
十代　仁渓慧寛　享保十五年一月十四日寂。貞享元年～元禄五年住職。内田木納氏。
十一代　海嶽宜湛　元禄十四年七月二十九日寂。元禄六年～同七年住職。法系開山。
十二代　柏堂禅樹　享保十七年五月一日寂。元禄七年～正徳三年住職。鵜沼板津氏。
十三代　隠嶺禅逸　享保二十年十一月二十七日寂。正徳三年～享保二十年住職。
十四代　中栄宜根　元文三年三月七日寂。享保二十年～元文三年住職。美濃羽崎の前田氏。
十五代　澧水（れいすい）祖球　天明八年十二月十六日寂。元文三年～宝暦八年住職。三河吉浜光明寺へ転住。八十八歳で寂。味鋺原の杉山氏出身。宝暦四年十月、龍済庵半鐘銘に、「守塔・比丘澧水祖球」とあり。

十六代　萬瑞弁愚　寛政元年十一月二十三日寂。宝暦八年～寛政元年住職。土田井の鼻の長瀬氏出身。

十七代　鉄州祖楞　文政三年十月二十九日寂。寛政元年～文化十一年住職。武儀郡広見の出身。

十八代　転法祖輪　文化十三年二月三十日寂。文化十一年～同十三年住職。海国寺従。

十九代　東愽昌桂　示寂年月不明。文化十四年～天保十年住職。愚渓寺洞宗和尚徒。

　　　　滴水宗源　天保十二年六月五日寂。天保十年～天保十二年住職。

二十代　範嶺（はんれい）文模　嘉永五年七月十五日寂。天保十四年二月五日～嘉永五年住職。

二十一代　祥法玄理　慶応元年八月十七日寂。嘉永五年九月二十三日～慶応元年住職。

二十二代　泰陽為三　昭和四年六月寂。慶応元年～慶応三年住職。濃州廿屋福昌寺へ転住。濃州名荷の大沢氏出身。祥法弟子。

二十三代　隠渓志元　明治三十六年三月十一日寂。六十五歳。明治四年十月七日～明治三十二年まで住職。黄梅院へ閑栖（かんせい）。犬山の可児久右衛門四男、久五郎の弟。楽田永泉寺荊堂和尚の弟子。

二十四代　誠拙玄直　明治三十一年閏三月十三日寂。明治二十九年～同三十一年副住職。葉栗郡光明寺村の小島与三右衛門三男。

二十五代　友峯董奕（とうえき）　昭和五年寂。明治三十二年～同三十五年住職。遠州多聞寺へ転住。美濃上野長蔵寺徒。瑞泉寺の蒙（もう）堂弟子。

二十六代　太元道一　昭和十一年一月九日寂。五十九歳。明治三十五年～昭和十一年住職。美濃帷

二十七代　瑞峰董光
子村の大沢寅吉弟。第二十三世為三の甥。隠渓弟子。
平成十三年七月十三日寂。昭和十一年〜平成元年住職。一宮市田所の野々垣
徳伊弟。瑞泉寺蒙堂の弟子。

二十八代　宏興董樹
現住。

三、慈明庵

文化十四年（一八一七）〜文政七年（一八二四）成立の『犬山里語記』瑞泉寺の所に、
　桃隠和尚之塔主・慈明庵
草創の年月も不知、地は妙喜の北、龍泉の南也、今龍済庵へ接入す、牌面は龍済庵に有、桃隠大和尚、後に勢州保浦大樹寺を建立し移転し給ふ、慈明庵廃したる年月も不知、勅諡真源大澤禅師。
とある。

今のところ、桃隠の慈明庵開創に関する詳細な史料は見当らない。くだって、永正十四年（一五一七）季秋（九月）初吉に、玉浦宗珉が法嗣の景聡興勗（こうきょく）に与えた自賛頂相に、「前大徳玉浦叟書千慈明宅」とあり、この頃玉浦が住院していたかもしれない。しかし、大智寺内にも慈明庵があったかどうか検証する必要がある。義天玄承の百年忌は正当永禄四年三月十八日であるが、天文二十四年頃にこれを早めて行ったらしく、亀年禅愉（きねんぜんゆ）がその香語をのこしている。文中に「慈明の室中に清素（せいそ）首座あり、有るや麽（も）」と書かれているが、瑞泉寺の慈明庵を指すものかどうか検討を要する（『葛藤集』147丁）。

四、妙喜庵

『犬山里語記』には次のように記されている。

雪江和尚の塔主・妙喜庵

永享十年戊午に、雪江大和尚草創の道場也、其後中絶してありしを、臨渓院住持體道大和尚中興し給ふ、雪江大和尚は妙心寺の請を得て、妙心六世の住職也、勅謚佛日真照禅師、

この『犬山里語記』にある體道宜全在住は次の史料によって裏付けられる。

正保四年正月、日峰二百年忌之香語

祖塔到今自靄然、光明寂照遍春天、青龍加護灘頭水、毒気猶睲億万千、

妙喜庵　體道

（大仙寺文書）

歴代住職は次のとおり（判明分）。

創建　雪江宗深

貴都寺　文禄四年（『雑話犬山旧事記』地89丁）

中興　體道宜全

洞天慧水　寛文五年三月二十二日寂。體道の法嗣、分法開祖

二世　清州慧涼　貞享三年三月一日（入寺か）洞天の法嗣、

三世　澤牛慧圓　瑞泉寺文書「貞享五年二月二十日、妙喜庵清州」
宝永五年十月十五日（入寺か）、清州の法嗣、
瑞泉寺文書「正徳二年六月、妙喜庵澤牛」

四世　毒箭慧田　元文四年二月二十日入寺　澤牛の法嗣、

分法開祖　為成禅儀　文化十二年四月五日入寺　完裔の法嗣、嘉永四年十一月二十三日示寂。

元恕首庵　天保四年隠居（妙喜寺『素姓書』）

文英　天保四年四月入寺（妙喜寺『素姓書』）

二世　黄道天海　弘化二年四月二十四日入寺、為成の法嗣。

三世　樵蔭盧春　嘉永七年五月二日入寺。三十八歳。黄道の法嗣。「妙喜樵蔭座元」（元治元『雪潭入寺法語』）濃州大野郡名礼村・市蔵子（瑞泉寺文書）、

四世　玷圭(てんけい)文磨　明治四十五年旧六月十四日示寂、
瑞泉寺文書「明治三年八月、住職玷圭、旦(檀)家十二戸」、

五世　石室宗温　明治十五年十月十七日入寺か、

妙喜庵の移転

各務原市須衛(すえ)井坂の薬師寺跡復興のために、地元の要望を受けて、明治三十六年に、当時無住となっていた妙喜庵を移転することになった。瑞泉寺老師関蒙堂から愛知県知事へ願い出て、同年許可を得たので、移転を完了した。明治三十九年二月には須衛の妙喜庵から、瑞泉寺内の旧妙喜庵の土地の竹木三百五本伐採の願い書が出されている。

なお瑞泉寺文書によれば、明治四十五年六月に関泰岳が妙喜庵住職を退職し、山田董禅が後住となった。その後住は青井董祥がつとめた。董祥転住ののちは羽黒の興禅寺の弟子武内氏が住山した。

五、龍泉院

大亀庵

瑞泉寺の塔頭としての龍泉院は、応仁二年（一四六八）に景川宗隆が創建したと伝える。当初は大亀庵と称していた。明応六年（一四九七）九月一日に、東陽英朝（景川の法弟）が書いた「小参」の中でも、

妙喜老漢、大亀・臥龍・輝東の師兄

と見えている。妙喜の老漢は雪江宗深で、臥龍の師兄は悟渓宗頓、輝東師兄は特芳禅傑であり、大亀師兄は景川宗隆を指している。景川は、雪江宗深の四人の法嗣のうちの一番弟子で、主として伊勢方面で活躍したが、もちろん妙心寺や大徳寺にも住山した。

いま妙心寺に景川の塔院として龍泉庵があり、瑞泉寺にも龍泉院がある。『妙心寺史』118頁によれば、文明十三年五月に、雪江は妙心寺再住中の景川に未申角の地十五丈を付属させたが、これは、景川の「塔所である龍泉庵の敷地である」と述べている。また同書120

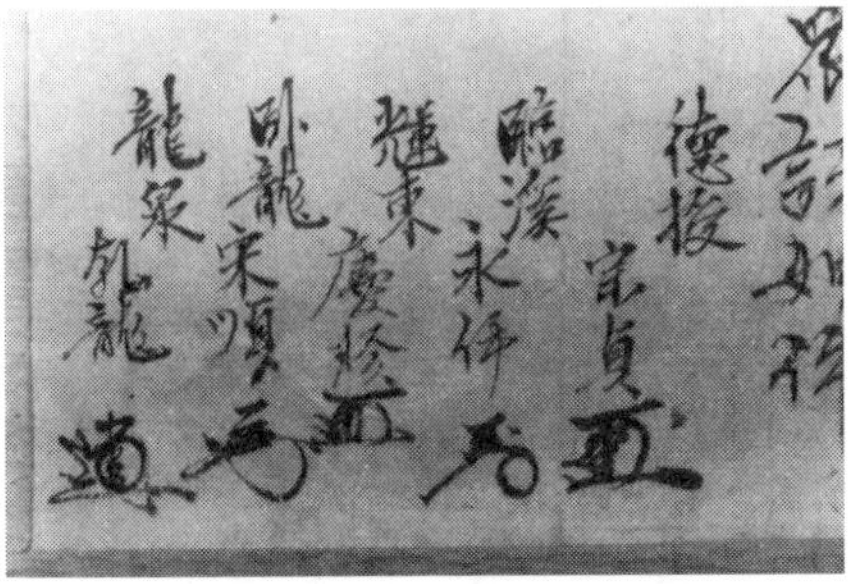

寛永9年 瑞泉寺衆僧等連署定書
（部分）（瑞泉寺蔵）

頁では、明応九年（一五〇〇）三月一日に景川が亡くなった時、花園妙心寺の西南隅に龍泉の一庵を結び、大亀塔を築いて遺骸を津葬（しんそう）したとある。

しかし、妙心寺方丈の地から見て未申の方角というと大心院の方向を指すもので、龍泉庵は酉（とり）の方角に在る。従って、文明十三年に景川が雪江からもらった土地には大心院が建てられ、そこで亡くなった景川は大亀塔に葬られ、その後龍泉庵が建てられたのではないか。大亀塔という名は、瑞泉寺の大亀庵の名と密接にかかわっているのだろう。この辺の詳しいことの解明が待たれるところである。

大亀庵から龍泉院へ

龍泉院は初め大亀庵といい、明応八年（一四九七）頃でも同じであったことは前述した。その後、おそらくは永禄八年（一五六五）に信長の兵火で瑞泉寺が焼亡した時、同じように全焼したものと思われる。その復興については、龍泉派（景川派）あげての支援があったようである。その一端を示す史料がお茶の水図書館の『禅林無尽蔵』に見えるので紹介する。

> 尾州瑞泉寺の内（うち）竜泉院破損に付、塔主修造ありたき旨なり。それにつき、景川一派中、夷洛共（いらくとも）奉加を進められ、此の地は景川派中、銀子（ぎんす）二百目（め）出すべき約諾なり。竜泉庵再興奉加の銀子（ぎんす）、久しく遅延（ちえん）せしめ、三百目竜泉院え運上あるべく、残り銀（ぎん）百目も竜泉院塔主え渡すものなり。不宣（ふせん）敬白。

このように、一ヶ寺につき銀二百目づつ寄付をするべく協議が整い、すでに拠出した寺もあったが、全体に揃うのが遅れてしまったので、三百目とし、すでに出した分に追加して百目づつを指し出すようにとの手紙である。残念ながら日付けや、指出人・宛名が省略されている。推定するところ、岩村大円寺の希庵玄密（きあんげんみつ）が出したのではないか。あるいは熱田の海国寺の叔栄宗茂（しゅくえいそうも）であることも考えられる。

再建成った龍泉院には、その後清蔵主（せいぞうす）が居たが、犬山城主中川定成（なかがわさだなり）の叔父ということで犬山城の留守をつとめていて、天正十二年（一五八四）三月に池田恒興（信輝）に攻められて戦死した。寛永九年（一六三二）三月の瑞泉寺定書には、「龍泉・乾龍」の名が見えている。

歴代住職

開　祖　景川宗隆　明応九年三月一日寂。

二　世　景堂玄訥　天文十一年十二月二十一日寂。

三　世　清蔵主　天正十二月三月　寂。

四　世　龍室乾亨首座　無縫塔に、「二十三日」。

五　世　天寿乾龍首座　無縫塔に、「十八日」瑞泉寺文書寛永九年。

　　　周旭　瑞泉寺記に、「承応三仲秋、龍泉院周旭」。

六　世　華水龍栄座元　延宝四年九月二日寂。

七　世　祇劫是賛座元　宝永六年九月二十五日寂。

八　世　卓翁玄東首座　寛文元年十一月十三日入寺か。瑞泉寺文書に、「貞享五年二月二十四日、龍泉院卓翁」。

九　世　滴宗祖長和尚　元文三年九月十一日寂。瑞泉寺文書に、「宝永二年、宝永五年、正徳二年」のものに名あり。

十　世　粋巌祖温和尚　延享二年九月二十七日寂。
　　　　禅義　　　　　瑞泉寺文書に、「延享二年、龍泉禅儀」。
十一世　湘山宜南和尚　天明二年十月二十二日寂。
十二世　悠道智北和尚　天保十二年五月十二日寂。
　　　　　　　　　　　瑞泉寺文書に、「文化三無住」。寛政四年の半鐘銘に「現住龍泉院悠道」。
十三世　浣渓宗活和尚　天保十年七月二十九日寂。
十四世　鈍寧宜硯和尚　天保十五年四月十八日入寺か。「竜泉鈍寧座元、竜泉沚山座元」（元治元『雪潭入寺法語』）
十五世　沚山玄提和尚　安政四年八月十七日入寺か。
　　　　　　　　　　　瑞泉寺文書に、「明治三年八月、住職沚山、檀家七十五戸」。
十六世　謙道玄盈和尚　明治九年二月十六日入寺か。
　　　　　　　　　　　瑞泉寺文書に、「明治十六年十二月、龍泉院住職矢田玄盈」。
十七世　皎堂銀光和尚　明治三十二年二月十七日寂。
　　　　関蒙堂　和尚　明治四十五年六月まで兼務住職。
十八世　梶浦恵静和尚　明治四十五年六月入寺。尾張葉栗郡北方村出身。
十九世　正道董覚和尚　昭和三十七年三月十七日寂。
二十世　古道良鑑和尚　平成二十年三月十六日寂。
　　　　恵隆泰生　　　現在

六、臥龍庵

悟渓宗頓の法弟・東陽英朝は、明応六年（一四九七）四月十五日に瑞泉寺へ再住した。そして同年九月一日に、瑞泉寺で小参の語を書いている。その中で、「大亀・臥龍・輝東の諸師兄」といい、悟渓の代名詞として臥龍の名を挙げている。寺伝では、文正元年（一四六六）十二月十二日に悟渓が創建したことになっている。悟渓宗頓が雪江宗深から印可を与えられて、一人前と認められたのは翌三年の応仁元年（一四六七）六月のことである。また、雪江から悟渓との道号を与えられたのは寛正五年（一四六四）のこととされているので（大興心宗禅師紀年録）、文正元年に臥龍庵が創建されたというのも首肯できるだろう。悟渓は応仁元年三月に瑞泉寺へ住山をしている。

悟渓は、応仁元年から二年後の文明元年（一四六九）には、檀越土岐成頼の菩提寺として建てられた瑞龍寺（ずいりょう）へ住山し、その後の多くは同寺に居たから、臥龍庵にはしかるべき留守僧が居たものと思われる。臥龍寺所蔵の悟渓頂相賛によれば、その守塔者は宗仁蔵主であった。宗仁なる人は、法系図上に悟渓の弟子としては見当たらない。悟渓の法嗣・独秀乾才の法嗣に一渓宗統があり、その法嗣に「天輔仁」の名が見えている。悟渓からひ孫に当ることになるが、この人は、長野県飯田市大雄寺町の大雄寺二世となった人で、天文十五年八月十五日に示寂している。この天輔については、悟渓宗頓の語録『虎穴録』下に、次のような一文がみられる。

天輔老兄は、吾が山創建心宗禅師（悟渓）の高弟なり。予はまた同じ時に禅師の巾匝（きんそう）に侍して、壮年になって天輔は一渓に従い、私は興宗に仕えた。十余年前、濃陽に戦争が起こり、これを避けて信州の大雄鉅刹(きょせつ)に居した。そして、八月の十五日についに亡くなった。山中の僧たちは議した。吾が山の成功したのは、天輔をもって第一となすと。九月十五日は忌日の初めなので、瑞龍寺に位牌を安置し、皆でお経をあげ香を献じて、私が一偈を供する。泰秀。

訃音何計到山中、濁世烏曇老大雄、腸断岐陽九月雪、鶺鴒影冷一枝風、天文十五年

文中で、泰秀は天輔と共に悟渓に参侍した仲であったことを述べ、深く追悼の意を表したのであった。そして、この文中には触れられていないが、乱を避けて天文初年に信州大雄寺へ移る前は、天輔は長らく臥龍庵の守塔をつとめたのであろう。臥龍寺所蔵の悟渓頂相賛を次に掲げる。

百不会百不能、揆置戒律悦略規絶学本、雖孤独陋禅形欠師承、将謂林際苗裔、元来無眼村僧、天地不仁主箇漢驢腮(ろさい)馬顋得人憎、咄、

小師宗仁蔵主、令画工奉写大興心宗禅師尊容式、令安置于臥龍庵、仍請書師自賛矣、

旹(ときに)永正丁卯(四)夷則(七月)日　塔主乾才焚香拝書

この賛を書いた永正四年（一五〇七）には、独秀乾才が臥龍庵塔主をつとめていたのであろう。その後の塔主には、義山文節・顕屋禅忠等が挙げられている。顕屋禅忠首座は政秀寺沢彦の弟子で、元亀・天正期の瑞泉寺再建に尽力した（安永十年、瑞泉寺文書、後掲）。そして、犬山城主石川光吉を頼み、豊臣秀吉から瑞泉寺に五十石の寺領宛行(あてが)いの朱印状を得たのであった(同)。また、江戸前期寛永の頃、順首座（行雲宗順か）は、瑞泉寺常住方丈の造作を行い（文禄・慶長の頃。方丈の造作が完成し得なかった）、百人分の朱椀も新添したという（同）。次の「瑞泉寺文書」は、順首座の名が見えるものな

ので次に揚げる。

以上

今度御朱印頂戴の儀につき、臥龍庵上京、其の意を得たり。則ち常住披露せしめ、証状相い調えこれを進じ候、委曲は順首座演説あるべく条、詳(つまびらか)にし能(あた)わず候、縷々(るる)不宣。

孟春廿七日　　旭窓知曄（花印）

拝呈瑞泉寺役者中

瑞泉寺文書の中に、安永十年（一七八一）の「臥龍無住に付、顕宝寺・福昌寺より出願書写」があり、臥龍庵の動向がわかるので次に意訳して掲げることにする。

臥龍無住に付、顕宝寺・福昌寺より出願書写

臥龍庵は、本寺その他からの借入金がかさみ問題となった。それでも欣山(きんざん)座元が隠居し、大借があることを承知で得蔵寺が住職となった。しかし、この借金の残務整理がどうにもならず、ついに得蔵主も退院してしまった。こうなっては臥龍の存続も危ぶまれる程なので、本寺の借用金の利足支払いを待ってほしいと、興宗(こうじゅう)派総寺院から瑞泉寺へ申し出たのであった（安永十年四月）。

この総寺院とは、別紙に政秀寺・法源寺・真福寺・太清寺・海福寺・芳珠寺・東雲寺・顕宝寺・瑞応寺・良福寺・永泉寺・瑞雲寺・泰昌寺・宝林寺・金宝寺とある。

一、臥龍の大借は、はじめ達源が短期住山のあと、欣山が入寺した頃は少額の借金であった。ところが、利足が次々とたまり、当抵返済できない大借になってしまった。欣山は病身となり、宗得が跡を継いだ。宗得は返済のため、寺納物を残らず本寺へ指し出して、今や一銭も残っておらず、つい

に引退することになった。臥龍は四派の役院であり、この一院が欠ければ、本寺としても大問題であり、当庵存亡の瀬戸際に立たされることになった。

一、ふり返れば、瑞泉寺内に七十余在った塔頭も、天文年中にはわずか十ほどに減り、その頃の当庵住持は、政秀寺開山剃度の弟子顕屋忠公首座であった。政秀寺開山が織田信長に進言して、瑞泉寺に材木を寄進してもらい、用玄和尚が宗門中に奉加を募って方丈や僧堂再建を果した。ところが内造作には至らず、そのうち又しても兵乱で、ついに塔頭まですべて破滅となり、塔頭は三軒に減った。当庵の忠首座は托鉢につとめ、犬山城主石川光吉を頼み（本山養徳院へ忠首座が至り、光吉公の宿所に十日余の間詰めて頼んだという）、秀吉公へ取りついでもらい、ついに五十石の知行（寺領）を得たのであった。まさに当庵の先祖によって、瑞泉寺は復興したのであり、これを思えば、今年までの利子は何とか免除していただきたい。

一、輝東庵というのは、名ばかりであったが、当庵の尹首座が只今の所へ再興し、敷地も田畑も臥龍庵より配分したものである。

一、臥龍の順首座は、只今の常住方丈の内造作を行ない、百人前の朱椀を新添した（寛文の頃）。道具も順首座が新添したものである。

一、南芳庵は、はじめ当庵順首座の隠寮であった。そして追々再興したもので、瑞泉寺一乱の時、潜岩の命に背いた為、常住へ指上げたもの。よって今でも常住の塔頭となっている。これ又、敷地も田畑も当庵が配分したもの。このように、当庵は代々の住持が功績あるので、何とぞよろしくお取計らい願いたい。

安永十年四月　光陽寺　無住故欠印
　　　　　　　福昌寺　全朴 判
　　　　　　　顕宝寺　宗柱 判

瑞泉寺常住執事禅師あて

なお臥龍寺の小冊子によれば、臥龍寺の本堂は、泰崋慈仙が延宝七年に再建したものという。

臥龍寺歴代（妙心寺派宗派図および平成元年『臥龍寺沿革史』等による）（星野年表は星野義孝氏編）

開祖　悟渓宗頓　明応九年九月六日示寂。

二世　獨秀乾才　永正四年住山中（寺蔵悟渓頂相賛）、永正十一年八月七日示寂。

　　　義山文節

　　　顕屋禅忠　文禄四年、雑話犬山旧事記「臥龍の忠首座」。

　　　友叟徳乎　瑞泉寺記録「尹首座再興」。

　　　智海浄信

　　　行雲宗順　寛永七年正月、臥龍庵書上ゲ「守塔宗順」、瑞泉寺方丈の内造作を推進。
　　　　　　　寛永九年三月、瑞泉寺文書「臥龍宗順（花押）」。

　　　梅嶺節尋

三世　泰崋慈仙（星野年表）延宝四年十一月二日入寺、元禄十二、潜巌作の頂相あり。
　　　　　　　天和二年四月十六日示寂。

四世　潜巌宗寔（星野年表）元禄七年三月四日入寺。

貞享五年二月二十四日、瑞泉寺文書「臥龍庵宗寔」。
享保十六月十二月十七日、瑞泉寺文書「臥龍塔司宗寔」。
元文五年五月六日示寂。

五世　折擔宗甫（星野年表）享保五年五月十六日入寺。
宝暦八年十二月二日示寂。

六世　達源宗慓（星野年表）寛延三年九月十六日入寺。
宝暦七年十二月一日示寂。

七世　欣山宗歓（星野年表）明和七年入寺。安永十か臥龍庵書上「欣山隠居、得蔵主住持となる」
文化五年十二月九日示寂。

宗得蔵主

八世　壇巌宗柱（星野年表）天明元年、顕宝寺から入寺。
寛政元年十二月二十三日示寂。

（寛政七年瑞泉寺文書58号に「臥龍庵巨分」）

九世　天元知亨（星野年表）寛政九年七月十七日入寺。文化十四年四月、半鐘銘「塔主知亨」。
文政十一年八月十八日示寂。天元頂相あり。

（法系図）欣山嗣

十世　済翁祖運（星野年表）文政七年六月十三日入寺。頂相あり。
安政五年八月二十三日示寂。

十一世　忠巌全孝（星野年表）嘉永二年二月二十三日入寺。頂相あり。
明治十二年二月十九日示寂。
十二世　皐韻玄鶴（星野年表）元治元年二月十七日入寺。「臥龍皐韻座元」（元治元『雪潭入寺法語』）
慶応四年九月二十八日示寂。
随法禅粛（法系図）明治元年十一月十五日（入寺カ）。
十三世　徳元恵忍（星野年表）明治三年二月十三日入寺。頂相あり。
明治九年七月三日寂。無縫塔に「瑞泉七百七世」。
十四世　有道知田（星野年表）明治十二年三月二十六日入寺。明治十六年十二月、瑞泉寺地価明細帳
「臥龍庵住職山田知田」
明治二十八年五月八日示寂。
十五世　蘇嶽知春（星野年表）明治二十九年三月二十日入寺。
明治四十四年、旧七月五日、瑞泉寺文書「臥龍住職・加藤知春」。
昭和十四年五月二十九日示寂。
十六世　恭山慈昌（星野年表）昭和十六年三月二十一日入寺。還俗し、静岡市在住。
達元宗徹　昭和二十一年一月三十日入寺、昭和五一年八月二十七日示寂。
十七世　賢外玄俊　昭和五一年十一月二十五日入寺、昭和五十五年五月二十一日退院。
十八世　匡山正見　現在　昭和五十五年五月二十一日入寺。

七、輝東庵

庵は四派の祖特芳禅傑により、文明元年（一四六九）に建立された（「青龍山瑞泉寺記」）。のち、景川宗隆が美濃の見龍庵（所在不明）に在住中、輝東庵の特芳が見龍庵を来訪した記事が『景川和尚語録』にみえる。

　謝　輝東特芳和尚来訪　時住見龍

平田浅草草庵居、因憶楊岐屋壁疎、珍重輝東堂上老、来尋得得忝賢輿、

特芳禅傑は、文明十三年九月に瑞泉寺九世となり、明応元年四月十六日に再住をしているので、この時に自身の塔院である輝東庵を居所にしていたのであろう。特芳の語録『西源録』下巻に、「春首座が尾陽の瑞泉寺へ赴くを送る三首（さんしゅ）」と題して特芳の偈が収められている。恐らくは特芳の弟子らしき春首座を輝東庵主として送り出した時のものと思われる。偈から察すると、出発は梅花の開く直前で、五年の約束だったらしい。輝東庵は以後、濃尾地方における霊雲派の拠点となった。

永禄二年（一五五九）仲春には、妙心寺の亀年禅愉が瑞泉寺の怡久（いきゅう）少年に「春笑」の号を与えた記録がある。

　春笑

尾の青龍山山中に一少年あり。其の諱（いみな）は怡久という。其の名を同じくしていまだ玉を見ず。ただ鶴望するのみ。緬（はる）かに楮生を寄せ、雅称を需む。これを称して春笑という。禅詩一章を賦して、後遇の起本のために云わく、

黄昏月下一枝新、写出霊山面目真、桃季無言海棠睡、梅兄独効葉婆顰、

永禄第二仲春

花園叟亀年書

（『葛藤集』142丁）

怡久少年は恐らくは輝東庵に席を置いていたと思われるが、永禄四年の別伝の乱により、快川紹喜を中心とする反別伝派が瑞泉寺へ集合し、ついに別伝派を追放した。別伝の背後には亀年禅愉があり、乱後は特芳を派祖とする霊雲派が濃尾から一掃されてしまうので、この輝東庵も例に洩れず衰微に向ったのではないかと思われる。もちろん亀年の息のかかった怡久少年も輝東庵を去ったのであろう。

文禄四年には栄都寺（えいつうす）が居たといわれるが（雑話犬山旧事記）、ほとんど有名無実の状態が続いた。慶長年間の頃か、臥龍庵の尹（いん）首座が現在地の敷地と田畑を配分して再興したという（臥龍庵無住に付、顕宝寺・福昌寺より出願書付（かきつけ）、安永十年）。

十八代の東嶺圓慈は著名な白隠慧鶴の高弟の一人である。近江の齢仙寺で寛政四年（一七九二）に亡くなると、遺骸を輝東庵へ移し、木曽川河原で火葬の上、改めて遺骨を輝東庵に葬った。二十代の顧鑑古范は東嶺の門下生で、輝東庵から妙興寺へも住山した人である。境内には犬山焼の絵付け師・赤絵道平の墓がある。

輝東庵歴代住職

開祖　特芳禅傑　永正三年九月十日、龍安寺内西源院で示寂。

二代　大休宗休　永正元年十二月～同三年三月二十六日　瑞泉寺住山。

三代　亀年禅愉　天文十八年八月二十四日示寂。
永禄四年、別伝の乱で輝東庵廃亡
栄都寺　文禄四年、雑話犬山旧事記「輝東・栄都寺」
四代　珍首座（玉岩慶珍）寛永九年三月吉辰、瑞泉寺定書「輝東慶珍」
慶安三年三月二日、輝東寺無縫塔銘「玉岩珍公（慶珍）禅師」
五代　哲蔵主
六代　湖水東満
七代　月堂全實
八代　密山全立
分法開祖　妙道霊空　妙心寺衡梅院中興
十代　象海霊珍　貞享五年二月二十四日、瑞泉寺文書「輝東庵象海」
元禄二年小春、瑞泉寺蔵廿五條袈裟「輝東塔司象海霊珍」
十一代　英叟全轄（法系図）臨渓院第十六代　正徳二年六月、瑞泉寺・福宮一件文書「輝東庵英叟」
十二代　蔵鱗全六　享保十二年二月、徳授寺・柏庭二百年忌録「輝東庵蔵鱗全六」
十三代　輪道全車　延享二年、瑞泉寺祠堂金借出帳「輝東・全車」
十四代　法源全脈
十五代　為山禅無
十六代　自詮首座

十七代　宗全首座　岐阜県中林寺中興、静岡県龍潭寺開山、白隠鶴ノ嗣。（中興開山）
十八代（分法中興）　東嶺圓慈　宝暦五年八月十四日（入寺カ）（寛政四年閏二月十九日示寂）
十九代　関道霊樞（法系図）寛政四年六月二十日（入寺カ）隠山の弟弟子。（文化五年十二月十九日示寂）
二十代　顧鑑古范（法系図）享和三年五月十六日（入寺カ）
文化二年八月、輝東庵半鐘銘「守塔小子古范」美濃国（尾関氏）現本堂建立、尾張侯出費ス、（天保十四年八月二十日示寂）
二一代　栄総了椿（法系図）天保三年二月六日（入寺カ）（明治五年六月二十七日示寂）
二二代　泰法祖道（法系図）天保十四年四月十七日（入寺カ）
天保十五年正月、瑞泉寺福宮一件文書「修造当番輝東泰法祖道」顧鑑の俗甥、尾関氏、瑞泉独住一世、（明治十五年一月二十六日示寂）
二三代　威庵自董（法系図）安政四年八月十六日（入寺カ）「輝東威庵座元」（元治元「雪潭入寺記録」）
二四代　月遲弦恒（法系図）慶応二年二月二十四日（入寺カ）（明治五年二月十日示寂）
明治三年八月、瑞泉寺輝東庵明細書上ゲ「住職月遲」
二五代　享道自保（法系図）明治九年二月十六日（入寺カ）
明治十八年三月、瑞泉寺文書「輝東庵住職渡辺自保」
二六代　槐安智慎（法系図）明治二十六年六月九日（退院カ）（明治二十六年十二月十五日示寂）

二七代　維安慧操　明治二十年、瑞泉寺文書「輝東庵住職日野恵操」
二八代　白水巴山　明治四十三年十月十九日、瑞泉寺文書「輝東庵住職白水巴山」
二八代　善応礎積（法系図）明治四十五年七月一日（入寺カ）
　　　　　　　　　　　　明治四十五年七月二十四日、瑞泉寺文書「輝東庵住職後藤礎積」
二九代　維山善禎（法系図）大正六年八月四日（入寺カ）（昭和三十五年六月六日示寂）
三十代　董山昭道（法系図）昭和三十五年九月八日、青井昭道（昭和四十八年二月五日示寂）
三一代　研道亮徹　　　　　現住

八、臨渓院

東陽英朝と瑞泉寺

犬山瑞泉寺の塔頭(たっちゅう)としての臨渓院は、臨済宗妙心寺派の四分派の一つである聖沢(しょうたく)派の祖・東陽英朝が建てた。今から五百余年前の文明十四年（一四八二）のことといわれている。

東陽は、文明十六年（一四八四）六月五日に瑞泉寺へ入寺し（初住）、一年間程住山した。住山中の文明十七年正月には、木曽川の対岸・鵜沼にあった五山派の承国寺（官寺である諸山に指定されていて、住職となるには、足利将軍の任命状を要する）の詩筵に禅師が招かれている（少林無孔笛）。その後、明応六年（一四九七）四月十五日、英朝七十歳の時、瑞泉寺へ再住した。

この年九月一日、「小参」という法語を作って瑞泉寺の弟子たちに示したが、これは広く妙心寺派内の教科書的な訓示として、愛用されている。また、明応七年六月には、瑞泉寺の若い修行僧に、「学童の家訓」をのこした。これは板刻されたものが臨渓院に残っている。

東陽以後は寛永九年（一六三二）三月吉辰の瑞泉寺定書に「臨渓永伊」の名が見えるまで、百五十年ほどの間史料に登場しないので、実態は不詳である。しかし、平成元年に開山東陽禅師木像を修理した際、火災に罹っていた痕跡が見つかったので、永禄八年（一五六五）に焼亡した際、開山木像だけは運び出されて助かったとみられる。

元和三年（一六一七）犬山城を拝領した成瀬正成は、名古屋の白林寺と共に犬山の臨渓院を菩提寺とした。臨渓院成瀬墓地には、寛永二年（一六二五）に嫡子の正虎が建立した正成公の墓碑、正虎公・正親公の墓碑などが並んでいる。

少林寺所蔵の『少林寺歴代録』の中の「中興體道全禅師」伝によれば、體道は京都の人で、初め瑞林宗現（東漸の法嗣で、愚堂の法叔）門下で修行して永伊との諱を与えられていた體道は、のち愚堂東寔のもとに転じて、寛永九年（一六三二）に印可を与えられ、宜全と改諱した。そして臨渓院主をつとめ、正保元年（一六四四）には少林寺へ転じた。同寺の復興につとめ、正保四年（一六四七）には妙心寺へ住山した（奉勅入寺）。万治二年（一六五九）と師の愚堂が妙心寺へ住山した時にはこれにつき従い、また関東へ行脚したりしたが、主として少林寺に住み、寛文六年（一六六六）には隠退して寺内に蜕老軒を建てた。延宝四年（一六七六）十一月十二日示寂。

その後、臨渓院は、長らく體道の法嗣の雲龍宏樹が院主をつとめ、成瀬家の対応にも当たっていたのであろうが、師よりも早く明暦二年（一六五六）に亡くなってしまった。

寺の歴代には登場しないが、明暦二年に臨渓院主となった雲龍の法嗣の禅海座元は、延宝七年に、「岐阜市山県の定恵寺（じょうえじ）は臨渓院の支配下である」と主張したので、反発した定恵寺が大仙寺の泰翁良倹の仲介で、妙心寺直末であるとの一札をもらって争論は終結した（法雲山定恵寺世代記）。

また、延宝八年（一六八〇）には、雲龍の弟子の是三（ぜさん）と羽黒興禅寺へ移っていた禅海と紛争が起こっている（京大『常住記録条箇』）。このようなことで、臨渓院では歴代から除外されたのかもしれない。

臨渓院では、禅海の法嗣の鳳山祖瑞を歴代に入れている（延宝五年示寂）。

その後、代って臨渓院には雲龍の法弟洞天恵水（どうてんえすい）の法嗣松宗恵棟（しょうじゅうえとう）が入寺し、その法系が続くことになった。

臨渓院世代表（世代数と住職名は、大正元年に臨渓院住職神谷静顕が妙心寺へ提出した寺籍調査表による）（昭和以降は聞き取りによる）

開　祖　東陽英朝　（無縫塔台座銘）「前住妙心東陽和尚大禅師、維時寛永拾二年□□吉辰、
［　　　　　］公造焉、」

二　代　天関宗鶚

三　代　高峰宗源

四　代　泰室宗岑

五　代　嫩桂宗維

六　代　江門宗津

分法七代　體道冝全　「永維」寛永の瑞泉寺文書にあり

八　代　雲龍宏澍　（宗派図）明暦二年十一月十二日寂

九　代　鳳山祖瑞　（宗派図）延宝五年一月十六日寂。禅海の法嗣。

分法十代　洞天恵水　（宗派図）寛文五年三月二十二日寂

十一代　松宗恵棟　（宗派図）貞享元年九月二日入寺か

貞享五年二月二十四日の瑞泉寺文書に「臨渓院松宗」の名あり

正徳二年六月の瑞泉寺福宮一件文書に「臨渓院松宗」とあり。

十二代　大椿祖仙　（無縫塔銘）「前住当山大椿和尚大禅師、寛延元辰閏十月十二日」

十三代　葉禅恵梅　（無縫塔銘）「前住当山葉禅和尚大禅師、明和五戊子年三月廿七日」

延享二年「瑞泉寺祠堂金借出帳」に臨渓恵梅とあり。

十四代　霊方文妙　（無縫塔銘）「前住当山霊方和尚大禅師、寛政十一未歳十一月廿九日」

宝暦六年　半鐘銘に「臨渓院見霊方文妙識」とあり。

十五代　雪潮了音　（無縫塔銘）「前住当山雪潮和尚大禅師、寛政七卯歳七月十一日」

十六代　完裔不白　（無縫塔銘）「前住当山完裔和尚大禅師、文化九癸申八月廿六日」

十七代　為成禅儀　（無縫塔銘）「前住妙心当院中興為成和尚大禅師、嘉永三庚戌歳七月廿三日」

瑞泉寺文書『妙喜庵素姓書』に、天保十二年再建願い出あり

十八代　警宗文雅　（無縫塔銘）「前住当山警宗和尚大禅師、嘉永四辛亥歳十一月二十三日」

瑞泉寺文書『妙喜庵素姓書』に、「無住に付、龍泉院が看坊」とあり

十九代　頑石玄智　（無縫塔銘）「嘉永五年十一月二十九日入寺」。「臨渓頑石座元」（元治元「雪潭入寺記録」）
明治三年の明細書上げに「住職頑石、檀家六十戸」。

廿　代　太瑞曹一　（宗派図）　明治九年二月十六日寂
明治十六年「瑞泉寺地価明細帳」に臨渓院住職榎本曹完の名あり

廿一代　秀道静顥　（無縫塔銘）「大正十年九月三日、寿五十六寂、」神谷静顥、
（無縫塔銘）「贈再住妙心始山覚禅師大和尚、昭和七年十一月廿二日示寂、」
大仙寺蔵の高橋至道「只念日記[5]」に「師諱玄覚、号始山、岐阜人、歴住于瑠璃光寺・慈照寺・臨渓院等、昭和七年十一月廿二日化、世寿七十三、於干津送、十一月廿八日臨渓院修行、予臨之、」

廿二代　質堂文男　（無縫塔銘）「再住妙心質堂男禅師大和尚、
昭和五十四年十一月一日示寂、二十二世、」

廿三代　明道昺男　現住

九、南芳庵

元亀二年（一五七一）に東海派・悟渓宗頓の法嗣天縦宗受が創建したという寮舎である。輝東庵の南にあり、十六の寮舎のうちで、江戸時代まで残存した唯一のものであった。塔頭八ヶ院のうち慈明庵は戦国時代に廃されてしまったので、慈明庵に代って南方庵が八塔頭の一院の代理をつとめた。

しかし元亀二年創建説は、天縦が永正九年正月十一日に示寂しているから、全くの誤りで、むしろ瑞泉寺へ入寺した文亀三年七月の前後に創建したものと思われる。恐らくは文亀二年の誤りだろう。

歴代住職（判明分）は次のとおり。住職墓地が臥龍寺北側にのこる。

開　創　天縦宗受　文亀二年南芳庵開創か。永正九年正月十一日示寂。

松都寺　文禄四年在院（『雑話犬山旧事記』地89丁）

衝天　『瑞泉寺文書』貞享五年二月二十四日「南芳庵衝天」

陽雲　『瑞泉寺文書』正徳二年六月、福宮一件文書に「南芳庵陽雲」

宜丈　『瑞泉寺文書』文化七年十二月、半鐘銘「守塔小比丘宜丈新添」

連芳　無縫塔に「前住当山連芳和尚、文政十三年寅四月七日示寂」

璞堂　無縫塔に「璞堂連和尚、明治十一年寅九月三日示寂、尾州丹羽郡島宮村」あり

正麟　『瑞泉寺文書』明治三年八月「住職正麟、檀家廿一戸」、「南芳正麟座元」（元治元「雪潭入寺記録」）

正麟の無縫塔に「明治十四年巳三月二十一日示寂」

なお大正十三年では、すでに瑞泉本寺へ合併していたが、県庁の寺籍台帳には残されていた。そこで、寺号の復活をしてほしい旨、関蒙堂から妙心寺へ願い出ているが、その結果は不明である。

十、その他の寮舎

『青龍山瑞泉寺記』等によれば、塔頭・寮舎七十余院が軒を連ねたと書かれているが、判明しているのは南芳庵を入れて次の二十三ヶ院である。

慶雲庵　柏庭開基、南芳に入る。なお、これとは別に犬山徳授寺には、明治まで塔頭「慶雲庵」があった。

南芳庵　天縦開基。臥龍より建立して、後に慶雲が南芳に入る。なお、前項参照。

得月軒　桃雲開基、妙喜に入る。

雲授庵　寿岳開基、妙喜に入る。

蕉雨軒　玉浦開基、臨渓に入る。

太有庵　泰秀開基、輝東に入る。

冨春院　南芳に入る。

要津庵　南芳に入る。

大仙軒　臥龍に入る。

自得庵　南芳に入る。

喜雲軒　臥龍に入る。

得意庵　臥龍に入る。

宝林院　臨渓に入る。

松鶴庵　龍泉に入る。

吸江院　龍泉に入る。

宝珠庵　龍泉に入る。犬山里語記「龍済庵の後山ニ宝珠庵跡といふ所有」、

『犬山里語記』にのみ記載のある支院は次のとおり。

南栄院、保福庵、松霍庵（前記の松鶴庵と同一か）、紫雲庵、大用庵、竹雲軒、鳳林庵。

第三章　旧末寺・末庵（まつあん）

江戸時代の瑞泉寺末寺としては、興禅寺・笑面寺・顕宝寺・福昌寺・光陽寺・福昌寺・禅龍寺・陽徳寺の八ヶ寺があり、末庵としては貞林庵があった。

妙国山興禅寺（犬山市大字羽黒字城屋敷）

戦前（大正頃か）に瑞泉寺へ提出の興禅寺由緒によれば、鎌倉時代に開基・梶原平三景時から、本尊釈迦如来と延命地蔵を寄付され、羽黒村字巾に創建されたと伝える。はじめ真言宗であった。のち梶原平九郎景親の代になって現在地に移され、爪刻の観音像を納められた。そして文明十一年（一四七九）に妙心寺派となり、東陽英朝を開山とした。梶原十九代の梶原茂助景義が天関宗鶚を中興開山としたとある。寺伝では、永正元年（一五〇四）示寂の東陽英朝を勧請し、その法嗣天関宗鶚を拝請して、梶原氏十六代の左衛門尉景綱の頃に妙心寺派になったともいう。十七代梶原茂助景義は織田信長に仕えて、寺も隆盛したが、天正十二年（一五八四）の羽黒合戦（小牧長久手戦）の時に兵火にかかり、古文書等を失ってしまった。

その後、慶長七年に、犬山城主小笠原和泉守吉次が、梶原城址に寺を再建し、黒印状を下付したので、吉次を中興開基としている。歴代住職は次のとおり（平成十九年刊『尾張興禅寺史』による）。

勧請開山　東陽英朝　　永正元年八月二十四日示寂。各務原市の少林寺にて。

二　世　天関宗鶚　大永三年九月二十一日示寂。七十一歳。
三　世　高峰宗源　天文十九年十二月中旬示寂か。
四　世　泰室宗岑　天正七年二月五日示寂。
五　世　嫩桂宗維　元和七年六月九日示寂。
六　世　柮庵宗澄　元和・寛永期の人。
　　　　齢室寿保首座　貞享五年正月十四日示寂。
七世〜十二世　東漸宗震、庸山景庸、愚堂東寔、體道宜全、洞天恵水、松宗恵棟
十三世　柏宗宗殷　享保十五年十一月十八日示寂。八十二歳。
十四世　泰州恵通　寛保三年十一月十三日示寂。七十一歳。
十五世　洪泉恵寛　宝暦十一年六月二十三日示寂。六十五歳。
十六世　魯山恵教　寛政七年六月二十三日示寂。六十九歳。
十七世　文明恵晋　寛政六年八月十四日示寂。四十二歳。
十八世　啓宗令逸　文政十三年正月十三日示寂。六十三歳。
十九世　杲林宗哲　弘化四年十二月十八日示寂。五十七歳。
二十世　膩山禅味　明治三年十一月十六日示寂。六十四歳。
「興禅膩山座元、興禅戒堂座元」（元治元「雪潭入寺記録」）
二十一世　戒堂恵順　大正五年七月二十五日示寂。八十六歳。
二十二世　静恬養智　大正五年三月三日示寂。

二十三世　呉山禅麒　昭和二十四年三月三十日示寂。七十三歳。
二十四世　義仙麟州　平成元年八月二十五日示寂。八十八歳。
二十五世　義堂良忠　平成十九年閑栖。
現　在　義山雄峰

桃岳山笑面寺（犬山市大字羽黒字寺浦）

聖澤派の祖・東陽英朝から数えて四代目の泰室宗岑を開山とする。『妙心寺派法系図』によれば、天文十九年の開創という。泰室は興禅寺中興開山の高峰宗源の法嗣で、天文二十三年（一五五四）に瑞泉寺へ輪番で入寺した。永禄九年（一五六六）九月には妙心寺へ出世し（居成りか）、五山の禅僧・仁如集堯と策彦周良から山門疏を作って祝福されている（鏤氷集、疏稾）。泰室は天正七年二月五日に示寂し、堂宇は天正十二年の羽黒合戦の際兵火に罹って焼失した。『妙心寺派法系図』によれば、明和七年（一七七〇）十月に、鱗海無門が臨渓院第七世葉禅恵梅から分法して法地に昇格し、堂宇を再建したという。観音堂には、聖観音菩薩と共に、安永三年（一七七四）に京都の安井門跡から寄進された金毘羅大権現がある。

明治四十三年に笑面寺住職榊文隆が妙心寺へ提出した歴代住職は次のとおり（『妙心寺派系図』）。

（　）は筆者の追記。

開　山　泰室宗岑（天正七年二月五日示寂）。
二　代　歓丘祖慶

三　代　西巌宗竺（首座、墓碑「天和元年十二月七日」）。
四　代　天外祖祐
五　代　禅発恵均（首座）（延享元年半鐘新調（現存））。
六　代　即宗智心（首座）（墓碑「当寺中興、今月今日新添之」）。
七　代　定室禅桂
八　代　葉禅恵梅
九　代　鱗海無門
十　代　養方東鞠
十一代　球堂禅桂（無縫塔「文化十四年十二月三日」）。
十二代　禅道梵瑞
十三代　希雲自定（無縫塔「明治十四年七月十四日」）。「希雲座元」（元治元「雪潭入寺記録」）。
十四代　梅斎祖苗（無縫塔「前住玉鳳梅斎塔」）。
十五代　湛道文隆（無縫塔「昭和二年二月五日」）。（前住妙心当山活堂之和尚大禅師、昭和二十年四月二十四日）。（前住当山秀山演和尚大禅師、平成十一年一月十一日）。
現　住　玄秀宜道

笑面寺の枝垂桜の古木（平成 21 年3月撮影）

多福山顕宝寺（丹羽郡扶桑町大字南山名字寺前）

鎌倉時代後期の正安三年（一三〇一）に八幡宮を勧請した多田七右衛門尉が、両親の菩提を弔うために浄土宗の多福山顕宝寺を建てたという（扶桑町史）。現寺地の北方、山名神社の西側に在ったといわれている。その後、明応九年（一五〇〇）九月に、悟渓宗頓を中興開山として殿堂が再建された。さらに、瑞長が寺を再興したが、享保十八年（一七三三）正月に火災で堂宇を失ったので、同年五月に今の地へ移転した（町史）。

『妙心寺派法系図』所載の大正五年、顕宝寺住職橋本祖恩による歴代住職は次のとおり。（　）は、無縫塔刻銘などによる補足である。

開　祖　悟渓宗頓（明応九年九月六日示寂）。
二　代　瑞長智泉
三　代　玉田玄珠
四　代　友峯祖禅
五　代　惟馨宗徳
六　代　春巌智光
七　代　観了玄察（観了察公首座禅師、万治元年十月二日）。
八　代　旨峯宗蜜
九　代　霊泉祖嶽（霊泉岳公首座、元文二年六月六日）。
十　代　檀巌宗柱（前住当山檀巌柱和尚禅師、寛政元年十二月二十三日）。

十一代　大純智節（当山再中興大純節和尚禅師、文政三年七月二十七日）。
十二代　慶慎以霊（前住当山慶慎和尚禅師、安政二年十一月二十日）。
十三代　庭山宗柏（妙心準東堂当寺再建庭山和尚大禅師、明治二十二年旧九月十八日）。
十四代　洪嶽祖恩（前住妙心当寺再中興洪嶽恩和尚大禅師、昭和十八年三月二十五日、八十一歳）。
（前住妙心当寺龍嶽正一和尚大禅師、昭和三十一年七月十五日遷化、五十五歳）。
（前住妙心当寺大道宗哲和尚大禅師、平成五年二月二十三日遷化、六十五歳）。
現　住　渓嶽大智

鶴棲山福昌寺（犬山市大字前原字小脇町）

福昌寺は、寛永年間入鹿池築造で入鹿村から前原新田へ移転した。はじめは永正五年（一五〇七）に悟渓宗頓の法嗣・独秀乾才が創建して三ヶ年住山したと伝える（鶴棲山因由簿）。同記による歴代住職は次のとおりである。（　）は明治四十五年に福昌寺住職・森正漸が妙心寺へ提出した歴代住職表による（妙心寺派宗派図）。〔　〕は無縫塔銘等によるもの。

（開山）　独秀（乾才）和尚　永正五年～永正七年　岐阜瑞龍寺鶴棲院へ移る。
（二世）　文渕（玄珠）和尚　永正七年～永正十年　高屋永昌寺へ移る。
（三世東照）　祖寅首座　永正十年～天文二十一年　文渕和尚弟子。
（四世忠堂）　全恕首座　天文二十一年～弘治三年
（五世仁峰）　宗義蔵主　弘治三年～元亀二年

（六世修道）　宜聞首座　元亀二年～天正十九年　春日井郡大山本堂より移る。

（七世静海）　文鼎蔵主　天正十九年～慶長九年
（八世実嶽）　宗珠首座　慶長九年～寛永八年
（九世純叟）　宗孝首座　寛永八年～明暦三年　臥龍庵弟子。光陽寺へ移る。〔中興〕。

（十世法雲）　宗（元）作首座　明暦三年～貞享元年　宗孝弟子。光陽寺へ移る。

（十一世三因）　宜台首座　貞享元年～元禄七年　宗作弟子。光陽寺へ移る。

（十二世州峰）　慈睦首座　元禄七年～享保九年　臥龍庵弟子。八月六日当寺で示寂。

〔無縫塔「当寺先住州峯慈睦首座禅師、享保九年八月六日」〕。

（十三世徳嵓）　宗澤首座　享保九年～享保十六年　丹羽郡斎藤出所。臥龍庵弟子。三州へ。

（十四世一渓）　宗物首座　享保十六年～明和三年　西濃別府出所。高屋永昌寺弟子。安永六年正月示寂。

〔無縫塔「当山中興一渓物和尚禅師、寿齢八十八、安永六年正月朔旦午刻」〕。

全朴首座　明和三年～天明七年　転職。圭巌寿白と改む。

（十五世）　圭巌（寿白）和尚　天明七年～文化三年〔再中興〕（安永十年瑞泉寺文書「福昌寺全朴」）。

〔無縫塔「前住当山圭巌白和尚禅師、文政四年七月十五日」〕。

（十六世曹山）　祖揚首座　文化三年～　文政三年八月転位。曹山祖陽と号す。

〔無縫塔「前住当山曹山揚和尚禅師、安政二年四月二十五日」〕。

（十七世定山祖盈）　〔無縫塔「前住当山定山盈和尚禅師、安政六年二月六日」〕。

（十八世契庵全提）　〔無縫塔「前住妙心契庵提和尚禅師、世寿八十、明治二十九年十一月一日」〕。「福昌契庵座元」（元治元「雪潭入寺記録」）。

（十九世契州全虎）

（二十世東谷正漸）　〔無縫塔「当山再中興東谷漸和尚禅師、大正八年十月十九日」〕。

〔無縫塔「当山十五世裕邦和尚、昭和三十六年一月二十六日」〕。

〔無縫塔「前住妙心裕山棟和尚大禅師、当山第十六世、昭和四十八年九月十五日」〕。

瑞林山光陽寺（犬山市大字今井字寺之前）

瑞泉寺にある文政五年（一八二二）の『光陽寺住世歴代由緒』によれば、悟渓宗頓を開山とし、慶長七年（一六〇二）に当寺二代の江国和尚が悟渓を勧請したとある。また、蜂屋瑞林寺三世の江国和尚は、「今井村の西小洞口（白山洞口）の山林を開発し、隠居所を建立して瑞林庵と号した。田畑も三ヶ所を買いうけた（所在不明）。そして中野海雲と奥村信清の二人が帰依した」とある。同記による歴代は次のとおり。なお、光陽寺の明治十六年の本堂棟札に、明治五年（一七六八）の本堂落成法語が見え、これには、寛永九年（一六三二）創建との記述がある。（　）は、大正元年に光陽寺住職瑞木純方が妙心寺へ提出した歴代住職表による（妙心寺派宗派図）。〔　〕は無縫塔銘等によるもの。

（勧請開山悟渓宗頓）

創　建　江国（宗珉）和尚　慶長九年三月十九日寂。

二代　泰華（慈仙）和尚
〔無縫塔「江国塔、三百年忌之辰、泰衙建之、慶長九年三月十九日」〕。臥龍庵より入寺。数年中に、小笠原和泉守が山林東西百間、南北百二十間を除地としたという。のち臥龍庵へ移る。

三代　（純叟）宗孝首座
前原福昌寺より、明暦三年七月当寺へ移る。程なく焼失。その後当地へ移転。元禄七年七月示寂。
〔無縫塔「当寺中興、純叟和尚禅師、元禄七年七月七日」〕。

四代　（法雲）元作首座
前原福昌寺より、元禄七年七月当寺へ移る。
〔無縫塔「前住当山法雲和尚禅師、享保元年十月二十八日」〕。

五代　（三因）宜台首座
前原福昌寺より、当寺へ移る。元文二年示寂。
〔無縫塔「前住当山三因和尚禅師、元文二年四月六日」〕。

六代　梅渓和尚
犬山臥龍庵弟子。延享二年示寂。
〔無縫塔「妙心顕一座、前住当山梅渓郁和尚禅師、延享二年十一月十三日」〕。

七代　方水（智円）和尚
濃州各務郡野口大樹寺より、延享二年入寺。方丈再建。修覆田（樫木平田地買受。〔無縫塔「当山再中興方水円和尚禅師、明和六年十月十三日」〕

八代　宗得首座
犬山臥龍庵弟子。安永七年、臥龍庵へ移る。

九代　大慎（自詮）和尚
犬山臥龍庵弟子。安永八年六月住職。文化二年五月隠居。田畑を買い受け、新法地再建。
〔無縫塔「前住瑞泉当山伝灯大慎和尚大禅師、文政二年七月六日」〕

十　代　培禅（祖栽）和尚　太田万尺寺弟子。文化二年五月住職。同十年隠退。
〔無縫塔「前住当山培禅和尚禅師、嘉永五年二月二十三日」〕
同年酉より亥まで大慎和尚再住。

十一代　杏蔭（禅味）和尚　北山名龍泉寺良山和尚徒。文化十二年亥十二月住職。安政二年隠居。安政三年六月十八日示寂。
〔無縫塔「前住瑞泉当山杏蔭和尚大禅師、安政三年六月十八日」〕

十二代　泰衜（守倹）長老　犬山輝東庵顧鑑和尚弟子。安政二年十二月住職。明治四十五年九月十五日示寂。本堂屋根を瓦葺にし、本堂前通石垣・石階・石門・敷石・諸道具等新調。元上地の山（寺前二番）一町二反一畝、払下げ等す。本山再住職追贈。八十三歳。〔無縫塔「藤樹塔「明治四十四年九月十五日」」〕

（十三代純方玄猷）〔無縫塔「前住妙心当山純方和尚大禅師、大正十二年十一月二十四日」〕

（十四代遂応玄守）〔無縫塔「前住妙心当山遂応和尚大禅師。昭和十九年六月十二日、光陽寺十三世、長谷川遂応」〕

（十五代要津守一）（平成十年閑栖）

現住　翠巌昌弘

瑞龍山福昌寺（犬山市大字善師野字下田洞）

妙心寺刊『妙心寺派宗派図・聖澤派』によれば、大正元年から二九七年前（元和二年、一六一六に当る)、善師野の禅龍寺中興の嫩桂禅師が創建した。嫩桂は天正十四年に瑞泉寺へ輪番六十世として入寺し、ついで禅龍寺に入って中興となった。また、その後無住が多く、二三八年間に七代の平僧が住山したのみであった。嘉永六年十二月、九世萬国に至り、臨渓院の十九世為成和尚が分法し、法地となった。明治二十四年の大震災で堂宇が倒壊したが十世雄州が再建をした。歴代住職は、大正元年に福昌寺住職・森正漸が妙心寺へ提出した記録による(妙心寺派宗派図)。

開　山　嫩桂宗維
二　世　瑞岩玄祥
三　世　顕室忠公
四　世　惟声徳公
五　世　禅応祖諾
六　世　知道恩公
七　世　梅岩梵公
八　世　龍水珠公
九　世　萬国知保　(無縫塔「贈住瑞泉当寺伝法開祖萬国和尚大禅師、明治三十三年九月二十八日」)
「福昌萬国座元」(元治元「雪潭入寺記録」)
十　世　雄州宗因　(濃尾大震災後に復興)
(無縫塔「前住中興玉鳳雄州長老禅師、明治二十七年七月五日」)
十一世　円従拙堂　(無縫塔「円従塔、明治三十七年二月五日」)

十二世　篤温春岳　（無縫塔「篤温塔、昭和六年三月十八日」）
（無縫塔「前住妙心聆州彦和尚大禅師、昭和四十一年十二月十八日」）
現　住　亮彦

得雲山禅龍寺（犬山市大字善師野字東野原）

妙心寺刊『妙心寺派宗派図・聖澤派』によれば、東陽英朝の法孫で、天関の法嗣の高峰宗源が、天文元年（一五三二）に創建した。高峰は、天文十四年に瑞泉寺四十七世をつとめた。ついで嫩桂宗維が入寺して中興二世となり、犬山城主の小笠原和泉守吉次の帰依を受けて栄えた。当寺が三階菱を定紋としているのはそのためである。元和二年福昌寺を建て、同七年嫩桂は当寺で示寂した。

その後明和三年火災により全焼し、六世球巌座元が改造（再建か）した。明治二十四年の大震災では全壊したので、十一世荊州長老が再建した。また文化十二年、九世泰応長老の時、臨渓院十九世の為成和尚が分法し、法地となった。

歴代住職

開　山　高峰宗源
二　世　嫩桂宗維　中興
三　世　雲龍
四　世　鷲峰
五　世　松宗恵棟

六　世　球巖
七　世　慧元
八　世　恵琳
九　世　泰応文主　（無縫塔「前住当山泰応和尚大禅師、謹而荊州建之」「禅竜泰応座元」（元治元「雪潭入寺記録」）
十　世　仁峰文慶
十一世　荊州玄實　（無縫塔「前住瑞泉当山荊州實和尚大禅師、明治四十一年旧七月十三日、雅方(ママ)謹建」）明治三十七年八月、住職広田玄實、瑞泉寺離末を妙心寺に届けた（瑞泉寺蔵、明治「寺籍調査表」）
十二世　雅堂宗碩　（無縫塔「前住瑞泉当山中興雅堂碩和尚大禅師、昭和二十六年四月二十三日示寂、哲堂謹建」）
（無縫塔「住持妙心当山哲堂正和尚大禅師、昭和三十二年二月二十一日、当山四世」）
（明治四十五年禅龍寺住職・中山宗碩提出の歴代表による）

朱日山陽徳寺（犬山市大字善師野字下ノ奥）

妙心寺刊『妙心寺派宗派図・聖澤派』によれば、陽徳寺は慶長十四年（一六〇九）に善師野の字西ヶ洞という所に創建された。開山は不詳という。寺伝では、室町前期に日峰宗舜の弟子・陽徳道休首座が大日堂を陽徳寺に改め、宝徳二年（一四五〇）二月二十日に遷化した。位牌がある。その後、明暦元年（一六五五）に山抜けで寺が破壊されたので、瑞泉寺臨渓院の嶺宗（體道の法嗣で、雲龍や洞天・屋天の法兄）が、それまでの西が洞から熊野山の中段に引移して再建した。それで、嶺宗を創建開山としている。享保十年十一月、五世智令首座が現在地へ本堂を移し、嘉永六年に顧山和尚の時に法地に昇格した。

歴代住職

開　山　嶺宗和尚（熊野山中段に寺を移す）
（無縫塔「万治元年十二月二十九日示寂）
二　代　意林竹公
三　代　重峰恵功（無縫塔「重峰恵功首座）
四　代　月峰恵林
五　代　月渓智令（現在地に寺を移す）
（無縫塔「当寺準中興月渓智玲首座、享保六辛丑歳正月二十八日
手習指南弟子中寄付、見住禅器誌」）
六　代　松岩祖貞（無縫塔「当山五世末巖祖貞首座、享保廿乙卯歳正月十七日、見住禅器誌」）
七　代　大遅禅器（無縫塔「当山六世大遅禅器首座、享和二戌十一月五日」）
八　代　直源禅桃（無縫塔「当山七世直源禅桃首座、天保四癸巳七月五日」）
九　代　関道祖原（無縫塔「当山八世関道祖愿首座、天保四巳十二月十五日」）
十　代　立雪祖安（無縫塔「当山第九世立雪祖安首座、天保十一子十月廿八日」）

十一代　顧山宜鑑（無縫塔「当山分法開山顧山和尚、明治八乙亥旧十一月廿七日」）
十二代　養応宜孝（寺伝十二月八日）「陽徳顧山座元（元治元「雪潭入寺記録」）」
（無縫塔「前住妙心当山養応孝和尚、大正十三年午年七月十日」）
（大正元年、陽徳寺住職・倉智宜孝提出書類による）（　）は筆者調査分
（十三代　宜政）
現　住　禅磨　昭和三十六年三月晋山。宮川禅磨

松荷山貞林寺（犬山市大字犬山字白山平）

安政六年（一八五九）、犬山中切村の油屋林右衛門の娘が丸山の地に貞林庵を開創するのに輝東庵の尾関泰法が尽力した。その『貞林庵創建之記』末尾には、「松荷庵主泰法誌」とある。泰法はその後、瑞泉寺に住山し、明治十三年に退院して、明治十五年貞林庵で示寂した。

同寺の無縫塔銘による歴代等は次のとおりである。

前住妙心泰法和尚大禅師　明治十五年旧一月廿六日
那智山準中興大阿闍利純孝　明治十六年旧七月十日
当庵初世　瑢道祖契尼首座　明治二十四年旧十二月一日
当庵二世　昌山恵隆尼首座　昭和十八年四月一日
当寺三世　泰圓恵法尼和尚
現住　吉野恵法

史料編

一、中世史料

一　無学祖元筆達磨画像賛（模写本による）

面壁九年、伝無所伝、一華五葉、東土西天、総持親悟去、眼綻髑前、
瑞鹿主山無学翁祖元題（ママ）

二　無因宗因偈（この偈、前半は妙心寺にあり、本件は延宝年間に妙心寺より移る）

又

居処幽邃遠朝市、不聴人間非与是、煙列淡墨山横屏、不知身有画図裏、
右為舜（日峰宗舜）上人書之

（参考）　無因宗因偈　　京都妙心寺蔵

山中好山中頗好、泉声月色適閑情、此景塵中人若識、将憑有力恐成事、

三　内田左衛門次郎寄進状（この文書、近世の作）

覚

一、山林四拾壱町六反壱畝八歩

但し

東五百八拾八間
西三百七拾六間
南弐百四拾八間
北弐百七拾間

右、私者ニ付、御寄附仕候事、

応永十二
九月三日　　内田左衛門次郎（花押）

日峰上人丈室

四　瑞泉寺鐘銘写（改鋳亡、八百津町大仙寺蔵『悦崗・希庵等法語雑録』による）

日峰舜（宗舜）公創建瑞泉精舎、乃奉　無因（宗因）師翁以開山始祖、叢規粛如矣、壬寅（応永廿九年）之冬、命梟氏範金作鐘、晨昏考撃、号令人天、為利也博、茲来乞銘、為之銘、

伊昔荒崗、化夫宝坊、過者稽顙、伊昔頑銅、
鎔成巨鐘、聞者撃蒙、舜也訓徒、暴革貧渝、
将無同乎、莛発則鳴、禅誦有程、利及幽明、
洪音日宣、与法同伝、萬億斯年、

旹応永廿又九年仲冬廿一日　前南禅惟肖得岩製

五　日峰宗舜書状

扇子一本、筆一対、杉原二帖進之、

孟春之書令披閲候、山中無為安閑歓喜之至候、仍而香五辧収納候、就中今度瑞文僧委細令伝語候、就干青龍三歳看院了候、可被上洛之由承候、此間辛労奉察候、雖然老僧下向間者可有堪忍候、於山中可申定候、万一無其儀候者、別而可申談候、其閑(間)者可有堪忍候、専拝先師所仰候、将又退蔵院祖那(檀)者廿七日逝去、此方事、就万事老僧下向候者無正体候、可推察候、万端瑞文僧令伝語候、事々不宣、

季春十八日

養源（花押）

青龍看院

（切封アト）

「――　――」

六　日峰宗舜書状

青龍住山事、自愚渓申上候様者、我看院年数次第七春候、彼看院今三年候、只如此間看院可然之由被申候、如此分堪忍候者喜悦之至候、老僧下向之御時断殊更難叶候、妙心寺領又転候間、不及力候、可有推察候、将又造営等之事、御志之至喜入候、山中之式万端奉憑候、委細宗菊令伝語候也、事々不宣、

臘月十三日

宗舜（花押）

青龍看丈

（切封アト）
「―――　―――」
（参考）　日峰宗舜書状封紙

花園養源院
舜宗
青龍看丈

七　桃隠玄朔置文写（この文書近世の作か）

定

当山住持職之事、為
開山子孫之諸老、順次ニ勤務可被致之事、
一　縦令雖為其仁没後、依児孫之願望者可被準　当山一世之視篆之事、
一　諸転位等者、上香（日峰宗舜）　開山之真前而職状可有降下事、
右之件々　先師遺命之定規也、
康正二年丙子九月廿六日
現青龍山主玄朔（桃隠）於于慈明庵下書

八　桃隠玄朔筆趙州和尚頂相賛

南泉会裡、衆角一麟、不施寸刄、殺人活人、鎮州蘿蔔、言中有響、庭前栢樹、当処不親、七百甲子、閑費柴采、八十行脚、空走風塵、阿呵々、大唐国裏無人肯、又向扶桑露半身、

青龍　玄朔（桃隠）　拝賛

○□

（朱印二）

九　雪江宗深書状

（モト上書）

「　　　　　　　　　　龍安寺

看瑞泉　　　　　宗深　」

為

黄梅院

真前、煎深銅之三具足一飾只今下也、珎重、六月念四日、住山宗深、寄院主智宣書記、瑞龍山中

（花押）（雪江宗深）

一〇　雪江宗深筆日峰宗舜頂相自賛

這田舎奴、形䰩（醜）心愚、擎青龍角、玩瑞泉涺、遠山如画、野水似湖、千拙備身、羞祖瞎駈、咦

右自賛、拙孫宗深焼香九拝謹写、
文明初元禅師号降勅謚禅源大済禅師

一一　玉浦宗珉定書写（近世の作か）

定規

準尾州犬山瑞泉寺住持職、当山一回之住持被相勤候衆者、縦令雖為本山之座元、没后位牌ニ可称大禅師ト事、先師心宗禅師（悟渓宗頓）之遺命也、仍而如件、

文亀元年
七月
現汾陽
玉浦叟（宗珉）印

一二　織田信長朱印状（折紙）

当寺之事、為関山流本寺之条、早再興尤候、材木召下ニ付、河並諸役除之状如件、

元亀弐
六月四日　信長（朱印）
瑞泉寺

一三　瑞泉寺鐘銘写（青龍山瑞泉寺記による）

鋳出鴻鐘大願輪、声々月夕又風晨、嵩呼万歳華鯨吼、楽緑礼紅従此新、青龍山瑞泉公用、飛州益田郡
禅昌寺住僧玄情首座寄進之、大工濃州可児郡荏戸之住長谷川平左衛門
天正七年己卯十二月吉辰　　前住当山功叔叟(宗輔)

一四　織田信房制札写（原本亡失）（瑞泉寺「御朱印・御墨印・御制札写」による）

一　当寺於境内不可殺生事、
一　伐採山林竹木事、
一　山林并屋敷境可為如前々事、
一　溜之内寺僧之外不可有出入事、
一　当寺於境内不可放牛馬事、
右条々於違犯之輩者、可処厳科者也、
天正九年辛巳　霜月吉日信房(織田)御朱印

一五　中川定成禁制写（原本亡失）

禁制　　瑞泉寺
一　当寺於境内不可殺生事、
一　伐採山林竹木事、

一　山林并屋敷境可為如前々事、
一　溜之内寺僧之外不可有出入事、
一　当寺於境内不可放牛馬事、
右条々於違犯之輩者、可処厳科者也、仍如件、
天正拾年九月日　　(中川)定成書判

一六　加藤光泰判物（折紙）

以上
舟頭給之事、八人ニ畠屋敷共ニ壱町六反半、但九貫九百五十文之由候、田壱町六反、此分前々より取来候由候間、今以無相違申付候、自然此内私曲於在之者、追而遂糺明可随其者也、如件、
天正十二
五月七日　　(加藤光泰)作内丞（花押）
犬山内田渡
舟頭八人

一七　某禁制写（原本亡失）（青龍山瑞泉寺記による）（『雑話犬山旧事記』は武田清利文書とする）

一　当寺於境内不可殺生事、
一　伐採山林竹木事、

一　山林并屋敷境可為如前々事、
一　溜之内寺僧之外不可有出入事、
一　当寺於境内不可放牛馬事、
右条々、於違犯之輩者可処厳科者也、
天正十四年十月吉日　　書判

一八　旭窓知曄書状（折紙）

以上
今度　御朱印頂戴之儀ニ付、臥龍庵上京、得其意則常住令披露證状相調進之候、委曲順首座可有演説
条不能詳候、縷々不宣、
（文禄五年カ）　　　　旭窓
孟春廿七日　　　　知曄（花押）
拝呈
瑞泉寺
役者中

一九　豊臣秀吉朱印状写（青龍山瑞泉寺記による）

尾州丹羽郡犬山本郷之内五十石事、全可寺納候、并山林竹木門前諸役令免許候也、

文禄五四月廿三日　　秀吉公吉印

瑞泉寺

二〇　豊臣秀吉朱印状（折紙）

枝柿一折数三百遠路到来、悦思食候、尚石川備前守（光吉）可申候也、

（豊臣秀吉）（朱印）

卯月八日　〇

瑞泉院

（包紙上書）「瑞泉院」

二一　石川光吉書状（折紙）

猶々山林竹木、為寺僧私不可苅候、已上、

当寺之儀

南化（玄興）和尚、天猷（玄晁）和尚別而御肝煎付而、式目被遣候、一々不可有違輩（背）候、以来猶可被任両和尚尊意候、

寺納者如御式目以領米加修理、算用等専一候、恐々謹言、

石川備前守

瑞泉寺

侍者御中

二二　石川光吉書状（折紙）

尚以早々御音信、喜悦之至候、以上、

御札令拝見候、殊更為御音信はう丁貳枚被懸御意候、御懇意之至別而本望ニ存候、就中拙者身上之儀、先御国広被仰付、安堵仕忝次第難申尽候、於様躰者可御心安候、近日江戸へ可罷下候条、其刻以面可申入候、其由於我等大慶ニ存候、尚追而可申入候、恐々謹言、

十一月十日光吉（花押）

石川備前守

瑞泉寺

侍者御中

二三　伊奈忠次書状（折紙）

以上

瑞泉寺領事、当物成被進候之間、無相違御請取可被成候、末之儀者、下野様(松平忠吉)御理可被成候、恐々謹言、

丑(慶長六年)二月四日伊備前守(伊奈忠次)（花押）

（切封アト）

「――――」

瑞泉寺住持様

二四　松平忠吉朱印状写（青龍山瑞泉寺記による）

尾張国丹羽郡犬山本郷之内五十石之事、全可寺納候、并山林竹木門前諸役令免許候也、

慶長六七月九日　　忠吉公御朱印

瑞泉寺

二五　瑞泉寺領検地帳

（表紙）

「瑞泉寺分　　御検地之帳」

中田（野くろ）壱反弐畝拾七歩　　（寺子）七蔵

中田（同）壱反弐畝廿六歩　　納所

中田（同）九畝廿四歩　　小六

中田（同）壱反弐畝六歩　　臨渓院　龍泉院

中田（同）弐反弐畝七歩　　宗清

中田壱反弐畝拾七歩　　喜右衛門尉

中田九畝拾八歩　　源七

中田壱反壱畝六歩　　輝東庵

中田壱反弐畝拾七歩　　又三

中田壱畝六歩　二郎右衛門尉
中田壱反九畝歩　助三
中田九畝拾六歩　藤一
中田三畝拾五歩　助宗
中田（山くろ）壱畝弐歩　不作　臥龍
下田（同）壱反四〇（畝）歩　同人
下田六畝弐歩　同人
下田九畝五歩　宝珠
下田三畝廿四歩　同人
下田弐畝廿歩　不作　同人
下田弐畝拾八歩　同人
上畠（うちた）弐反壱畝廿歩　孫一
上畠（同）壱反弐畝四歩　彦右衛門尉
上畠（同）壱反拾五歩　彦七
上畠（同）壱反壱畝歩　又右衛門尉
上畠（同）壱反四歩　孫左衛門尉
上畠（同）壱反弐畝四歩　与宗
上畠（同）九畝拾六歩　二郎四郎

上畠（同）八畝廿弐歩　（北川）承賀
上畠（同）七畝拾四歩　八郎左衛門尉
上畠（同）八畝廿六歩　彦右衛門尉
上畠（同）七畝廿六歩　甚七
上畠（同）壱反廿九歩　宗五郎
上畠（同）壱反弐歩　甚二郎
上畠（同）九畝廿壱歩　宗七
上畠（同）八畝歩　輝東庵
上畠（同）七畝八歩　臨渓院
上畠（同）九畝歩　臥龍
上畠（同）三畝拾弐歩　与想
上畠（同）七畝拾壱歩　雲従
上畠（同）三畝拾歩　勝右衛門尉
上畠（同）五畝拾六歩　九郎左衛門尉
上畠（同）壱畝廿六歩　藤三郎
上畠（同）七畝拾壱歩　藤蔵
上畠（同）六畝歩　妙喜庵
上畠（同）六畝拾弐歩　孫六

上畠（同）八畝廿六歩　与想
上畠（同）九畝廿四歩　宝珠
上畠（同）壱反壱畝歩　宗助
上畠（同）壱畝六歩　又想
上畠（同）九畝歩※（付箋）久蔵

（付箋）○後筆、上下ニ中村弥二兵衛ノ割印アリ、
「此上畑九畝歩是ハ子ノ年犬山領ノ内ニ成
右之替地ニ（高壱石八升）上畠五畝拾五歩北八畠ノ内渡ス（高六斗六升）（内田ニ而）
同　中畠四畝六歩　（同所）弥三畑ノ内渡ス
二口〆壱石八升替地ニ渡ス（高四斗弐升）
正保五年子ノ正月廿一日
」

中田合壱町四反八畝弐十五歩
下田合三反九畝拾壱歩此内五畝八歩不作
上畠合弐町五反五畝廿五歩
田畠以上合四町四反四畝壱歩
墨付七枚
慶長拾三（戊申）九月四日
成瀬権左衛門尉殿

（付箋）　〇後筆、上下左右ニ中村弥二兵衛ノ割印アリ、

「右之外

一中田三畝歩落地

是ハ子ノ年ヨリ犬山領ノ内ニ成

此替地池ノ下ニ而魚屋町長吉田ノ内渡ス

余坂村
次郎右衛門作

吉田庄太夫（黒印）

小林権右衛門（黒印）

辻村記四郎（黒印）

中村弥二兵衛（黒印）

藤嶋助右衛門（黒印）

川合杢兵衛（黒印）

正保五年子ノ正月廿一日

二六　石川宗林書状（折紙）

一書令啓候、遠路為御音信御使僧、殊更見事之枝柿一折百、被懸御意候、過分之至候、其元相替之儀も無之由、千万目出度候、爰元相応之御用可被仰付候、我等義も心安京都ニ在之事候、可御心易候、猶追而可申入候、恐惶謹言、

石川宗林（光吉）

瑞泉寺

侍者御中

二七　石川藤右衛門尉書状（折紙）

尚以寄思召、遠路御使僧忝奉存候、以上、

未得尊意候之処、預御使僧、殊更南都諸白樽壱、大栗一折弐百、被懸御意被寄思召段、別而辱奉存候、上方相応之御用等可蒙仰候不可有疎意候、猶御使僧口上ニ申達候、致右略候、恐惶謹言、

石川藤右衛門尉

十月廿三　□□（花押）

瑞泉寺様

二八　伊奈忠次・彦坂光正連署判物（折紙）

尾州丹羽郡犬山船頭給事

合弐拾三石七斗四升五合

葉栗郡内
東浅井村

右任先規渡置候、弥不嫌夜中渡舟可仕者也、仍如件、

慶長拾四年
酉　伊備前守（黒印）○

三月廿七日　忠次（花押）
彦坂九兵衛
光正（花押）

犬山
舟頭

二九　鈴木重吉書状（折紙）

犬山舟頭給、駿州へ進之、申越備前守殿（伊奈忠次）・九兵衛殿（彦坂光正）、御判取寄セ申、舟頭共ニ可有御渡候、是ハ末代之御判ニ候間、其分可被仰候、恐々謹言、

（慶長十四年）卯月十三日　重□（吉）（花押）
（鈴木）鈴淡路守

（遠藤）宗善
人々御中

三〇　徳川義直黒印状写（青龍山瑞泉寺記による）

尾張国丹羽郡犬山本郷之内五十石之事、如前々可有寺納、并山林竹木門前諸役等令免許者也、

元和七年六月二日　義直公御黒印
瑞泉寺

三一　妙心寺役僧等連署覚書写

覚

両開山香資　金弐両
創建忌　銀拾匁
開山忌　同拾匁
関山忌　同拾匁
展待料　金壱両
代香料
飛脚料　同弐両弐歩
右金五両参歩
瑞泉寺末派転位之事
従都寺・首座以下、立香於両開山之前、可定位次者也、仍而衆評如件、
寛永九年壬申三月朔日
維那　紹伊判
納所　景韡判
侍衣　寿叢判
侍真　宗登判
妙心寺
瑞泉寺役者中

三二　瑞泉寺衆僧等連署定書

定

一　知客并侍者々弐百文
一　蔵司并副寺者参百文
一　書記并監寺者四百文
一　都寺并首座者五百文
右之収香供於両開山尊前、可転位者也、仍而衆評如件、

寛永九壬申三月吉辰

徳授　宗貞（江雪）（花押）
臨渓　永伊（体道）（花押）
輝東　慶珍（花押）
臥龍　宗順（花押）
龍泉　乾龍（花押）

青龍山瑞泉禅寺

三三　千田善左衛門・都筑市左衛門連署覚書写（折紙）

諸役御免之覚

一　うち田村舟頭町壱町之高八拾六石分、先年より諸役御免之義ニ候間、縦何やう之御役に候とも、聊以相勤申ましく候、為後日仍如件、

寛永拾七年〔三カ〕
子ノ二月廿三日
成瀬隼人正代(正虎)　千田善左衛門
同　都筑市左衛門
舟頭八人

〔龍泉院史料〕

三四　景川宗隆頂相自賛写（原本は、いなべ市の瑞応寺所蔵）

這瞎禿子、百醜千拙、痴鈍昏濛、徹松源黒豆、抛楊岐栗蓬、朝出仏界暮入魔宮、仏界魔界欄不住、龍泉庵内逞威雄、咦、

諸子等絵余陋質需讃、述俚語以充龍泉永住供養云尓、明応九年仲春日　前大徳景川老拙書焉

（修理墨書）
「景川大和尚像　龍泉院什具　万延元庚申年修補之　沚山叟」

三五　景川宗隆書状

尚々委細知蔵主可有披露候、

正治寺為大心院之末寺被再興、如先規可被致公方之祈祷之由候、尤可然候、就彼儀者、諸篇可被致注進候也、於院中不可有如在候、恐々頓首、

十月廿一日　宗隆（景川）（花押）

正治寺

一衆中

〔龍済寺史料〕

三六　宝篋印塔基礎刻銘

（輪郭右）

「龍済開基」

（輪郭左）

「慈因首座」

（輪郭上）

「文明十五年癸卯」

（輪郭下）

「十月十六日」

三七　雪江宗深書状写

最第一之書

当寺中興開山勅諡禅源大済禅師嗣法弟子雲谷和尚在世時、雖可有当寺入院、俄依入滅不能其儀間、今日為雲谷祖師小子中一列、可有当寺入院由之綸旨被望申、預御奏聞、綸旨被下者、可為本望者也、為祝言、杉原十帖・扇子壱本令進覧、恐々謹言、

文明十六年

菊月二日　宗深（花押影）

勧修寺殿

伝奏

人々御中

三八　桃隠玄朔自署断簡

「桃隠玄朔（花押）」

三九　雪江宗深筆山門偈

雪江宗深　山門偈

山門、今日、伏値大覚世尊降誕之辰、漫唱伽陀、以奉酬慈蔭云、

脇誕指天甘蔗堂、韶陽辣手太荒唐、君看唯我獨尊貌、紅薬一欄風露香、

大雲山主九頓

〔臨渓院史料〕

四〇　東陽英朝偈

仏降誕之辰、漫作小伽陀以酬慈蔭云、

遺教比丘　英朝炷拝□□(朱印二)

孺子出胎便点胸、痛遭韶石折其鋒、山僧却賞渠神俊、一杓香湯起九龍、

明応丁巳(六)之歳　書于青龍山下

四一　東陽英朝蒙童家訓(板刻)

○コノ家訓、額装ノ板ニ陰刻ス、

東陽和尚住瑞泉曰、為蒙童家訓、出探策之、或云尽探索者、専為少年稽古、且存叢社風儀者也、夫由葛藤而進学道階梯、仮翰墨以咸宗猷黼黻豈小補哉、然余事也、日々会一場人々年一度、若有頻及第之則譲第二級第三級而可相続勤焉、永勿令退転可矣、至其治具則華一瓶香一炷、清茶濁醪炒豆皿一器外、不可敢抽俗気矣、料紙若可剪森下中書共小襍紙耳、執筆当仁不可固辞、大凡風雅之筵和為貴者哉、

右

堅守斯法、莫違犯、万幸

旹明応七年戊午六月　日

四二　愚堂東寔偈

清浄本然、十方通達、若又未知、莫論縛脱、

喝一喝

寛永十七年庚辰仲夏吉辰

再住妙心愚堂老衲書　□（朱印　白文「沙門東寔」）

〔輝東寺史料〕

四三　特芳禅傑頂相自賛写

万機休罷千聖不知、老々大々兀々痴々、仏法未夢見在、咦、四海香風従是起、花園□在□年秋、

右宗林首座絵予陋質需賛、書以塞厥語云、

旹永正改元十一月如意珠日、前大徳住龍安特芳老漢禅傑八十六載、書于雲臥軒下、

前住妙心全庚比丘焚香拝写　○（朱印）

四四　特芳禅傑偈

鼻祖忌

梁魏山河本晏然、無端容此野孤禅、金毛之窟莫停住、好去西天万八千、

大雲山（龍安寺）主禅傑（特芳）九拝

〔臥龍寺史料〕

四五　独秀乾才筆悟渓宗頓頂相賛

百不会、百不能、撥無戒律、悦略規絶、学本雖孤陋、禅亦欠師承、将謂林際苗裔、元来無眼村僧、天地不仁生箇漢、駈腮馬領得人憎、咄、

小師宗仁蔵主、命画工、奉写大興心宗禅師（悟渓宗頓）尊容式、令安置于臥龍庵、仍請書師自賛矣、

旹永正丁卯（四年）夷則日、塔主乾才焚香　拝書

（朱印）□　（朱印）□

二、近世史料

ここでは、主に昭和五十三年と五十四年に、犬山の日比野晃氏が『中日本自動車短期大学論叢第八号』『同九号』に、「瑞泉寺文書」と題して掲げられた中世近世文書のうちから、近世文書について掲載させていただくことにする。論叢掲載分については、（論叢八―①）というように注記する。

四六　千田善左衛門下知状（折紙）（論叢八―㉓）

内田村船頭共、此度遣候儀、以前無之儀ニ候へ共、指当用事ニ付、頼候而遣候、以来例ニ成間敷候、為後日如此候、以上

慶安四年
卯
三月二日　千（千田善左衛門）善左（花押）（印）

内田村
清三郎
同
船頭中

四七　内田村庄屋・船人頭連署願書（論叢八―⑱）

乍恐奉頼上候御事

一、当村渡給御墨附、田壱町六反、当所ニ有之、

但し、是ハ永銭高九貫九百五十文也、

外ニ、高弐拾三石七斗四升五合、葉栗郡浅井村ニ有之、

右御墨附二通、外同五通、都合七通ニ御座候、古来より私共持来候得共、火盗用心等茂悪敷有之候ニ付、御寺御宝蔵江御預ヶ置申度候ニ付、奉頼上候、何卒右之段宜敷奉頼上候、以上

内田村庄屋

久左衛門（印）

同村船人頭

武　八（印）

文政十二年

丑三月

瑞泉寺

御役院衆中様

四八　徳川光友黒印状写（論叢九―②）

一、当寺領尾張国丹羽郡犬山本郷之内五十石之古又、并門前山林竹木諸役等免除、任慶長六年七月九日・元和七年六月二日両先判之旨、進止、不可有相違者也、仍如件、

寛文七年二月十七日　　光友公御名乗無之、御黒印

瑞泉寺

四九　徳川継友黒印状写（論叢九―③）

当寺領、尾張國丹羽郡犬山本郷之内、五拾石事、并門前山林竹木諸役等免除之、任元和七年六月二日・寛文七年二月十七日・元禄七年九月十七日・宝永六年十二月十七日先判旨、進止不可有相違者也、仍如件、

享保二年十一月十七日　御判

瑞泉寺

五〇　尾張徳川家　禁制写

禁制　瑞泉寺　境内

一、殺生事、

一、伐採山林竹木事、

一、石取事、

右之條々、若有違犯族者、可被處厳科者也、任元和七年五月三日・寛文七年閏二月十七日・宝永元年十一月朔日先規之旨、仍如件、

享保十八年六月朔日

五一　尾張徳川家　禁制写

禁制　瑞泉寺　境内

一、殺生事、
一、伐採山林竹木事、
一、石取事、
右之條々、若有違犯族者、可被処厳科者也、任元和七年五月三日・寛文七年閏二月十七日・宝永元年十一月朔日・享保十八年六月朔日先規之旨、仍如件、
明和五年九月十五日

五二　尾張徳川家　黒印状写

当寺領、尾張国丹羽郡犬山本郷之内、五拾石事、并門前山林竹木諸役等免除、任当家先判之例進止、不可有相違者也、仍如件、
慶應三年九月十七日　□（黒印）
瑞泉寺

五三　瑞泉寺領石高書上控（論叢九―㉝）

御達申上候御事
御黒印地御高外

一、高五拾四石三斗七升八合　　瑞泉寺
但シ定免三ッ三歩
右之通相違無御座候、以上
　　　　　　　　　犬山瑞泉寺役寺
巳二月　　　　　　　　輝東庵
社寺御奉行所

五四　御物成引下願書（論叢九―⑩）

乍恐奉願口上之覚
一、私屋敷御存被付候通リ殊外木下ニ而難儀仕候得共、代々住居仕候処、御年貢高定御物成ニて太（多）分ニ御座候得ハ、難勤ニ奉存候、何卒御物成之内、納米三斗御引下ケ被下候ハゝ難有可奉存候、若々右之御願相叶不申候ハゝ、北屋敷二ヶ私江御付被成被下候様ニ御願申上候、右二品之内何連成共御勘并（弁カ）之上、相叶申候様奉願上候、恐入候得共殊外不勝手ニ罷成、永々難相勤奉存候、何卒右御願申候通リ被成下候ハゝ難有可奉存候、以上
安永九年　　　　内田屋敷□（処カ）願主
　子十二月　　　　　　儀右衛門（印）
瑞泉寺御年番
　臨渓院様

五五　瑞泉寺寺領等取調帳写

尾張国丹羽郡之内瑞泉寺領郷村高其外取調帳写
　卯年米拾七石九斗四升四合七夕五才、
　辰年米拾四石三斗四升三合三夕五才、
　巳年米拾三石三斗九升四合九夕、
　小以米九拾五石五斗五合六夕五才、
除地
畑弐町弐畝九歩、同所新田、
　此六ヶ年平均
　　物成米
　　　子年
　　　丑年
　　　寅年
　　　卯年
　　　辰年
　　　巳年
　　　小以

合米
　此諸渡方
米　堰溝代米渡、
銀　同　代銀渡、
銀　三百拾六匁三分三厘　大井宿伝馬代銀渡、（年々不同）
米　壱石六斗　林守代米渡、
永拾二貫文　同永銭渡、
米六斗六升　諸雑使給米渡、
　小以（米・銀）
　　永　拾弐貫文、
差引
米　　　現収納、
境内外除地
　山林四拾壱町六反壱畝八歩、
　　内
　三町七反壱畝廿一歩　境内ニ付除之、
　二町二畝九歩　　　　新田ニ付除之、
残

三拾五町八反七畝八歩　但シ松木立、
此木数
但シ凡目通　尺寸廻ヨリ一尺廻迄、
其外小松生立、
此払代金所相場
右者、当寺領郷村高并現収納、書面之通御座候也、
明治三庚午年十二月　尾張国丹羽郡犬山
瑞泉寺
犬山御藩庁
社寺御懸

五六　汾陽寺役者衆連署寄進状（論叢八―⑭）

某等欽啓、青龍開山大済禅師(日峰宗舜)之手蹟、自洛陽正法山(妙心寺)、所賜汾陽廣照禅師(雲谷玄祥)、雲筆也、二百余年来雖秘在山中、憑臨渓塔主禅海座元、多年膽恋寄附焉畢、敬献之文房、楮封永耀彩矣、委悉不宣、
汾陽寺
侍真
恵周（花押）
時寛文十二年壬子年
維那

祖昌（花押）
閏林鐘十二日
納所
祖渕（花押）
侍衣
玄寔（花押）
住持
祖崑（壺印）

拝進
瑞泉寺
兌僧禅師

五七　後水尾天皇御下賜廿五條袈裟包布裏書

這金襴二十五條者、先師妙道老漢、視篆妙心之日、従　後水尾院太上法皇所降賜之大衣也、今歴闔山諸大禅師之高議、爲入妙道牌於祖堂、謹奉寄附之、本源塔者也、
元禄二歳次己巳小春良辰
輝東塔司象海霊珍誌焉、

五八　瑞泉寺宗門改請書控（論叢九―⑫）

指出申一札之事

一、拙僧共、当寺役者相勤候ニ付、切支丹宗門御制禁之旨、従寛文五巳年段々被仰出候御書付之条数、致承知弥吟味仕、右寺留主居之者并道心者ニ至迄宗旨穿鑿仕候処、怪敷儀無御座候、則其者共之自分手形・寺手形を茂為致取置申候、且又旦方中致吟味判形仕候方々ニ少茂不審成儀無御座候事、

一、寺家・末寺其外支配之方右召仕ニ至迄、切支丹宗門相改候処、怪敷儀無御座候、則手形共為致取置申候事、

右之趣相違無御座候、少ニ而も疑敷儀御座候ハヽ早速可申達候、若旦方中ニ切支丹宗門之者有之候ハヽ、拙僧共ニ御懸リ可被成候、其節急度申分可仕候、為其仍如件、

尾州丹羽郡犬山臨済宗田舍本寺
輪番所瑞泉寺

役者　臨渓院（印）
雪潮（花押）
輝東庵（印）
関道（花押）
臥龍庵（印）
巨分（花押）
龍泉院（印）

寛政七年卯二月

悠道（花押）

五　味　平　馬殿
成田貞之右衛門殿　—ヲ作ルレ殿ニ役所ノ案也、此方ヨリ指出ス留ナリ

五九　渡辺半蔵定綱書状（折紙）（論叢八―㉗）

同名半九郎儀、御知行拝領付、其砌其元宿所ヘ御入来之由、過分之至候、為其如此候、恐惶謹言、

渡辺半蔵
定綱（花押）

四月三日

一乗院

六〇　仁渓慧寛書状（論叢八―⑮）

猶々、新八殿ヘも御内方ヘも同筆ニ申度候、遠方故御無音計ニ打過、不本意候、

其後者以一書不申候、寒気いかゝ御座候哉、弥御一家御無事ニ御入候半と、目出度申候、拙僧事、先月讃州高松ヘ渡リ、廿三日法泉寺ヘ入院、儀式首尾能仕舞申候処、無案内ニ候ヘ共、取持衆多候故、心安有付申候、其元ニ居申候内、毎々御念比之段忝存候、猶任後音候、時々不宣、

法泉寺
仁渓（花押）

十一月七日

木納清三郎殿

参

六一　妙心寺覚書（論叢八―⑯）

覚書

今般其寺ヨリ願出ソロ趣、無余儀筋ニソロヘハ、格別之衆議ヲ以、別紙之通品目相定遣ソロ、然ル上ハ輪番之和尚衆ヨリ被相納ソロヘハ、両開祖供養太切之儀ハ勿論、尋常質素ヲ相守、相続筋致専要、永代屹度一助ニ相成ソロ様、取計容易ニ心得間敷ソロ、尤以来両開祖遠忌等之節モ闕典之筋無之様、平生護念可有之者也、

寛政十二庚申歳正月廿二日　　妙心寺

瑞泉寺

六三　瑞泉寺覚書控（論叢九―㉜）

覚

一、寛文二年寅より午迄六ヶ年之内、遷住和尚方之内、殿様御年礼被相勤候年号書付ハ無御座候、併被相遷候得ハ御黒印地ニ而御座候間、被相勤候由と奉存候、

一、御年礼御願相済候日限之義、乍勿論書付等無御座候、古来より御年礼相勤来候、已上、

西十一月

龍泉院　印

臥龍庵　〃

輝東庵　〃

六二　妙心寺役寺連署定書（論叢八―⑰）

定

一、住持職料　金壱両弐歩
一、開山香資　同壱両
一、創建開山香資　同壱両
一、本山開山忌香資　銀拾匁
一、開山忌香資　同拾匁
一、創建開山忌香資　同拾匁
一、代焼香料　金壱両
一、展待料　同参歩

右、衆評如件

寛政十二庚申歳正月廿二日

臨渓院　〃
聖沢院
宗遜（花押）
霊雲院
紹拙（花押）
東海庵

慈温（花押）
龍泉庵
全珂（花押）
妙心寺（印）
瑞泉寺

六三　瑞泉寺法孫寺院連署書状写（論叢九―㉚）

欽啓上、
華歳之法令四海一統至祝珎重、先以各座下□（尊カ）履万福可被長、法算奉祝察宗幸之至奉存候、然者尾州犬山瑞泉寺四方五里之法孫、毎年両祖諱随意出頭之御触ニ付、去亥秋より御断之御願上候処、及御会評御記録ニ茂、畢竟随意之御儀被仰下候上ニ、又々御断御願上ケ、本山迄重々御苦労、瑞泉寺江対候而も気之毒ニ奉存候得共、従本山方五里之御触ニ而尤五里外方寺院者、拙寺等ニ不相限儀故、為念去秋村人道法里数之書付差上御断申上候儀ニ御座候、右里数之儀、尚又村役人江相尋候処、私ニ相定候訳ニ而無之、御公用相務候為メ古来相定リ有之候、若里数不分明様ニ御座候而者、以後御公用等妨之筋ニ罷成候間、何分里数無相違訳分明ニ相立候様ニ可被成段申候、就夫拙寺等之内、尾州領者御国法御座候ニ付、今度本山江御断申上度段、尾府御役所江付届仕候処、御国奉行衆之掛リニ罷成、再三村役人御召呼御吟味之上、書付等差出無相違段御聴届ニ而、本山江御断之儀勝手次第者被仰渡候、右里数之儀、去秋差上候村役人書付之通無相違、尾府表も右之通ニ御座候処、五里内之院并ニ被仰付候而者、里数

之儀胡乱成様ニ相聞へ、村役人も右之通候故、御領主并村役人江対候而、拙寺等甚迷惑ニ奉存候、依之
無拠再往御願申上候間、何分右之趣御聴届被遊、五里外之法孫并ニ被仰付被下候様ニ、本山表宜御取
成奉希候、誠恐敬白、

（文化元年カ）
甲子
二月廿七日

少林寺
祖円　判
道樹寺
祖芳　判
永昌寺
祖海　判
大智寺
良伯　判
慧利寺
古格　判
龍福寺
霊樹　判
長春寺
元孤　判
永林寺

拝進
祖　　　　
大道大和尚　雑華丈室　大雄丈室　桂春丈室　蟠桃丈室　隣華丈室
各々侍右

追啓、去冬以連書申上候通、当春早速御願可申上奉存候処、尾州表御吟味、段々隙取延引ニ罷成候、尤拙寺等之内壱人登山可仕儀ニ候得共、無拠粗用等差支御座候、右乍略儀道樹寺塔頭智勝院差登セ申候、以上、
大清寺来書之意趣同様之事故、其写令省略候、以上、

六四　常夜灯建立一件（論叢九―⑱）

奉願□(上候)覚

一、当村中之者共心願有之候而、大神宮江常夜灯建立仕度、就而ハ御境内□(川)途垣外ニ而夜灯敷地壱丈四面拝借仕度候、右之通拝借被仰付被下度奉願上候、以上、

文化十二年
□(亥)十月

内田村
庄屋
仲右衛門（印）
同断
久　八（印）

百姓代
新　八（印）

瑞泉寺
御役寮

奉願□

一、内田村中之者共心願ニ而、大神宮江常夜灯一基、当山境内川途垣外、別紙図面之地所ニ建立仕度、依之永代地面壱丈四面借受申度旨、尤灯火始末ハ村中より取計候而、双方納得、地所借呉候様、右村庄屋共願来候、何方ニも差障之筋も無御座候間、任願貸遣申度、此段奉願候、右願之通相叶候ハヽ忝可奉存候、以上、

文化十二年亥十月

犬山瑞泉寺
役寺
臨渓院
輝東庵
臥龍庵
龍泉院

寺社御奉行所

寺社奉行所印

犬山

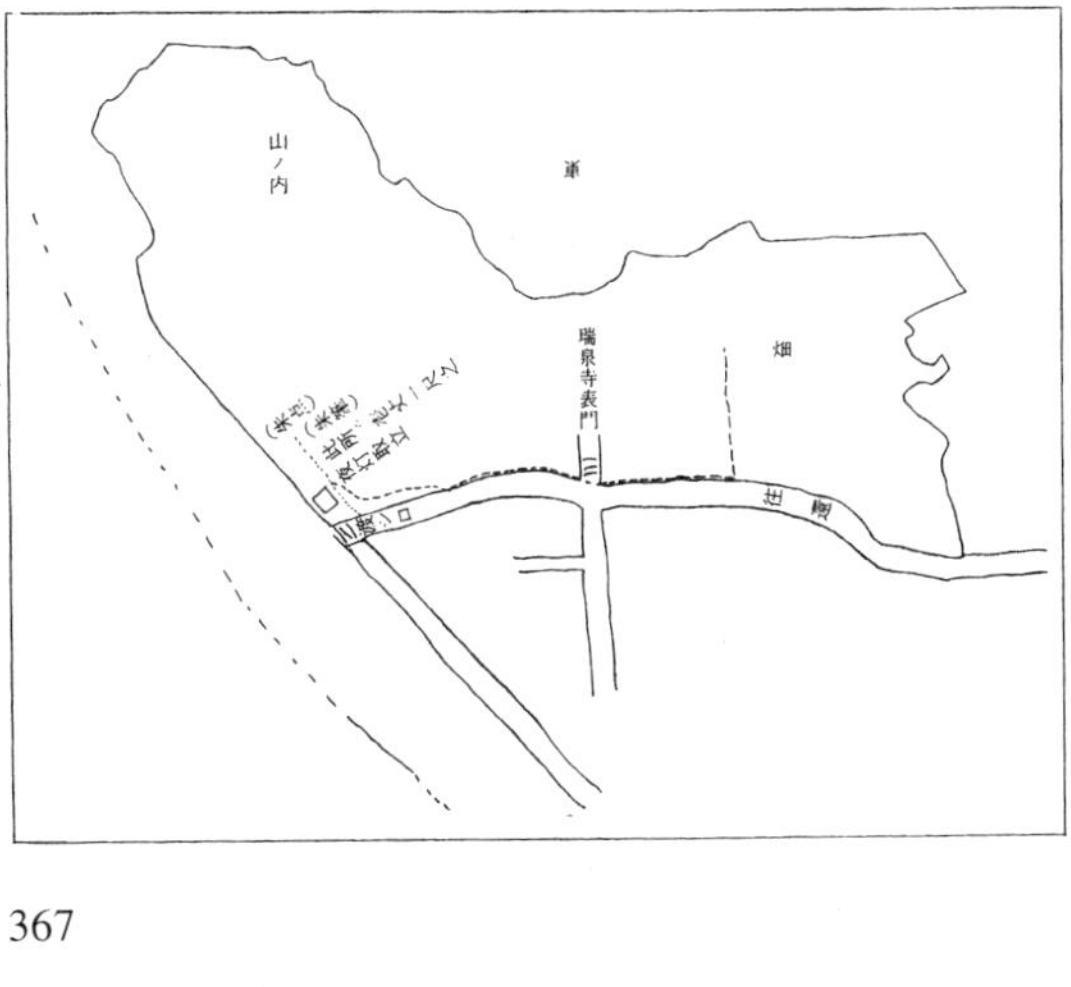

其寺境内川途垣外ニ内田村中之者共依心願、伊勢大神宮常夜灯壱基取立度旨申聞候付、壱丈四面永代地所貸遺度旨願之通承届候、

十月晦日

瑞泉寺

六五　承天寺宗甫尋答書写（論叢九―㊵）

御尋ニ付奉申上候

一、去春不肖大顛之節、自心願ニ而尾州瑞泉寺より住持職書付頂戴仕候ニ相違無御座候、

一、瑞泉寺より書付頂戴仕と茂、色服着用致候儀ニ無御座候、

一、瑞泉寺住持職贈号、死後之□候得者、色服等着用可致筋無之義と存候、

一、不肖義、一代之心願ニ而寺地を引、巌窟を致平均、諸堂不残建立仕候得者、只牌名等改メ置申候度義ニ御座候、

一、不肖義ハ栄曜(耀)栄花(華)・奢ケ間敷事決而嫌ニ御座候、

右之通リ御尋ニ付奉申上候処、相違無御座候、以上、

七月十七日

承天寺

章鳳

宗甫

拝晋

大雄院

侍史

六六　瑞泉寺書上控（論叢九―⑳）

青龍山瑞泉寺者応永廿弐□（乙未）年ニ日峰大和尚開基ニ而、在住十七八年之間ハ不及申、滅後百年之間ハ実ニ国中無双之名鑑（藍）ニ而、日本之為禅侶者、乾山之法窟ニ不登者者宗門之僧とハ言須（いわず）と申伝候、当山三世雪江大和尚之法語ニも本寺と唱被申候、信長公之公状ニも関山派本寺と御座候、応永己卯年より永享之初迄三十年計り之間、妙心寺悉く衰微・破滅仕、漸只今之開山塔而已残居申候、仍之派中之諸老ハ勿論、五山之□ニ依而、日峯大和尚妙心寺江移転ニ相成、諸堂再建ニ而美麗ニ相成候、妙心寺ニおゐて日峯大和尚を中興開山と唱申候、凡日本国・琉球国迄も妙心寺派下之寺院ハ都而当山之開山日峯大和尚之法孫ニあらさるハ一宇も無御座候、只今ニ至り妙心寺繁栄仕候も皆瑞泉開山之余光ニ而御座候、諸国之法孫一同承知仕候事ニ御座候、右故ニ瑞泉寺ハ格別之古道場也、外々ニ類例無之寺ニ御座候、□（則）一山ニ役寺と申ハ雪江大和尚之弟子景川・悟渓・特芳・東陽之四大和尚之塔主ニ而御座候、妙心寺ニおゐ亭も瑞泉寺之例ニ習ひ、右四大和尚之塔主之院を四本庵と唱申候、日本国中関山派紫衣之諸老、当山へ順次輪番勤務有之事当山開山之遺命、且ハ為報恩也、（〇往古ハ）縦令黒衣之長老ニ而も致請待準一世輪番勤務有之候、但為報恩瑞泉住□（番届）之儀も有之、志願を不果相果候節ハ□（其）後住嗣法之者より当山江願出次第山中四派評議之上、開山任遺命往古より仕来ニ而当山準一世職状致降下候寺例ニ御座候、右格別之古道場故、妙心寺よりも開山遠忌其外破損所・修覆等之節ハ先年夫々願助勢申候得共、只今ニ而ハ一向其儀無御座候、寛政九年巳ニ日峯大和尚三百五十年忌、文化六年巳ニ無因大和尚四百年忌両度共助資無御座候而迷惑仕候、右之通申上候、少も相違無御座候、以上、

文政十三年
寅正月

瑞泉寺
役寺 龍泉院
〃 臥龍庵
〃 輝東庵
〃 臨渓院

寺社御奉行所

△尾州表
願書也

六七　瑞泉寺網代乗用願書（論叢九―㉛）

奉願御事

一、当山開山者京都妙心寺中興開山ニ而、開山派為本寺由、古来之御朱印等ニ茂有之、依之開山遷化後三百年以来、紫衣之和尚方日本一同ニ四派之輪番所ニ而、乗輿并網代乗物等古来より所持仕候、尤名古屋御年礼其外臨時登城之節、単寮ニ而茂開山之名代故、宗門中之位頭ニ而御礼申上候、右網代乗物向後単寮ニ而相用候寺格ニ被仰付被下候ハヽ忝可奉存候、以上、

瑞泉寺役者

卯正月
寺社
御奉行所

臨渓院（印）
輝東庵（印）
臥龍庵（印）
龍泉院（印）

六八　瑞泉寺宗門改請書（論叢九―㉑）

一札

当未年切支丹宗門僉議召仕并寺中之輩・寺家末寺支配方迄相改候処、怪敷儀無御座候、不審成儀御座候ハヽ、早速各迄可申達候、為其如件、

天保六年未四月

犬山瑞泉寺（印）（輝東庵の印）
役寺　臨渓院（印）
輝東庵（印）
臥龍庵（印）
龍泉院（印）

兼松又兵衛殿
芦沢藤蔵殿

六九　長吏共不作法詫証文（論叢九―㉕）

一札

去廿四日夜、御山守藤助宅江長吏共推参仕、不作法之致方并場所柄を不相弁、其御筋江御伺も不仕、手込ニい多し方不届之始末、御利解被仰聞〃付、彼等一言之申訳無御座奉恐入候、今般不調法之段御免ニ成下置候ハヽ、今後急度相心得御寺法、為相背申間敷候、為後日仍而如件、

天保十一年子十月

上本町
万屋
彦兵衛（印）

瑞泉寺
御役院様

七〇　瑞泉寺領山内不法入詫証文（論叢九―㉘）

指上申証文一札之事

一、今般御控山之内江謀込(ママ)、御目ニ留リ、其御筋江御差出ニ不相成候様御利解被仰付、重々奉恐入候、以来当人者不及申ニ、親類之者ニ至迄、一切入込申間敷候、若背之者御座候ハヽ何体ニ茂被仰付候、為後日之連印証文指上申処如件、

文久四年

長右衛門（印）
親類
文　治（印）

子
二月

同断
勝　蔵（印）
掛合
又四郎（印）

瑞泉寺
御役寺様

七一　瑞泉寺塔頭書上帳（論叢九—㊶）

瑞泉寺塔頭
景川派本庵
龍泉院

一、当院之儀者、最初応仁二子年本寺第七世景川大和尚建立ニ御座候、仍之当院を景川派之本庵と申候、
一、本尊、釈迦如来木仏座像　壱体
一、当院三代目清蔵主儀、中川勘右衛門甥ニ而、天正十二年甲申三月三日、犬山城主中川勘右衛門定成、勢州峯之城江出陣之留守を預りし処、池田勝入斎大垣より同月十三日之夜、当城之西渓より責入し故、清蔵主僅之勢ニ而討て出、一騎当千之働を奈すといへども、多勢ニ不叶して終ニ坂口丹て討死すと申伝候、
一、去ル天保十一子年、右清蔵主墳墓之石垣積ミ直し候処、土中より棒之如太刀壱振掘出申候、長三尺余、

同　塔頭
龍済庵

一、当庵之儀、最初宝徳二庚午年雲谷大和尚建立ニ御座候、雲谷者本寺創建被致候日峯之弟子ニ而、
本寺第四世之住職ニ御座候、

一、本尊、十一面観音木仏座像　壱体

同　塔頭
妙喜庵

一、当庵之儀、最初永享十戊午年本寺第六世義天大和尚之弟子雪江大和尚之建立開基ニ御座候、

一、本尊、釈迦如来木仏座像　壱体

同　塔頭
特芳派本庵
輝東庵

一、当庵之儀者最初文明元丑年、本寺第九世特芳大和尚建立ニ御座候、仍之当庵を特芳派本庵と申候、

一、本尊、釈迦如来木仏座像　壱体

同　塔頭

南芳庵
一、当庵之儀者最初文明十七巳年、本寺第十二世天縦大和尚建立ニ御座候、
一、本尊、観音木仏座像　壱体

七二　瑞泉寺塔頭取調書上控（論叢九―㉗）

御達申上候御事
一、当山之儀者往古佐右衛門治郎開基之節者、寺領千七百石余ニ申伝并下馬札外繋等有之由、本拠不祥（詳）候、塔頭者、
慈明庵・紫雲軒・大仙軒・得意庵・南栄院・要津院・冨春院・自得院・慶雲庵・大有庵・保福庵・竹雲庵・得月庵・雲授庵・蕉雨軒・宝林院・宝珠庵・吸江庵・喜雲軒・松靏（鶴）庵・霊亀廟・錦鏡亭・侍真寮・書院・雲堂・茶堂・大庫裏・玉堂・衣鉢門・山門・経堂・僧堂・祠堂・薪屋・大疑庵・延寿堂
右三拾六ヶ所、天文年中兵火ニ而致焼失、只今ニ而者、空名而已唱来申候、
但し、慈名庵・延寿堂
右二ヶ所者只今尓而も御黒印地之内ニ而当山江控居申候
右取調書上候通相違無御座候、依之御達申上候、已上、
丹羽郡犬山
関山派
文久二年

戌十二月
寺社奉行所
控
瑞泉寺

七三　瑞泉寺撞鐘鋳直願書控（論叢九―④）

覚

当寺撞鐘破損仕候間、右之通ニ山内ニ而鋳直シ申度候、此趣相叶候様ニ奉願候、以上、

犬山瑞泉寺
役者
臨渓院
輝東庵
臥龍庵
龍泉院

享保三年五月

寺社御奉所（行）

七四　撞鐘・半鐘書上げ覚

（表紙）
「撞鐘・半鐘御改書上之覚
犬山・瑞泉寺」

覚

一、半鐘、一口、差口九寸弐分
　　但宝暦四年甲戌冬十月良辰、
　当所住人・保浦藤兵衛寄付、
　銘曰、
尾州丹羽郡犬山青龍山中、瑞泉寺塔頭龍済庵、伏値開祖敕謚佛智廣照禅師三百遠諱之辰、実宝暦五年乙亥也、粤施主犬山居住保浦氏、陶鋳于新鐘、乃掛在于古殿所、冀上報十方聖賢、下及三界群類、而永為禅林之法器矣、至祝至祷、
這箇金童子、新成懸殿前、
上通貫色界、下透徹黄泉、
暮発菩提果、朝驚煩悩眼、
無量功徳力、観喜幾千年、
　宝暦四年甲戌冬十月良辰、
　青龍山中龍済庵守塔比丘澧水叟祖球謹識、
右者、当庵半鐘有来候訳等、今般御尋ニ付、書上申候、右之趣、相違無御座候、已上、

犬山瑞泉寺塔頭
臨済宗　龍済庵

　文政八年酉四月
寺社御奉行所

覚

一、半鐘、一口、差口壱尺九分、
但寛政四年壬子春三月吉辰
総檀方寄付、
銘曰、
尾州丹羽郡乾山府、青龍山瑞泉禅寺塔頭龍泉院者、所謂往古之大亀庵也、未詳其改号所以矣、予住庵已来、空懐企望十有余年、今漸鳩衣資之余財、新鋳一口之小鐘、仰冀晨敲夕韻、普資三途幽晴之含識、報答四乗現前之聖恩、以祝法運之無窮云爾、
一口之金童、簨簴古梵宮、
驚回六趣夢、果然証円通、
現住龍泉院悠道謹誌、
右者、当院半鐘有来候訳等、今般御尋ニ付、書上申候、右之趣相違無御座候、已上、
犬山瑞泉寺役寺
文政八年酉四月
臨済宗　龍泉院
寺社御奉行所

覚

一、半鐘、一口、差口壱尺弐寸、
　　但文化十年癸酉四月
　　　犬山家中、中野惣兵衛寄付、

　銘曰、

瑞泉山中臥龍庵者、心宗（悟渓宗頓）禅師挿草之地也、于茲、檀越中野忠喬発志、欲箕簴小鐘於其塔前而不果、就末於于此孝子忠恕、踵志造此鐘、以資厳父慈母之冥福、仍為銘、
扣撃小鐘、晨昏為則、施捨浄財、存亡累徳、法運日新、家門愈馥、
要識真聞、眼裏聴得、聴得宛然、観妙智力、鏗々鏘々、塵劫無極、
　文化十年癸酉初夏吉旦、

　施主銘、

先老〔孝〕潜龍院忠喬子信居士、先妣大亀院夏山妙凉大姉、曽在世日、鋳半鐘、以寄付于青龍山瑞泉寺支院臥龍禅庵、欲祷武運長久・家門繁栄・現世安穏・後世善所〔処〕、以薦先亡諸霊菩提也、不果而没、是歳文化十年癸酉初夏吉日鋳鐘、始就掛之禅庵、以奉其遺命也、
　六世孫、中野惣兵衛藤原忠恕謹書、

右は、当庵半鐘有来候訳等、今般御尋ニ付、書上申候、右之趣相違無御座候、已上、

文政八年酉四月　　犬山瑞泉寺役寺
　　　　　　　　臨済宗　臥龍庵

寺社御奉行所

覚

一半鐘、壱口、差口壱尺、
　文化二歳乙丑閏八月、檀力於以作之、
　　銘曰、
文化二祝歳次乙丑秋九月十日、伏値開祖常照禅師三百年厳忌、吾庵未有小(ママ)鐘、檀越某等遂発心、巡叩
十方檀信家、浄財喜捨、不日而小鐘成、仍為銘、銘曰、
小金童子、非爐中鋼、鏗爾杳響、豈渉宮商、聴者精進、消除業障、
楽而檀施、遠離貧狼、仏日東出、光輝十方、却石有尽、其声無疆、
文化二歳龍舎乙丑閏八月吉旦、
尾州丹羽郡犬山青龍山中輝東禅庵、守塔小子古池謹識、
右は、当庵半鐘有来候訳等、今般御尋ニ付、書上申候、右之趣、相違無御座候、已上、
文政八年酉四月　　犬山瑞泉寺役寺
　　　　　　　　　　臨済宗　輝東庵
寺社御奉行所

覚

一半鐘、壱口、差口壱尺弐寸壱分、
但宝暦六酉子歳、小田切八郎兵衛寄付、
尾州丹羽郡乾山青龍山下臨渓院、見霊方丈妙識、
右は、当院半鐘有来候訳等、今般御尋ニ付、書上申候、右之趣、相違無御座候、已上、
文政八年酉四月、　犬山瑞泉寺役寺
　　　臨済宗臨渓院

寺社御奉行所

覚

一半鐘、壱口、差口九寸、
但シ、文化七年午霜月、惣檀方寄付、
銘曰、
于茲、青龍山中南芳禅庵者、寂光大照禅師之古道場也矣、惟〔維〕時文化八年龍舎辛未春正月十一日、正当開祖三百大遠忌、因預募衆縁、鋳小鐘、以報答開祖恩、兼要警動、群品昏蒙、故請銘于予、予遂為銘曰、
一音纔発機、八字普門開、有識兼無識、従那裡入来、
文化第七庚午天霜月吉祥日、
尾州路丹羽郡犬山青龍山中南芳禅庵、守塔小比丘冝丈新添、
右は、当庵半鐘有来候訳等、今般御尋ニ付、書上申候、右之通、相違無御座候、已上、

文政八年酉四月、　　犬山瑞泉寺塔頭
　　　　　　　　　　　臨済宗南芳庵

寺社御奉行所

七五　天道社上葺願書（論叢九―⑤）

覚

一、当山下鎮守内田天道之社上葺之儀、村方より別紙願之通相違無御座候間、相叶候様ニ奉願候、以上、

　　　　　　　　　　瑞泉寺役者
　　　　　　　　　　　臨渓院（印）
　　　　　　　　　　　輝東庵（印）
享保弐拾年　　　　　　　臥龍庵（印）
　　卯七月　　　　　　　龍泉院（印）

鵜飼仁右衛門殿
樫原林右衛門殿

（文書裏面に「享保二十一年辰ノ三月、石原孫左衛門殿・榎本八郎左衛門殿・中野甚太左衛門殿、文言ハ表書之通ニ相認メ、当テ名ハ如斯ニ致ス」とあるから、この願書は実際には享保二十一年に改めて提出されたのであろう）

七六　福之宮修復願添状控（論叢九－⑦）

覚

一、当山下鎮守内田村福之宮修復之儀、村方より別紙願之通相違無御座候、相叶候様ニ奉願候、以上、

臨渓院
輝東庵
臥龍庵
龍泉院

寛延三年午七月

大久保郡八殿
高田専右衛門殿
辻村権左衛門殿

（裏面に「廿七日出ス、使僧番」と記載あり）

七七　福宮社修復料勧化願書控（論叢九－⑧）

奉願御事

一、当村福宮社杮屋根及破損、上葺仕度奉存得共得修覆不仕候、何とそ御当地町方并五ヶ村輪中勧化仕、其助力を以修覆仕度奉存候、願之通り被為仰付被下候ハヽ難有可奉存候、以上、

瑞泉寺下鎮守宮守

明和三年戌八月

徳太夫

氏子共

右徳太夫御願申上ヶ候通リ相違無御座候、被為仰付被下候ハヽ難有奉存候、以上、

内田庄屋

新左衛門

同断

儀右衛門

高木助右衛門様

吉田文左衛門様

七八　天道宮鳥居奉加金請取状（論叢九－⑨）

覚

一、金百疋　本堂様より

一、銭壱貫文　八箇院様より

〆

右ハ天道宮鳥居為奉加被下置、慥ニ受納仕、鳥居入用ニ相用申候、以上、

内田庄屋

安永六年
酉六月
惣右衛門（印）
同断
儀右衛門（印）
瑞泉寺様

七九　福宮修覆願出書控（論叢九－11）

覚
一、当山下鎮守内田村福宮修覆之儀、村方より別紙願之通相違無御座候、相叶候様奉願候、以上、
天明六年午五月
瑞泉寺
寺社
御奉行所

八〇　瑞泉寺鎮守社改書上控（論叢九－⑰）

覚
丹羽郡内田村下鎮守
犬山禅宗瑞泉寺控
一、福宮　合祭天道
一社
祭礼者霜月朔日、一山僧衣諷経仕、天道祭礼八月十二日、右村方者共祭礼致し来候、
右境内

一、大県宮　　　一社
　別ニ祭礼無之、霜月朔日福宮と合祭致し来候、
同境内
一、天王宮　　　一社
　祭礼ハ六月十二日、村方者共献灯仕候、
上鎮守　　　同寺境内
一、霊亀廟　　　一社
　祭礼別ニ無之、毎月七日・廿一日僧衣諷経仕候、
右之通相違無御座候、以上、

文化十一年戌九月

龍泉院
臥龍庵
輝東庵
臨渓院

八一　羽黒村興禅寺除地証文下賜願書（論叢九―㉔）

奉願候御事

当時開基之儀ハ大旦那梶原平三景時ニ而、開山之大導師ハ大道真源禅師東陽大和尚ニ御座候、依之景時子孫菩提所由申伝候らへ共、往昔兵火之為古記録等焼失仕、右由緒年月等委儀相分不申候、其後星

霜を経、慶長年ニ至り殿宇悉及衰破候処、其頃犬山之城主小笠原和泉守殿御帰依尓而殿宇夫々再建有之、其上当寺境内地子并山林竹木免許之御証文、同郡善師野村禅龍寺連名ニ而被下、依之其砌伊奈備前守殿御検地之節、寺内弐反七畝歩ニ相究、和泉守殿御証文之通弥寺内御除地ニ相成、尤其節御証文被下候哉之儀ハ難相分候得共、和泉守殿御証文之儀者先年より当寺ニ所持仕居、先々より御改之節々委御達申上置候儀ニ御座候、就夫右御証文之儀ハ当寺由緒之要規ニ而格別大切之品ニ御座候処、若此已後水火災等之為欠失仕候而ハ末々由緒空相成、寺務相続方ニも差障可申哉と年来心配仕候儀ニ御座候、付而者恐多御儀御座候得共、右由緒格別之訳を以、猶更此節御証文被下置候様仕度奉願候、尤小笠原家并ニ旦方村中納得仕、何方ニ而も小茂故障無御座候間、右願之通被仰付被下候様常住諸狰(ママ)事禅師被御願可被下候様奉願候、已上、

羽黒村

興禅寺（印）

天保十年

亥十一月

拝晋

瑞泉寺塔頭

臨渓院

侍史

三、史料等写真

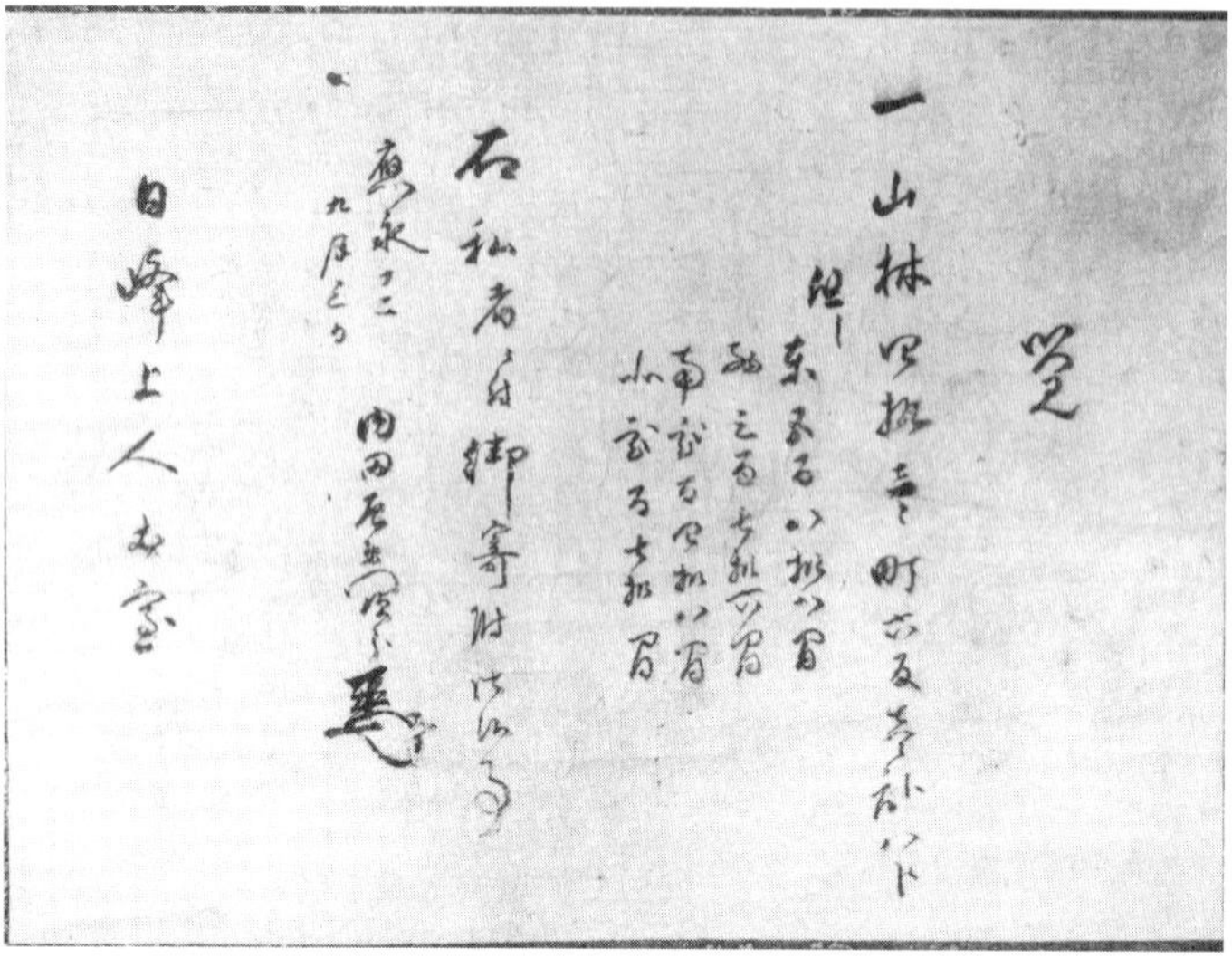

応永 12 年　内田左衛門次郎寄進状

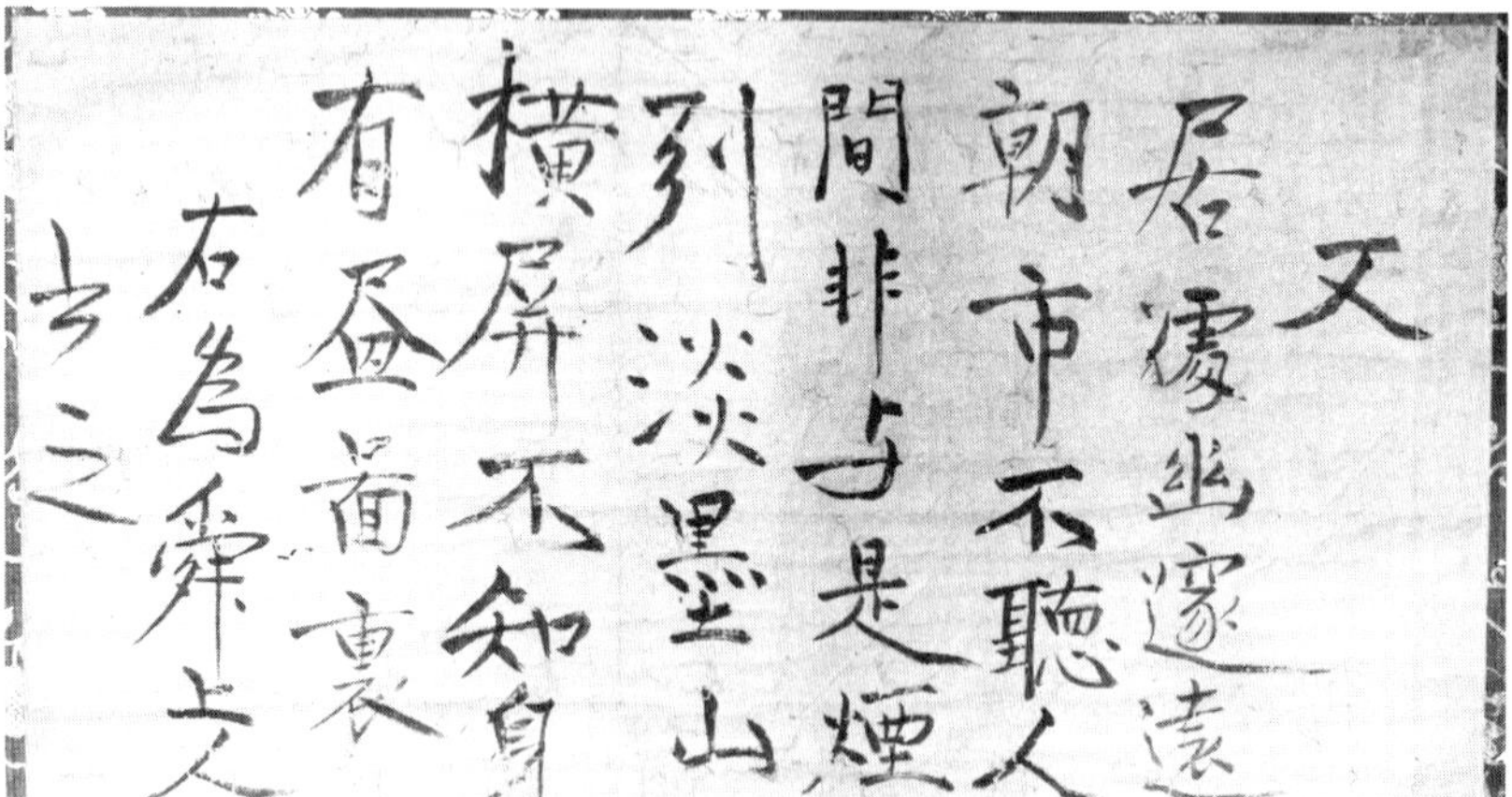

無因宗因作偈

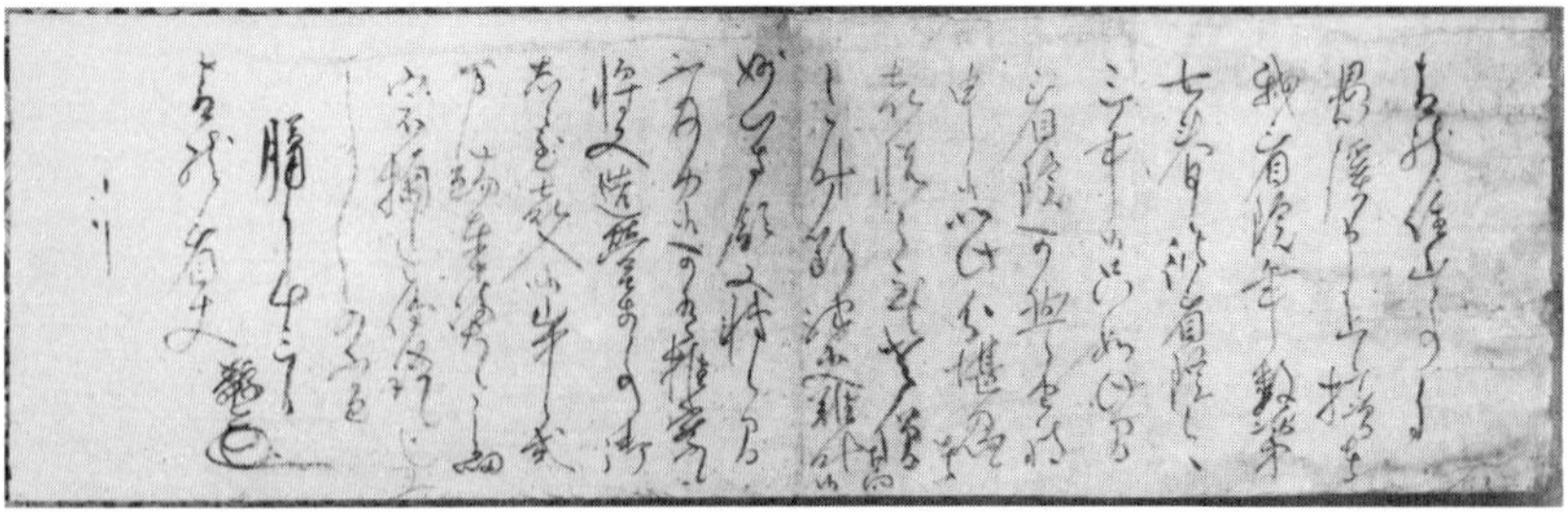

日峰宗舜書状

日峰宗舜書状上包紙

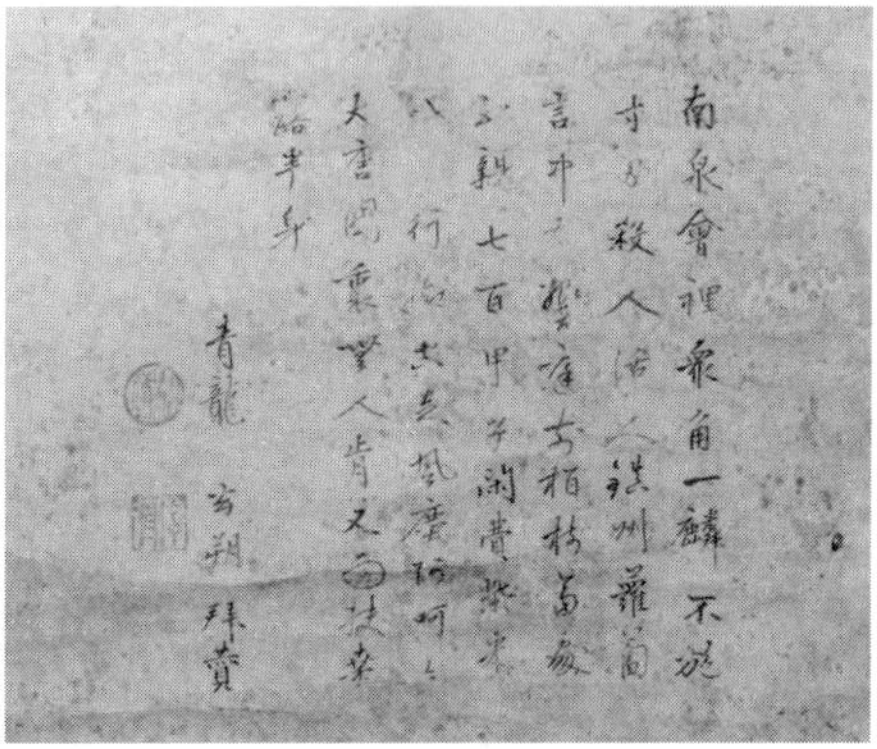

桃隠玄朔作偈

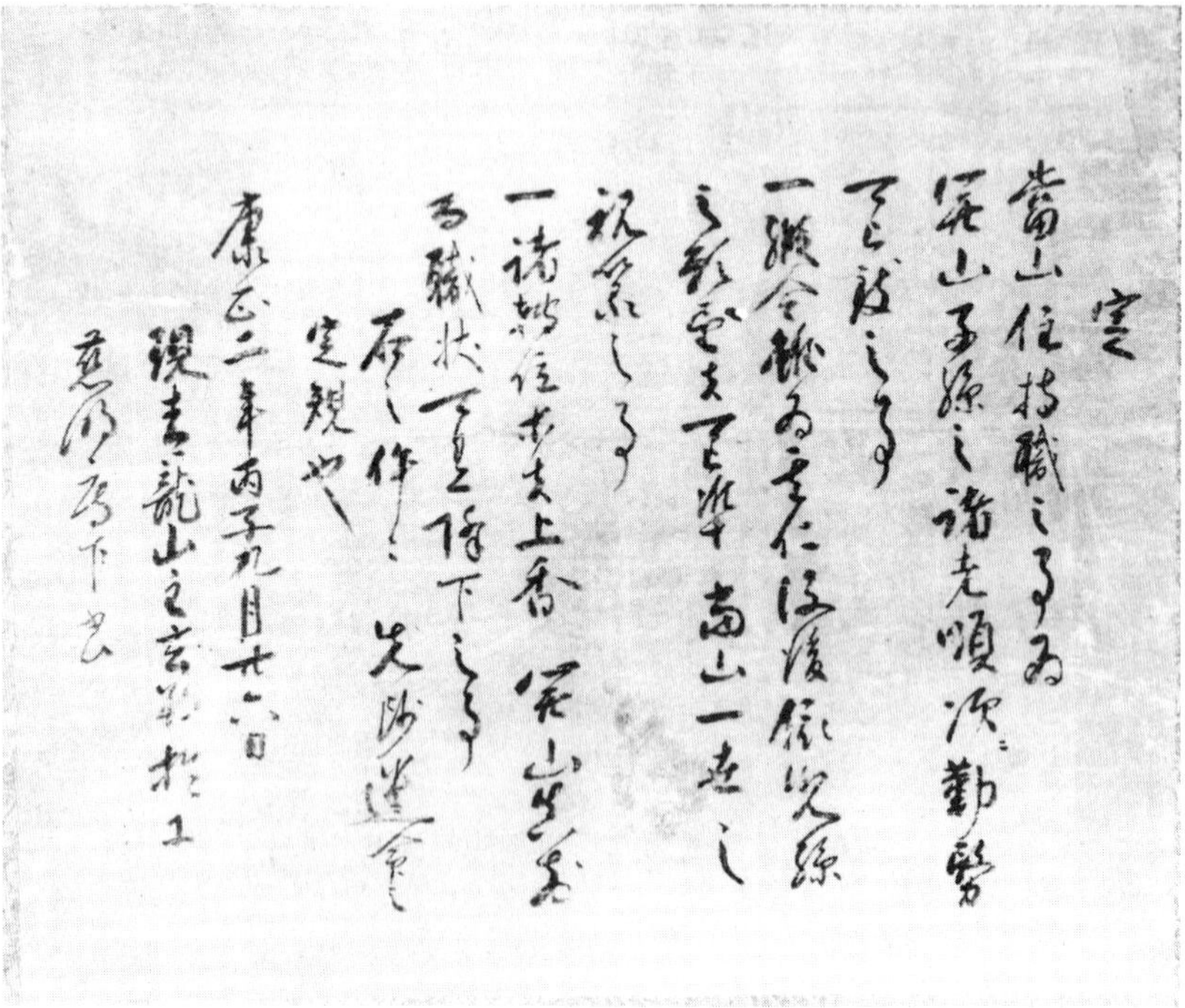

康正２年　桃隠玄朔定書

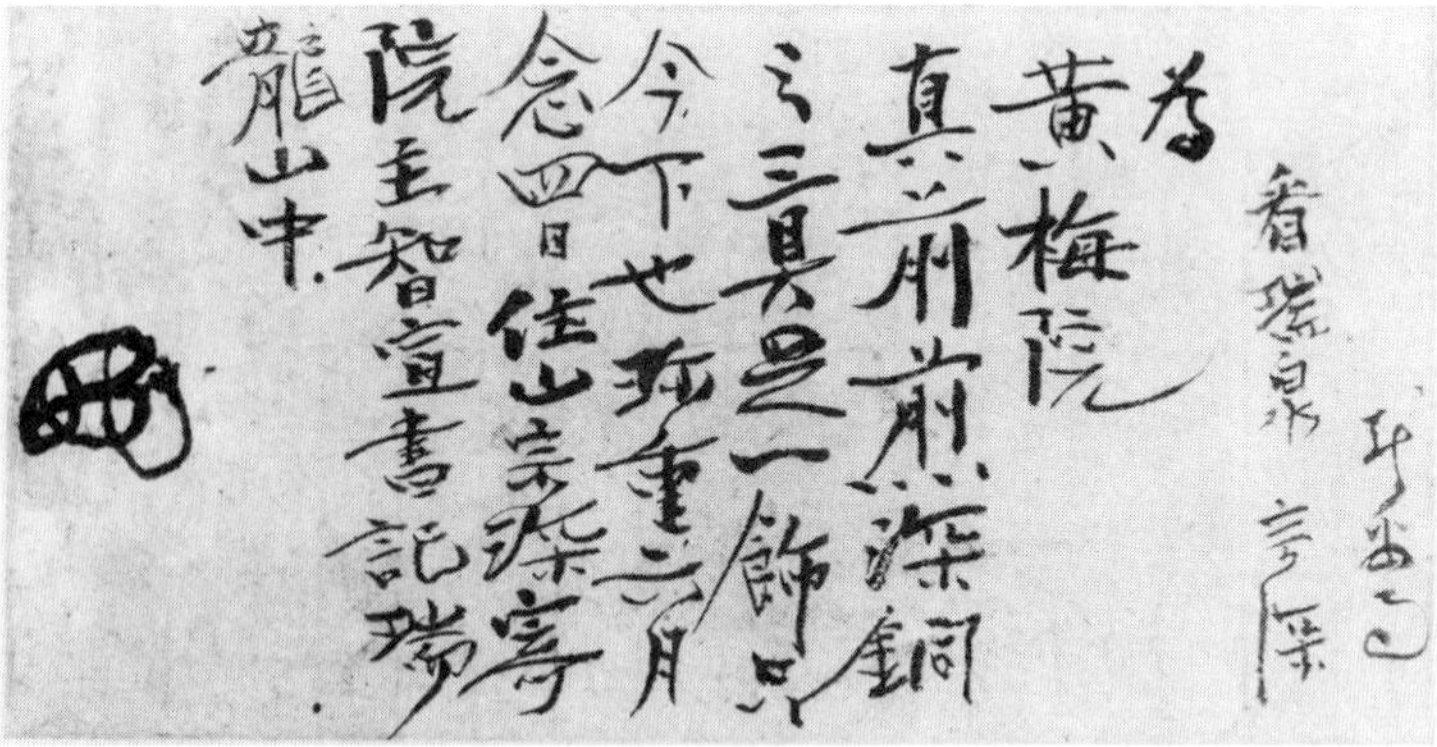

雪江宗深書状

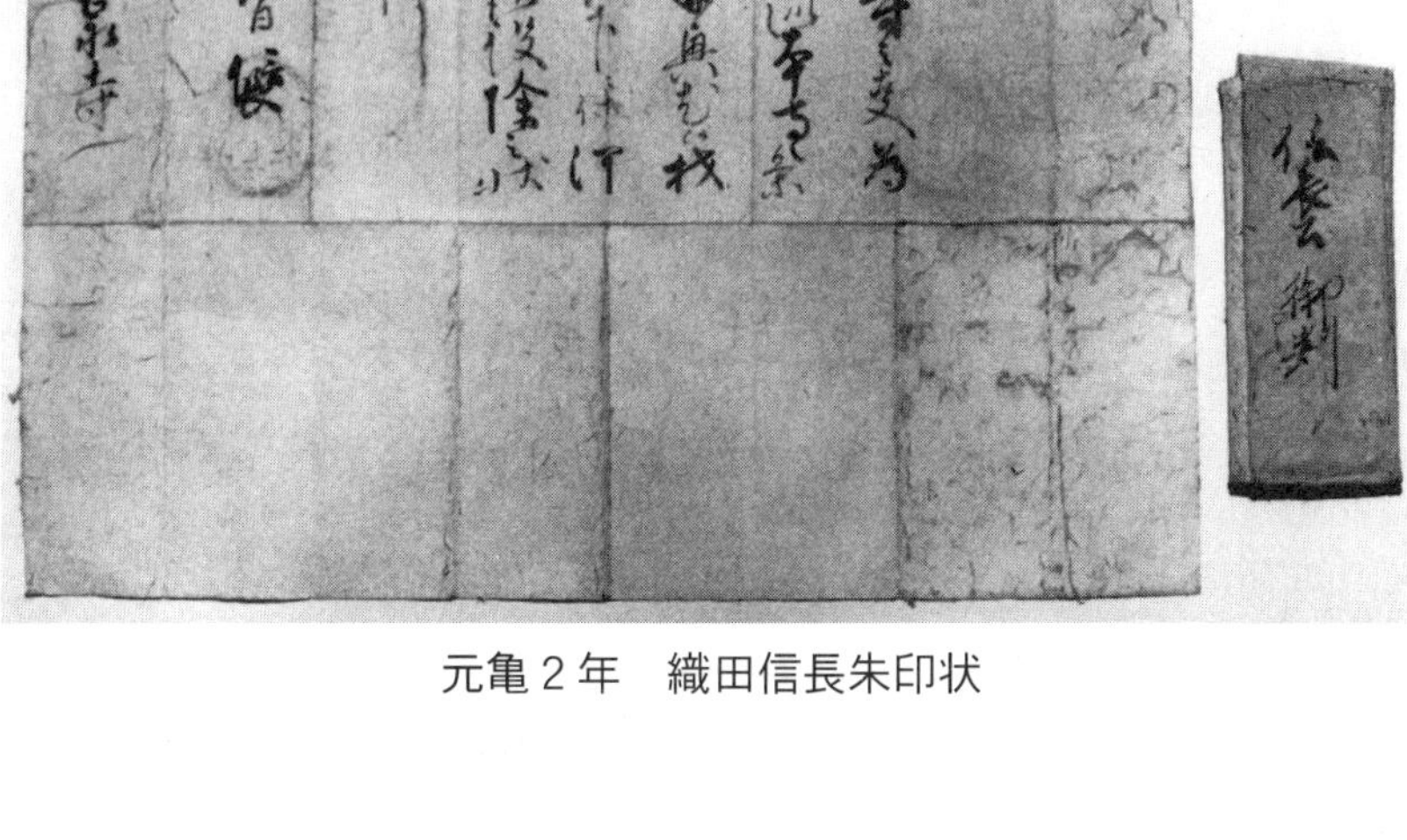

元亀２年　織田信長朱印状

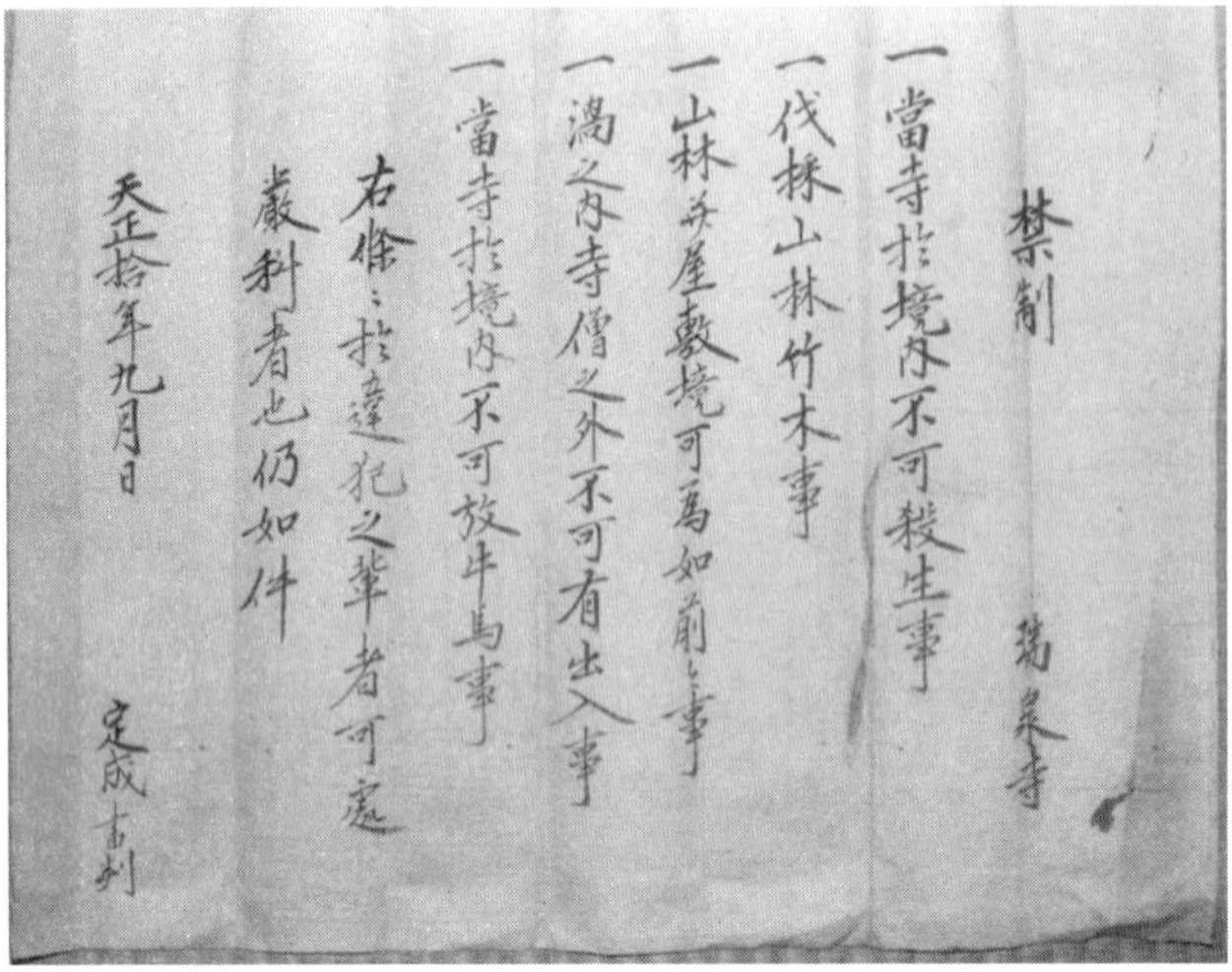

禁制　瑞泉寺

一 當寺於境内不可殺生事

一 伐採山林竹木事

一 山林并屋敷境可為如前々事

一 濁之内寺僧之外不可有出入事

一 當寺於境内不可放牛馬事

右條々於違犯之輩者可處

厳科者也仍如件

天正拾年九月日　定成

書判

天正 10 年　中川定成禁制状写

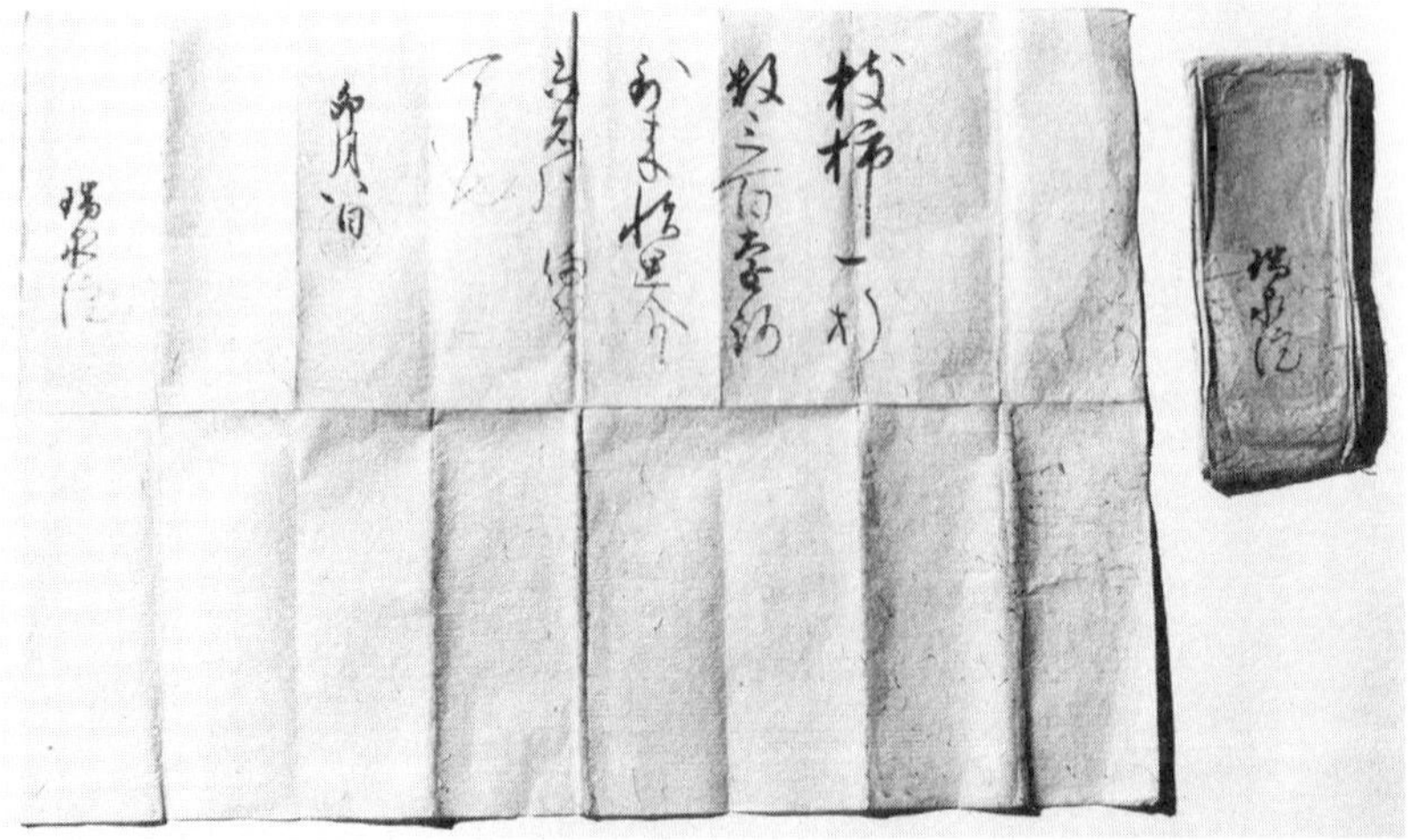

豊臣秀吉朱印状

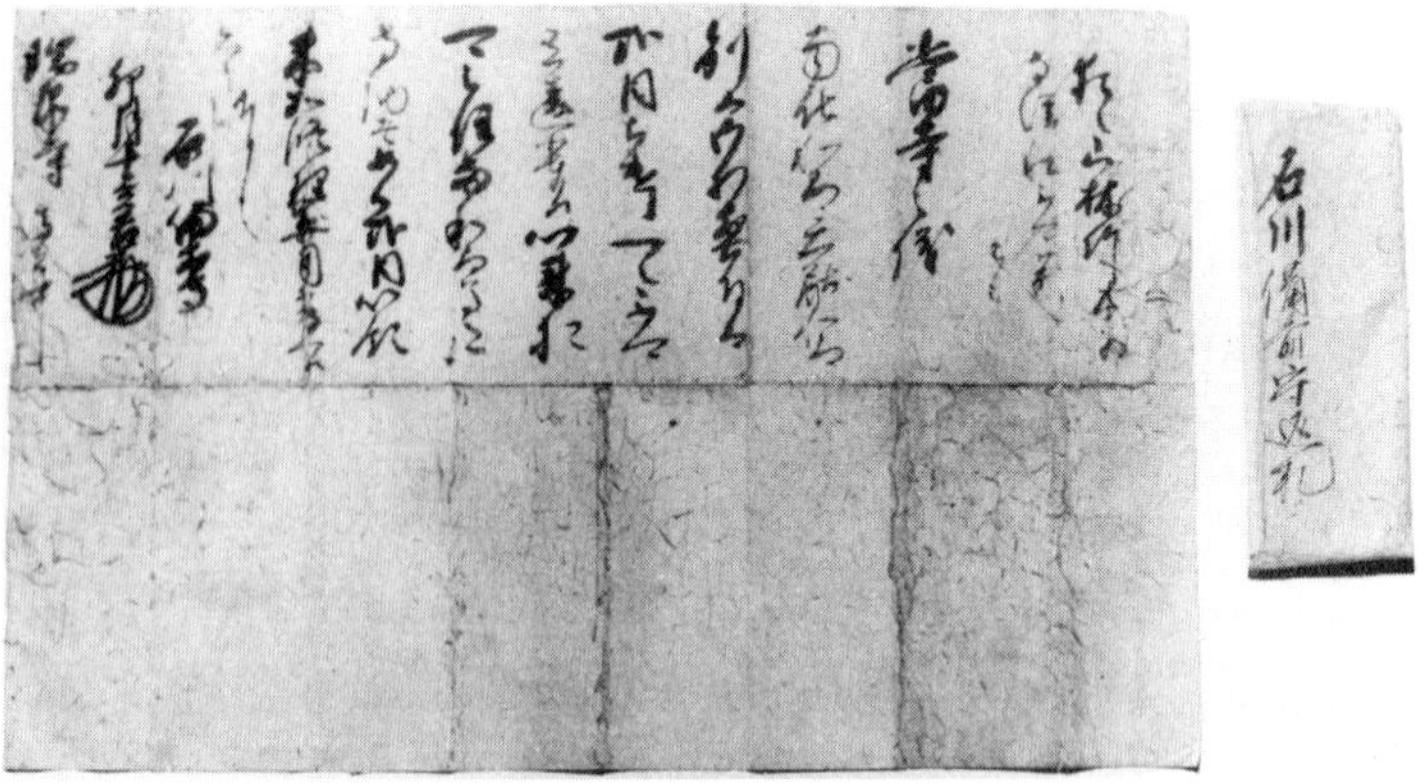

石川光吉書状

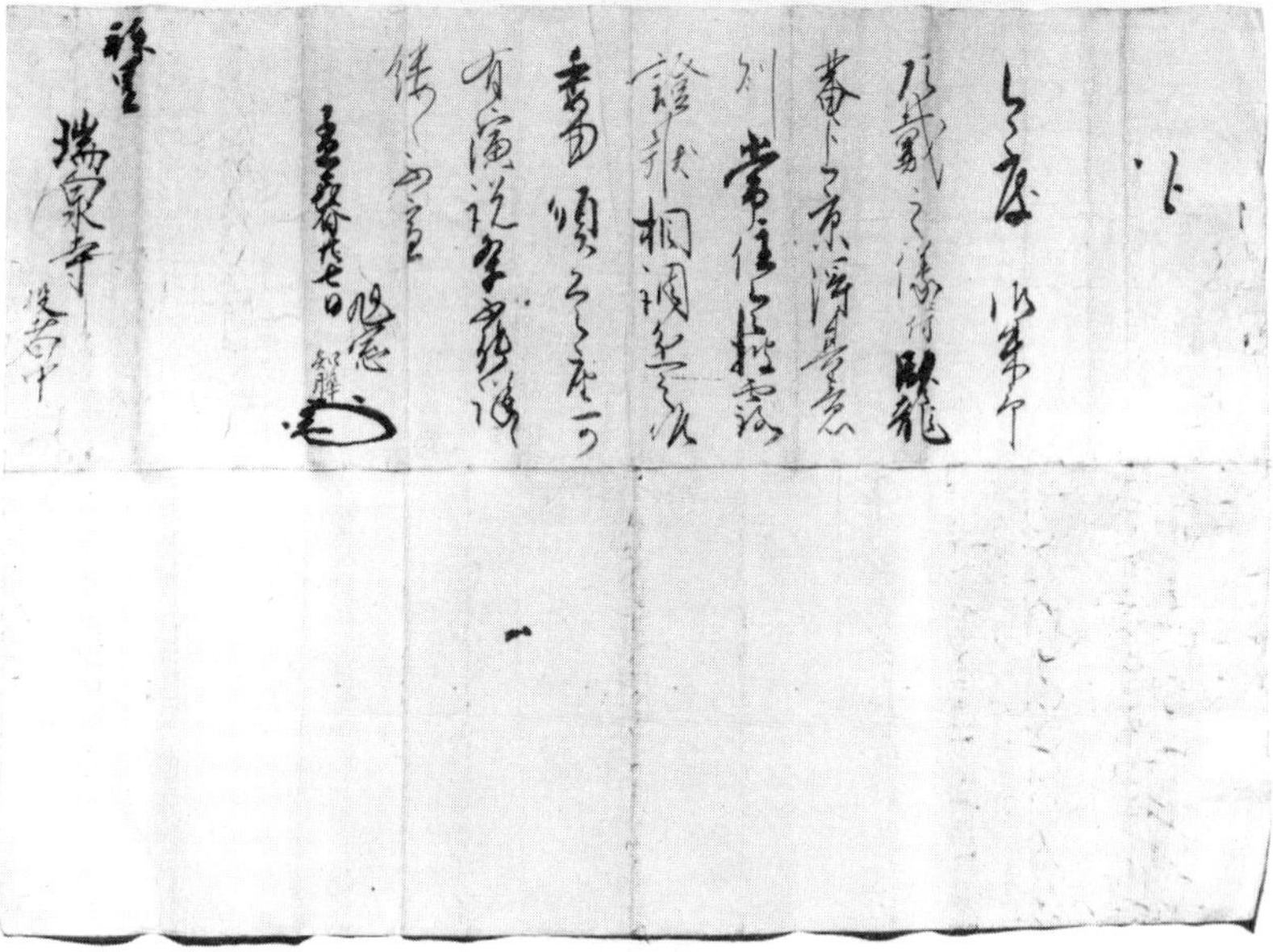

旭窓知曄書状

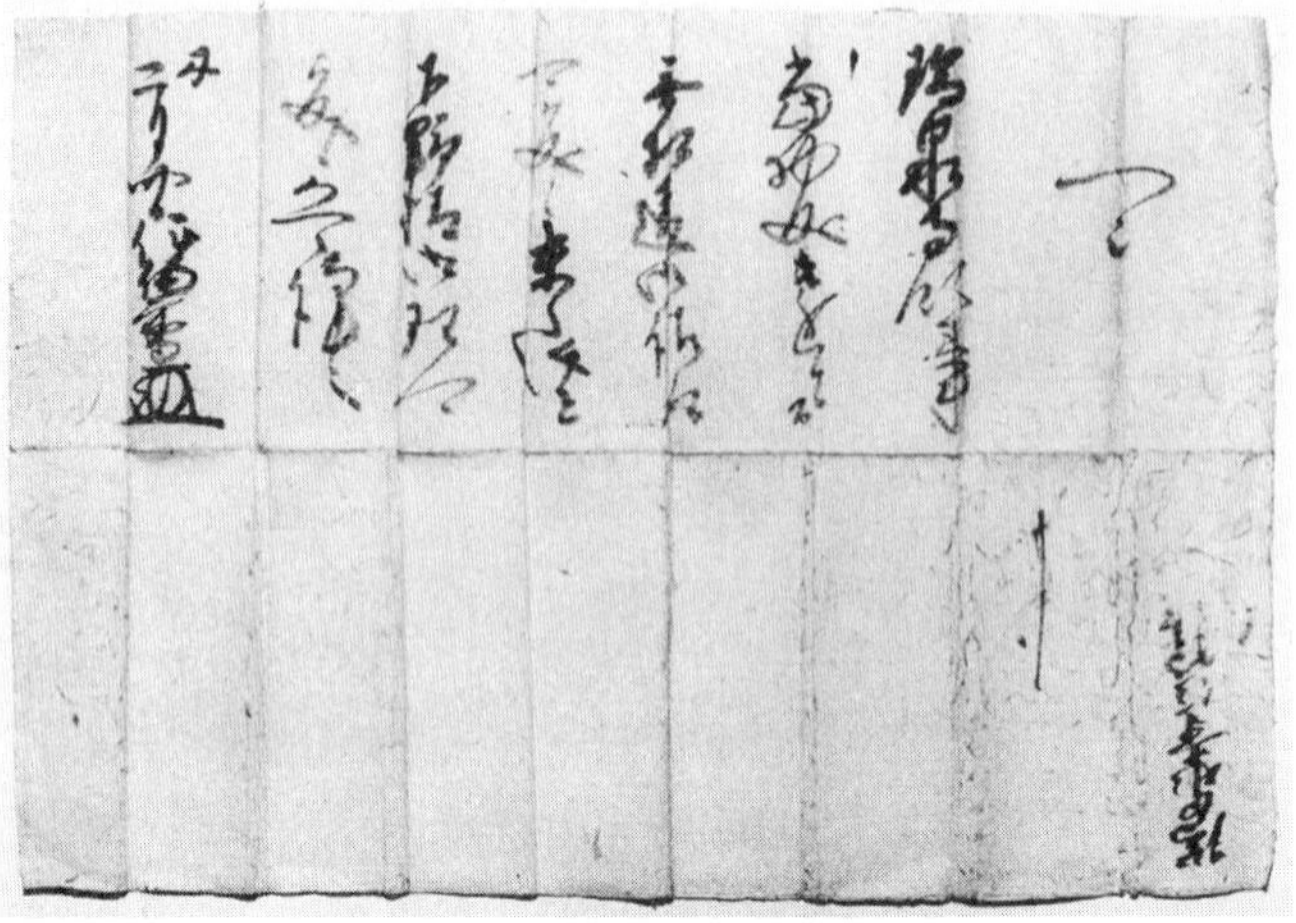

伊奈備前守忠次書状

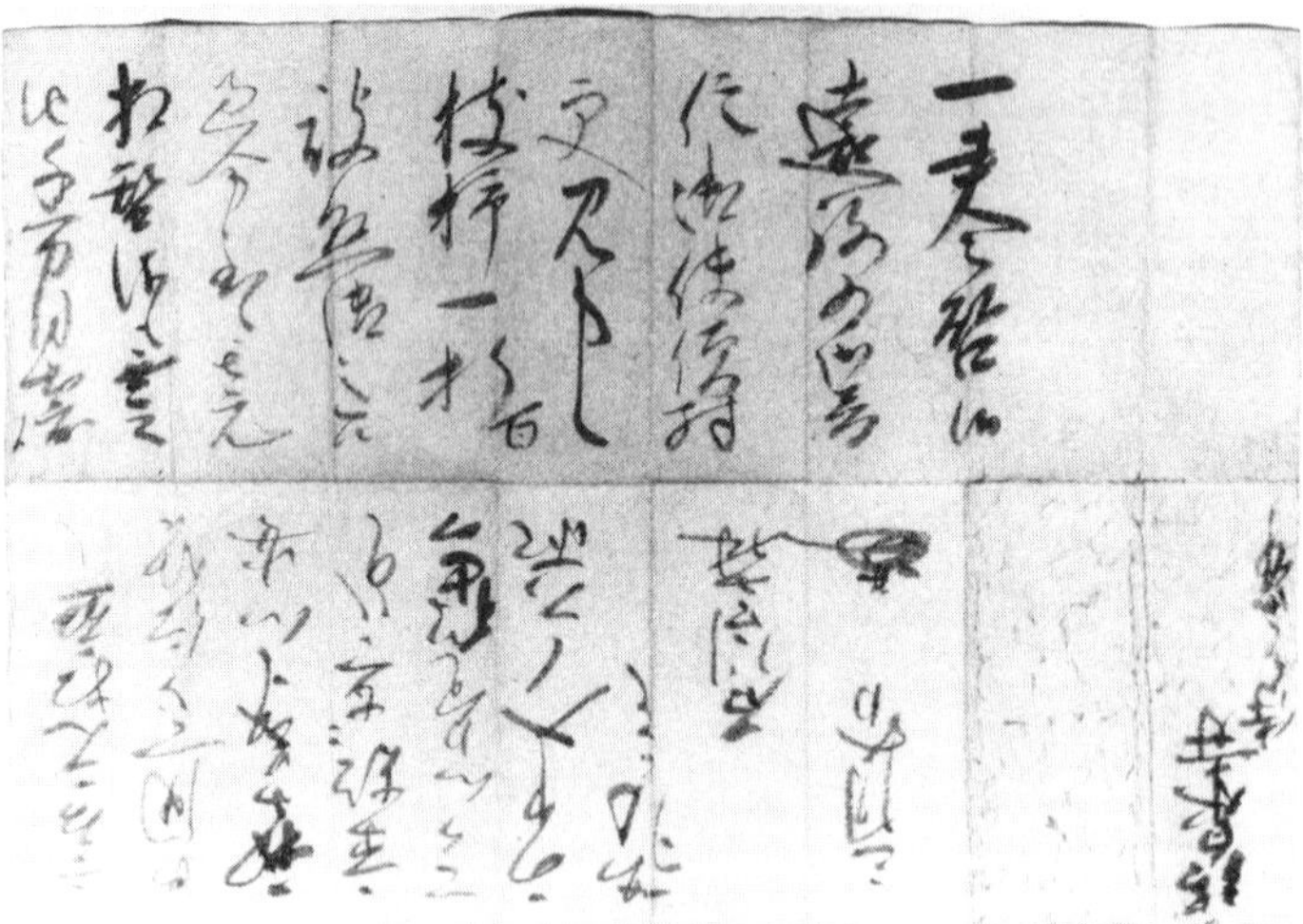

石川宗林（光吉）書状

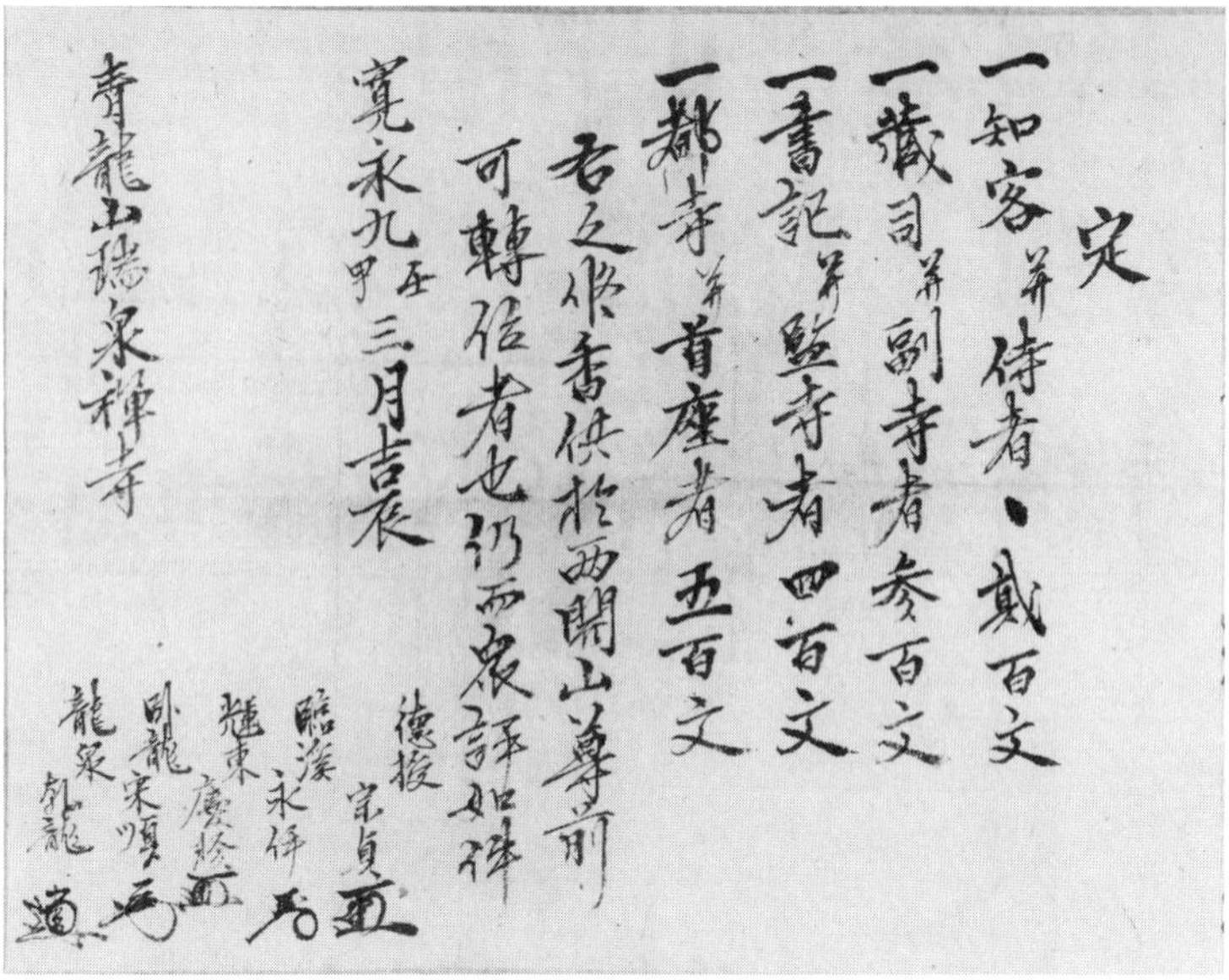

定
一知客并侍者、貮百文
一蔵司并副寺者参百文
一書記并監寺者四百文
一都寺并首座者五百文
右之依香供於西開山尊前
可轉位者也仍而衆評如件
寛永九壬申三月吉辰
徳掖 宗貞
臨溪 永保
臥龍 宗頓
龍泉 叙龍
青龍山瑞泉禅寺

寛永９年　瑞泉寺定書

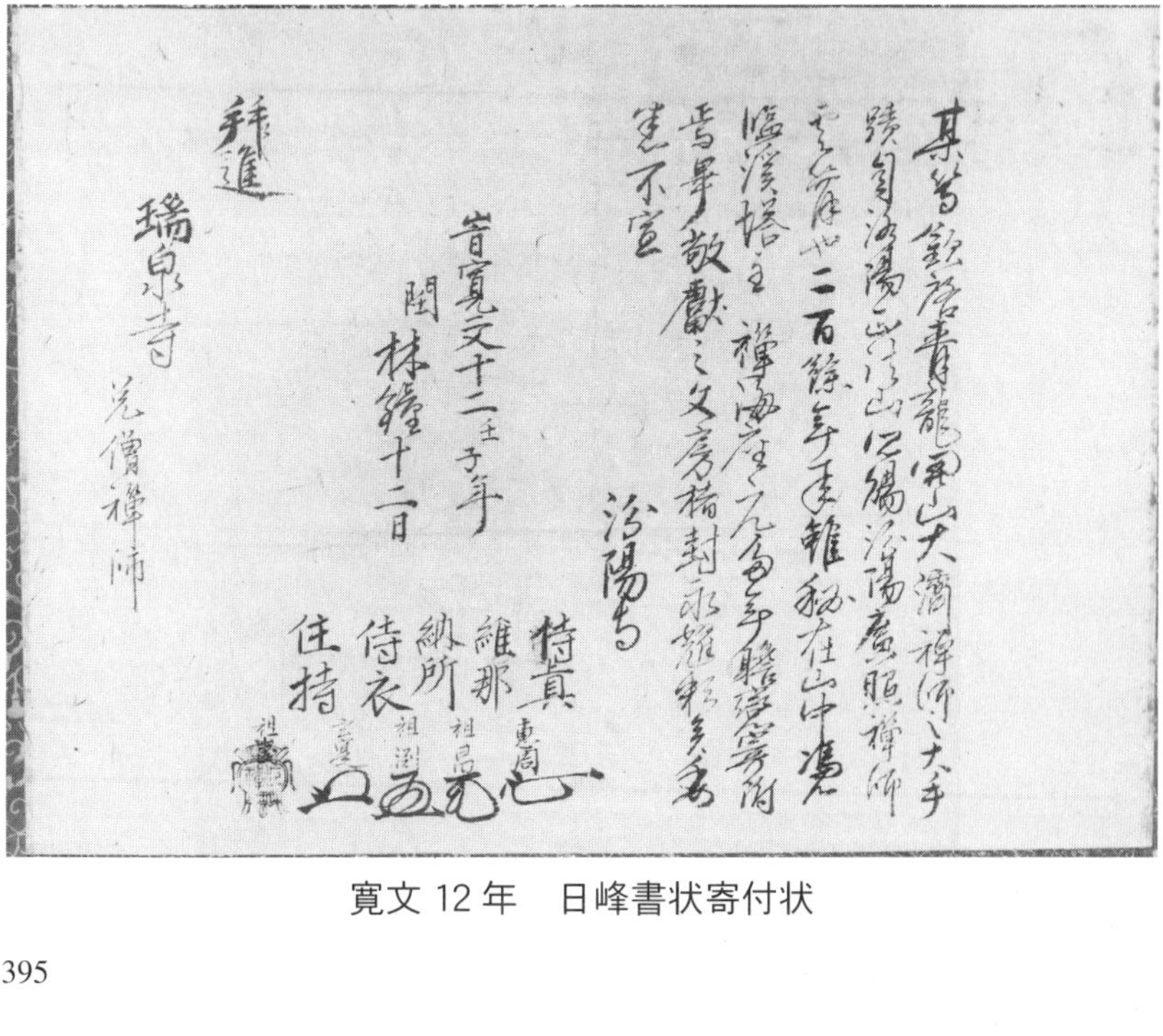

寛文 12 年　日峰書状寄付状

仁渓慧寛書状

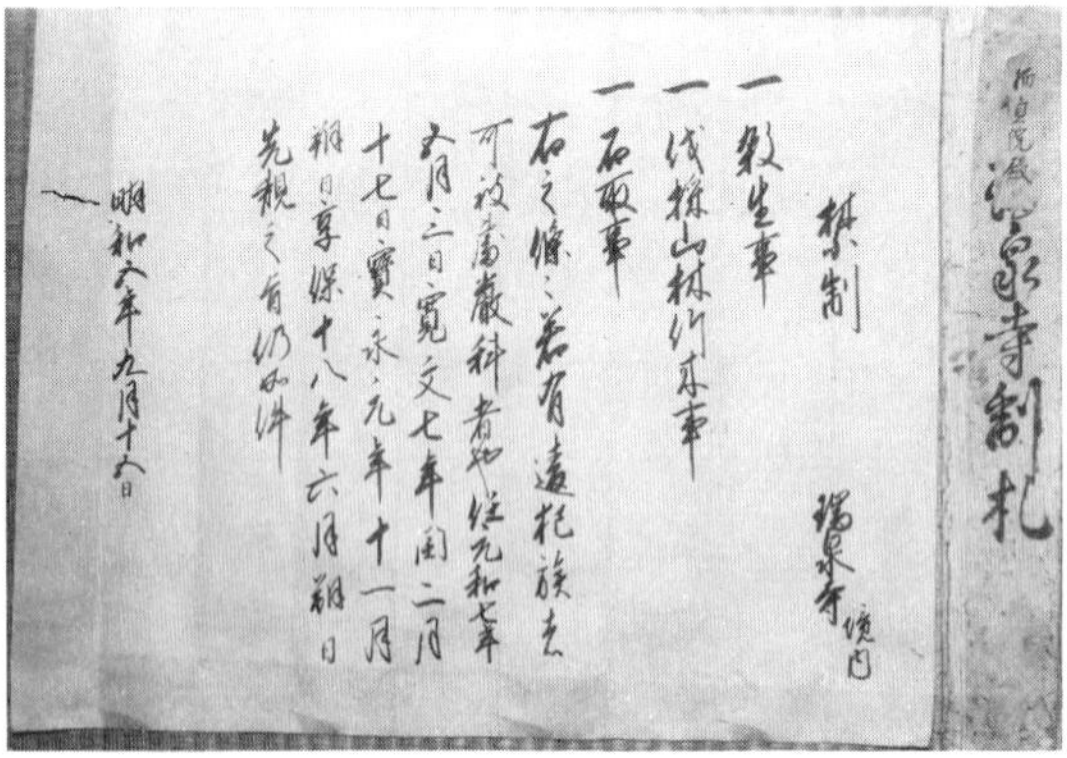

瑞泉寺制札

禁制　瑞泉寺境内

一 殺生事

一 伐採山林竹木事

一 石取事

右之條々若有違犯族者可被處嚴科者也 従元和七年六月二日寛文七年閏二月十七日寶永元年十一月朔日享保十八年六月朔日先規之旨仍如件

昭和五年九月十六日

享保 18 年　尾張藩主禁制状写

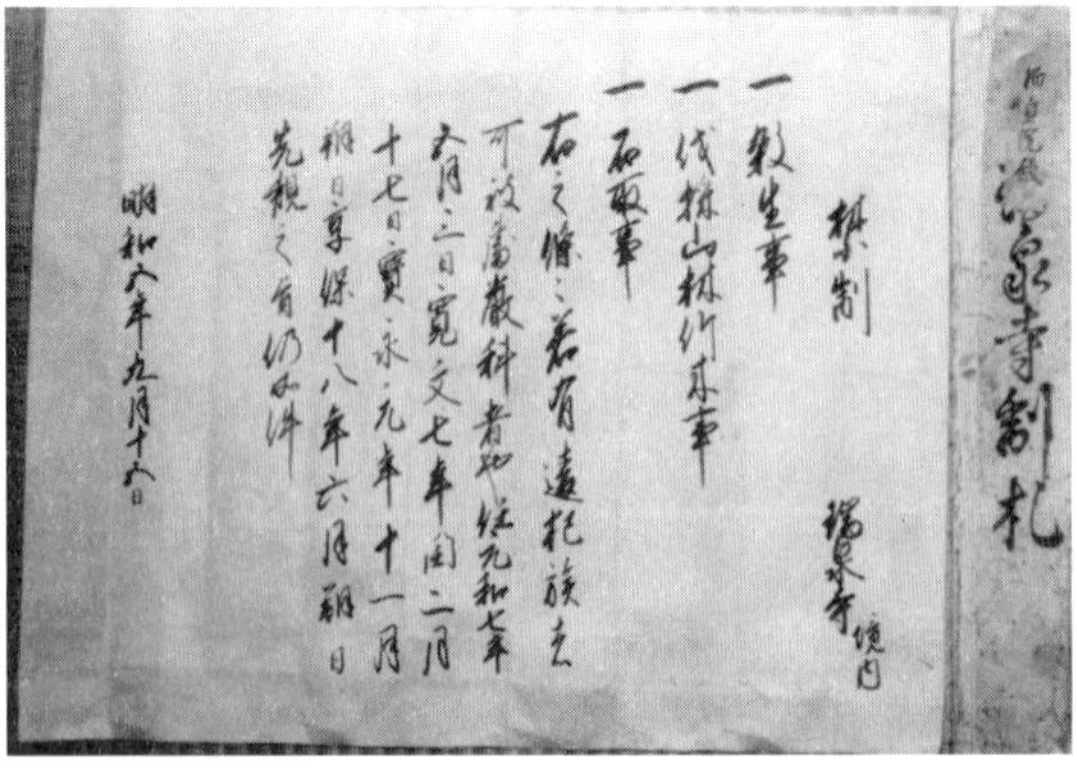

瑞泉寺制札

禁制　瑞泉寺境内

一 殺生事

一 伐採山林竹木事

一 石取事

右之條々若有違犯族者可被處嚴科者也 従元和七年六月二日寛文七年閏二月十七日寶永元年十一月朔日享保十八年六月朔日先規之旨仍如件

昭和五年九月十六日

昭和 5 年　尾張藩主禁制状写

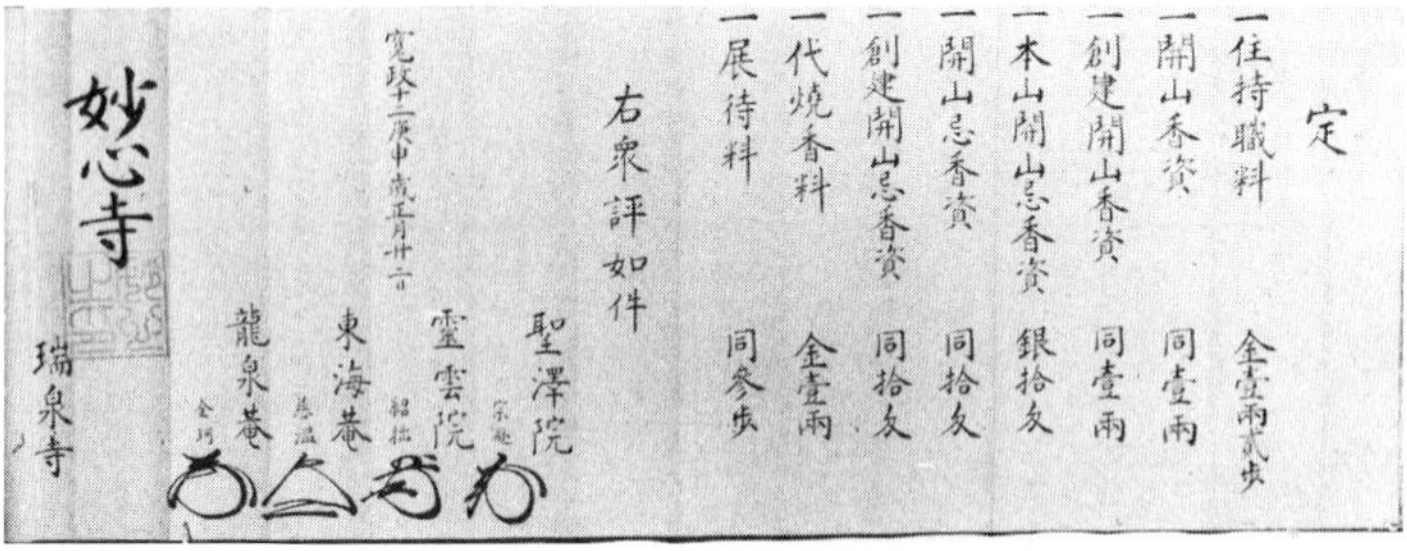

定
一住持職料　金壹両弐歩
一開山香資　同壹両
一創建開山香資　同壹両
一本山開山忌香資　銀拾匁
一開山忌香資　同拾匁
一創建開山忌香資　同拾匁
一代焼香料　金壹両
一展待料　同参歩
右衆評如件
寛政十二庚申歳正月廿二日
聖澤院　宗穆
霊雲院　紹拙
東海菴　慈温
龍泉菴　全明
妙心寺
瑞泉寺

寛政 12 年　妙心寺定書

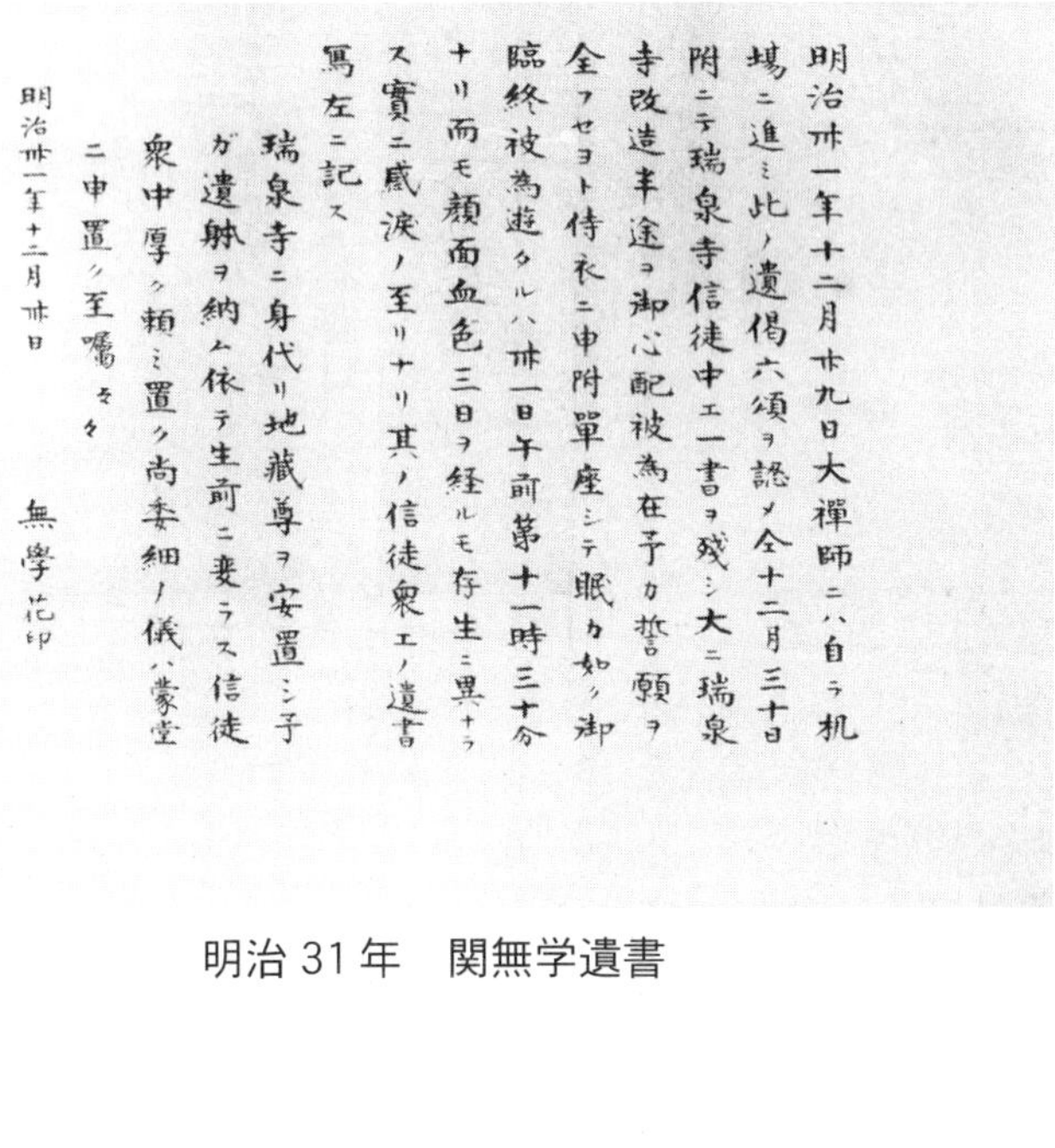

明治卅一年十二月廿九日大禅師ニハ自ラ机
場ニ進ミ此ノ遺偈六頌ヲ認メ仝十二月三十日
附ニテ瑞泉寺信徒中エ一書ヲ残シ大ニ瑞泉
寺改造半途ヲ御心配被為在予カ誓願ヲ
全フセヨト侍衣ニ申附單座シテ眠ルカ如ク御
臨終被為遊タルハ卅一日午前第十一時三十分
ナリ而モ顔面血色三日ヲ経ルモ存生ニ異ナラ
ス實ニ感涙ノ至リナリ其ノ信徒衆エノ遺書
寫左ニ記ス
瑞泉寺ニ身代リ地藏尊ヲ安置シ予
ガ遺骸ヲ納ム依テ生前ニ変ラス信徒
衆中厚ク頼ミ置ク尚委細ノ儀ハ蒙堂
ニ申置ク至囑々々
明治卅一年十二月卅日　無學花印

明治 31 年　関無学遺書

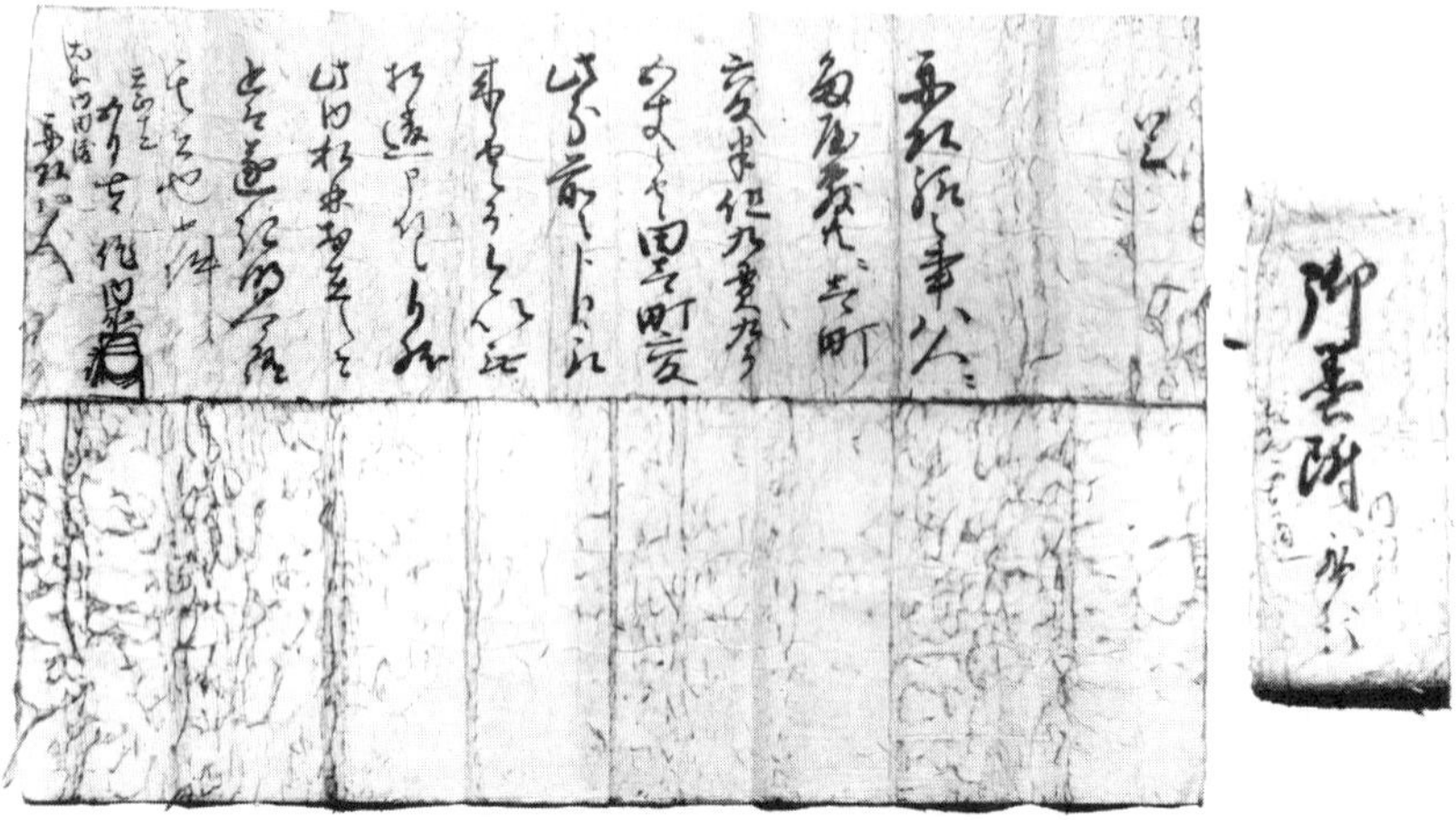

天正 12 年　加藤光泰判物（内田渡舟頭あて）

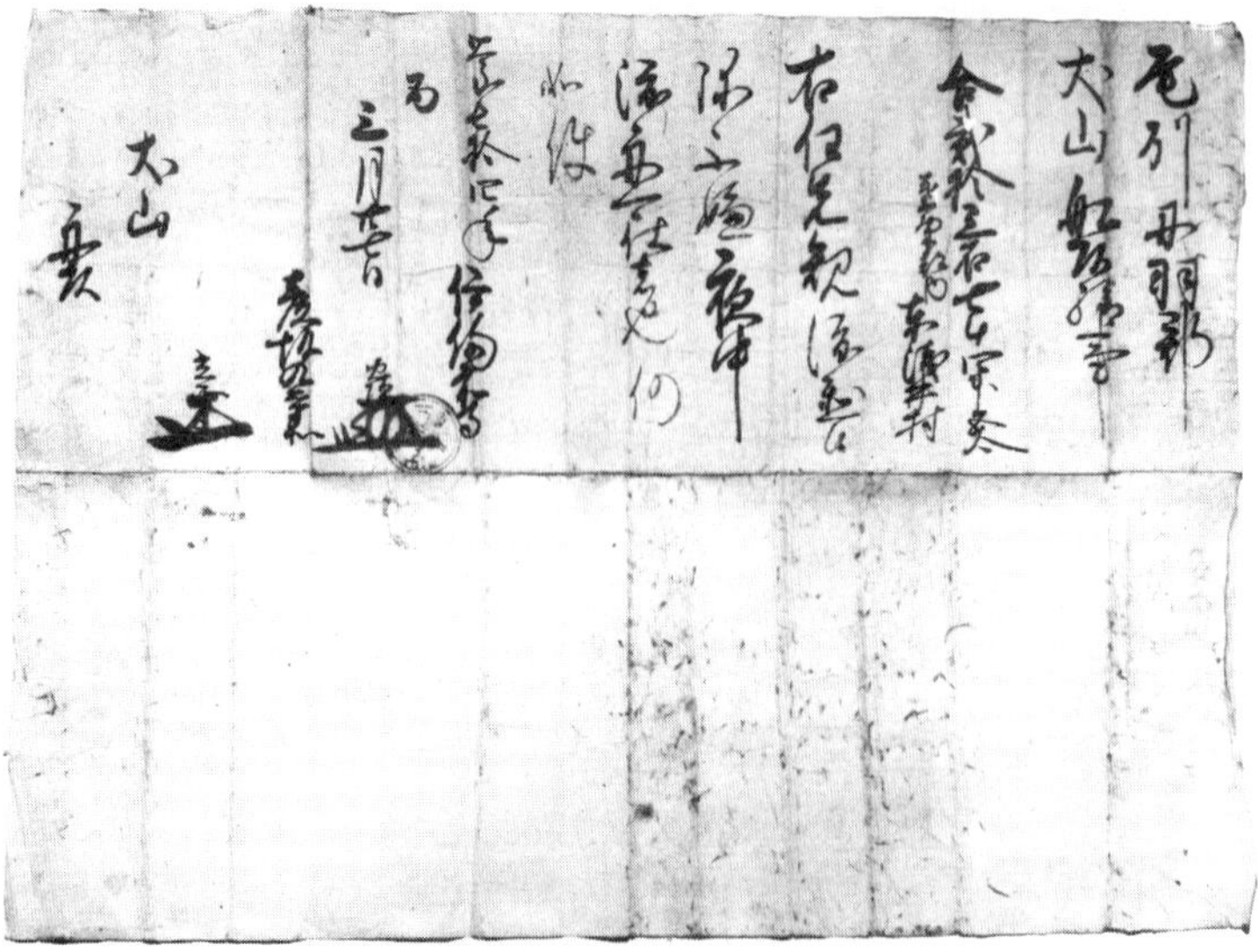

慶長 14 年　伊奈忠次等連署判物（犬山舟頭あて）

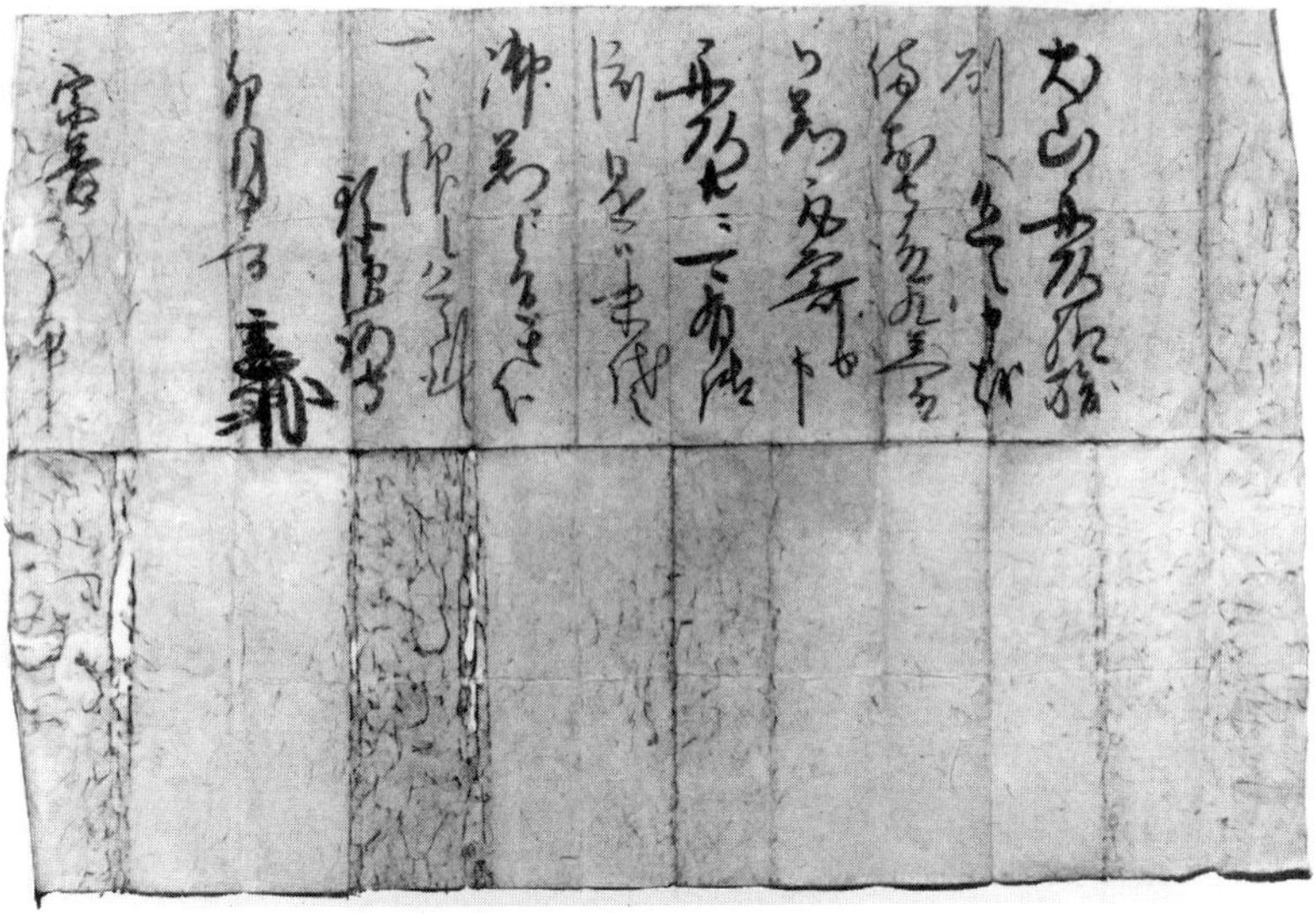

鈴木淡路守書状（犬山舟頭給）

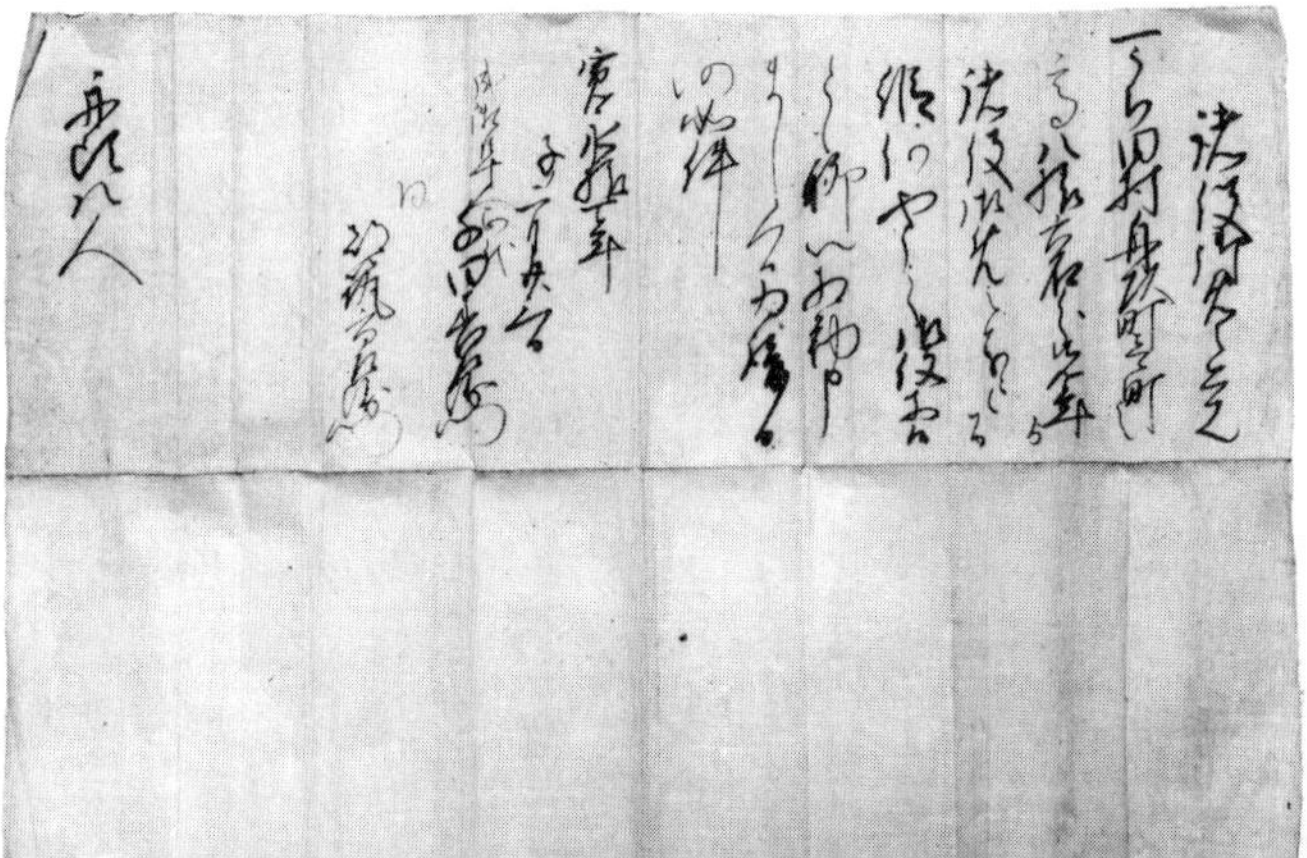

寛永 13 年か（丙子）成瀬隼人正老臣連署判物（舟頭 8 人）

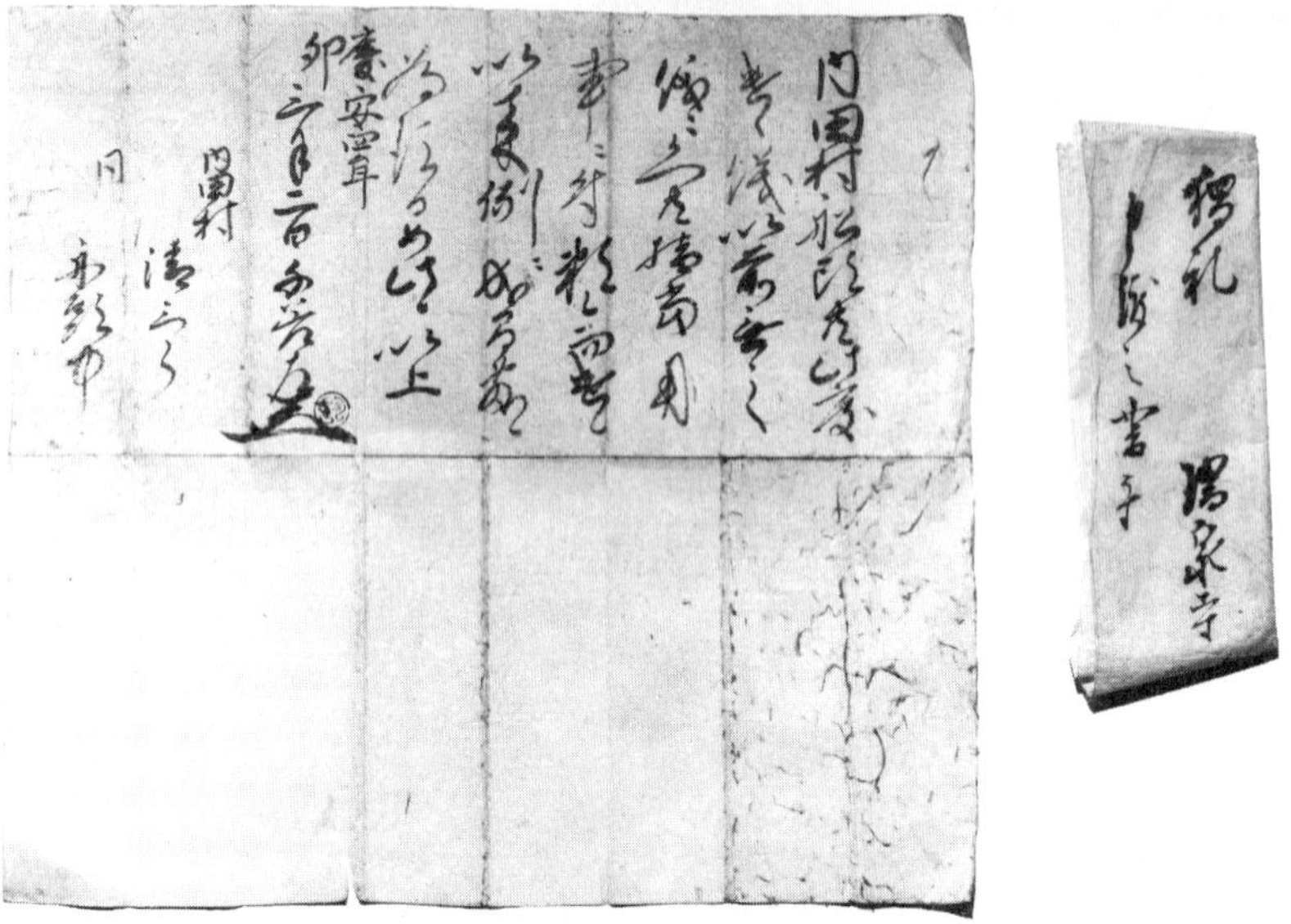

慶安４年　千田善左衛門判物（舟頭中）

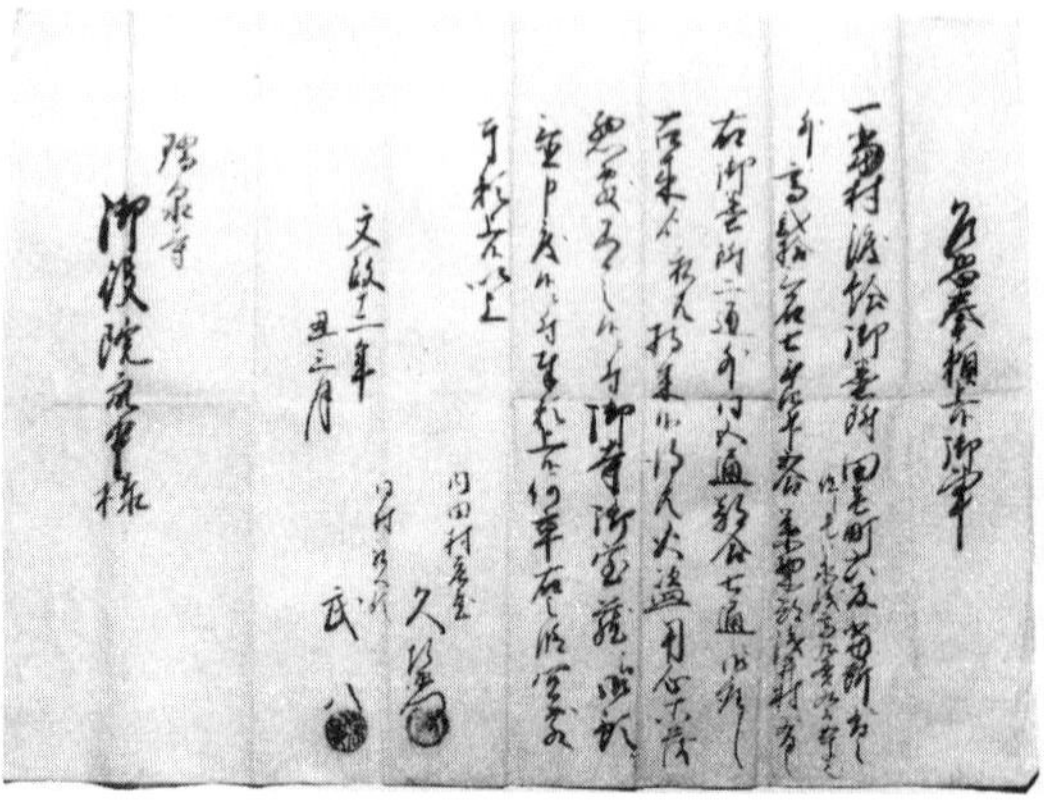

文政 12 年　内田村庄屋等連署願書

鷹　図

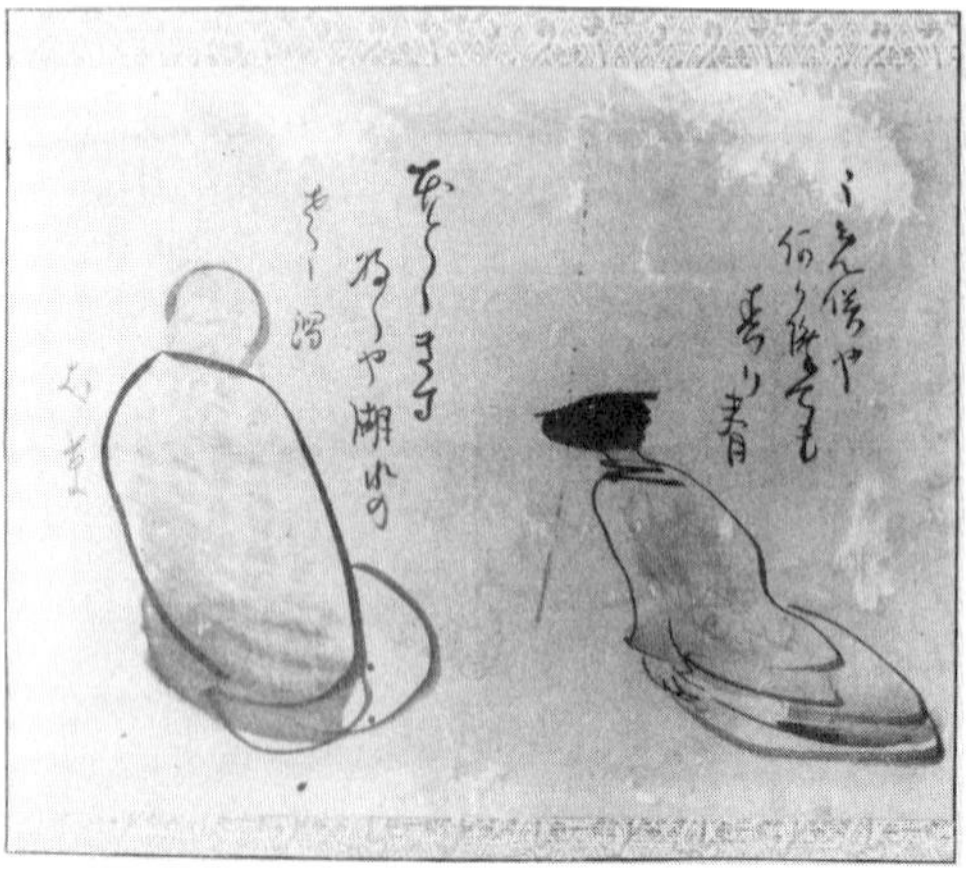

内藤丈草筆俳画

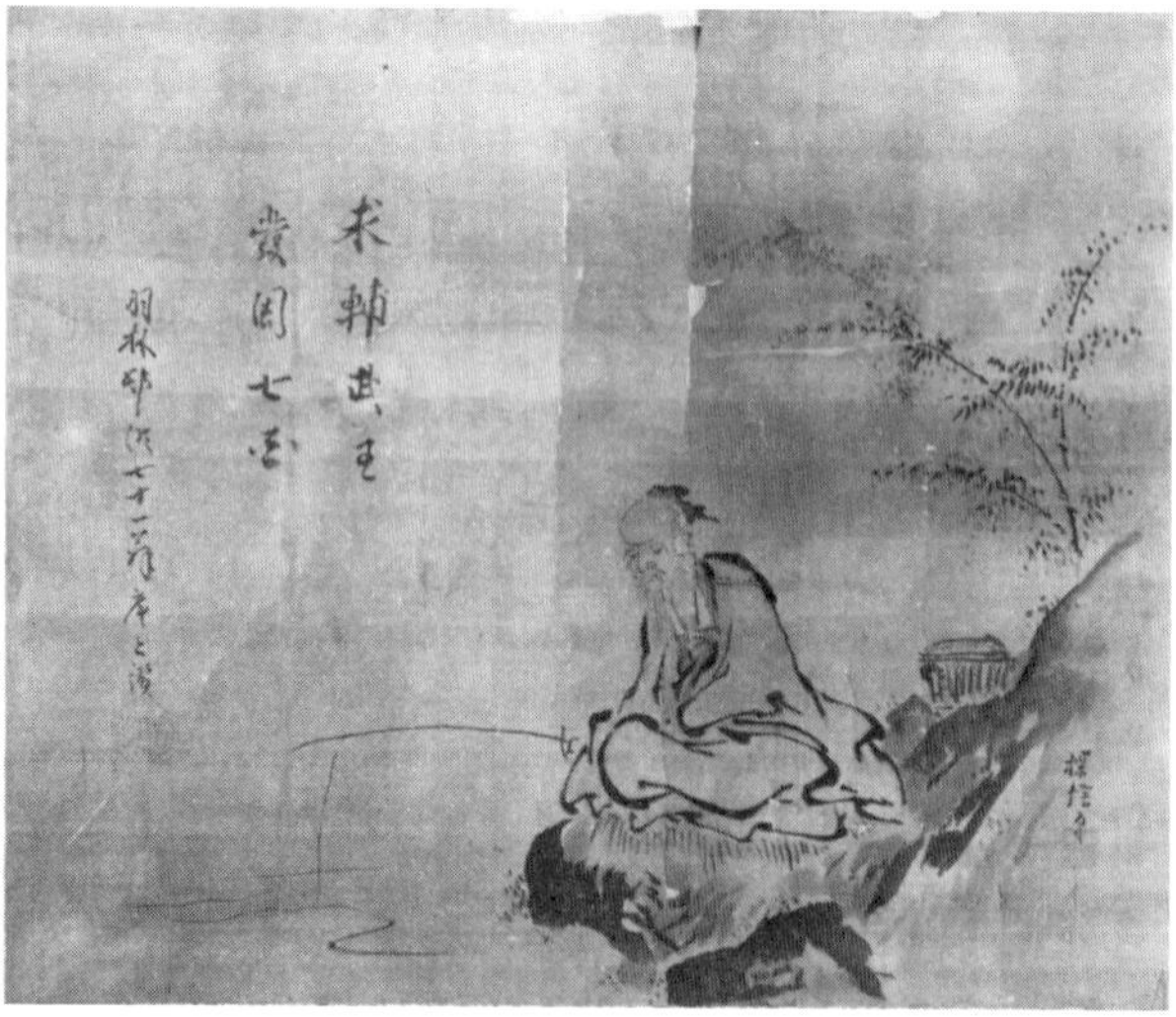

狩野探信筆　太公望図

仙崖筆　天神図

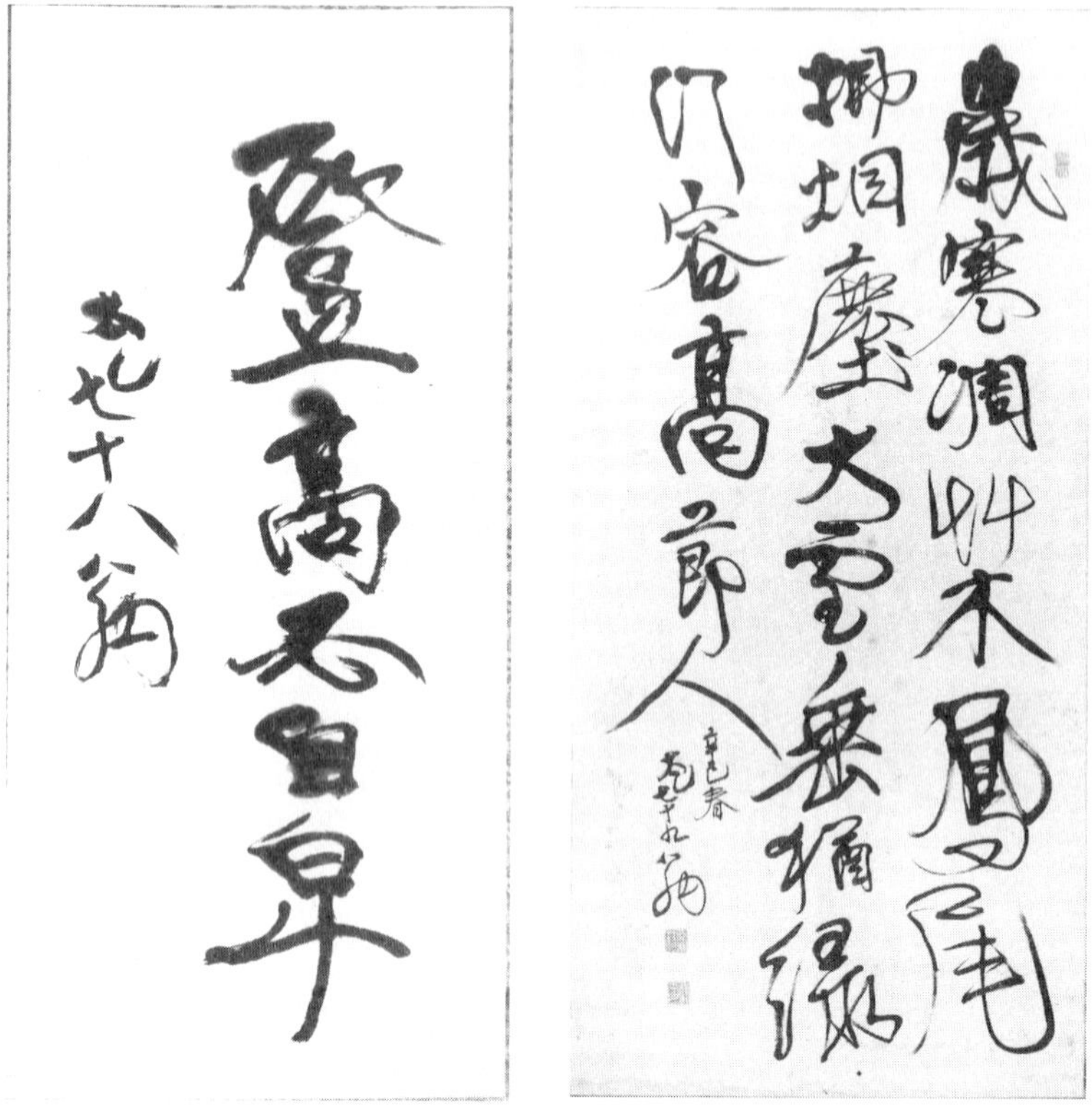

明治 14 年　村瀬太乙筆　偈（明治 14 年死去）

四、『瑞泉入寺開堂法語』（龍済寺蔵本）

この本は、上・下・乾・坤の四冊から成る本で、瑞泉寺塔頭臥龍庵に伝来したものである。昭和三十四年に龍済庵（龍済寺）の住職であった関董光師がこれを筆写した。その後、臥龍庵では、古紙売却の諸本の中に混って失われてしまったという。昭和五十五年に、関董光師が『青龍史考』を編纂刊行した時（謄写版）、この本を掲載しておられる。

もともとこの四冊本は、寛延三年（一七五〇）の第二一八世大淑和尚までが書かれているものの、それより三年前の延享四年（一七四七）までは同一筆跡で写されているから、原本は延享四年に成立したものと思われる。その後三年間は関董光師が追加したようである。本書では、これを全巻掲載することにする。

なお、「　」は原本に無く、追記であることを示す。

瑞泉入寺開堂法語　上

定

当山住持職之事

為開山子孫之諸老、順次勤務可仕致之事、

一、縦令雖為共仁没後、依児孫之願望者、可被準当山一世之視篆之事、
一、諸転位者、上香開山真前而職状可有降下之事、
右之件々、先師遺命之定規也、
康正二丙子年九月二十六日
現青龍山主玄朔於于慈明庵下書、

仏智広照禅師入祖堂安牌法語　雲谷和尚諡号之時、
挙牌云、　瑞泉東陽、
龍済門庭万匁開、聖名凡号総塵埃、這回恨被君恩誤、鉄樹生花奉勅梅、
前住当山勅謚仏智広照禅師大和尚、
百年東海崑崙、気呑仏祖、一代西河獅子、威巻風雷、喝一喝、
任他芝詔耀林岳、谷静片雲依旧隈、
便自安牌了、

「三世」青龍山瑞泉寺義天和尚入寺法語
両御影拈香
拈香云、這一対老漢、或者蒺莉満地、高鎖玄関、甄別諸方宗師而邪正共不許、或者荊蕀参天、巨盛法
席、惑乱四来衲子而仏祖也結冤、説時黙神傷鬼哭、黙時説電巻雷奔、直得、滅正法於林際、瞎眼目於

松源、至董本朝無双禅苑、特賜至尊万乗綸言、二師作略、以優劣難論、今日瓚、不比謂嵆紹有子、全似言郗超無孫、只有余殃及我、説甚酬徳報恩、香挿炉云、
一炷栴檀臭烟起、威音那畔長霊根、

室間

拈杖云、三世諸仏在這裡、歴代祖師在這裡、新長老、瓚、在這裡即是、不在這裡即是、卓一下云、自今家業興、一挙九万里、

拈衣

伝付這衣南、金賎於土、挙云、看青龍山裡龍、今日披一縷、

退院

備五縁人古又稀、慚吾薄福始知非、長安城北山如待、掌握烏藤先我飛、

「四世　雲谷玄祥」

宝徳二年庚午八月廿六日入院、同九月「二五日」退院

「五世」　桃隠和尚入寺法語（真源大澤禅師）

拠室

拈竹篦云、首山鹿鹿竹篦、密室爛如泥、
置竹篦云、挙頭残照在、元是住居西、

拈衣

拈衣云、曹渓已留衣、伝付底阿誰、
搭肩上云、紅霞穿碧落、白日繞須弥、
両御影拈香
這香、敷子葉於威音先、天眼不見、繁孫枝於妻、至後仏手難挙、咄、拈来天下与人看、
共惟
一個生前莽鹵、一個死後顢頇、百醜千拙、各恣痴頑於我、全無隔宿恩、已是無隔宿恩、為什麼薦以蘋藻、焚以梅檀、大衆最聴、山僧点破、青竜窟裡二竜蟠、頷下明珠照膽寒、以香敲炉一下云、今日一槌槌碎了、臘梅吐出鉄心肝、
「退院」
宝徳二庚午年臘月廿六日　入院
享徳三甲戌年正月廿六日　退院
一住五年如履氷、春風捲衲下危層、不知何処得安枕、万里江上七尺藤、

「四世」雲谷和尚再住法語

拠室
横按主丈云、正接傍捉仏祖乞命、横拈倒用魔外潜蹤、卓一下云、従前汗馬無人識、只要重論蓋代功、
拈衣
鷲嶺不是真伝、黄梅亦非親属、挙衣云、這個襴、搭起云、等閑披起半肩雲、散作甘霖洒百谷、

両御影拈香

両ヶ老凍膿、叢林大妖孽、慣用東山暗号子、壊却松源黒豆法、従茲父子逓相鈍置、令児孫打没折合、果然一馬生、三寅何兌、特地成途轍、諸人於斯明得、一双孤雁撲地、高蜚於斯不明、一対鴛鴦池辺立、

康正元乙亥年十月廿六日入院

同二丙子年七月六日退院

隔一十一年、古本如此、是伝写誤乎、考于法山六祖伝妙心記、応仁元ハ天下大乱、京洛寺院悉焼亡、所以、雪江師屏居于丹ノ竜興ニ云々、

「六世」雪江和尚入寺法語

応仁元年丁亥三月廿六日入院

拠室

拈主丈云、吾這丈室、革故鼎新、卓一下云、捧頭敲出玉麒麟、

拈衣

大庾嶺頭提不起、縁甚皈上座手裡、頂載云、洛陽牡丹新吐蘂、

両御影拈香

淩滅吾宗両祖翁、猶留悪跡称竜峰、到今帯累児孫去、惹着衲衣荊棘叢、

共惟

開山無因和尚大禅師、創建本寺日峰和尚大禅師、叢林眼目、乱世英雄、雲門三字禅、脱賺五湖雲衲、瑞泉一摘(滴)水、没溺四海象龍、或底好勤巴惹苴、笑罵天汴急、或底学密庵懶拙、讃松源耳聾、至厥活底手段、七擒八縦、逼釈迦達磨、生陥那洛、迦鞭狸白牯、立為紫金容、直得整頓、楊岐命脉、振起林際宗風、不肖今日作恁麼讃揚、全非報恩酬徳、
挙香、只将這ヶ、勘破虎穴魔窓、挿香炉云、宝薫周偏三千界、

「七世」 景川和尚入寺法語

文明十一年巳亥九月廿六日入院

拠室

扣玄室内白頭僧、兀々痴々百不能、只有テ南山三尺竹、離方円也まタ脱ス規縄ヲ、

拈衣

颶下金襴即是、伝ニ得金襴一ヲ即是、塔起云、虎嘯ケハ風生シ、龍吟スレハ雲起ル、

拈香

於魔界ニ魔塁無レ路レ窺フニ、喝一喝、一片拈来爇却、宝薫々徹四坤維、仰惟、本寺開山無因和尚、勅諡 禅源大済禅師、一隊頑皮靼、両ヶ老古錐、喚彼為駈則擢瞎正法眼蔵、惑乱尽天下、喚為馬則激起江西的派、浸濶五須弥、此錯彼錯、嗚呼々々、挿香云、児孫猶有余殃在、隠逸傲霜籬菊枝、

退院 文明十二年八月十六日

阿母痴(癡)頑老在堂、胸中五逆我何蔵、秋風白髪三千路、一片孝心皈策忙、

「八世」　**悟渓和尚入寺法語**

文明拾二年庚子拾二月拾参日入院

山門

万仭龍門、金鱗一躍、驟歩云、青天轟霹歴、喝一喝、

室間

徳山棒臨済喝、山僧束之高閣、置竹箆云、大海従魚躍、

拈衣

迦葉添虵足、盧能刻剣痕、塔衣云、祖祢不了殃及児孫、

拈香

両翁昔日振網宗、解弄死蛇成活龍、生(龍脱)龍子有何瑞、満山撃雪万株松、

退院　文明拾三年辛丑七月解制十五ノ日

老矣無心転法輪、万機休罷一閑人、拝辞祖塔眷然久、白髪寧期再掃塵、

「九世」　**特芳和尚入寺法語**

文明拾三年辛丑九月廿一日　入院

山門

指云、瑞泉一滴、甘露門開、顧視左右云、渇望之者、従這裡来、喝一喝、

宝間

拈竹篦打案云、三尺竹篦、打定天下、置竹篦云、且喜今日、皈家穏坐、

拈衣

裁蓬莱五色雲、帯黄梅三更月、搭肩云、説甚伝不伝、吾家旧物、

拈香

二株嫩桂久昌昌、枝葉垂陰遍十方、慚愧拙孫之乏攀折、等閑拈作一炉香、且道為是報恩足矣、無復家

醜向外揚歴、那伽定裡、笑具一場、

退院

十八灘頭一葉舟、片帆高掛月明秋、順風把揖底時節、東西南北任自由、

「十世」**東陽和尚入寺法語**　**文明十六載甲辰六月五日**

山門

指云、海東法窟、天下禅源、前進云、入作看一句定乾坤、喝一喝、

室間

徳山棒臨済喝、姑蘇台畔春秋、以篦揮案云、欲窮千里目、更上一層楼、

拈衣

赤水之珠、罔象無眼而得、黄梅之衣、盧能不会而伝、挙衣云、者ケ齏、搭起云、今日見来果然、

両開山拈香

這香、在赤県神洲、称大乗根器、未出生先、西天東土全機、斉顕於黄蘗山頭、則為一株蔭凉之樹、纔撞着処、五家七宗、鼻孔悉穿、莫拘時節、那ケ変遷、炎天梅蘂没交渉、馥郁三千与大千、

薩訶世界大日本国尾州路青龍山瑞泉禅寺新住持小比丘宗朝(英)、開堂令辰、便拝謁開山始祖両塔下、謹抽乾柴片於初会、以逞聞薫於永年、取鳩殊勳、恭奉為

本寺開山前住大徳無因和尚大禅師

創建本寺勅謚禅源大済禅師大和尚

二大禅師上酬慈蔭、然雖与麼、此ケ些子如何敷宣、挙香云、証羊蜂桶是家伝、両塔巍然昭穆全、夙世冤讎猶未了、挿香云、又添心字一炉梅、

退院　文明拾七年二月六日

千鈞大法愧権衡、薄福住山々也軽、独着簑衣入烟雨、慇懃送我只江声、

景川和尚再住法語　**文明拾七年乙巳九月廿二日**

拠室

拈篦云、徳山木上坐、済水金剛王、吾箇一丈室、錦上花兮雪上霜、揮案一下、

悟渓和尚再住法語　**長亨三年己酉卯月十五日入院**

拈香指両御影、金毛生獅子、白額活大虫、或開大炉鞴、鍜凡錬聖、或簸両片皮、罵雨呵風、再被不孝孫

穿鼻孔、一ケ眼睛、一ケ耳聾、咦、

特芳和尚再住無法語

明応二年癸丑四月十六日入院

同　六年丁巳三月十五日退院

東陽和尚再住法語　明応六年丁巳四月十五日入院

拠室

十五年前、密室不通風、猶有玄可扣、十五年后、密室爛如泥、唯有棒可喫、拈杖云、若有声頭禅、卓一下云、従這裡入、

祝聖

恭願媲文明於日月、万国櫜細柳弓、斉寿域於乾坤、兆民安太山枕、

両祖

這香、亘古今一時照用、咦、両ケ漆桶無鼻孔、

退院　明応十年辛酉正月廿六日

一住五年春夢中、以無分暁当宗風、山花応笑退飛鷁、榔標扶帰老凍𩪚、

「十一世」 柏庭和尚入寺法語　　文亀元年辛酉八月十九日

山門

指、正眼流通、驟歩、不存軌則、喝、大施門開無擁塞、

室間

拈篦、扣玄室中竜泉光射、揮案、按定太平基、竪起、三尺握天下、

拈衣

擎衣、這衣表信、無始無終、搭起、文章已変南山霧、羽翼応搏北海風、

両祖

挙香、這香、拈為微笑一枝花則四海香風起、喚作久昌二株桂則万世奕葉繁、或悪芽埋没、参玄衲子、或生毒菓、残害満地児孫、噫、以香指両真、左之右之浣盆々々、雖然恁麼、今日猶要結夙冤、天源高浪抜盤根、両ヶ骨搓横四坤、脱尽皮膚無気息、金香炉下鉄崑崙、

退院　文亀三年癸亥正月廿六日

累卵三年住此山、得時超出是非関、鶉居鷇応随処原本一字欠、鞋耳杖頭天地間、

「十二世」 天縦和尚入寺法語　　文亀三年癸亥七月廿六日

山門

瑞靄収雨白水連門、以両手作排勢云、開也龍世界鶴乾坤、喝一喝、

室間

拈杖云、棒喝機先国家晏然、徳山臨済十万八千、靠杖叉手云、吾ヶ室内無多子、不許禅徒来扣玄、

拈衣

帯金華雲、擔黄梅月、塔起云、将錯就錯、

祝聖

陛下恭願、徳被無窮障、天辺趙盾威加有、截起水底武候、益大蘿図長保椿算、

両祖

以香指両開山云、面目儼然黒竹篦、無端打着多少衆、

挙香云、即今酬雠一炷香、穿却両翁閑鼻孔、

退院

呉楚東南一棹軽、江声山色送吾行、年年慚愧不安衆、襄病吹霜両鬢莖、

「十三世」　**大休和尚入寺法語**　**永正元年**甲子**十一月廿四日**

山門

指云、瑞泉一脈、激揚松源、顧視左右云、駕与青龍者、来入斯門、喝一喝、

室間

扣玄室中、仏魔共接、打云、打草驚蚫、移花兼蝶、

拈衣

依俙曹溪直裰、彷彿霊山金襴、別々、塔起、一把柳絲収不得、和風塔在玉欄干、
祝聖
陛下恭願、喜気消雪、仁得回春、四三王六五伯、右白虎左青竜、仰弥楼山為寿山、湛香水海為福海、
両祖
攀折梅花雪一枝、住山薄福報恩来、無端穿却崑崙鼻、四海香風従是吹、
退院　永正三年丙寅三月廿六日
自代乃翁称住山、三年光景鬢斑々、一声杜宇袈裟角、割取蓬莱左股還、

「一四世」太雅和尚入寺法語　永正三年丙寅五月廿八日

山門
指云、向上牢関、托開云、豁開了也、驟歩云、纔移杖頭、日月脚下、
室間
拈篦云、一句剣不曽磨、置篦叉手云、幸是無吏何動干戈、
拈衣
多子塔前、黄梅夜半、咦、塔起云、鴛鴦繍出与人看、
祝聖
恭願、天慕周道、国復漢儀、斉寿算於芥子之城、堅皇図於払石之劫、
両祖

玲瓏層塔聳乾坤、挙香云、聊炷爛柴酬祖恩、今古冤讎不回避、依然左右又逢源、

「一五世」　松岳和尚入寺法語　「永正四年」

山門

指、青龍奮迅今日逢遭、驟歩、不遊三級浪、争識禹門高、喝一喝、

室間

拈篦、維摩丈室、不以日月為明、扣玄室内、以何為明、揮案一下、為他閑吏長無明、

拈衣

多子塔前、将錯就錯、黄梅夜半、以機奪機、挙衣、咦、弄花香衣、

祝聖

欽惟、湯徳徳惟新化、洽大千沙界、尭仁広被寿逾百億須弥、

両祖

以香指真前、奇哉東海鉄崑崙、建化門中称二尊、誰識老婆親切処、鴛鴦綉出誑児孫、

退院　「永正五年三月廿六日」

一條拄杖黒漫々、去住何曽有両端、山色横擔皈亦好、門頭戸底透長安、

「一六世」　仁済和尚入寺法語　永正五年五月廿六日

山門

指云、臥龍曽敲門枋、今日如何挙揚、驟歩云、徳山木上坐、臨済金剛王、喝一喝、
室間
以竹篦打案云、聴麼太雅清風無此声、顧視主丈云、七尺藤烏靠壁上、又成沽酒酔渕明、
拈衣
山帯新晴雨渓留閏月花、頂戴云、拈了也、塔起云、肩上搭作一領袈裟、
祝聖
恭願、今上皇帝聖寿万安、金剛無量寿仏、仁王菩薩、摩訶薩摩訶般若波羅蜜、
両祖
一家父子悪冤家、五逆児孫久咬牙、枉費沈香欲三拝、春風吹散碧桃花、
退院
大法荷檐無力量、扣玄室内乏宗網、皈顖正月喧鴬来、蹈砕落花山履香、

「一七世」 **鄧林和尚入寺法語** **永正七年**庚午**九月廿八日**

山門
遊履三眼国、透過万重関、驟歩指云、山上那一路、抜虎頭関、喝一喝、
室間
以篦打禅床、膝下黄金、拈拄杖、掌内日月、卓一下、吾無隠汝龍山路滑、
拈衣

飲光受金縷伽梨、待慈氏出世之時、塔起云、天上地下更誰、
祝聖
恭願、英主之漢、全盛之唐、恵施四海、恩流八荒、
両祖
瑞泉一水二甘露、甘露当年鴆幾人、今日児孫有些子、君元東魯我西秦、

「一八世」天蔭和尚入寺法語　永正八年辛未三月廿七日

山門
指云、直入蒼龍窟、托両手、挨開碧落門、驟歩、禅源一滴溢乾坤、喝一喝、
室間
南山射猛虎、東溟釣巨鼇、置篦良久云、我王庫内無如是刀、
拈衣
一頂金縷、非長非短、無易無難、拈做百斛油麻樹上攤、塔起、侍者倒却、門前刹竿著、
祝聖
恭願、金輪統御微塵刹土、帝網照臨百億山河、
開山無因和尚拈香
這爛木頭、本無枝葉、唯有一真実存、齅之則喪身失命、用之則落膽銷魂、即今拈来、爇却炉中、奉為
前住大徳当山開山無因和尚大禅師、以効釆蘩、伏惟、大和尚人天心師、扶樹頽綱、大地宗匠、覆焘後

昆、雖然芿孫徳樹没、籍家私不師其跡、正謂昆明池裡失却、一張剣不妨正法山頭、突出破破盆、且道諸仁者是酬恩耶雪冤、挿香、

創建香

此一弁香、挿向宝炉、奉供養当山創建勅謚禅源大済禅師大和尚、謹述小偈、粉業此山帰帝城、喝雷棒雨仏魔驚、滔天激起瑞泉水、不為師翁洗悪声、咄、

退院

住山六十五春天、忽被喧鴬促散筵、老涙欄于辞祖塔、何時一杪再来泉、

「一九世」　景堂和尚入寺法語　永正九年壬申二月二日

山門

指云、直跨青龍、横行東海、叱、威徳自在、

室間

三尺黒蚖児、一ヶ白拈賊、要弁端的麼、打出、香南雪北、

拈衣

抖擻蓬莱五色雲、山僧今日半肩擔、搭起、遮莫往昔留止嶺南、

祝聖

欽惟、寰中日月今回三皇春、却外乾坤再遇五帝夏、所祈合十恒河而為福海、束五須弥以作寿山、両祖

二甘露意気堂々、四海禅流蘇渇望、五逆児孫三拜後、惜哉祖道減威光、喝一喝、

退院

叉手叮嚀辞祖翁、住山今日愧無功、同行幸有化龍杖、不御鵬程九万風、

「二〇世」玉浦和尚入寺法語　永正十年癸酉三月十九日

山門

指云、青龍門庭、履大智矩、驟歩云、看々大唐打鼓新羅舞、喝一喝、

室間

打云、檎縦与奪正令全提、置箆、禹力不到処、河声流向西、

拈衣

挙衣、扭脱迦葉巴鼻戳瞎盧能眼睛、搭起、一絲不掛文彩縦横、

祝聖

恭願、聖明逾日月開、万世於丕図、睿算等乾坤、陶八方於寿域、

両祖

以香指本源塔、伏獣威獰腥、風捲大莫国、指真覚塔云、毒蚍口気、舌本回既倒瀾、変大地為黄金、攪長河為酥酪、自誇粹手徒発虚弾、嚇仏打魔、施殺活機於熱喝痛棒、傾湫倒岳、験差別智於影草探竿、賛之者抜舌泥犁、毀之者洋銅沸屎、左顧右眄、誤認定盤、咦、

一對慈容天下白、月移花影上欄干、如上枝詞蔓説且致、更有一偈、昭穆家伝業識団、炙天薫地受人瞞、

這回錬作乾柴片、一炷烟中鼠両端、
退院
不違偃沼住山機、歳月周回期満皈、又恐道人殺風景、春帆一片背花飛、

「一二二世」　朴菴和尚入寺法語
山門
指云、門々尽天地、撥開四坤乾、進一歩云、入頭消息子、風花雪月任流伝、喝一喝、
室間
拠座拈篦云、臨済徳山高亭、大愚鳥窠船子下児孫不用、如何若何、打案、還会麼、良久曰、阿阿々、
拈衣
頂載云、三世仏性命、六代祖大機、擔起云、誠擔取重於九鼎、軽似一絲、
祝聖
聖明之化、踵三代之淳風、社稷之功、享万年之景辺、
両祖
以香指両祖云、当台両鏡発霊光、天上人間尽十方、何用別拈起、沈水庭前二月脱梅鄰、

「一二三世」　桃雲和尚入寺法語　永正十三年丙子二月十四日
山門

指云、　打開蟄戸入得龍門、托開云、　団陸地激本源、
室間
吾這炉鞴与諸方殊、打案云、　百千仏祖、鎔作白地凡夫、
拈衣
曹溪不伝後、嫡々金伽梨、塔起、　上坐舋全不拈横枝、
祝聖
恭願、以此百億仏刹、微塵数不可説却、為寿量而於其中間忽施、新雨露於堯宇、再復旧山河於禹鑿、
両祖
這香、長妖孽於西天則四七末葉、覆陰五逆諸昆季、敷毒花於東土則二三祖初枝、穿却一対鼻尖頭、逼塞今古、不渉春秋、信手拈来、奉為　開山無因和尚大禅師　創建本寺勅謚禅源大済禅師大和尚二大老、慙汗々山埜無分続遺芳、猶如器不同薫、犢有拙偈如何相酬、錯、消三拜不見蹤由、真偽難分両祖猷、芳艸渡頭韓幹馬、緑楊陰裡戴嵩牛、喝一喝、

「二四世」　興宗和尚入寺法語　永正十三年丙子九月十六日

山門
指云、　山河増瑞気、天下第一泉、顧視左右、　従門入者擔取、菊花後早梅前、喝一喝、
室間
拈杖、　徳山八万四千毛孔、不出這一棒、拈篦、　臨済三百六十骨節、只是這一剣、打云、　喚莫作吹毛剣、

拈衣

挙衣、達磨六代之衣、秘在曹渓月下、瓚祖六代之衣、流伝正法山頂、本源六代之衣、付嘱宗松比丘、

塔起、三処西湖一色秋、

祝聖

恭願、睿算益永、荘椿八千歳、為春八千歳為秋、皇畿弥々堅堯蓂、三十葉作日、三十葉作月、

両祖

業債重今曽未償、両翁毒気長余殃、請看九月岐陽雪、散作蓬莱一炷香、

退院

退鼓声中下翠微、秋風千里早看機、芦花浅水白鷗左、也好擔泉帯月皈、

「二六世」 **天関和尚入寺法語** **永正十五年**戊寅**九月三日**

山門

指云、黄金地青龍関、驟歩、巍々海上一山、喝一喝、

室間

拈篦云、四七二三、全提不起、打云、藉令良馬見鞭影而奔、皆如瞠若于後之顔子、

拈衣

拈衣云、孔々皆正縷々倶来、塔起、尽在停針不語時、

祝聖

欽願、河図洛書応聖代之嘉運、岳貢川弥彰豊年之瑞徴、

両祖

本源真覚無明窟宅、一個赤鬚胡一個白拈賊、接物利生不具些子、慈悲捏聚放開却、有十分悪毒、大機大用兮電巻雷奔、頭出頭没兮驢胎馬腹、咦、

挙香云、看々雪屈一場風吹、南嶺雲露滴東籬菊、

柏庭和尚再住無法語　「永正十六己卯年」

瑞泉入寺開堂法語下

「三十二世」　春湖和尚入寺法語

山門

指云、青龍得水、白雲覆関、進一歩、一任天下人往還、喝一喝、

室間

首山黒竹篦殺仏殺祖、臨済白拈賊奪人奪境、吾個一室走却、金獅子捉得玉麒麟、

拈衣

鷲嶺拈花全不是、少林分髄匪単伝、一肩塔起無絲線、莫認金襴与木綿、

祝聖

恭願、施徳沢於無涯之外、統御現前四大三千界、為吾封疆、耀文明於未兆之前、拈起将来五十六億、
却為我寿域、
　両祖
此山一隊野狐精、四海五湖多悪声、不孝児孫来雪屈、依然日午打三更、阿阿々、一個口唖舌禿山崩石
裂、一個耳聾眼瞎雹捲雷轟、咦、
至鑑難逃端的底、炉腸挿柏穂烟軽、

「一一八世」　**九庵和尚入寺法語**　**大永二壬午年二月七日**

　山門
東海最上門戸、滴西源作瑞泉、進一歩視左右云、看青龍奮迅三昧、六種動揺雷雨天、喝、
　室間
点胸云、垂鬚古仏無文字禅、撲案右云、明頭打風花雪月、撲案左云、暗頭打蘭菊梅蓮、錯、
　拈衣
裁出洞庭月白、綉作錦城花重、掛肩云、羊質虎皮、一笑可供、
　祝聖
恭願、今上始即宝位、設秦代一百二重関、天下新転洪鈞、建漢家十八万武節、四夷咸撫乖民以安、
　両祖
開山無因大和尚　創建禅源大済禅師

抛蒼蔔室、坐栴檀場、鳳凰非聖樹、不栖其典刑也、度越三代之礼楽、麒麟非瑞泉、不飲其規矩也、董莅百丈之令綱、奂貝澆季一大樹子葉繁欝々、玲瓏法窟二嬾嫩桂孫枝久昌々、徹通廓通、築着磕着、扣玄大牓、天下蔭凉、粤有愚昧痴頑漢、往昔従非了童、年迨于耳順余齢、苟為洛之以東恵日山東福千松林之橓、一朝去於創建第四世流亜、西源特芳老師勿室而作溝中断木矣、慙惶忸怩叵耐、称不肖遠孫、剰人天衆前拈一香、以供両和尚大禅師、仰奉讃揚云、偈曰、日月並明常寂光、昭儀凛烈露堂々、威音鼻孔可穿却、擘破虚空拈這香、

退院

住山一夏淡生涯、今日辞場到処家、藜杖喚来汝為御、草鞋去路軽車、

「一一九世」 亨仲和尚入寺法語 大永二年壬午九月拾一日

山門

指云、瑞泉派脈、神物霊蹤、拈主丈云、看々泉大道、直跨着青龍、囦

室間

尽刹界曲彔床、揮案云、莫道独処一方、

拈衣

盧行留之岩默却之、挙衣云、即今蹔懶織、回文錦字詩、

祝聖

恭願、天地覆戴万方、眼綱幢之威、山河始終群臣、拜髻珠之賜、

両祖

節後黄花風露多、拈為沈水看如何、生檎両ヶ賊頭去、穿鼻尖児眼瞎波、

退院

烏藤靠室未生根、三鼓声中緩出門、祖塔猶堪回望眼、青龍世界鶴乾坤、

松岳和尚再住法語

祝聖

恭願、雲近蓬莱、高寿山於太華五千仭、日上若木、輝帝徳於扶桑七十州、

室間

拈篦三尺黒蚖児、再入青龍窟、打案叉手、今日穏坐喫茶弥重歟、

退院　大永五年乙酉三月拾日

二住竜山慚老頑、春風吹雪鬢斑々、呉頭楚尾乾坤外、一錫閑雲誰共還、

「三十世」**大宗和尚入寺法語**　**大永五年乙酉九月拾日**

山門

指、青龍万仭峯頂、三解脱門新開、顧視大衆云、入作看南天台北五台、

室間

拈篦、挟太山以超北海、語人曰、我不能是誠不能也、為長者折枝、語人曰、我不能是不為也、非不能也、

山野今日将衆堅請、猥登斯座実沐猴而冠者也、曲順人情而已、全無心挙揚、宗乗衆曰、何不為下諸人説、似我語曰、不能是誠超北海之髏也、非折枝之類、置筵又手云、世時有味是無能、便下座、

拈衣

以釈迦丈六衣、纏弥勒千尺身、恰好相応以黄梅五代衣、触玄弘上坐手、時節已熟、

塔起云、秋香未衰折残菊、

祝聖

恭願、風以時雨以時、簇弱水三万霞、並帝畿於華蔵恒河沙界、天之徳地之徳積岐陽九月雪保、睿算於閻浮百億却春、

嗣法

這香、爇却一炉、供養前住大徳一住当山再住瑞龍天縦老漢、以酬法乳、挿香、

両祖

慈雲四郊洒、旱天霖於九野、瑞泉一滴、禅源波於八荒、門風広大、誰不仰膽末裔、不肖、視篆此山、開堂之次、当寺開山前住大徳無因大禅師、産ヶ活師子児、令天下人悩裂、其遺風余烈于今未休歇、咦、又惟、吾山創建敕諡禅源大済禅師大和尚、初挿茎草於此地、即擬標榜於梵園、已吼三子以驚諸昆、箇ヶ皆菸菟、早気志牛喰至角而戕得威而賁、一嘯之地清風々、五更之天、闘声喧々、其自道行聞帝里、已往父子檎縦、得大自在、如四溟鵬鯤、威音王已来、未有如今日之盛事、揺動乾坤、其形碩者其声宏、其本大者其葉繁、苟不為如来象季而生斯翁、何以挑慧灯於暗昏、自烹煆仏祖外、于以此蔭覆後生子孫、虖乎偉哉、難報此恩、謹奉拜其履於床下、副以卑言云、竜吟虎嘯白雲根、一ヶ無人不断魂、莫怪咬牙

消炷拜、毫氂報夙世生究、

退院

白髪垂々住此山、地霊僧宝不人間、慇懃呼杖好皈去、水作軽舟陸作轎、

「三一世」　天西和尚入寺法語　大永六年丙戌拾月廿四日

山門

指云、入門一句四海九州、顧視左右云、泉声到池山色上楼、喝一喝、

室間

拈篦云、流蓬落葉直指単伝、置篦叉手云、露柱若問冬来意、春在早梅觜都盧先、

拈衣

金襴蓋月支木棉裹日東、挙衣云、看々、搭起云、数尺遊絲落碧空、

祝聖

恭願、徳沢広潤色輪王一現烏鉢華、睿算永保度越、金母千載蟠桃樹、五雨十風調玉烛、九夷八蛮称藩臣、至矣尽矣、瞻之仰之、

両祖

祖塔烟霞老、一香何足酬、樹交花両色、渓合水流長、

退院

山色餞吾聊勧帰、単丁看院悔前非、烟雲万頃鞋為楫、下載秋風一葉飛、

「二一九世」　享仲和尚再住法語　大永七年丁亥九月拾壱日

両祖

殃及児孫未了禅、至今両塔勢巍然、再来何以償夙債、一炷霜楓薫大千、

退院

一住空過一老身、福縁浅薄任疎親、這回払塔下塵尽、西出陽関無故人、

景堂和尚再住法語　享禄元戊子年八月拾五日

室間

正当三五夜、何処不嬋娟、打案一下云、這裡還有超物外底麼、令我憶南泉、

退院

為我無人運斧斤、再来愧不直分文、残山剰水好皈去、一枕清風一榻雲、

「二三五世」　桂峯和尚入寺法語　享禄二己丑年八月拾六日

山門

指云、臨済門活竜子、波瀾万丈禅源、驟歩、呑却乾坤、喝一喝、

室間

老釈迦掩室於摩竭、矮闍梨董室於扣玄、打案云、孤峯皎月対寒泉、

拈衣

単伝落葉軽薄、付嘱一枝紛紜、塔起云、蓬山幾片雲、

祝聖

恭願、三千日月、以之為文明、百億須弥、以之作睿算、

両祖

二廟向江猶儼然、父昭子穆幾千年、胸中五逆難蔵処、八月梅花一炷烟、

退院

寄蹤蓬島一春秋、白了鬓莖斉鶴頭、解道仙凡無両禄、軽衣短杖棹皈舟、

「四十世」渓関和尚入寺法語　享禄四辛卯年八月廿七日

山門

倒騎山門入仏殿裡、驟歩以坐具打、叱、牧得吾濂水

室間

坐断主位、一剣倚天、打案一下、徳山臨済、倒退三千、

拈衣

不拈本来衣、吾這家伝無一物、塔起、如何一任、八月梅花仏、

祝聖

恭願、聖徳広大、輝日月於尭階、仁寿綿延、安天地於禹溢、

両祖
仰膽両祖本源台、趯倒鷲峰鶏足来、三世兔鎚蘋藻手、愽山擘出一蓬莱、

「三八世」秀林和尚入寺法語　保壽初元(天文)壬辰八月廿六日

山門
指云、険絶祖関、有誰透過、驟歩、天上人間無両ケ、喝一喝、

室間
拈篦、古語云、逢仏殺仏、逢祖殺祖、置篦、新瑞泉則不然幸是太平無攴日、相逢何必動干戈、

拈衣
鶏足金縷熊耳屈、晌離両頭如何掛着、塔起、天到梅辺有別春、

祝聖
恭願、聖明逾日月、睿算等乾坤、

両祖
以香指両祖塔、一対老古錐、不関世穿竪、正眼看来秦時轅轢、咦、

退院　天文二年癸巳七月拾六日
白髪寧期再結讐、涙痕滴尽祖庭秋、皈休一衲乾坤闊、入眼青山是沃州、

「三九世」　惟盛和尚入寺法語　天文二年癸巳拾月二日

山門

指云、祖師心印、諸仏本源、驟歩云、霹靂一声透頂門、喝一喝、

室間

烏藤杖黒竹篦、打案云、干戈元是太平基、

拈衣

拈花微笑、落葉単伝、搭起云、借婆裙子拝婆年、

祝聖

恭願、斉禹湯之功名而徳雨贍千里、興唐虞之礼楽而仁風偏八紘、

両祖

吾這叢林竜虎台、堂々意気発風雷、一香不用紫烟裊、刹界三千十月梅、

退院

不修福恵不成功、衰鬢空過去住中、始識龍門無宿客、残身一葉任秋風、

「三三世」　先照和尚入寺法語　天文三年甲午九月廿日

山門

指云、雲門一句、発新定機、召大衆云、見初日先照靨、山川瑞気、草木光輝、喝一喝、

室間

香林室中、証亀作鼈、吾這裡不然、打云、看々有眼而無角者、通身鋳生鉄云、釁、
拈衣
打成一片木棉、藕絲別々、搭起云、菊残猶有傲霜枝、
祝聖
欽惟、化溢四表、万国衣冠、拝冕旒威振十方、三尺吹毛定寰宇、攸祈福海超、渤澥寿山凌蓬莱、
両祖
両ヶ痴頑、蚖蚫恋窟、嘗其余涎者今日開堂、随例諷経一上之次、聊述一偈、以充蘋藻尊云、
江西派脈尽十方、流作臨滹作瑞泉、禹力元来不到処、一炉沈水浪滔天、
退院　天文四年乙未七月拾六日
拝辞一隊野狐禅、残暑假装我亦然、明月清風留不住、烏藤唱起式微篇、

「四一世」天真和尚入寺法語　天文四年乙未九月拾二日
山門
禹門壁立万仞峻、以履作踢勢、踢出脚後又脚前、青龍蚴蟉、象輿蜿蟤、喝一喝、
室間
百錬竜泉剣、凛々三尺霜、打案一下、截断臨濟僧中王、
拈衣
金縷屈眴、布捴是爛牛皮、頂載云、我今頂戴受、無相福田衣、

祝聖
恭願、至徳至明如日如月、惟福惟寿、同地同天、使臣以仁字甿以道、
両祖
一炉一片爛紫片、分作二分酬両君、烟縷暗迷半岩外、南山霧起北山雲、
退院　天文五年丙申七月拾六日
九夏三冬秋又春、非々是々混埃塵、明朝別後門還暦掩、万歳山中一老身、

「四十世」　友峯和尚入寺法語　天文五年丙申八月拾九日

山門
指云、登東山則小魚日、登吾山則小天下、顧視左右、万物一馬、喝一喝、
室間
拈篦云、激起胥潮八月浪、幹回臨済五百年、打案云、着鞭須是祖生先、
拈衣
拈衣云、非単伝落葉、非直指流蓬、搭起云、牡丹呈瑞十三紅、
祝聖
恭願、一日二日之万機矣、先義縄飛、葛天浩唱、三世憶世之仁徳兮後媧簧擒叢雲浚調、
両祖
青山是父白雲児、是甚昭穆入虎穴、閻浮樹下笑呵呵、昨夜驪龍抛角折、咦、

拈香云、更有那一橛、黄頭碧眼須甄別、
友峯和尚住持職、代先師蘭室和尚者也、

前当山蘭室和尚入祖堂拙語

芝蘭之室不通風、久颷在無事甲中、二十年前塵撲面、如今初得碧紗篭、伏以、前当山蘭室和尚大禅師、天姿猛烈、気宇玲瓏、居双梼毒種則為大樹蔭凉、蓋覆天下、分五葉連芳則為少林花木、発暉春融、江月照兮松風吹、舌捲波瀾、入語言三昧、山花笑矣野鳥語、身分刹界、作遊戯神通、惜哉弄瞎馿蹶蹄、滅却正法眼蔵、将謂報先師徹骨、扶起大興心宗、何称欽歯胡種族、元来無眼老凍膿、咦、子葉孫枝吹不尽、万年花発列聖叢、天文六年丁酉七月日

退　院

一住青龍経一歳、山風吹尽桂花秋、来如孤鶴翹松頂、去似片雲過嶺頭、
友峯和尚、不達再住之望而遷化後、受法弟子珠首座為入祖堂、展待料代而唐筆之出山像被寄付、一山江被進湯矣、今常住出山仏是也、

「四三世」儀仲和尚入寺法語　天文六年丁酉九月拾七日

山門
指云、林際門戸、豁開三玄、驟歩、明々果(杲)日麗天、喝一喝、
室間
坐断、乾坤做一丈室、打云、叔孫礼楽蕭何律、

拈衣
太庚嶺頭全提不起、為甚今日皈我掌中、塔起云、消得竜王多少風、
祝聖
恭願、聖明踰日月、寿算等蓬瀛、
両祖
指真、二尊継席現扶桑、呵雨罵風何的当、聊報怨憎好時節、山々楓葉一炉香、
退院
烏藤七尺黒皺皴、来往随吾扶道貧、祖塔慇懃拝辞去、岩棲谷飲自由身、

「四五世」春荘和尚入寺法語　天文八年己亥九月九日

山門
指云、大龍々子現烏鉢羅、顧視左右云、門前不改旧山河、喝一喝、
室間
按篦云、倚天照雪、誰敢向前、打云、徳山臨済、退後流涎、
拈衣
大仙心印、列祖寃家、塔起云、蕉芭々々、有葉無了、
祝聖
恭願、施唐虞雨露於蒼生、輝周孔日月於桑域、

両祖

東海児孫太蔓滋、禅源毒水更無涯、挙香、一香撃出菊光仏、莫認重陽九日枝、

退院

流水住寺雲水僧、福縁浅薄得人憎、皈程定被江山笑、衫葉秋寒一痩藤、

「四六世」玉渕和尚入寺法語　天文十年辛丑九月四日

山門

指云、玄門要路、七通八達、拈拄杖云、草鞋虎猛拄杖龍活、

室間

打云、三尺�ㅡ

拈衣

鶏足分烛少林伝芳、搭起云、茘枝山搭碧江、

祝聖

恭願、魏々聖徳如同乾坤大、永々皇図度越日月長、

両祖

青龍窟裡悪冤家　小弁酬来両骨楂、五葉回春添一葉、菊籬撃出牡丹花、

退院

水雲何処覓行蹤、峭壁攅峰千万重、唯有別時今不忘、城楼幾角寺楼鐘、

「四七世」　明叔和尚入寺法語　天文十一年壬寅十二月十七日

山門

指云、龍泉絶頂、天門豁開、大衆入得看、八九雲夢三万蓬莱、喝一喝、

室間

竪篦云、見者端的瞎、打云、聞者端的聾、置篦云、這裏不尓鶏催不起、擁被松風、

拈衣

這ヶ五家七宗、九鼎一絲、昔松源師祖得這ヶ、不辞而留之后、運菴老師得這ヶ、不受而還之、可謂蜜蜂桶裡腔羊児古徳底、且措山僧即今躗、搭起云、擔頭不帯江南物、只挿梅花一両枝、

祝聖

恭願、博愛且仁、如光武量、包天地之外、有名者用、雖酔翁意、在山水之間、是故野無遺賢、攸貴朝有多士唯祈、一新礼楽万安皇図、

両祖

昭穆明々分一灯、両輪日月掛烏藤、青龍呑却禅源了、吐出黄梅七百僧、

退院

元不擔泉鬻直還、遠山無限碧雲間、秋来見月満堂衆、放下烏藤作白鷴、

「四八世」　仁岫和尚入寺法語　天文十二年癸卯九月廿二日

山門

指云、好箇一指作獅子吼、喝一喝、山門側耳、霜柱拍手、

室間

林際廿八葉拙孫、今日此室扣玄奥、打云、莫道強弩末、不透魯縞、

拈衣

金縷迦葉木棉達磨、搭起、莫誇春色欺秋色、未必桃花勝菊花、

祝聖

恭願、還三代於一代、継千王於百王、

両祖

拄杖頭雷奔電転、竹篦下虎驟龍驤、両翁鼻孔無耶有、五逆児孫一炷香、

退院

万叓無心老懶生、一回住院徇人情、莫言謝令推不去、残暑烏藤把手行、

「四九世」　高峯和尚入寺法語　天文十四年乙巳九月十九日

山門

指云、関門令尹、白虎青龍、驟歩顧視左右云、毘盧海上妙高峯、喝一喝、

室間

打云、咄哉尿床鬼子、掌黄檗築大愚、置篦云、家無白沢図、
拈衣
挙衣、少林単伝、黄梅蜜付、ケ々看来、滞貨不行、塔起、竜綃千尺脱機軽、
祝聖
恭願、威光挑千日月、晃々焉蒙、黎民徳沢沢十恒河、洋々平潤祖道、頼逢通明鵠立之日、以斯岐陽凰鳴之辰、
両祖
両ヶ唖羊氷蘗膓、堂々更不動心王、児孫七世亦何幸、九月梨花白雪香、
退院
床角烏藤不丈夫、無心触物董規模、拝辞祖塔皈程倦、咫尺孤村跨瞎駈、

瑞泉入寺開堂法語　乾

「五十世」　了江和尚入寺法語　　天文十五年丙午拾月廿七日

山門
尽大地一山門、驟歩、看々、龍世界鶴乾坤、
室間
打左辺云、前釈迦、打右辺云、後弥勒、作麼生是中間底、打云、六六元来卅六、

拈衣
非狐腋裘非獅子皮、塔起云、吾家旧物、九鼎一絲、
祝聖
恭願、施夏禹殷湯之仁沢、起漢明梁武之遺風、
両祖
眉毛厠結両禅床、五逆児孫蜂桶羊、聊以梅花表親切、水沈元是謗無香、
退院
独坐当軒払不能、遂無一句董規縄、拈槌竪払非吾事、元是梅花樹下僧、

五一世　趙庵和尚入寺法語　天文十六年丁未拾月廿六日

山門
指云、百千法門、此門第一、托開進一歩、吏々大吉、喝一喝、
室間
拈篦云、這竹篦子、呈瑞呈祥、打云、看々、麒麟出鳳凰翔、
拈衣
多子塔前錯、太庚嶺頭錯、塔起云、将錯就錯、
祝聖
恭願、種聖智於四海、施仁風於万邦、

両祖

薄福無端侍塔前、聊焼黄葉当檀栴、両翁道徳三千界、東海児孫億万年、

退院

住山薄福鉄崑崙、慚愧一回承衆恩、期満欲皈欠車馬、跨須弥直出三門、

「五二世」済関和尚入寺法語　天文十八年己酉拾月廿八日

山門

指云、臨済三関、誰透徹人、驟歩、龍得水立其神、喝一喝、

室間

三万獅子床、一丈扣玄室、打云、不作維摩詰、

拈衣

金襴云木棉云、是直甚麼半文、搭起云、蓬山一縷雲、

祝聖

恭願、与天地合徳、与日月斉明、

両祖

青龍窟裡浪滔天、昭穆列来共儼然、今日以何報恩去、梅香薫徹尽三千、

退院

住院一回山更軽、短才薄福欠人情、慇懃礼拝祖堂了、床角烏藤先我行、

「五三世」　義雲和尚入寺法語　天文十九年庚戌九月廿九日

山門

白水遶地、青龍開門、看々、瑞雲蓋尽乾坤、喝一喝、

室間

臨済金剛王、徳山木上坐、打云、扣玄室内、狃順人情、正登此座、

拈衣

世尊金襴付迦葉、達磨木棉伝黄梅、搭起、両肩擔来、

祝聖

恭願、興唐虞礼楽、洒世六之雨露於九野、等周孔聖明、暉三千之日月於八紘、

両祖

両翁面目太厳然、毒気噴人未了禅、不肖児孫遇今日、菊花過後早梅前、

退院

一回期満刹那頃、薄福住山々似軽、此去片雲無定処、烏藤底叓伴吾行、

「五四世」　南陽和尚入寺法語　天文廿一年壬子二月拾八日

山門

弱水三万里、進於乎初歩竿頭、進前云、閶門高大、河漢西流、喝一喝、

室間

致叔孫諸生、運留侯帷幄、打案、剣首一吷何須角、

拈衣

昔者罵天翁、以揚岐五世長物、付吾華姪金輪、今日為甚落上坐手、塔起、千百年滞貨、無取着渾身、

祝聖

恭願、穆々乎如衆星之繞、円月巍々乎斉弥楼之出、重溟至徳四三皇至仁六五帝、

両祖

鉄額銅頭養子縁、電眸虎歯打爺拳、一炉沈水士峯雪、添得人間第二泉、

退院

単丁住院一回遷、拄杖重々惜別筵、露宿風飡家万里、江南野水白鴎前、

「六〇世」　三陽和尚入寺法語　天文廿四年乙卯拾一月十日　弘治元年也

正親町院ノ代　先後奈良ノ代

山門

指云、向上一路、天下龍門開也、驟歩云、斬新日月、特地乾坤、喝一喝、

室間

拈篦云、石鞏架一倭箭、雪峯輥三ヶ毬、置篦叉手云、新扣玄不尓、衲被蒙頭万事休、

拈衣

捧衣云、這ヶ曽如山不動、豈可以力争、為甚皈上坐手、塔起云、聞時九鼎重、見後一毫軽、

祝聖

恭願、西嶺千秋雪、延鶴算乎無疆、南山万歳春、制亀齢乎短世、

両祖

祖塔巍々昭穆分、末孫展拝太慇懃、割蓬股作爛紫片、一炷軽吹五色雲、

退院

横擔楖㮚旧山川、好是初秋夏末天、千里皈心菰葉老、一江月白白鴎前、

「五五世」以安和尚入寺法語　弘治三年丁巳拾一月十七日

山門

指云、門牆嶮峻都盧一団、作一踏勢云、開也天以清地以安、喝一喝、

室間

拈主丈云、七尺主丈、拈篦打云、三尺黒蚖、置篦叉手云、一毛頭上定乾坤、

拈衣

捧衣云、霊山付嘱少林皮分、挙衣云、看々、塔起、無山不帯雲、

祝聖

恭願、伏羲神農黄帝、遠同聖明、蓬莱方丈、瀛洲永開皇極、

両祖

須弥座下本源頭、両ヶ痴頑横四洲、酬此冤家一倭手、博山撃出雪千秋、
　退院
僅称住山消祖風、蓬莱海上巨禅叢、無心来矣無心去、一片浮雲西又東、

「六三世」　真甫和尚入寺法語　永禄二年己未九月廿三日

　山門
指云、一超直入関鎖万重、驟歩云、倚山白額得水青龍、喝一喝、
　室間
拈篦云、吾室喚作毘耶城、維摩在那裏、打云、一黙雷轟、
　拈衣
拈衣云、此大伽梨、伝受的々叵耐、上坐匡列祖風、雖然与麼天与、不取返受其咎、塔起云、織成十丈錦通紅、
　祝聖
恭願、帝道遐同周道之淳、仁風永済唐風之盛、
　両祖
這本源頭派脉分、二龍意気太驚群、挙香、報恩今有折残菊、焼作紅炉一穂雲、
　退院
来称看院此霊場、慚愧無能老鬢霜、今日望行嘆不再、共残暑去已秋光、

「六四世」　岐秀元伯和尚入寺法語

山門

指云、仙山仏国一理有平、顧視左右云、門前弱水便蓬瀛、喝一喝、

室間

拈篦云、浄名杜口於毘耶裡、世尊掩室於摩伽陀、置篦云、這裡不恁麼逍遙尽、入扣玄歌、

拈衣

行者抛擲、上坐挙揚山僧、慚、搭起云、惹得無絲玉線長、

祝聖

恭願、明斉日月、徳合乾坤、睿算傾四十里芥城、皇化洽十三重華蔵、

両祖

脩水深山西又東、欲開祖塔路難通、香厳童子先吾到、一炷献酬双廟公、

退院　永禄四年辛酉七月十六日

大千沙界一禅床、唯有鳥藤在我傍、説甚東来説東去、大千沙界一禅床、

「六一世」　貞林諱ハ見瑞正和尚入寺法語　永禄五年壬戌三月拾日

山門

指云、青龍世界、曰雨曰暘、顧視左右云、檀扶桑於東陽、喝一喝、

室間

指箆云、扣玄室鉄団目、打案云、徳山臨済転身難、
拈衣
畳少林雪、裁黄梅雲、塔起、一領布衫重七斤、
祝聖
恭願、文王仁義釈迦、塵々所成就衆成就、高祖自然弥勒、着々福荘厳恵荘厳、所祈者常称北闕尊、永保南山寿、
両祖
瑞泉一滴二龍蟠、激起江南四海瀾、不肖児孫報恩句、鶻崙吐出紫栴檀、
退院
領衆匡徒慚鈍根、秋風捲衲出山門、烏藤是不蓬莱客、皈則可皈無月村、

「五九世」天猷玄光和尚入寺法語　永禄五年壬戌九月廿七日

山門
指云、千人排門一人抜関、顧視左右云、直入得看、満目青山、喝一喝、
室間
拈箆云、三尺龍泉臨機不譲師、打云、先鋒徳山、殿後林際、置箆叉手云、共賞太平時、
拈衣
南浦十六世的伝衣、後生不恐這ヶ齏、塔起云、黄金檐子千鈞重、

　祝聖
恭願、日月長光天徳、山河安壮帝居、
　両祖
請看深々大済河、龍吟虎嘯活機多、秋風吹起一沈水、流作江湖万丈波、
　退院　永禄六年癸亥七月十六日
慙愧単丁住一回、慇懃拝塔掃塵埃、関山笛裡茅檐月、床角烏藤皈去来、

「六六世」　嫩桂宗維和尚入寺法語　天正十三年乙酉九月日

　山門
指云、青龍関第一主、驟歩、声価動寰宇、喝一喝、
　室間
拈篦、妙喜老師、一夏打発十三人、打云、上坐聻不将筋力、麻衣草坐亦容身、
　拈衣
金襴麻衲、我家青氈、搭起云、別々、秋風織出錦山川、
　祝聖
恭願、依俙漢明々哲、撫育国家、彷彿周武々威、保護天下、
　両祖
宴坐青山古道場、両翁面目凛如霜、紅爐焔裡漏春色、一樹梅花一炷香、

註　一天下数度兵乱故、当山無住虚席者年令、夬雲和尚入寺者也、嫩桂和尚ヨリ此間十年也、
尚、文禄之頃、本寺諸老以数座衆評謂之、住持職中興或謂再興也、

「七四世」　夬雲玄孚和尚入寺法語　慶長元年丙申年十月十八日

山門

指云、這青龍門革故鼎新、托開云、看々、祖教回春、喝一喝、

室間

拈篦云、作家炉鞴、向上鉗鎚、打案云、殺活臨時、

拈衣

大亀氏伝金襴於鶏足、野狐精秘木綿於熊耳、上坐璽、塔起云、似則似是則不是、

祝聖

恭願、須弥百億皈仏宇、森羅万象朝帝都、

檀香云々、太政天王尊儀云々、

伏希、世間第一名、致徳唐虞上、天下無双誉、斉仁夏商時、

両祖

挙香、依然復旧梵王宮、猶起宗猷両祖翁、三万蓬莱小弁香、慇懃挿向一炉中、

仏涅拌

百万人天思不休、鶴林花落懶於秋、波旬作舞阿難哭、一路涅拌風馬牛、

仏誕生

指天指地亦愚惷、七歩周行空谷跫、若喚独尊作屈子、一盆香水汨羅江、

退院　慶長二年丁酉七月十六日

白髪秋思下翠微、遥望河北片帆飛、瑞泉一滴禹門浪、七尺烏藤点額皈、

「七五世」鰲山景存和尚入寺法語　慶長二年丁酉九月十五日

山門

指云、登青龍山頂、豁開建化門、聞㢠棒如雨、天喝似雷奔、

室間

拈篦云、三尺竹篦、扶起宗乗、打云、敲出仏祖骨髄、掃蕩今古葛藤、

拈衣

稲畛錦欄還他老瞿曇、搭起云、凍雲垂地一肩擔、

祝聖

蓬莱闕下激、溺水三万里為恩波、失却、保漢家四百年作聖寿、

檀香

云々、為大檀越太閤相公云々、

伏願、天縦聖武、収支竺桑干戈、道存淳風、董堯舜禹礼楽、

嗣香

這香、東海崑崙耳、大通沈水、触着則鼻孔穿、観着則眼睛瞎、爇却一炉、供養三住花園一住瑞竜現住
祥雲南化老漢、以酬法乳、

両祖

名徹本源透十方、二龍意気法中王、三千日月鵰烟外、百億須弥一炷香、

退院

薄福住山終一夏、榔標横擔打退鼓、払袖秋風不顧人、白雲深処入南浦、
後三仏事文、鰲山和尚法語内、然共不唱之、古無之故乎如何、

仏殿

金口木舌魔魅群生、即今説什麼法、風前瀑韻雨後溪声、

土地堂

汝是奉仏敕護法、我是伝仏心度人、別々、只将補衮調、羨手撥転如来正法輪、

祖師堂

初枝末葉、覆蔭后昆、看々、西天毒種、東土禍根、

「七六世」　白蒲和尚　展待料　慶長三戊戌年

「七七世」　惟天和尚入寺法語　慶長四年己亥十月四日

山門

指云、万松関一時透、驟歩、青龍威風逼塞、面前鎖宇宙、喝一喝、

室間

拈篦云、令不虚行、行亦禅坐亦禅、打云、果然、

拈衣

家伝破衲不假他力、塔起云、雲近蓬莱常五色、

祝聖

恭願、日月麗宸極、山河壮帝居、

檀香　云々、為大檀越秀頼公云々、

両祖

仰冀有道君子、熙々和気致昇平、不尽乾坤、蕩々仁風佐聖化、

歳旦

非是魔宮非虎穴、二尊並化悪寃家、等閑拈作定中供、十月小春紅葉花、

今歳本源識流遠、弱波三万定龍津、花言到処是仙境、身裡蓬莱不老春、

「七八世」心聞和尚入寺法語　無之　慶長五年庚子

「七九世」江国珉和尚入寺法語　慶長六年辛丑

山門

指云、一超直入三解脱門、驟歩、駕青龍到禅源、喝一喝、
室間
従来無祖仏、誰扶起吾宗、打案云、独坐大雄峯、
拈衣
不是世尊金襴、不是達磨木棉、搭起云、別々、満山霜葉如紅錦、不犯針鋒擔一肩、
祝聖
恭願、媲徳光於日月、斉寿岳於乾坤、
両祖
瑞泉深処二龍全、頷下明珠輝大千、前住幾回消九拝、又添心字一炉梅、
歳旦
膜拝祝正便喫茶、匡徒領衆鉅叢家、老僧白髪逢春語、七十五年看幾花、

「八十世」　綱宗和尚入寺法語　慶長七年壬寅十月十五日

山門
指云、這青龍山、攫雲抓霧看脚下、他家自有通霄路、喝一喝、
室間
左之竹篦下右之払子辺、浄名懶開口、打云、鳴風落葉、説無生禅、
拈衣

熊耳碧絹磨衲、鷲頭錦襴袈裟、塔起云、別々、白雲流水翠竹黄花、

祝聖

恭願、五百億天子、踵三代之淳風、六十州至尊、余ハ失却

檀香

緑髪将軍、五花判吏、苗而治天下、丹心壮士、万箭号令、華而侍殿中、

両祖

五逆児孫一炉香、香風四海不曽蔵、巨鰲報道双龍窟、三万蓬莱日月長、

「八一世」　**恵雲和尚再住法語**　**慶長八年**癸卯

山門

指云、門前旧山河、尋常浴青龍、驟歩云、日上扶桑第一峯、喝一喝、

室間

先代布衲子、褰裳沂禅源、打案云、上坐竹篦子、打破鉄崑崙、

祝聖

恭願、致君乎漢明梁武之上、施徳沢於天下之禅林、

両祖

江西派脉尽三千、施雨興雲作瑞泉、白髪重来有何意、聊焼梅蘂侍真前、

「八二世」　久岳和尚入寺法語　慶長九年甲辰

山門

指云、青龍直下振威扶桑、驟歩咄云、大衆跨門看、三辺誰敢侵封疆、喝一喝、

室間

看這大智剣、待斬不平人、打云、将軍塞外絶烟塵、

拈衣

一領金縷甚重千斤、塔起云、収皈蓬莱五色雲、

祝聖

恭願、仁政広被三千界、皇徳長敷億万年、

檀香

伏願、名君名主、開武運於八荒、令子令孫、伝至徳於万世、

両祖

徳香未絶古来今、万物本源一炷沈、列祖坐中再相見、月移花影上楓林、

「八三世」　大岳和尚入寺法語　慶長十年乙己十月十日

山門

指云、看々青龍、天下江山、顧視左右云、黄梅七百雲従処、一等共過万松関、喝一喝、

室間

拈、妙喜竹篦、坐長慶蒲団、仏祖難相見、打案云、誰作旧時看、
拈衣
不霊山金縷、不少室木棉、搭起云、楓林霜重、直指単伝、
祝聖
恭願、王者祥瑞、高増黄河潤、帝道瞻仰、長置泰山安、
両祖
日在峯頭水本源、無陰陽処照乾坤、御炉不挿酬恩徳、十月梅花鉄鶻崙、

「八四世」 天秀和尚 展待料 七兩 慶長十一年丙午

「八五世」 無文和尚入寺法語 慶長十二年丁未十月日

山門
指云、十界開会這青龍門、驟歩云、寺前流水、蓬背乾坤、喝一喝、
室間
常山虵勢、三尺竹篦、打云、董徒領衆、還及噬臍、
拈衣
三千刹界、一縷金襴、搭起云、拈来天下与人看、
祝聖

恭願、当今化体天則地鑑之、無私天何言、四時行地何言、万物生山河増瑞気、草木発光輝、
檀香　云々、征夷大将軍云々、
伏願、罕徭役不使其労則扶桑善国、以富其家主将秘在焉則然後選士、以司牧之、至祝至祷、
嗣香
這香、瑞泉一滴是東陽山水矣、是々作沈水香、供養三住妙心玉田老漢、以酬法乳恩、
両祖
龍蚰混雑禅源本、日々日峯輝影堂、十月梅花只箇這、慇懃三拝一炉香、
仏成道
是一番寒経六歳、蓬頭垢面冷於霜、出山端的別無相、成道梅花撲鼻香、

「八六世」　潔堂和尚入寺法語　慶長十三戊申年十月日

山門
指云、駕与青龍、游泳瑞泉、大衆渡来、々々洪波、浩渺白浪滔天、喝一喝、
室間
三尺竹篦、董敲玄室、打云、天下衲僧跳不出、
拈衣
伝金襴於鶏足峯下、遺木棉於熊耳山頭、劈破了也、身裡蓬莱十二楼、
祝聖

仁王之心出乎日月之上、冨貴輝前、聖壽之量包乎天地之外、遠大無辺、

檀香

少年大守太夫松、苗而有棟梁之姿、三世官吏御史梅、花而無天地之私、

両祖

十月小春黄葉灰、宝炉底更絶纎埃、眼高看袖焼香手、天上有梅天下梅、

「八七世」無伝和尚　展待　慶長十四己酉年

「八八世」仲山和尚入寺法語　慶長十五庚戌年

山門

指云、瑞泉一滴、流入本源、召大衆云、渡来々々二十四聖、皆点額観音一人登龍門、

室間

一丈笏室、三尺筠蚍、打云、打破毘耶靠倒維摩、

拈衣

達磨木棉還達磨、瞿雲（曇）金襴還瞿雲（曇）、搭起云、山僧瓚、霊源一派碧如藍、

祝聖

久経堯年聖澤溢、蓬莱三万里、永輝禹日皇風扇、扶桑六十州、

檀香　云々、征夷大将軍家康公云々、

延寿保彭祖八百歳、齢算重王母三千年、

嗣法香

這小木檝固帯於上、霄漢深根於下黄泉、即今拈出為小弁、挿向一炉、供養前住妙心瑶林老漢、以酬法乳之恩、

両祖

峯后峯前興我宗、禅風吹渡二株松、明々祖意不曽隠、月白青山半夜鐘、

「八九世」 庸山和尚入寺法語　慶長十六年辛亥十月十二日

山門

指云、青龍白虎、百千法門、見入得者麽、天下達尊、喝一喝、

室間

只這三尺竹篦、逼塞虚空、打案云、荷擔大法尽在爾躬、

拈衣

凍雲垂特地、道風敲禅扉、別々、塔起云、便是山僧肩上衣、

祝聖

恭願、玲瓏八窓、斬新日月光堯徳、映徹万物大地、山河壮帝居、

檀香

君子徳沢溢太唐四百州、主公寿域越、蓬莱三万里、

嗣香

這爛拈柴、非梅檀香非沈水香、我少林一枝桂、秘在形山年尚矣、于洛于夷両回三回拈出、人皆知其来由、即今爇却一炉、奉供養息耕老師十五世的孫前住妙心東漸老漢、用酬法乳恩、

両祖

瑞泉余滴尽三千、両塔巍然覆大川、禹力元来無可到、水沈一炷浪滔天、

「九十世」 宙外和尚入寺法語 慶長十七年壬子九月十一日

山門

指云、這青龍窟、四海禅源、驟歩、看々、潤色宗門、喝一喝、

室間

拈篦云、殺活臨時、什麼所在、打云、三尺龍泉清四海、

拈衣 宙外和尚当郷生産也、

迦葉金襴、達磨木棉山野齏、塔起云、衣錦故郷還、

祝聖

伏希、両朝天子、爰仰唐虞仁風、万歳聖躬、永保嵩崋寿域、

檀香 云々、大担越武衛家次公云々、

伏希、一株松樹、唱起太平曲於風前、一万蓬莱、秘在霊方術於身裡、

嗣法香

這小弁材、入龍渕室内、抛折蒼龍一角、蔵袈裟底下者二十有余、即今拈出持来、成吾久昌桂、挿向一炉、供養前住当山大徹法源禅師、用酬法乳之恩、

両祖

今古名高両祖師、仰消三拝暮秋時、要知自性本源旨、露白黄金菊一枝、

瑞泉入寺開堂法語　坤

無住　慶長十八年癸丑年

無住　斗山座元開堂之前夜、於臨溪院遷化、慶長十九年甲寅年

「九一世」説心和尚入寺法語　元和元乙卯年十月十五日

山門

指云、入門的意、顧視左右、左右逢源、看々、東来紫気、映青龍幡、喝一喝、

拠室

拈篦云、権柄在手、背触兼全会麼、打云、打着南辺動北辺、

拈衣

頂戴云、世尊金襴伽梨、天女慇懃識得、搭起云、此衣不然雲近、蓬莱常五色、

祝聖

恭願、四海八蛮斉蒙化育、五風十雨、方致太平、

檀香　云々、源朝臣宰中将右兵衛督義利公云々、

伏希、増爵禄於寰中塞外、失却備文武於天下国家、至誠感神、

嗣法香

這一弁元是千年優鉢、変成十月梅花、即今拈出入天衆前、爇向炉中、供養前妙心清見興國中興大輝老漢、蓋酬法乳恩者也、

両祖

二尊并化納些々、古殿雲楼天一涯、将謂祖庭秋已脱、菊残猶有傲霜花、

嫩桂和尚再住法語　元和二丙辰年

山門

指云、恵日峯前門闌喜色、驟歩顧左右云、大衆同時入得著、喝一喝、

室間

打案云、従来祖仏横拈黒蚖、置篦云、上坐不然置枕於泰山安、

拈衣

擎衣云、錦襴木棉揔臭皮襪、搭起云、別々、凍雲一肩無針無劄、

祝聖

恭願、恩沢一統四大海、寿山十陪五須弥、

両祖

吾昔此山久印住、父昭子穆到今存、誰言桑下戒三宿、四序有花来入門、

「九二世」 梁南和尚 展待七両 元和三丁巳年

「九三世」 槐山和尚入寺法語 元和四戊午年十月十九日

山門

指云、扶桑青龍、撥開天門、驟歩云、瑞雲空裡布、霹靂震乾坤、喝一喝、

室間

拈篦云、三尺冷光草賊大敗、打云、坐断千聖路頭、打破群魔境畛、

拈衣

頂戴云、黄梅密付、文彩已彰、塔起云、丹穴鳳凰羽、風林虎豹章、

祝聖

恭願、王道淳風、施湯霖於四海、聖明至化、掲堯日於九天、

檀香 云々、源朝臣黄門義利公云々、

伏願、府君寿山、追配於五千仭華岳、年少仁沢、超越於十八九雲夢、

嗣香

這香、割交趾瑞竜脳、作五分法身香、小春梅蘂沒交渉、陸地蓮華豈熱当、即今爇却一炉、供養前住妙心雪岩老漢、用酬法乳䳡、

両祖

不尽乾坤祖月場、左昭右穆発霊光、蓬莱三万里楓葉、一片拈来遍界香、

歳旦

仏法新年日転昌、単丁住院賀三陽、瑞泉一滴百花雨、潤色春王四海香、

退院

薄福住山已一回、塔前親侍払塵埃、青龍金馬不吾叓、椶笠芒鞋帰去来、

「九四世」千岩和尚入寺法語　元和五己未年九月十二日

山門

指云、無熱池青龍、四大海中、驟歩云、消得多少風、喝一喝、

室間

入三万獅子於維摩室内、接七百高僧於黄梅山下、打案云、這黒箆子、凛々威風偏林野、

拈衣

鶏足金襴、非震旦扶桑、搭起、別々、青雲衣兮白地裳、

祝聖

恭願、北方斗南方辰、無量雪月十日風、五日雨不尽乾坤、

相公云々、征夷大将軍云々、

伏惟、威雄振十方、千峯万岳亦盤屈、公命靡異域、六戎五狄来鞠躬、

檀香　云々、松平氏義利公云々、

竊惟、茲構十二之蓬楼、幾歴累歳不屑、四百之漢室必世厥家、

嗣香

這宝薫也秘在、吾大龍窟裡者年尚矣、波斯沈水柏樹、河陽満県桃花、即今挿向炉中、供養前再住妙心

鉄山老漢、用酬法乳之恩、

両祖

祖々相伝是悪冤、余殃万劫累児孫、分身百億大千界、錯莫匡諸仏本源、

無住　元和六庚申年

芳澤和尚　展待　元和七辛酉年

玉翁和尚入寺法語　元和八壬戌年

山門

指云、万丈龍門、勢傍碧空、驟歩顧視左右云、九州四海一宗風、喝一喝、

拠室

拈篦、法戦場中、歴代祖師、不労余力生擒、活捉山僧、無語又無伝、置篦案上、一任天下人貶剥、

拈衣

此衣表信、結得冤家、看々、搭起云、石樹開花、

祝聖

恭願、四海流化行、聖代祇今蹤唐虞之盛、八方歌道泰、意気天然依湯武之仁、

檀香

云々、尾陽賢太守源朝臣黄門郎義直公云々、

伏希、徳日輝古今、欠　蓬莱皈於掌握、壽山撐天地、半空富士立於下風、

嗣香

這爛柴木、瑞龍大龍二龍、忽然絶九衢烟塵於機前生、一燧黄雲於領下横、芝蘭室千渓万峯雖異、天岫雲月是同、有時照臨太夏棟梁、有時映徹崑山片玉、元是鷲嶺正法雲、少林流伝月、以心伝心之心月一弁心字、更莫比班馬、一朝流伝到山野、秘在大安楽窩中者二十有余年、即今拈了也、供養花園前板現住妙光崑山老漢、用酬法乳深恩、只是緒余土苴、

両祖

左眼半斤右眼八、盛明日月露堂々、拈来何爇向炉上、清浄法身一炷香、

無住　元和九癸亥年

無住　寛永元甲子年

荊州和尚　展待　同二乙丑年　「景川、春江下、正雲子」

無住　慶甫和尚、太守へ礼アリ、同三丙寅年
無住　同四丁卯年
千岳和尚　展待　寛永五戊辰年「東陽、太、惟天子」
蕙山和尚　展待　同　六己巳年「景川、柏、大川子」
龍岩和尚　展待　同　七庚午年「悟渓、玉、南洲子」
無住　兀山座元　展待半分、太守へ礼アリ　同八年「竺英子」
東外和尚　展待　同　九壬甲年「東陽、太、瑞雲子」
陽南和尚　展待　同　拾癸酉年「景川、春、夬雲子」
昊(こう)天和尚　開山江香あり　同十一甲戌年「悦宙子」
林叔和尚　開山江香あり　同十二乙亥年「泰岳子」
愚堂和尚　展待　同十三丙子年「東陽、太、庸山子」
霊岩和尚　展待　同十四丁丑年「景、々、山堂子」
鉄船和尚　展待　同十五戊寅年「悟、独、淳岩子」
岐陽和尚　展待　同十六己卯年「特、大、十洲子」
千英和尚　展待　同十七庚辰年「東、太、東漸子」
春澤和尚　展待　寛永十八辛巳年「景、春、文華子」
末伝和尚　展待　同　十九壬午年「悟、仁、見龍子」
龍渓和尚　展待　同　二十癸未年「特」

雲甫和尚　展待　正保元甲申年「東、太、南景子」
伝外和尚　展待　同　二乙酉年「景、春、太華子」
霊峰和尚　展待　両祖忌焼香、同三丙戌年「悟、独、海山子」

日峰和尚二百年忌頌　正保四丁亥年正月廿六日

二百年来勢凛然、青龍悪発跨跳天、白雲堆裡不留跡、剔抉禅源潤大千、

無因忌頌　六月四日

啻匪作叢林紀綱、到今称苦海津梁、炎天梅蘂妙時節、則是酬恩那一香、喝一喝、

大梁和尚　展待　正保四丁亥年「特、大、説心子」
林岳和尚　展待　慶安元戊子年「東、太、鉄叔子」
了伝和尚　展待　同　二己丑年「景、柏、十輪」
即道和尚　展待　卯ノ春登山、両祖焼香、慶安三庚寅年「悟、興、江山子」
東源和尚　展待　同四辛卯年「古宗子」
体道和尚　展待　両祖忌焼香、承応元壬辰年「東、愚堂子」

日峯忌頌　巳ノ正月廿六日
掀飜苦海作禅源、僉曰（みないう）衆生大済尊、是此青龍踔跳勢、喝雷棒雨尽乾坤、喝一喝、

無因忌頌　巳ノ六月四日
祖月禅風尽十方、乾坤何処不霊光、報恩一炷匣空手、直把炎梅作弁香、喝一喝、

香道和尚　展待　承応二癸巳年「景、々、玉雲子」
伝宗和尚　南伝座元代師、展待料並運上、献仏餉、寺中へ鉢斎、同三甲午年、「悟、仁、竺源子」
特英和尚　展待　明暦二（元）乙未年「特、月、伯蒲子」
瑞南和尚　展待　同二丙申年「東、太、愚堂子」
広雲和尚　展待　同三丁酉年「景、春、用玄子」
梁屋和尚　展待　無因忌焼香、万治元戊戌年「悟、玉、北州子」

無因大和尚　二百五十年忌頌　亥ノ三月四日ニ探支ス
二百年余五十周、瑞泉源深長支流、大家飲啄渾身冷、一滴争消万却讐、喝一喝、

嶺宗和尚　遷化以後、敦恩ノ両弟子、常住江運上、住代而被称当山之前住矣、「東、太、体道子」
万治元年十二月廿九日

嶺室和尚　展待　万治二己亥年「特、大、説心子」
玄門和尚　展待　同三辛子年「東、絶同子」

「百三一世」　北禅和尚入寺再興之法語

元和八壬戌年玉翁和尚入寺以後、毎歳展待料斗而、入寺之儀式断絶者四十年也、北禅和尚悲嘆之而、寛文元辛丑閏九月廿六日入院之儀式被執行者也、各々謂之儀式再興是也、

山門

指云、不干弥勒弾指、豈用維摩黙然、這現成門戸、任車馬駢闐、喝一喝、

土地堂

為我伽藍三千刹海、何須汝護持特坐見成敗、

祖師堂

少室鉄牛雄峯大虫、済北瞎馿遭蹈殺、直到今不能起、咦、三ヶ擔板漢、一ヶ較此二子、

室間

往昔任公子設、以五十犗投竿東海、釣得大魚而今江湖、烟惨淡不堪暗、長吁何只長吁而巳哉、昨依渓畔草、不見得一頭馿、打云、叱、

拈衣

花園紫白、国土青黒、別々、秋水共長大一色、

祝聖

恭以、共楽昇平、四海如今清似鏡、難逃至化、万霊何処謝無私、

檀香　云々、尾陽賢太守源朝臣黄門郎光義公云々、

夫惟、跋扈天下、是曰霊源上游、横行海東、特称武門中貴、寿域開蓬莱三万里、威風震搏桑六十州、

両祖

花裡烏曇、截之寸々、皆香気月中丹桂、折之片々、悉光明笑献薔薇、水洒錦袖欺、屑鷓鴣班試金贏如檀孕檀枝、達磨一華毒種滋、繁茂似栢生栢葉、臨済大樹禍根多発萌、入作家炉鞴紅爛、向無烟火裡煉烹、氤氳然蓋覆十方刹、馥郁乎薫聞万里程、本寺開山無因和尚創建勅謚大済禅師共、夫惟、禅林瑞木、覚苑奇英、穿開真覚、意気堂々、端獅子爪牙全備、剔抉本源威風凛々、岑大虫頭角重生、三千里外弥増道、十八灘頭益振清声、山現青龍大身、慈雲徧布、川流瑞泉一滴、法雨洪傾、宗派滔々従此起、禅風洪々有難争、毒鼓揭天鴆刹仏祖命脉、金篦刮膜猫開衲僧眼睛、捲輪冠舞長寿、無孔笛歌太平、如上閑塵境、謹為二尊宿、酬徳報恩條章、別有香厳印、本寂底一句子麼、挙香云、自従両桂垂陰後、玉葉金枝集大成、如門霊根深密処、白雲鎖断石頭城、

嗣香

這香烟上、三十三天帝釈鼻孔穿、山僧珎藏于懐多年矣、拈出入天衆前、供養前住妙心閫山老漢、以酬法乳恩、

達磨忌

暗渡長江不問津、嵩雲深処独凝神、誰言隻履西皈去、五葉花開十月春、

歳旦

安住龍山第一峯、新提起已墜綱宗、鴬遷喬木話家吏、梅傍前村漏旧容、

日峯忌

香火頻薫石上花、松風来献鼎中茶、因思古殿黄金仏、却笑嵯峨菊夜叉、

無因忌

神竜睡穏瑞泉底、不犯清波不染塵、浄智円明生別智、正因端的称無因、花園三葉烏曇鉢、桑国一竿紅日輪、欲奠湯茶欄外望、淙々澗水緑粼々、

退院

住山早解三条篾、去路祇随一痩藤、門外如迎還似送、白雲洩々碧層々、

百三三世　牧叟和尚入寺法語　寛文二壬寅年十月四日「笑外子」

山門

指云、此門不二、宗猷円成入作、看、天下捍城、喝一喝、

土地堂

徳潤色叢林、道金湯法社、咦、吾無ケ二物、護持有楚夏、

祖師堂

震旦小桂蔓長禍根、別々、梅花枝上特地乾坤、

拠室

拈篾云、罵天英特十三、扣玄俊流無数江湖、手熱釣竿雨、

拈衣

霊鷲山肩雲、少林岩腰雪、塔起云、果然今日亦帯瑞泉月、

祝聖

恭願、布政清猷、至化材行山川、懐恵偉徳、文明治施宇内、

檀香　云々、尾陽府君三品納言源光義卿云々、

伏希開寛祐之策、延賢良遠方皈仁、指秀嶺之松長、諸枝寿域期却、

両祖

龍淵月白本源前、虎穴風寒払子辺、今日謹焚拈了也、西江水湛水沈梅、

嗣香

這一弁材、不鸎鵡禄不鸕鴣班、元是南浦十梅之木也、曽従生枝葉於嶋山、以往一朝流伝到山野、秘在袖中者年尚矣、即今拈出、供養花園前板笑外老漢、以酬法乳之恩、

達磨忌

一宗不尽々河沙、好ヶ空拳如紡車、千歳到今熊耳月、梁江依旧照蘆花、

歳旦

条風塊雨遇時泰、春入叢林草木鮮、初見今朝祥瑞現、万松積緑寺門前、

日峯忌

宝炉一炷自然成、岩畔開花充返土、真覚床ニ無シ、元字脚　交馳、棒雨喝雷声、

山門石壇供養　寛文三癸卯年六月二日

青龍山瑞泉禅寺山門階石、参差而心足危嶮年尚矣、当山之諸檀越、労倦視目各々応機寄付之、修造功落成者也、于時住持小比丘宗薫賀之、以一偈曰、
高顕日東霊地巒、特開法窟二龍蟠、存規則者行綿叢、汲瑞泉僧消熱瞞、旧塔遥登路危嶮、層梯重築石欄干、諸檀修造功成後、礼楽門頭億万安、

無因忌

大振宗風活祖禅、無遮妙用絶因縁、此香何有報恩意、元是霊根出瑞泉、喝一喝、
大般若転読初之配帙、為心空宗徹処士寄進経也、
偈云、臨機直下立全功、到徹真心空亦空、劈破巻中般若看、龍山門外有松風、咄、六月初八日、

退院

一回疎住自心猿、打坐法筵塵本源、由也烏藤皈即好、縦横水草牧牛村、

百三四世　春国和尚入寺法語　寛文三癸卯年九月廿六日

山門

指云、観音籃中錦麟、沂三川躍瑞泉、顧視左右云、蹈破澄潭月、穿開碧落天、喝一喝、

土地堂

曽転願輪於小蓬山、為法闕閽四百州間、要看其実相、斫額望天関、

祖師堂

這野狐精、見解九年、倒臥横眠、起々鐘動、楓橋落月前、

拠室

拈箆云、官不入針劄、菊光仏土中、打云、開也千ヶ万ヶ、引得蝶雌蜂雄、

拈衣

挙衣云、鷲嶺黄梅滞貨、迦葉盧熊家珎、搭起云、不是不是竹手撃、雲緑松肩擔月新、

祝聖

恭願、継天受命、列三台於前而撫育四夷、革故鼎新、壮百官於内而愛憐八表、

檀香　云々、征夷大将軍光次公云々、

伏以、寅卯辰巳年々尊年、謂之嗣子相承、春夏秋冬日々好日、譬之明君盛徳、煥乎有章衣被天下、確乎不抜柱石邦家、

両祖

本是西江十八灘、吾宗四派濫觴源、源頭蕩々民無称、天地比来両足尊、

嗣香

這鉄橛子根源無窮、出処有故、或時呼作熊耳祖庭柏樹子、或時喚為牛頭上妙栴檀香矣、山野以焉包裹、臭皮袋裏殆二十余霜矣、雖然恁麼、前年狂拈出微笑塔下、今日復入得扣玄丈方、不兌向人天衆前、爇却宝炉、供養前住妙心大顛　欠　欠、以酬法乳慈蔭、豈是之謂、良価深蔵乎哉、

退院

一葉秋来去亦秋、好烏藤杖是同樾、万松関外東帰路、肩太白峯転脚頭、

「百二五世」 泰翁和尚入寺法語 寛文四甲辰九月廿六日

山門 「濃州細目 大仙寺」

西江水浪訇磕、青龍山峰律崒、無門々自豁開、出不警入不蹕、喝一喝、

土地堂

主林善神倒退十万、吾此間更無一法、可護持阿屎送尿、着衣喫飯、

祖師

臨済之松、少室之桂、異苗繁茂、永長叢林、不是々々、不如無心、

室間

無神通菩薩、蹤跡更難尋矣、衆中却有、尋得蹤跡底麼、打案云、黄河無滴水、華岳尽平沈、

拈衣

是不興利、販易（ホンヤク）又不犯捨堕衣、搭起云、白雲家嶺上飛、

祝聖

恭願、道光九野矯百偽、以従真徳載八挺、黜（シリゾケ）群邪而帰正、

檀香 稲葉右近

伏惟、信行国家、万夫虚己靡不心服、雄振天下、百城聞風尽堪竦震、

両祖

風入万松梵貝声、雲遮大白一炉烟、両頭共是拈将去、驀地献来二塔前、

嗣法

只遮爛柴木末拈出、凝着宇宙逼塞乾坤、徹古霊苗不期春、仏々摘此末葉、該今空枝長引蔓、祖々深此幼根、貧道将錯就錯、才攀些子半片、且得時欲令無辺労生聞余薫矣、方今不挿現前炉上、又是不皈侍者手裡、進歩揖云、以供養四住妙心勅謚大円宝監国師、酬法乳之重恩、

歳旦

日々々新新暦日、東風著物刹与塵、千花生觜現前境、不道無禅一様春、

日峯忌

誰昔青龍大機用、威風余烈振吾宗、至今徳色道光了、日上須彌第一峯、

無因忌

仏祖命根帰掌握、堂々意気逼人寒、猶余槌後声前句、白浪滔天十八灘、

退院

薄福短才道亦貧、一回踏地跼高天、他時雲衲如相問、居是東陽山水辺、

「百三六世」　玉渕和尚　展待　寛文五乙巳年

仏成道

臍悔昔年登雪嶺、飢寒難忍破袈裟、無端瞎却金剛眼、一点明星一把沙、

歳旦

時至物成不得閑、氷消澗水自潺々、千峯万岳莫咍我、曲順人情住此山、

日峯忌

正法親伝四世孫、冤家結得産崑崙、暁天依旧遺霊照、太白峯頭月一痕、

無因忌

光沢庵前天未晴、施鬘陀両潤群生、夏山低処雲如海、五逆児孫暗裏行、

尾陽大守源光義公、四十二歳之春、為臨時祈祷転読大般若経者一会、其配帙云、

茲年寛文六彙兆敦牂孟春二十又四烏、為邦君正三位前権中納言源光義公、当生乙丑尊官身躬安泰、寿算綿延、於于尾張州丹羽郡犬山庄青龍山瑞泉之古禅刹、謹集現前清浄衆、転読大般若波羅密多経者一会、昔年竹林四園之道場、一処挙揚、鷲峯十六之法会一日、飜転其功大也、竊以這経也、殊応有徴而利益無量也、寔諸仏菩薩知恵之父母也、能断除七難之宝刀而運収百福之舟揖也、故標於之衆経之首、伏冀、因斯功勲力、武運永久而君門益迎禧祥、福源澄深而民戸普仰奉豊寧矣、其徳高哉、別打偈商量、無聞無説般若、至祝至祷、

蔵教五十余巻凾、舌頭何動活瞿曇、鴬啼燕語祝君寿、万歳声長般若談、咄、

退院

薄道寒家継祖天、慚吾何以供先賢、朝来已免覇留事、駕与青龍潜玉淵、

百三七世　直伝和尚入寺法語　寛文六丙午年九月廿六日

山門

指云、透過万松関、入不二門来、驟歩云、大衆聴麼、維摩一黙其声如雷、喝一喝、

土地堂

久響土地神、有什麼祥瑞、咦、沒蹤跡沒巴鼻、

祖師堂

少林老梅、豈借栽培、風流可愛、不論時節使花開、

拠室

眠暗室者、三尺黒蚖、打云、起々仏祖生冤、

拈衣

頂戴云、這正法衣、那裡直伝、搭起云、不欠裁縫、白雲片々掛岩肩、

祝聖

恭願、打唐虞鼓、長行天下政明、弾文武琴、高唱太平曲調、淳風不尽、寿域無窮、

檀香

姓名顕外、挙誉於聖代今、祥瑞現中、布徳於武門地、主君栄達、賢子康堅、

両祖香

来展炊巾両祖堂、報恩謝徳沒商量、青龍吐出栴檀水、十八灘頭波亦香、

嗣法香

這香元在瑞雲山中、一旦倏然取拾得、些子乾柴片、亡包裹而珎藏三十年、即今拈出爇向炉中、供養前住妙心槐山老漢、用酬法恩、

達磨忌

拝来追思祖師翁、智恵通霊般若功、瞞却梁王芦葉冷、波高魏海渡頭風、

仏成道

再出人間名利塵、弊衣痩骨属埃塵、籬欠欠色謂成道、一点明星眼裏塵、

歳旦

祝得東君祥瑞臻、一宗不隔太平均、向花歓喜住山老、六十余年又遇春、

日峯忌

師是関山四世僧、児孫日々道風興、挑来献与本光瑞、不尽乾坤一祖灯、

仏涅拌

人夫錯莫哭蒼天、仏日分光輝大千、往昔拈華無示衆、今時正法有誰伝、

仏生日

棒頭許我老雲門、他日必為三畍尊、一下宮托胎湲、摩耶四八産崑崙、

昭堂新造両祖入堂之賀頌

巧匠運竹春又夏、昭堂造畢甲宗門、善心興起栄檀力、今日良辰移二尊、

無因忌

香拝看来近傍難、威儀峭峻逼人寒、無因縁処有供物、六月満天雪一団、

退院

道薄常慙尽世間、祖灯漸続出禅関、近前相報満堂衆、老懶難期再住山、

千山和尚　展待　寛文七丁未年　「特、林叔子、千山玄松」

旭窓和尚　展待　寛文八戊申年　「東、愚堂子、旭窓景曄」
寂庵和尚　展待　寛文九己酉年　「景、広山子、寂庵全昭」
物現和尚　展待　寛文十庚戌年　「悟、末伝子、物現宗勤」
桂峯和尚　展待　寛文十一辛亥年　「特、洪州子、桂峯寿昌」
崇山和尚　展待　寛文十二壬子年　「東、愚堂子、崇山禅清」
魏山和尚　展待　寛文十三癸丑年　「景、龍江子、魏山祖長」
江禅和尚　展待　延宝二甲寅年　「悟、泰伝子、江禅祖珉」
提山和尚　展待　延宝三乙卯年　「特、浮山子、提山祖綱」
牧翁和尚　展待　延宝四丙辰年　「東、雲甫子、牧翁祖牛」
呑海和尚　展待　延宝五丁巳年　「景、乳峯子、呑海東浙」
壁立和尚　展待　延宝六戊午年　「悟、石叟子、壁立禅仭」
石潭和尚　展待　延宝七己未年　「特、千山子、石潭良全」
雪牛和尚　展待　延宝八庚申年　「東、玄門子、雪牛義牧」
絶外和尚　展待　天和元辛酉年　「景、藍田子、絶外宗純」
南山和尚　展待　天和二壬戌年　「悟、香南子、南山祖団」
宗山和尚　展待　天和三癸亥年　「特、大震子、宗山祖岌」
卓宗和尚　展待　貞享元甲子年　「東、林岳子、卓宗宋巨」
兀巌和尚　展待　貞享二乙丑年　「景、嶺室子、兀巌義全」

寂水和尚　展待　貞享三丙寅年　「悟、北岩子、寂水禅物」
幽巌和尚　展待　貞享四丁卯年　「特、随円子、幽巌祖岑」
雪潭和尚　展待　貞享五戊辰年　「東、愚堂子、雪潭豊玉」
黙水和尚　展待　元禄二己巳年　「景、大潜子、黙水龍器」
徹叟和尚　展待　元禄三庚午年　「悟、喝岩子、徹叟法珍」
虎林和尚　展待　元禄四辛未年　「特、南谷子、虎林全威」
盤珪和尚　展待　元禄五壬申年　「東、牧翁子、盤珪永琢」
娩伽和尚　展待　元禄六癸酉年　「頑叟子、娩伽端如」
湖山和尚　展待　元禄七甲戌年　「顕州子、湖山祖浄」
演渓和尚　展待　元禄八乙亥年　「特英子、演渓紹祐」
洞天和尚　展待　元禄九丙子年　「東、体道子、洞天慧水」
愚翁和尚　展待　「追贈」　「泰翁子、愚翁宗癡」
松翁和尚　展待　元禄十丁丑年　「虚欞子、松翁栄蔭」
湘山和尚　展待　元禄十一戊寅年　「渕室子、湘山楚潭」
「瑞泉住世簿箱書ス、時ニ天和二壬戌三月十一日」
鉄堂和尚　展待　元禄十二己卯年　「鳳山子、鉄堂宗寔」
実堂和尚　展待　元禄十三庚辰年　「雪潭子、実堂宗真」
黙室和尚　展待　元禄十四辛巳年　「天英子」

黙隠和尚　展待　元禄十五壬午年　「絶心子」
生鉄和尚　展待　元禄十六癸未年　「大円子」
即応和尚　展待　宝永元甲申年　「千岳子」
性天和尚　展待　宝永二乙酉年　「乾明子」
粋岩和尚　展待　宝永三丙辰年　「牧宗子」
金牛和尚　展待　宝永四丁亥年　「贖禅子」
節外和尚　展待　宝永五戊子年　「盤珪子」
実応和尚　展待　宝永六己丑年　「龍河子」
寧山和尚　展待　宝永七庚寅年　「江天子」
陽堂和尚　展待　正徳元辛卯年　「碧潭子」
大春和尚　展待　正徳二壬辰年　「密雲子」
龍河和尚　展待　正徳三癸巳年　「追贈」「独園子」
千岩和尚　展待　正徳四甲午年　「景雲子」
大州和尚　展待　正徳五乙未年　「密堂子」
伽山和尚　展待　享保元丙甲年　「越渓子」
大随和尚　展待　享保二丁酉年　「盤珪子」
空山和尚　展待　享保三戊戌年　「涼禅子」
荊山和尚　展待　享保四己亥年　「隠渓子」

江山和尚　展待　享保五庚子年　「徳門子」
杲山和尚　展待　享保六辛丑年　「玲巌子」
太龍和尚　展待　享保七壬寅年　「白翁子」
楞山和尚　展待　享保八癸卯年　「碩州子」
江西和尚　展待「追贈」　「蘭翠子」
天渓和尚　展待　享保九甲辰年　「交天子」
越山和尚　展待　享保十乙巳年　「実堂子、越山周忍」
璃海和尚　展待　享保十一丙午年　「北山子、璃海禅瑠」
鼎岩和尚　展待　享保十二丁未年　「寧山子、鼎岩慧周」
無著和尚　展待　享保十三戊申年　「竺印子、無著道忠」
屋天和尚　展待　享保十四己酉年　「追贈」「体道子、屋天景規」
松宗和尚　展待　享保十五庚戌年　「洞天子、松宗慧棟」
俊鶚和尚　展待　享保十六辛亥年　「絶外子、俊鶚宗逸」
愚渓和尚　展待　享保十七壬子年　「要宗子、愚渓知頑」
大拙和尚　展待　享保十八癸丑年　「江山子、大拙祖栄」
亨宗和尚　展待　享保十九甲寅年　「大春子、亨宗祖覚」
梅仙和尚　展待　享保二十乙卯年　「周天子、梅仙宗庱」
覚翁和尚　展待　元文元丙辰年　「賢宗子、覚翁全妙」

石樹和尚　展待　元文二丁巳年　「錦渓子、石樹宝悦」
絶海和尚　展待　元文三戊午年　「北磵子、絶海宗古」
乾堂和尚　展待　元文四己未年　「活門子、乾堂全寿」
曇渓和尚　展待　元文五庚申年　「定水子、曇渓長瞿」
鉄心和尚　展待　寛保元辛酉年　「澄水子、鉄心東柔」
晩英和尚　展待　寛保二壬戌年　「活山子、晩英祖英」
柏道和尚　展待　寛保三癸亥年　「密水子、柏道禅録」
一洞和尚　展待　延享元甲子年　「却外子、一洞慧音」
龍堂和尚　展待　延享二乙丑年　「竺州子、龍堂自門」
石翠和尚　展待　延享三丙寅年　「梁岩子、石翠義雲」
南庭和尚　展待　「追贈」　「独円子、南庭普薫」
瑞嶽和尚　展待　「追贈」　「南庭子、瑞嶽是祥」
穎川和尚　展待　延享四丁卯年　「瑞嶽子、穎川道統」
関道和尚　展待　寛延元戊辰年　「積翠子、関道希芸」
玉泉和尚　展待　「追贈」　「十洲子、玉泉恵崑」
東岩和尚　展待　「霊峰子、東岩禅海」
夢関和尚　展待　寛延元戊辰年　「悦堂子、夢関祖鳳」
鯤溟和尚　展待　寛延二己巳年　「太龍子、鯤溟禅従」

大淑和尚　展待　寛延三庚午年　「要関子、大淑紹悦」

　右四冊ニテ完結

為　妙心開山六百年
　　瑞泉開山五百五拾年記念

茲ニ臥龍庵有二瑞泉歴代ノ法語一、颶二在メ久ク故紙ノ堆中ニ一、故ニ彷二佛蟲シ齧チ木ヲ成ニレ文ヲ焉、嗚呼真哉、雖モレ然トレ不レ能ハ羅二列スルコト於一目ニ一、予伴奐ノ之日、擾為メニレ成ンガ二金璧ト一、重校正矣、痛快不可言也、

林鐘中澣　龍済寺二拾五世　瑞峰謹識、

昭和参拾四己亥年首夏筆写　自耕武内六十五才

五、『青龍史考（抄）』（可山禅悦〜謙宗正道）

この本は、昭和五十年一月二十六日に、龍済寺の前住・関董光師が、臥龍庵伝来の『瑞泉入寺開堂法語』四冊本を筆写し、歴代住職の代数を考察訂正したもので、さらに宝暦元年入寺の正天慧真和尚を二百十九世として、以下前住謙宗正道和尚（三百五十四世）までを列記し、さらに歴代のうちで入寺法語等の遺存するものは、これに収録したものである。ここでは、そのうち可山禅悦の入寺法語（明和四年入寺）から最後の謙宗正道和尚入寺法語までを収録することとする。なおこの『青龍史考』には句読点が付されていないので、便宜上著者が点入れを行った。過誤もあるかもしれないが御了承されたい。

二百三十五世　可山禅悦和尚　明和四丁亥年八月四日

謹録奉呈　京妙心塔頭　衡梅院

諸大和尚法座下　伏乞

芟潤　禅悦九拝

山門

豁開戸牖、当軒者誰、物見主眼卓竪、驟歩云、不透龍門待幾時、喝一喝、

仏殿
真実大身、逼塞虚空、大復現小遊戯自在、堪笑無奈吾無神通、
土地堂
吾進一歩、霊山一会儼然、你為甚麼堂々開眼説夢、錯々、莫違仏勅三千年前、
祖師堂
以心印心、以法伝法、已是単伝直指因甚、又道不識廓然、咦、不免野狐事業、
拋室
拈篦云、金将石試、人将語試、吾者裏能縦能奪当機直示、若是出格高流未挙已前、打案云、方寸虚豁々地、
両開山
五十年前親可掬、高挑日月沐光揮、無煙火裏再相見、茗椀薫炉想徳威、
共惟
開山敕謚興文円慧禅師、創建本寺敕謚禅源大済禅師、蹈矩循彠、殊途同帰、其一三葉花園、唱関山曲
新立模範、其一中興正法、回微笑春、競闘芳菲、雍々穆々蕩々巍々、或時拈密庵破砂盆、欺賢罔聖、
或時弄松源生苕帚、以是為非直得、打破向上向下、截断仏印祖機、如上緒余土苴報恩即是報冤、
挙香云、等聞呼覚那伽定、香片拈将扣旧扉、
拈衣
鶏足山中聳肩、大庾嶺頭角力、佛々祖々、不能抖擻不能提持、雲近蓬莱常五色、因甚落在山僧手中、
搭起云、人情做得冤家結得、

登座

指云、宝華王座浮逼々地先聖道、若欲陞此座先須作礼、須弥灯王如来大衆還見、須弥灯王如来麼試、進一歩脚下雲生、

祝聖

大日本国尾張州丹羽県青龍山瑞泉禅寺新住持伝法沙門禅悦、開堂令辰、護焚宝香、端為祝延、今上皇帝聖躬万歳万歳万万歳、陛下恭願、摧伏四魔、不忘霊山付嘱、紹隆三宝、力為正法金湯、

将軍　這香、爇向宝炉、奉為征夷大将軍増崇鈞算、

伏願、掌内握乾坤、徳安四海、胸中蔵日月、明被八紘、

檀那　這香、揷向炉中為大檀越・尾陽賢太守源朝臣黄門郎宗春卿、資倍禄算、所冀、

永作清朝股肱、福並香水無辺之海、常為生民槖籥、寿等金剛不壊之山、

嗣法

這爛拈柴、遇賤則貴、遇貴則賤、不得作貴、不得作賤、竟無一人酬其価、山僧五十年来嚢蔵之絶気息尚矣、豈量冷灰裏再騰燄、即今拈出、供養妙心第一座桃峯先師、以酬法乳之恩、

垂語

独掌不浪鳴、独樹不成林、建法幢立宗旨、互為主伴糸去線来、照用雙行可始得箇中、若有懸崖撒手、不惜身命底漢、出来人天衆前、試挙看有麼、

提綱

竪起拂子、此事如撃石火似閃電光、纔擬議則魂消膽亡、是故臨済喝似雷奔、乗虚接響、徳山棒如雨、点

開眼尿牀、四七二三、天下老和尚、言前薦得句下承当、総是把不住認奴為郎設使黄面老子出来打開無尽法蔵説麁説細説短説長、此猶是化門之説験病施方若確実而論、山僧有口説無舌、諸人有耳聆没量、雖然如是、今日為国開堂演法、且祝讃聖明興盛家国底一句、如何擧揚、払一払、西瞿耶尼撃法鼓、東弗于逮坐道場、

自序

顢頇儱侗、虎皮羊質、納敗一場、無任戰栗、

謝語

開堂之次、伏惟、松林和尚大禅師、

披鶴氅衣、坐断松林高頂、移獅子座、拈出文殊一槌、巍々然英烈之気可規、

又、伏惟、孤雲和尚大禅師、

靉靆孤雲、擁蓬莱三万里、霶霈霖雨、流正法一千年、洋々乎猶如瞰海膽天、

又、伏惟、総見和尚大禅師、

撒驪龍一顆玉、施為久旱甘霖、輝鳳凰五色翎、添得数般光彩、堂々然吾山価増十倍、

次惟、単寮蒙堂諸位禅師、

慧日高挑、頂門具金剛眼、法輪常転、肘後懸夜明符、連珠貫璧儀容煥乎、

又惟、山門東西両序前資弁事、適来問話禅客、一會海衆諸位禅師、

高踞坐石頭城、過万松関於脚下、等吸尽西江水、納十八灘於胸中、難兄難弟機智玲瓏、

拈提

拈柱杖云、記得、大済禅師創開斯山、中興正法、暮齢八旬、視篆龍宝、入寺開堂云、昨日正法山中、眠雲嘯月、今日大徳寺裏、拈槌竪払直得抛出揚岐栗蓬、徹向松源黒豆、供養天下衲僧去也、已是向建化門中建法幢立宗旨、是以禅源一脉洋溢海外、令天下人頭出頭沒、山僧五十年前、曽在斯山、游泳祖翁光影裏、随縁放曠業風不免、今日呈梅陽瘴面、来再住斯山、箇々見来、總是熟処只人事響應溪山開笑眼林木舒秀眉如有待似者迎有情無情、賓主交参、機熟縁熟、為斯蟲豸也、是無非祖翁建化門中遺範、可謂祖禰不了殃及児孫、雖然恁麼、新瑞泉別有、同途不同轍底一著子、人天衆前試敷宣、卓一下、整頓叢規猶復古、衆心悦可満堂禅、久立珍重、

出衆

起衡陽雲、覆蔭龍山峯嶺、洒雪江水、激揚禅源波瀾、

臨席

吾山荒凉、觖望年久、和尚今日入寺開堂、山川増光輝、人天等欽仰、願唱起関山曲調、触礼次問訊、

答曰、井梧飄葉動秋声、

進云、恁麼則山河草木同発妙音、

答曰、伯牙雖妙手、時人聴者稀、

本則

記得、大慧禅師、育王入寺、指方丈召大衆云、這裏是烹仏烹祖大鑪鞴、鍛生鍛死悪鉗鎚、和尚今日開堂、這裏即是大鑪鞴、学人上来乞師鉗鎚、

答曰、我若下一槌你須百雑碎、

進云、恁麼則人天百万悉是拱手、
答曰、你試為新瑞泉呈頭角看、
問云、現今目前、森羅万象、悉皆是法学人、為甚麼不会、
答曰、若是先陀客、更不待揚眉、
進云、截断葛藤掀翻路、布祖令当機如何攀唱、
答曰、撃石火閃電光、入此門者、不存知解、
進云、未審這一著子、落在甚麼処、
答曰、剣去久矣爾方刻舟、
問云、昔日育王爐鞴、与今日和尚爐鞴、相去多少、
答曰、著眼機輪上頭看、
進云、今古応無墜、分明在目前、
答曰、擬即差、
進云、若不依和尚指示争知両々不成雙、
答曰、但弁肯心、必不相賺、
入衆
曇華易見、知識難逢、学人今日小出大遇、語尾触礼払袖而退無問訊、
送句
作家禅客、天然猶在能自護持、

四派請疏

謹白、当山一回之住持職、従今秋八月朔旦、到来歳七月自恣之日、大和尚既膺于其輪次、伏乞莫辞譲、仍敦請如件、

臨溪院 諱判
輝東庵 同
臥龍庵 同
龍泉院 同

丁亥正月廿六日

拝晋衡梅大和尚
侍衣閣下

上包

拝晋
衡梅大和尚

裏ニ
瑞泉寺

瑞泉寺

謹復、瑞泉四派諸位禅師侍右、伏承従今秋八月朔旦、到来歳七月自恣之日、山門虚席、欲使蒙為補処争奈衰残愚魯朽邁一村翁、豈敢堪其任耶、雖然龍山古制四派輪差之地而蒙当其順次、以故屢遇列位相煎勢、不可辯避焉、勉強応之臨期登嶠、必刷入寺之式、万煩神用、伏乞各自垂補翼之手、惟幸季春極暄道体、為法順法不宣、

丁亥季春廿六日　　衡梅院　　禅悦

瑞泉寺　四派本庵諸位禅師　　各侍側

三百三十三世　雪潭紹璞和尚　紀州大田　大泰寺　元治元甲子年

晋山

瑞泉滴水甘露門、渇仰三者険喁曝顒、

滹沱録開巻

喝殺金剛宝剣銛、叨叨何必渉廉纎、衆流截断淬将去、不免到今呼白拈、

開山敕諡興文円慧禅師無因大和尚四百五十年忌拈香（正当万延元庚申年六月四日）

青龍乾徳要先天、蟄起春雷出瑞泉、皷動本源千尺浪、飛騰四百五十年、

無因種子蔚扶桑、枝蔓葛藤攀遺芳、本源混混瑞泉月、天下清風仰蔭凉、

掉巻兼送行

已到暁鐘春又過、落花芳艸惹愁多、行行更不説離別、那処叢林問若何、

三百四十七世　無學文奕和尚　明治二十年八月　花園　妙心寺

晋山

方寸隨縁無所覔、青山迎我恁麼来、一炊巾地三生骨、放曠清颸払緑苔、

何以証哉

唯知事逐眼前過、不覚老従頭上催、

三百四十八世　猷禅玄達和尚　　筑後　梅林寺　明治三二年

三百四十九世　蒙堂董怡和尚　　濃州上野　長蔵寺　明治三五年

三百五十世　玄峰宜詮和尚　　豆州沢地　龍澤寺　昭和三年

三百五十一世　即禅一道和尚　　肥前平戸　雄香寺　昭和七年

三百五十二世　月溪宗海和尚　　阿州徳島　興源寺　昭和十四年

三百五十三世　大鑑玄要和尚　　駿州　原　松蔭寺　昭和二十三年

三百五十四世　謙宗正道和尚　　昭和四十五年五月十五日　駿府　寶泰寺

山門

鉄鎖一時折、路頭通妙玄、諸人開眼見、万里仏光鮮、

晋山

木塔山中独坐禅、醍醐毒薬一時煎、業因難避青龍誘、不料携来注瑞泉、

六、青龍山瑞泉禅寺記

青龍山瑞泉禅寺記

於龍済庵　仁渓慧寛

往昔、天源師祖佩得大宗径山之心印、三伝到妙心開山、遂為本朝一大宗主、其四世孫、妙心中興禅源大済（日峰宗舜）禅師創建禅叢、曰青龍山瑞泉禅寺、在尾州丹羽郡犬山荘、妙心派下而又称本寺者也、（本寺之称、見雪江和尚之法語、爾後諸師多称本寺、信長公之公帖亦称本寺、）往禅師韜晦之日、（行実在本伝、茲不詳書、）登勢州朝熊、（本伝所載、濃州可児郡春木荘無着庵与朝熊之前後未分明、）閲大蔵経、有季于茲矣、有一信士、（俗名左衛門次郎、法名号仏済無心居士、）嘗巡諸方霊区奥壤、詣山田太神宮並朝熊虚空蔵菩薩、同入御房云、某連季到此、観師看経、可謂博究哉、師笑曰、你何処人士、云尾陽、師曰彼地有称継鹿尾之山乎、士云有、某弊廬、距其麓一許里、師問其境郡里程、士疑語而去、師尋赴継鹿尾山八葉蓮台寺、継鹿尾山者往昔白雉年間、尾州下野荘、有寺沢氏増彦大夫、狩入深山、射一鹿而斃、其鹿尾熠耀、怪而見之、得小金像、未知為何、偶逢一老翁之来、乃挙問之、翁云、是千手観音、方感有緑之地而出也、你須此地建一宇、安像崇奉焉、又問翁為誰、答云、我名志良也末（しらやま）、言已数歩、遽矢所往、太夫欽如其教矣、値文武聖朝、道昭和尚開成伽藍、名継鹿尾山八葉蓮台寺、蓋山峯囲遶者八、故名也、巨構重複、僧房三千在、後数百季、漸雖陵夷、未曾減四遠之趨嚮矣、其前宵寺主寂光院夢、本尊大悲告曰、我山有客、応当管待焉、主醒以為虚夢而復安寝、再夢千手千眼、厳現慈容、霊光騰映、異香薫発、告之曰、我客何不管待耶、主問云、是何人、斯従何束也、言末了、放光動地、宛然出現禅師之相、主慌惚而覚、即諗之衆、掃漉供帳、以竢厥来、其日未中、師独紙衣破衲、掛鉢嚢、拄痩藤、悠々然而至、主遥望原夢惟肖、便出迎接、師曰、胡為邀余、主具陳云、冥諭符合、将奚疑焉、師就于寂光閑処、禅余復繙蔵経、（継鹿尾山之蔵経者、道昭和尚入唐将来之本也、）潜換寒燠、一日先信士上大悲閣、偶見師而云、莫是於朝態、邂逅之師哉、自時帰敬日増、白師云、某有一座家山、宣作精舎、願奉師以為行道地、師好其志、俯而循之、歴覧其地、巌樹連嵐、視聴幽邃、恐山無水、令沙弥玄瑞（玄瑞濃州源氏土岐蜂屋族也、）相收、遽有清泉湧出巌罅、師就見泉、々溢成池、（宿龍池是也、）池中須臾有龍而現、其色青光、遊戯登天、師独見、余不能見、乃挿草乎其所、創叢林之制、山名青龍、寺号瑞泉、蓋紀異徴也、首雖把茅蓋頭、端坐一榻、呵仏罵祖、以為足已、師自少律身、三学該錬、老益森厳、接人為急、四衆瞻仰、指曰犬山会下、（伝註云、荘旧名犬山、今改寺境内称乾峯、）不日華構輪奐、翬翥於翠微之外、俊彦奔湊、頓成龍象大法窟矣、至是奉無因師翁、為開山始祖、自塔其右、以序昭穆也、（伝註云、老宿云、無因尾州人、晩季屡言雪峯・円悟 皆還郷吏、然終于津陽、師瑞泉草剏之志、半在慈也、）塔名曰本源院、（日峯和尚初度在城州嵯峨本源庵、蓋塔名、不忘其初也、）実応永二十二乙未歳也、已而膺妙心中興之選移居于洛、（先是応永六己卯之冬、洛妙心罹殃、為曠墟者三十余霜、唯微笑一塔、巋然而存焉耳、永亨之初、幸再完収侵彊、門中諸老、選中興之主、起師乎瑞泉、瑞泉住在十七八季、師住妙心、綿絶野外、講旧礼楽、人天欽崇、如仏出世、数年間壮観既備矣、）而猶拳々、不忘故山、暫令門弟看院、師遷化之後、（文安五戊辰正月廿六日、示寂於正法山、諸徒奉其全身、塔于養源、師諱宗舜、日峯其字也、号禅源大済禅師者、後土御門院之勅諡也、然時世迍難、及応仁改元、天下大乱、正法山興替于其間、）義天和尚、茲補師席、是為第三世、（宝徳二庚午歳入寺、有法語、已下歴代、皆有法語、集成巨帙、）其四・雲谷和尚、其五・桃隠和尚、其六・雪江和尚、接踵而承、循而又環、各創退居山中、[犭+我]賛叢規、文明季間、迄明応末、景川・悟渓・特芳・東陽四和尚、輪次視篆、闡揚門風、且営別院、（従三世已下合八院、）黼黻紀綱、標準一宗、緇白傾嚮、遐迩来依、如其苟有檀施、各不有之、填委常住、総充経度、良知諸師応世、如威鳳翔于群翼紛飛之間、我山抵時、似寒楳拆于衆芳揺落之後、乃至四派遺胤、葉々相代、重徽畳照、不墜前烈、建化門中之事亦、永攀例、故殿于仏、堂于僧、兀而為門、来而為廡、経函于蔵、鐘簴于楼、鎮護真宰之祠、妙触宣明之室、凡宜有之属、曁什器百需之物、靡不悉具焉、復倍子院、環列巌叢旧説曰、或有領多衆、或領小衆、或侍者一員、或単己、或罷参衲子等、盤結庵宇、各就耆旧之籍、展鉢二時、恒会一堂、談空説有之教、翰藻声明之学、山北有川流廻衝之処、俗称曰瑞泉寺渦、寺僧常設一榻、習声明云、不匱厥人、闔山僧指、幾一千有余、蹈矩循矱、出入済々、至若長廊承擔而雨不妨遂日之時課、回磴点灯而闇無障連院之夜参、諸方世俗、称瑞泉寺、為尾張高野山云、漸沿于一百季、時運式微、天文年中也、且隣戦区、永禄之比、凶虜脅我、大衆離群、鐘鼓一朝変、作他器、寺産法財、没知其所往、唯遺丈室与香積厨而廢頽亦極矣、禅侶間雖考槃、数楹間之外、空観断礎乎榴翳之場、而已、永禄五壬戌、天猷和尚入寺、翌歳七月退院、至天正十三年乙酉秋、嫩桂和尚入寺、其間廿一季不記住山之法語、蓋叢規不行也、元亀二年辛未、用玄和尚因澤彦和尚、清洲政秀寺主、時在岐阜瑞龍寺、告之大相国信長公、時在岐阜城、公促再興降用材転漕除役之帖、用玄和尚、諭之我一宗及諸檀越而戮力経営一宇、即今方丈是也、然丁戎馬紛擾之際、未潰成勲、天正九年辛巳、信房卿、信長公庶子、津田源三郎勝長、此歳為犬山城主、蓋是人乎、重付条章、安我境内、文禄五是歳改元慶長、丙申、豊臣太閤、還付犬山本郷之内、土田四百四十四畝有畸、並山林免役矣、此時臨渓院嫩桂和尚退居善師野禅龍寺、犬山吏遠藤宗善欽之、以瑞泉事告当城主石川備前守、守在洛、使所上達得也、臥龍庵忠首座亦同洛養徳院真首座、告備前寺、云々、於是離群遺僧十三員、其間経三十余歳、稍獲帰寧、非喜交集、先補方丈、次構本源院、諸塔頭亦徐復之、其余未完旧緒、是歳冬、夬雲和尚入寺、有這青龍門革故鼎新之語、嫩桂和尚入寺之後、十一年間、住職猶難行故也、慶長季中、国主羽林源君東照宮第四子、薩州使君、思吉卿、清洲城主也、更授保護之武命、今尾陽侯、奕世同賜如前之厳令、以鎮我山、領我田、蠲我賦、一如文禄之例、若夫四派甲乙、相継住世、具一宗之遴選、永存本寺之位望矣、元和八壬戌、玉翁和尚入寺之後、雖有輪次住持、無入寺法語、踰四十季、寛文元辛丑、北禅和尚入寺、有法語每歳相次至六年、仰覧勝蹤、峯雙東北、寺拠翠微、方丈西向、院岐南北、複嶂于東、村家于西、野外画畝、対犬山城、城擁高岡、林樾蓊欝、粉堞帯雲、層楼磨漢、与寺相遠殆一牛鳴、閭閻在城南、木曽大河廻我山北而西、一瀉千里之勢、蜿々蜒々、船筏漁火迴游其間、僅阻河岸則濃州也、山原曠夷、景象無涯、嘗名于境者十、曰太白峯江州膽吹山遥対于西、万松関在岸西濃州各務野、従寺所栽松、一行数十株、西江水十八灘各木曽川之中、石頭城俗謂城山、在渡口之北、扣玄室方丈之額、宿龍池方丈之後、雲夢沢宿龍池之北、水増則与池連、今縮合池、昆明池庫司之前、霊亀廟鎮守、又有錦鏡亭在方丈北巖、今則亡、延寿堂門外、今作俗家、福宮弁才天也、在門外故謂下鎮守、内田村古有一小社、俗称曰天頭、是三光天也、慶長年間、村民白寺、合之福宮、其称八塔頭者、黄梅院義天和尚、龍済庵雲谷和尚、慈明庵桃隠和尚、地在庵没、妙喜庵雪江和尚、龍泉院景川和尚、前曰大亀、臥龍庵悟渓和尚、輝東庵特芳和尚、臨渓院東陽和尚、是也、其子院者、今唯存南芳天縦和尚、一庵、其余室名耳、日紫雲・大仙・得意・南栄・要津・富春・自得・慶雲・大用・保福・竹雲・得月・雲授・蕉雨・鳳林・宝珠・吸江・旧記云、七十有余院、此外名亦失也、又門外有尼寺、曰大疑庵古有大悟老尼、開此庵徒衆二三十員、除当山僧籍、諷誦陪戸外云、今則断絶、其鎮守曰大縣宮奉当国二之宮神、其址猶存、曩惟、洛本山匪翅宏基之恢興、法海泛衍而滔々乎日域者、実中在瑞泉而迴瀾焉、是本寺之称、所以副貳于妙心也、

予貞享之初、蒙本山命来、掃仏知広照禅師塔、巌叢安閑之日、与同門合志、尋当山往事、紛乱無緒、茲臨渓院有瑞泉歴代法語、其先祖嫩桂和尚之墨痕也、憑住職之明竅、識寺運泰否、且交攻臥龍先住順首座之記与一二口碑、良獲事実、竊恐易煙墜、漫敢記載、雖譾昧不文、読之人尚有感故家喬木者歟、

貞享三季龍輯丙寅仲夏日、仁渓慧寛於青龍山中龍済庵書、

青龍山瑞泉寺記終

為仁渓禅師編輯之記哉、颶在久故紙堆中、故彷佛虫禦木成文焉、鳴呼(ああ)真哉、雖然不能羅列於一目、予伴奐(カン)之日、謾為成金璧、重校正矣、痛快不レ可言也、于時寛延四龍舎辛未夏林鐘中澣、龍済庵下、後

学弁愚謹書、

青龍山十境

大白峯　　象海座元

突兀瞻吹千仞峯、呼名大白映青龍、穐冬春夏雲兼雪、遥看夕陽眼裏舂、

和　　仁渓座元

隠顕変形江上峯、或如霧豹或雲龍、千山雪後没蹤跡、認得長庚孤爛舂、

万松関

西望無涯曠野間、青々鎖断万松関、上方更有玄々処、透得来人不等閑、

和

禅源有路蔭涼間、天下衲僧要透関、縦乗長風起得出、一江猶隔上頭閑、

西江水

迅機叵測篏箕唇、直使龐公投要津、今此西江流不尽、解開一口更何人、

和

老龐当日不沾唇、流到此間令同津、将謂夕陽渾吸尽、夜行尚有喚船人、

十八灘

急流漲起激波瀾、知是曽河十八灘、寄語浮沈船筏輩、幽居平日本源安、

和

崎岨疊嶂落春瀾、何翅江西説急灘、八十四人錯聞後、而今猶欠枕頭安、

石頭城

石頭臨水卓然清、聞説(きくならん)英雄曽築城、蓋代功名知筏許、一川風月古今情、

和

独処一方川上清、断崖峭壁石頭城、直饒路滑蹂跟去、竿木撑来甲暢戯情、

扣玄室

衲子趨風曽扣玄、鉗鎚妙密活機先、師々継踵無虚席、一炷檀香両祖辺、

和

扣着室中玄外玄、来機無後又無先、攅峯滕水并城市、摠立下風参戸辺、

宿龍池

大済当初卜地時、清泉乍涌漸成池、若非一見神龍上、技宿擁雲那也知、

和

大哉創建得乾時、龍上在天水在池、一掬本源流四海、就中冷暖幾人知、

雲夢沢

占得龍山雲夢沢、敢将広狭是沈吟、大人佳致若能到、八九胸懐千古今、

和

何人呑却雲夢沢、陳迹已泯不耐吟、只有一襟方寸地、含容往古与来今、

昆明池　在厨前、古ヘノ云茶堂ノ水、

因名生感白雲隈、漢帝当時出却灰、巌下小池如有待、湛乎不涸鑑方来、

和

巌竇半湾香積隈、狀如完竃没遼灰、松風時也解調鼎、供与諸方禅衲来、

霊亀廟

何年蔵六霊亀廟、松柏扶疎人詣少、不忘金仙翁嘱盟、千々万々護龍嶠、

和

濁世垂権真宰廟、施泥帯水知多少、禅林不用咎休求、好是千年安我嶠、

通計廿章終

青龍山瑞泉禅寺鐘楼再造殿堂修補幹縁来由

夫当山勧請無因和尚、為開山始祖、創建者妙心中興之祖日峯和尚所労力也、祖滅後義天和尚住山、次之者、雲谷・桃隠・雪江和尚逮四派家祖也、爾来諸国列刹尊宿、承循而輪住番々、輾其跡也、至今幾乎(ほとんど)二百八十有余霜矣、蓋最初経営者、応永二十二乙未年、依遠近帰崇衆力也、再興者、元亀二辛未年、諭於門中法孫而相与勠力、募諸家資縁、以遂其功、即是今方丈也、至若(しかのみならず)慶長十九甲寅年、庫司造営、慶安五壬辰年、殿堂重覆等、皆悉是依列刹諸家之資助者必矣(ひっせり)、茲年(このとし)享保十五庚戌暮春之日、満山衆胥(あい)議(ぎ)而有鐘楼再造殿堂補治之願、又欲募諸方衆緑矣、仍揚其所拠而為之書、

（享保十五年）戌之三月廿六日　瑞泉寺　四派之朱印

年代考　寛延四辛未年

無因和尚示寂　応永十七庚寅年ヨリ今年迄、凡三百四十二年、
　塔所者、摂州西ノ宮巨鼇山海清寺也、
日峰和尚示寂　文安五戊辰年ヨリ今年迄、凡三百四年、
　塔所者、京都華園養源院也、
妙心寺中興　永享三四五年ノ間ヨリ今年迄、凡三百十九廿年、
　応永六年卯ノ冬、防州多々良大内義弘謀叛ユエ、兵火ニカカリ、三十年アマリ亡処トナル、其ノ後中興ナリ、
瑞泉寺開闢　応永二十二乙未年ヨリ今年迄、凡三百三十七年、
同　再興（此間打続キ乱世）　元亀二辛未年ヨリ今年迄、凡百八十年、
同　庫裏造営　慶長十九甲寅年ヨリ今年迄、凡百三十八年、
同　方丈上葺　慶安五壬辰年ヨリ今年迄、凡九十六年、
同　開山塔建立　寛文七丁未年ヨリ今年迄、凡八十五年、
　本源院ト云、是レ者、井ノ上喜左衛門建立也、
同　鐘楼再造　享保十五庚戌年ヨリ今年迄、凡二十二年、
大鐘　昔年、東陽和尚被銘鐘、乱世ニ失却、云々、夫レヨリ飛州益田ノ禅昌寺住侶玄情首座寄進ノ鐘アリ、其ノ銘(めい)云、〇鋳出鴻鐘大願輪、声々月夕又風晨、嵩呼万歳華鯨吼、楽緑礼紅従此新、青龍山瑞泉公用、飛州益田郡禅昌寺住僧玄情首座寄進之、大工濃州可児郡荏戸之住、長谷川平左衛門、天正七年己卯十二月吉辰、前住当山功叔叟、此鐘寛永年中ニ破損、当郷城代、都筑市左衛

門尉ノ室、御名孤峯瑞雪信女、改鐘楼共ニ寄付、銘ハ東陽和尚ノ作古ノヲ、体道和尚被書写者也、寛永十九壬午年十月日、大工濃州岐阜住平左衛門、此鐘又々(またまた)破損ス、故ニ享保三戊戌歳五月初六日再興ス、大鐘師、尾州名護屋住水野太郎左衛門右具、詳於今ノ鐘、

諸堂

本源院　開山堂方丈ノ北ノ山上ニアリ、

侍真寮　銘鏡亭ノ北ニアリ、

方　丈　九間十三間ノ由ナリ、

書　院　今ノ庫裡ノ処ナリ、

雲　堂　崇堂ノ近辺ノ由也、

茶　堂　昆明池ノ半エカケ作リ也、今ニ昆明池ヲ茶堂ノ池ト云、

大庫裡　今ノ鐘楼ノ西ニアリ、輝東ノ上、榎木ノ東ニ大釜アリ、石垣普請諸時見之、

小庫裡　不知処、

衣鉢閣　不知処、雲夢沢西ト承ル、

錦鏡亭　方丈北ノ岩頭ニアリ、今ニ名ノミ云、

中　門　唐門也、青龍山ノ額アリ、

山　門　兵火ニ失、寛永ノ末マデ柱礎焼破〆有リ、今覚タル人多シ、

摠(そう)門(もん)　今門ノ処ナリ、

後門　北ノ門ナリ、今ニ浴室ノ門ト云、浴室ノ辺ニアルユヘ、
経堂　臥龍ノ上ノ山ニアリ、天文年中マデアリ、
僧堂　今ノ鎮守ノ場也、
玉堂　味噌倉ナリ、
鎮守　額ハ霊亀廟、今ノ黄梅ノ西ニ有、門守家ノ間、
小社拝殿　玉堂ノ上ノ山ニアリ、何ノ神社ト云コトヲ不知、
祠堂　不知処、地蔵菩薩ノ像安置ノ由ナリ、
薪屋　輝東ノ丑寅ニアリ、
風呂　今龍泉ノ前ノ庭、風呂屋敷ナリ、龍泉井水、風呂ノ井也、北門ヲ風呂ノ門ト云ナリ、
雪隠　輝東ノ上ニアリ、

諸塔頭

黄梅院　義天
　廃シテ後、臨渓ニ入ル、
龍済庵　雲谷
慈明庵　桃隠
　廃シテ後、龍済ニ入ル、
妙喜庵　雪江

龍泉院　景川
臥龍庵　悟渓
輝東庵　特芳
臥龍庵　悟渓
輝東庵　特芳
臥龍庵　悟渓
輝東庵　特芳
臨渓院　東陽

諸寮舎
慶雲庵　柏庭開基
南芳ニ入ル、
南芳庵　天縦開基
臥龍ヨリ建立シテ後、慶雲南芳ニ入ル、
得月軒　桃雲開基
妙喜ニ入ル、
雲援庵　春岳開基
妙喜ニ入ル、
蕉雨軒　玉浦開基
臨渓ニ入ル、
太有庵　泰秀開基
輝東ニ入ル、

冨春院
　南芳ニ入ル、
要津庵
　南芳ニ入ル、
大仙軒
　臥龍ニ入ル、
自得庵
　南芳ニ入ル、
喜雲軒
　臥龍ニ入ル、
得月庵
　臥龍ニ入ル、
宝林院
　臨渓ニ入ル、
松鶴庵
　龍泉ニ入ル、
吸江院
　龍泉ニ入ル、

宝珠庵
龍泉ニ入ル、
于時承応三甲午仲秋如意珠日書之、尾ノ瑞泉寺龍泉院周旭　判
安永五丙申年迄、百二十三年ニナル、
右塔頭寮舎書付、龍泉諸回向本ノ内ニ有之、写置、
青龍瑞泉寺再興奉加、紫衣十緡、黒衣一緡、平僧卅片、貴寺再興云々、
元亀庚午八月十四日　玄密判　玄密ハ希庵和尚也、景堂下也、大円寺、
瑞泉寺諸役者中
貴寺再興、尾濃静謐好ケ之時セツ、被催云々、
宗恩判　宗恩ハ沢彦和尚、政秀開山也、
瑞泉寺諸役者中
謹啓上、杳不接音容、伏以、尊体万安億福、仍而瑞泉寺黄梅院敗壊、由是塔主会公、駿遠甲信諸老座下被催奉加帳面、被御覧可然様御奉加、祖翁定中点頭必矣、此旨尊聴、恐惶敬白、
鞠月下浣　玄密判　希庵和尚也、
進上海国寺衣閣下
礼紙(らいし)云、龍泉塔亦近年四稜着地踏、被加尊意、再興所希也、愚也亦(またまた)可付驥尾者也、
右熱田(あつた)大法寺開山旧山宗石和尚墨蹟記録ノ中ニ委ク有レ之、愚一覧シテ大体ヲ記ス、

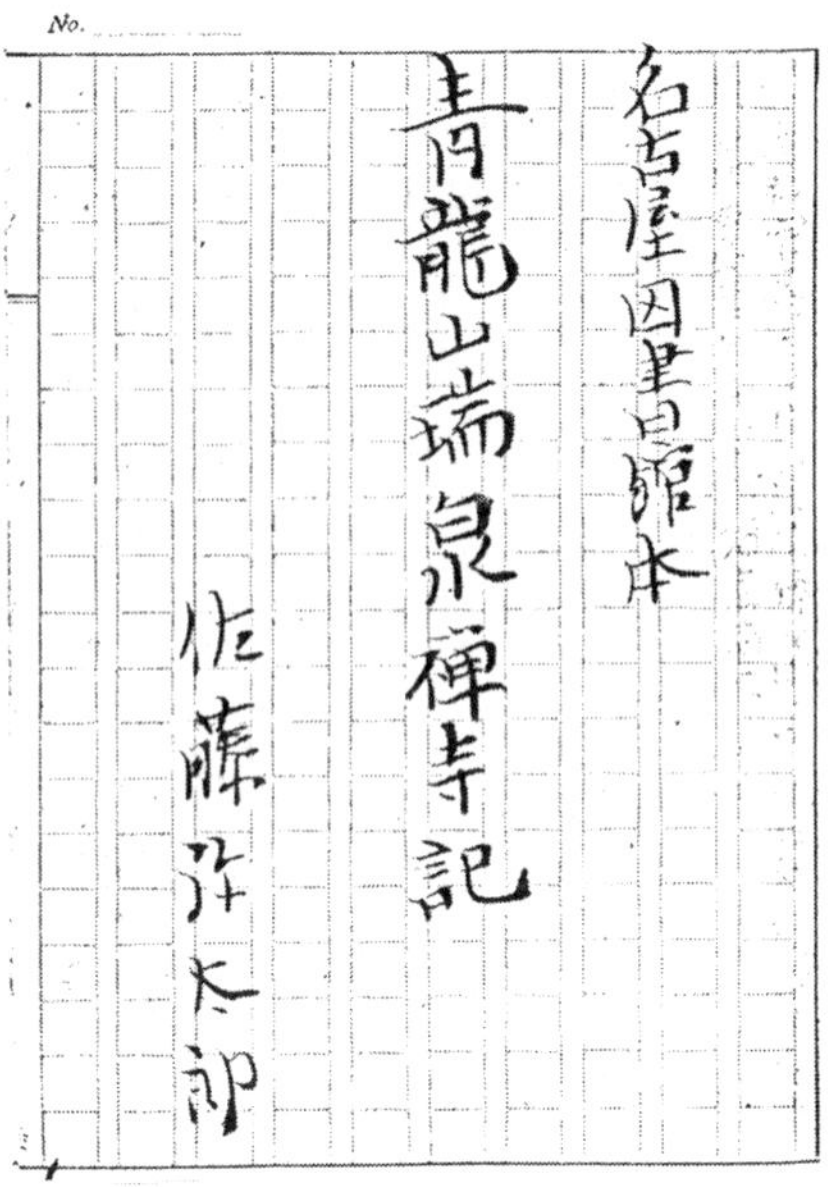

No.

名古屋図書館本

青龍山瑞泉禅寺記

佐藤弥太郎

八百津町の佐藤弥太郎氏が
現在の鶴舞図書館で筆写した
『青龍山瑞泉禅寺記』

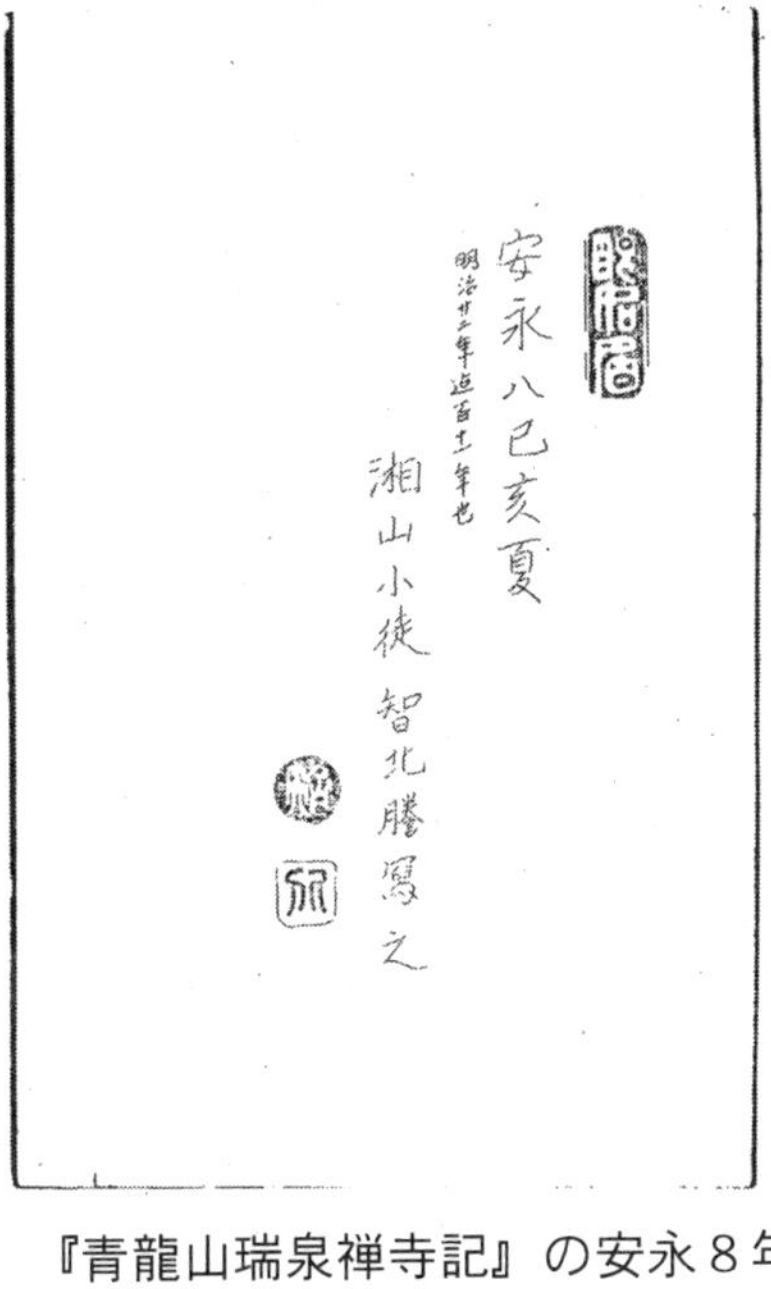

安永八己亥夏

湘山小徒 智北謄写之

『青龍山瑞泉禅寺記』の安永８年
筆写本をガリ版印刷で刊行したもの

小田切春江（しゅんこう）画・尾張名所図会の瑞泉寺
（天保 12 年稿、同 15 年出版）

瑞泉寺（尾張名所図会）

瑞泉寺（尾張名所図会）

犬山名所図会の瑞泉寺（文化元年稿）

瑞泉寺（犬山名所図会）

瑞泉寺（犬山名所図会）

七、『犬山視聞図会』一（瑞泉寺の条）

青龍山瑞泉寺

青龍山瑞泉寺は臨済宗妙心寺派にして、鄙(ひな)本山と称へる叢林なり。開山は日峯大和尚・禅源大済禅師。その昔韜晦の日、勢州朝熊に詣でて大蔵経を閲(えつ)する事多年。その頃一男子、朝熊に詣でて師の房に入て曰く、某連年爰に詣でて師の看経を観る。博究と謂(い)ひつ可(べ)し也。師笑て曰く、爾は何所の人なるや。答曰く、尾州丹羽郡内田左衛門次郎といふ。師問ひて曰く、継鹿尾山と称する処近きや。次郎答へて曰く、我が茅盧其の山の梺に隣といふ。師委しく鹿山の里裡を問ふ。次郎語りて去りぬ。其後師は継鹿尾山八葉蓮台寺に趣き給ふ。此山は白雉季間の開基にして、是又霊地（継鹿尾山八葉蓮台寺の縁起等は、継鹿尾の部に委しく載るゆえ略）地主寂光院、或夜の夢に本尊大悲告て曰く、我が山に客僧有、待べし待べしと告げ給ふ。寺主夢さめて后、虚夢なりと復(また)安寝す。再び夢に千手千眼、厳に慈容を現し、霊光謄眣し異香薫散して曰く、何ぞ我容をハ管待せさるや。主問て曰く、是何人のいづれより来るや。言の未だ了らざすに放光動地、宛然禅師の相を出現す。院主驚きて拝し奉ると覚て醒たり。是を山徒に告げて掃灑供帳して待つ。其日未央時禅師独り紙衣破袖掛鉢嚢疲藤杖で悠々然として入り給ふ。院主相見て其相夢に符合せり。出て迎ふ。便ち寂光閑処に入り給ひ蔵経を閲す。此蔵経は開山道照和尚入唐伝来の蔵物也。一日先の左衛門次郎大悲閣に詣でて師に正見し、是より帰依日増し、師に向て曰く、某に一ツの山あり。是を師に奉らん。精舎を草創しながらく行道の地となし給へと申す。師其志を得て是に従がふ。只其山に水の無きを恐る。沙弥玄瑞をしてよく其地を見せしむるに、清泉の岩下に湧出る有り。則ち是を見るに泉溢れて池となる今の宿龍池これなり。其池中より青光の龍遊戯して天に登る。因て山を青龍と号し寺を瑞泉と称す。日あらずして大伽藍となる。無因師翁に奉りて始祖開山とす。塔を本源院と号す今に額有。塔頭は八ケ庵。其余の支院七十余房。庵亡名失す。門外に延寿堂あり。尼僧寺古有大悟老尼開。此庵徒衆二、三十員。堂寺とも今亡ぶ。

十景

大白峯　江州胆吹山、一遥対于西。

万松関　在岸西濃州各務野、従寺所栽松、一行数十株。

西江（せいごう）十八灘　名々木曽川の内。

石頭城　俗謂城山、有内田渡船ノ北に在。

扣玄室　方丈の額也。

宿龍池　方丈の屋後に有。

雲夢沢　宿龍池の北なり。水増則与池連令縮合池。

昆明池　庫司の前。

霊亀廟　鎮守也。又有錦鏡亭在方丈北岩。今則亡。

延寿堂　門外の俗家。

福之宮　弁才天。在門外故謂ふ下鎮守、内田村古有一小社、俗に天道と称す。是三光天也、慶長季間、村民白（もお）し、寺これを合す。福之宮。

仏殿本尊虚空藏菩薩

開山石碑、本堂之北、岩上ニ有リ。

遺髪牌銘

敕謚禅源大済禅師諱宗舜字日峯、関山国師四世孫而応永廿二乙未歳、創開此山、永享之始、膺于妙心中興之選、移居于洛而猶挙々、不忘故山、暫令門弟看院、師不遷化前、輪番之旨告于義天和尚、茲補其師者義天・雲谷・桃隠・雲(雪)江四和尚、接踵而承循而又環、各創退居于山中戮(ママ)賛叢規、従文明季間迄明応末、景川・悟溪・特芳・東陽四和尚輪次視篆、闡揚門風、且営別院、黼黻紀綱、子子孫孫今猶在矣、師歳向八十、住大徳寺、有山門之法語曰、虚堂八十再住山、老僧初入寺、翌歳文安五戊辰正月廿六日示寂於正法山、諸徒奉其全身塔于養源、如其髪留在讃州禅刹、今三百五十有余歳而伝承于当山、因造塔蔵焉、以祝遠代(大)云、

旹享和二年壬戌秋　衆等謹造立之者也、

当御城主御先代の御石碑、　此山ニ有、

丈草禅師之墓　御家臣内藤某丈草の書残給ふ所の双紙様の物を取集め、一ツの筥(はこ)にこめ、此地に墓を祀る。

流れ木やかかりのうへのほとときす　丈草

諸院開山号

臨溪院　東陽和尚諱英朝、謚大道真源禅師、
黄梅庵　義天和尚、
輝東庵　特芳和尚諱禅傑、謚大寂常照禅師、
妙喜庵　雪江和尚、
龍済庵　雲谷和尚、
龍泉院　景川和尚諱紹隆、謚本如実性禅師、
臥龍庵　悟渓和尚諱宗頓、謚大興心宗禅師、
南芳庵　天縦和尚、

紫雲・大仙・得意・南栄・要津・富春・自得・慶雲・大用・保福・竹雲・得月・雲授・蕉雨・風(鳳)林・宝珠・吸江、旧記云七十余院。

瑞泉寺年表

歴代数	西暦	邦暦	事項
開山	一四一〇	応永17・6・4	開山無因宗因遷化。
二世	一四一五	〃22・	日峰宗舜、内田左衛門次郎の敷地寄進を受けて、瑞泉寺を開創す（寺伝）。
	一四二二	〃29・11・21	瑞泉寺の梵鐘が成り、惟肖得岩が銘文を撰んだ。
	一四四七	文安4・	雲谷、塔頭・龍済庵を創建（日峰書状）。
	〃	〃5・1・26	日峰宗舜、京都養源院で示寂。
三世	一四三五	永享7・	義天玄承、塔頭黄梅院を創建という。
	一四三八	〃10・	雪江宗深、塔頭妙喜庵を創建という。
	一四五〇	宝徳2・8・26	義天、日峰に代って京都龍安寺より入寺。九月退院。
四世	〃	〃2・	雲谷玄祥、汾陽寺より入寺。この年雲谷が塔頭龍済庵を創建という。
五世	〃	〃2・12・26	伊勢の保々大樹寺より桃隠玄朔入寺。
	一四五四	享徳3・正・	桃隠退院。
四世再	一四五五	康正元・10・	雲谷再住。二年七月六日退院、八日遷化。
五世再	一四五六	〃2・	桃隠再住。この年九月廿六日付で。当山住職のことについて定書を書く（検討の余地あり）。
	一四六六	文正元・	悟渓宗頓、塔頭臥龍庵を創建という。

六世	一四六七	応仁元・3・	雪江宗深、丹波八木龍興寺より入寺。
七世	一四六八	〃 2・	景川宗隆、塔頭龍泉寺を創建という。
	一四六九	文明元・	特芳禅傑、塔頭輝東庵を創建（寺伝）。
	一四七九	〃 11・	景川、妙心寺塔頭大心院より入寺。翌十二年八月八日退院。
八世	一四八〇	〃 12・12・13	悟渓宗頓、濃州上加納瑞龍寺より入寺。翌十三年七月十五日退院。
九世	一四八一	〃 13・9・	特芳禅傑、京都龍安寺より入寺。
一〇世	一四八二	〃 14・	東陽英朝、臨渓院を創建。この年冬、当寺大鐘成る（少林無孔笛）。
	一四八四	〃 16・6・	東陽英朝、丹波八木龍興寺より入寺。
七世再	一四八五	〃 17・9・	景川、当山塔頭大亀庵より再住。
	〃	〃	天縦宗受、塔頭南芳庵を創建。
八世再	一四八九	延徳元・4・15	悟渓再住。
九世再	一四九二	明応元・4・16	特芳再住。同六年三月十五日退院。
一〇世再	一四九七	〃 6・4・15	東陽再住。
	一四九八	〃 7・6・	東陽、当山若年僧の為に家訓を定む（臨渓院所蔵文書）。
一一世	一五〇一	文亀元・正・26	東陽英朝退院。
	〃	〃 元・8・19	柏庭宗松入寺。
	一五〇二	〃 2・7・	汾陽寺住持玉浦宗珉、瑞泉寺住持職のことについて定規を書く。

一二世	一五〇三	文亀3・正・26	柏庭退院。
	〃	〃 3・7・	天縦宗受入寺。
一三世	一五〇四	永正元・12・	大休宗休入寺。三年三月某日退院。
一四世	一五〇六	〃 3・5・28	太雅耑匡、先住東陽弟子より住職。
一五世			松嶽、入寺退院不詳。景川弟子より住職。
一六世			仁済宗恕、入寺退院不詳。
一七世	一五一〇	〃 7・9・	鄧林宗棟入寺。
一八世	一五一一	〃 8・3・27	天蔭徳樹入寺。
一九世	一五一二	〃 9・2・2	景堂玄訥入寺。
二〇世	一五一三	〃 10・3・19	玉浦宗珉入寺。
二一世	一五一四	〃 11・	天錫禅弥住職。
二二世	一五一五	〃 12・	朴庵宗堯住職。
二三世	一五一六	〃 13・2・14	桃雲宗源入寺。
二四世	〃	〃 13・9・16	興宗宗松入寺。
二五世	一五一七	〃 14・	稜叔智慶住職。
二六世	一五一八	〃 15・9・3	天関宗鶚入寺。
一一世再			柏庭再住、入寺退院不詳。
二七世			寿岳宗彭住山。入寺、退院不詳。
二八世	一五二二	大永2・2	九庵鑑住職。

二九世	〃	大永2・9・12	亨仲崇泉入寺。
一五世再	一五二三	〃3・	松嶽宗繕再住。同五年三月十日退院。
三〇世	一五二五	〃5・9・	大宗宗弘住職。
三一世	一五二六	〃6・10・4	天西住職。
二九世再	一五二七	〃7・9・12	亨仲再住。
一九世再	一五二八	享禄元・8・15	景堂再住。
三二世	一五二九	〃2・8・16	桂峯玄昌入寺。
三三世	一五三〇	〃3・	東庵宗暾住職（実は元亀四年頃住山）。
三四世	一五三一	〃4・8・27	渓関濂住職。
三五世	一五三二	天文元・8・26	秀林入寺。
三六世	一五三三	〃2・7・8	秀林退院。
	〃	〃2・10・	惟盛入寺。
三七世			春湖入寺。退院不詳。
三八世	一五三四	〃3・9・	先照入寺。翌四年七月十六日退院。
三九世	一五三五	〃4・9・	天真宗昇入寺。翌五年七月十六日退院。
四〇世	一五三六	〃5・8・19	蘭室宗播入寺。翌六年七月十七日退院。
四一世	一五三七	〃6・9・17	儀仲宗演入寺。
四二世	一五三八	〃7・	祥麟宗禎住職（実は元亀元年頃住山）。
四三世	一五三九	〃8・9・20	春荘晄入寺。

四四世	一五四一	天文10・9・4	玉淵顒入寺。
四五世	一五四二	〃11・12・	明叔慶浚入寺。
四六世	一五四三	〃12・9・22	仁岫宗寿入寺。
四七世	一五四五	〃14・9・19	高峯宗源住職。
四八世	一五四六	〃15・10・27	了江宗賛住職。
四九世	一五四七	〃16・10・29	趙庵諗住職。
五〇世	一五四九	〃18・10・	済関透住職。
五一世	一五五〇	〃19・9・	義雲入寺。
五二世	一五五二	〃21・2・18	南陽入寺。
五三世		〃	功叔宗補入寺。
五四世	一五五四	〃23・	泰室宗岑入寺。
五五世			友峯益住職。実は天文十七年頃住山か。
五六世	一五五五	弘治元・11・	三陽入寺。
五七世			真龍入寺。
五八世	一五五七	〃3・11・17	以安智察入寺。
五九世	一五五九	永禄2・9・23	真甫寿允入寺。
六〇世	一五六〇	〃3・	忠嶽瑞恕入寺。
六一世	〃	〃3・	岐秀元泊入寺。同四年七月十六日退院。
	一五六一	〃4・2・8	別伝の乱。美濃の諸老・快川等出奔し瑞泉寺へ入る。

			三月十二日、その状況を妙心寺へ報ず（別伝悪行記）。
六二世	一五六二	永禄5・3・	貞林見入寺。
六三世	一五六五	〃8・2・	信長犬山城占領のため出兵、瑞泉寺を焼く。
	一五七〇	元亀元・	祥麟宗禎当住中。
	一五七一	〃2・6・20	信長、当寺へ朱印状を下す。
	一五七六	〃4・	東庵宗暾当住中。
	一五七九	天正7・12・吉辰	飛騨禅昌寺の玄情の寄進により大鐘成る。
	一五八一	〃9・11・吉日	犬山城主織田信房、当寺に禁制札を立つ。
	一五八二	〃10・9・	犬山城主中川定成、当寺に制札を掲ぐ。
六四世	一五八五	〃13・9・	嫩桂宗維、羽黒興禅寺より入寺。
	一五八六	〃14・10・	犬山城主武田清利、制札を立つ。
六五～七一世			蘭畹（六五世）、天安（六六世）、東庵（六七世）、功甫（六八世）、周岳（六九世） 天岫（七〇世）、伝芳（七一世）、一逢（七二世）
	一五九六	文禄5・4・23	豊臣秀吉、犬山本郷のうちで五十石の寺領を寄進す。
七二世	〃	慶長元・10・18	夬雲玄孚入寺。同二年七月十六日退院。
七三世	一五九七	〃2・7・	鰲山景存入寺。
七四世	一五九八	〃3・	伯浦恵稜入寺。
七五世	一五九九	〃4・10・4	惟天景縦住職。
七六世	一六〇〇	〃5・	心聞宗怡入寺。

七七世	一六〇一	慶長6・	江国宗珉入寺。
	〃	〃6・7・9	尾張国守・松平忠吉、寺領五十石を遵行。
七八世	一六〇二	〃7・10・15	綱宗入寺。
七九世	一六〇三	〃8・	恵雲宗智入寺。
八〇世		〃	久岳入寺。
八一世	一六〇五	〃10・10・10	大岳宗喜入寺。
八二世	一六〇六	〃11・	天秀得全入寺（展待料七両による居成り）。
八三世	一六〇七	〃12・4・	無文智良入寺。
八四世	一六〇八	〃13・10・	潔堂宗圭入寺。
八五世	一六〇九	〃14・	無伝宗直入寺（展待料による居成り）。
八六世	一六一〇	〃15・	仲山宗甫入寺。
八七世	一六一一	〃16・10・12	庸山景庸入寺。
八八世	一六一二	〃17・9・11	宙外玄杲入寺。犬山出身。
八九世	一六一五	元和元・10・15	説心宗宣入寺。
大四世再	一六一六	〃2・	嫩桂宗維入寺。
九〇世	一六一七	〃3・	梁南禅棟入寺。
九一世	一六一八	〃4・10・19	槐山宗三入寺。
九二世	一六一九	〃5・9・12	千巌玄呂入寺。
九三世	一六二一	〃7・	芳澤祖恩住職（展待料による居成り）。

九四世	一六二二	元和8・（以後居成り）	玉翁珪樹入寺。
	一六三二	寛永9・3・吉	徳授・臨渓・輝東・臥龍・龍泉の五ヶ院により知客・蔵司・書記・都寺の転位料を定めた（定書）。
	一六四七	正保4・正・26	開山二百年忌執行（創建二百年忌万帳）。
	一六五八	万治元・	無因禅師二五〇年忌法要執行。
一二九世	一六六一	寛文元・9・26	北禅禅秀、入寺式を再興。キリシタン大弾圧と関連。
一三五世	一六六七	〃 7・	千山玄松入寺式をせず。以降明治13年まで続く。その間、可山・雪潭のみ入寺式執行。
	一六九六	元禄9・8・26	創建日峰禅師二五〇年忌法要執行（創建二百五十年忌下行牒）。
	一七一〇	宝永7・6・4	無因禅師三〇〇年忌法要執行。
	一七四七	延享4・正・26	日峰禅師三〇〇年忌法要執行。
二三五世	一七六七	明和4・	可山禅悦入寺。入寺開堂式挙行。
	一七九七	寛政9・正・	日峰禅師三五〇年忌法要執行（汾陽寺文書）。
	一八一〇	文化7・	無因禅師四〇〇年忌法要執行。
	一八二九	文政12・10・	瑞泉寺追贈の件につき、本山から呼び出し。輝東庵の顧鑑古范ら出頭。
	一八三〇	〃 13・6・	尾張藩寺社奉行は、追贈停止に及ばずとの裁定。
	一八四五	弘化2・2・	日峰禅師四〇〇年忌法要執行（瑞泉寺文書）。

三三三世	一八六四	元治元・	雪潭紹璞入寺。入寺開堂式挙行。
	一八六八	明治元・	明治維新。
独住一世	一八七四	〃 7・	泰法祖道(尾関泰法)晋山。山内輝東庵出身。
独住二世	一八八〇	〃 13・	禅外道倫(遠山禅外)晋山。瑞龍寺出身。
独住三世	一八八七	〃 20・	無学文奕(関無学)晋山。妙心寺管長より。
			伽藍の大整備工事挙行。
	一八九一	〃 24・10・28	濃尾大地震。建築中の建物等大被害。
	一八九二	〃 25・10・	竣工落慶式。関蒙堂の尽力。
三四八世	一八九九	〃 32・4・24	猷禅玄達(東海猷禅)、久留米市の梅林寺と兼務住職。
			寺務代理関蒙堂(野々垣蒙堂)。
独住五世	一九〇二	〃 35・	蒙堂董怡(野々垣蒙堂)晋山。
	一九一〇	〃 43・	旧瑞泉寺領の山林五十四町歩、四千余円で払い下げ決定。
			登記は明治四四年二月六日、昭和二年、蒙堂示寂。
独住六世	一九二八	昭和3・8・20	玄峰宜詮(山本玄峰)晋山。
	一九三二	〃 7・5・	玄峰退院。
独住七世	〃	〃 7・11・10	即禅一道(家永一道)晋山。
独住八世	一九三九	〃 14・2・13	月渓宗海晋山。
	一九四七	〃 22・12・18	月渓瑞泉寺で示寂。
独住九世	一九四八	〃 23・5・15	大鑑玄要(長尾玄要)入寺。

	一九七〇	〃45・	大鑑閑棲。昭和四十六年八月三日示寂。
独住十世	〃	〃45・5・15	謙宗正道（松田正道）晋山。
	一九九一	平成3・4・	謙宗退院。
独住十一世	〃	〃3・4・	雪峰宗俊（小倉宗俊）晋山。

索引

凡例

人名索引には、称号等で人名に類するものも含めた。

地名・寺名索引には、適宜大略の所在を（　）で挿入した。

索引【人名】

あ

い

う

こ

さ

そ

ち

な

に

ね

れ

ろ

索　引【地名・寺名等】

あとがき

『瑞泉寺史』の編纂が始まったのは、昭和五十一年頃のことと記憶する。当時は犬山市史編纂室に嘱託職員としておられた川村三好様（犬山市内田）と瑞泉寺の元塔頭の龍済寺関董光師に私を加え、さらに山内旧塔頭寺院の住職等が加わり、先代瑞泉寺住職・松田正道師を中心として打合せ会を行ったことがある。そこでは、広く全国的に史料を集めることなどとても及ばないであろうから、現在ある諸記録を取り纏める方式により、簡単に編纂出来るだろうとの見通しであった。しかし、この事業はそれほど単純なものではなく、ほとんど進捗しないまま霧消状態となってしまった。

ついで、松田正道老師が犬山市富岡の地に瑞泉寺別院の建設を進めておられて、それと併行して寺史を編纂する話が持ち上り、今度は事務局を置いて一歩づつ進めることになった。私が編纂主任をつとめることになり、その手はじめとして寺史別巻『妙心寺派語録』を編纂出版することとなった。その第一巻（S59刊）・第二巻（S62刊）の刊行に至った段階で、今度は経済的に行き詰まりの状況となり、別巻どころか本編の刊行も中止せざるを得なかった。

それからまた二十数年の歳月が流れたが、その間私は、寺史の補足調査を進め、本編の原稿もかなり追加訂正を行ってきた。関董光師が亡くなり、龍済寺の後席を継がれた関董樹師は、私が健在のうちに何とか本編の刊行を果したいと言われ、ようやくここに瑞泉寺老師および犬山名所協会をはじめ多くの方々の支援を得て、寺史が日の目を見るようになった次第である。思えば三十年の歳月が流れたことになる。寺史となると、創建から現在に至る長い歴史を詳しく書かなければならない。しかし、簡単なようでこれが中々難しい。ましてや瑞泉寺史ともなると、創建から現代までの六百年にわたる長い歴史がある。しかも、織田信長時代の永禄八年に当寺は兵火で全焼した。そのため歴代住職すら不明の時代がある。詳しい寺歴ともなれば、寺蔵文書では解明し得ず、東京に京都へと調査に出かけることが続いた。時間とお金がなければとうてい続けられない。幸いにして私は平成八年に五十一歳で退職するまで、犬山市役所に勤務していたので、土曜日・日曜日は家族の協力もあり、比較的自由に歴史研究へ没頭することが出来た。また、平成八年に開業した行政書士事務所が順調だったことにより、調査費用も投入し得たので、今日の発刊に至ることができたと思う。この寺史は、私の現時点での持てる知識のすべてを傾注したつもりである。

瑞泉寺史は、さすがに六百年という長い時代に亘る歴史書であり、さらに妙心寺四派全般から輪番住職者を受け入れてきたことから、広範な調査を要するため、微細な点についてはなお記述不足や誤りが多いと思う。しかし、完璧を期すことは不可能でもあり、この辺で一区切りをするべきであるとの見方もできよう。従って本書を見れば、大筋で当寺の歴史をたどることができという点に主眼を置いたため、小異や過誤については、御指摘を賜わり、将来寺史改訂版などが出される時には、それに反映させてゆくことで御了解を願う次第である。ともかくも、本書が刊行に至るまでには、実に多くの方々の教授・支援・援助を得ることが出来た。ここに深く感謝申し上げる次第である。なお原則として文中敬称略としたことも末尾ながら改めてお断り申し上げる。

平成二十一年　夏

著者識す

著者略歴

横山住雄（よこやま　すみお）

〒五〇九—〇一二四
各務原市鵜沼山崎町九—一〇一　在住
濃尾歴史文化研究所主宰
昭和二十年生

瑞泉寺史（ずいせんじし）

定価：本体二〇、〇〇〇円（税別）

平成二十一年十月三十日発行

著者　横山住雄

発行　犬山市犬山字瑞泉寺七番地
青龍山瑞泉寺
小倉宗俊
電話　〇五六八—六一—〇二四三

発売　京都市左京区田中関田町二—七
㈱思文閣出版
電話　〇七五—七五一—一七八一

印刷　㈲三星印刷　製本　大和製本

ISBN978-4-7842-1487-7　C1015